21 世纪高等教育新理念精品规划教材

财政与金融

主　编：薛桂芝
副主编：司建平　孙常辉

天津大学出版社
TIANJIN UNIVERSITY PRESS

内容简介

本书是为了满足高等学校教学需要而编写的教材，在编写过程中基础理论与实务并重，紧密结合我国财政金融改革和发展的实际，吸收了近年来的研究新成果，力求反映该领域的发展动态。

全书共分为两篇，上篇为财政篇，主要阐述了五个方面的内容：一是财政的基本理论，包括财政的概念、财政的产生和发展、财政的职能等；二是财政支出，包括财政支出的分类、财政支出规模与结构的分析、财政支出的具体项目等；三是财政收入，包括财政收入规模与结构的分析、税收原理、税收制度等；四是财政赤字与公债，包括财政赤字原理、公债原理及经济效应等；五是财政管理，主要包括国家预算制度和预算管理体制，特别是我国现行的分税制管理体制。

下篇为金融篇，主要阐述了六个方面的内容：一是货币，主要包括货币的职能、货币制度、货币的供求、通货膨胀和通货紧缩；二是信用及利息，包括信用方式、信用工具及利息的计算等；三是金融市场，主要包括货币市场、资本市场、金融衍生品市场、保险市场和黄金白银市场等子市场的特点和构成；四是金融机构及其业务，包括中央银行、商业银行、专业银行、非银行金融机构等；五是国际金融，主要包括国际收支、国际金融市场、国际金融机构及国际货币体系等；最后是财政金融的宏观调控，包括财政政策、货币政策的效应和作用机制、财政政策与货币政策的配合、我国当前的宏观经济形势等。

本书既可以作为经济管理类专业的教材，也可以作为财政金融系统从业人员的培训用书。

图书在版编目(CIP)数据

财政与金融/薛桂芝主编.—天津：天津大学出版社，2013.7

21世纪高等教育新理念精品规划教材

ISBN 978-7-5618-4732-9

Ⅰ.①财…　Ⅱ.①薛…　Ⅲ.①财政金融－高等学校－教材　Ⅳ.①F8

中国版本图书馆CIP数据核字(2013)第158892号

出版发行　天津大学出版社
出 版 人　杨欢
地　　址　天津市卫津路92号天津大学内(邮编:300072)
电　　话　发行部:022-27403647
网　　址　publish.tju.edu.cn
印　　刷　昌黎县思锐印刷有限责任公司
经　　销　全国各地新华书店
开　　本　185mm×260mm
印　　张　17.25
字　　数　431千
版　　次　2013年7月第1版
印　　次　2013年7月第1次
定　　价　35.00元

前　　言

改革开放以来,中国经济取得了快速、平稳的发展,作为国家宏观调控的两大政策工具,财政与金融体制也进行了较大的改革。为了反映我国财政金融体制改革的最新动向,满足经济管理类专业的实际教学需要,我们编写了这本财政与金融教程。

本书共分为两篇,上篇介绍财政部分的相关内容,下篇介绍金融部分的相关内容。本书是在多年实践经验和教学总结的基础上编写而成的,具有以下特点:一是在体系安排上科学合理,循序渐进;二是重点突出,论述详略得当;三是内容有创意,吸收最新成果,对财政金融学的基础知识、基本理论和基本操作方法作了全面的、通俗易懂的阐述;四是理论联系实际,突出实践性。在介绍一般原理的同时,侧重于实际操作技能的阐述与分析,并在案例教学方面作了一定尝试,具有较强的理论性、实践性及前瞻性;五是条理清晰、举例翔实、说理透彻,注重对学生理论知识和动手能力的培养,力求使读者既知其然,也知其所以然。

本教材由黄河科技学院的中青年教师编写完成,是该院建设区域经济学省级重点学科的一项重要内容。其中,薛桂芝主持编写,教材的结构框架、写作思路由薛桂芝承担,财政部分的统稿工作由薛桂芝承担,金融部分的统稿工作由孙常辉承担,全书的统稿工作由薛桂芝完成。

各章节的编写分工如下:孙常辉编写第1、9章;薛桂芝编写第2、6、15章;王巧玲编写第3、11章;李红欣编写第4、5章;司建平编写第7、8章;李军编写第10章;汪桂霞编写第12章;郭军峰编写第13、14章。姜舒畅、王先菊对全书进行了仔细认真的校对,感谢他们的辛勤工作。

参加本书的编写人员,均为多年从事该课程教学、具有丰富教学经验的中青年教师。因此,财政金融领域的重点难点问题均在本书中作了较详尽的阐述,教材内容更具针对性。

我们希望能写出一部具有时代气息、体现财政金融改革方向、适合高等教育需要的教材,但由于时间和水平有限,本书难免存在疏漏和不足之处,恳请同行专家与广大读者批评指正。

编者

2013.4

目　录

财政篇

金融篇

财政篇

财政是研究政府经济活动及其效应的学科，经济实践表明：由市场配置资源无疑会提高效率，但市场不是万能的，市场存在其固有的缺陷。在市场失灵的领域，需要政府借助于财政对社会经济进行调节，财政已经成为当今世界各国普遍使用的调节经济的重要杠杆之一。

本篇内容可分为五大部分：一是财政的基本理论，包括财政的概念、财政的产生和发展、财政的职能等；二是财政支出，包括财政支出的分类、财政支出规模与结构的分析、财政支出的具体项目等；三是财政收入，包括财政收入规模与结构的分析、税收原理、税收制度等；四是财政赤字与公债，包括财政赤字原理、公债原理及经济效应等；五是财政管理，主要包括国家预算制度和财政管理体制，特别是我国现行的分税制管理体制。

通过本篇的学习，要求学生在掌握基本概念、基本原理和基本业务知识的基础上，能够分析社会经济生活中的财政现象，理解我国近几年财政政策的变化历程。

第 1 章　财政的概念与职能

学习目标：

1. 掌握财政的概念与本质；
2. 理解财政在经济中的作用；
3. 掌握财政的三大职能；
4. 对财政现象有一个基本的认识。

1.1　财政的概念

1.1.1　财政的基本含义

从人类发展史来看，财政是伴随国家的产生而产生的，所以财政活动是一种历史悠久的经济现象。我国古代称财政为“国用”“国计”“度支”“理财”等，还有“治粟内史”“大农令”“大司农”一类词。据考证，清光绪二十四年(1898 年)在戊戌变法“明定国是”诏中有“改革财政，实行国家预算”的条文，这是政府文件中最初使用“财政”一词。光绪二十九年(1903 年)清政府设财政处，整顿财政，为官方用财政名称之始。“财政”一词的使用，是当时维新派在引进西洋文化思想指导下，间接从日本“进口”的，而日本则是在英文“public finance”一词的基础上，结合汉字“财”和“政”，创造了“财政”一词。

虽然对于“财政”一词在学术研究上还有不同的理解，但通常人们把财政理解为一种国家或政府的经济行为，简略地概括了财政的概念。财政的概念从不同的角度，可以有不同的理解。按照“国家财政论”的观点，所谓财政是指以国家为主体的分配资金活动。具体来讲就是国家为实现其职能的需要，凭借政治权力及财产权力对一部分 GNP(国民生产总值)进行分配和再分配的经济活动。而如果按照目前提倡的西方市场经济国家实行的“公共财政论”的观点，所谓财政是指国家或政府为保证社会公共需要，集中一部分国民生产总值所进行的分配和再分配的经济活动。二者的区别是：前者是讲国家集中和分配资金是为了实现国家行使职能的需要；后者是讲国家或政府集中和分配资金是为了保证社会公共需要的收支活动筹集与供给经费和资金，保证实现国家或政府的职能。

1.1.2　财政的产生

财政这一经济范畴不是从人类社会一产生就有的，它是社会生产力和生产关系发展到一定阶段的产物，是在剩余产品和私有制出现之后伴随国家的产生而产生的。对此马克思、恩格斯都有明确的论证：“为了维持这种公共权力，就需要公民缴纳费用——捐税。……随着文明时代的向前进展，甚至捐税也不够了，国家就发行期票、借债，即发行公债。”①“赋税是政府机器的经济基础。”②因此财政是一个历史范畴。

1. 社会生产力的发展、剩余产品的出现和扩大，是财政产生的物质基础

在原始社会时期，社会生产力水平低下，社会成员共同劳动，共同占有社会产品，实行平均分配，以维持最低限度的生活消费需要。这时，剩余产品的出现只是偶然现象，社会上没有私有制，没有阶级和国家，也没有财政分配。随着社会生产力的发展，尤其是第一、第二次社会大分工后，劳动生产效率得以提高，劳动产品除了满足个人生活消费外还有剩余，于是出现了剩余产品。剩余产品的大量出现为私有制的产生提供了物质基础。同时，也出现了氏族组织掌握的一小部分剩余产品，用于满足一般社会需要的产品分配现象。这些社会需要的满足是依靠氏族、部落的首领或酋长的权威，强制地集中提供实物、劳役来完成的。因而可以说，这就是财政分配的萌芽。

2. 国家的产生是财政产生的社会政治条件

第三次社会大分工后，商品货币经济得到了一定的发展，导致了货币的产生，使社会的经济基础和上层建筑都发生了重大变化。一方面，贵族和富人将更多的剩余产品和社会财富集中在自己手中，使财富分配更加悬殊，进一步扩大了贵族与平民、富人与穷人的差别；另一方面，原始社会的生产方式逐渐为奴隶制的生产方式所取代。在此基础上，社会分裂为两个经济利益根本对立的阶级。随着阶级矛盾的不断激化，产生了凌驾于社会之上的权力机构——国家。国家机构的存在及其运转需要消耗物质资料，而国家本身并不直接从事物质生产，不创造任何物质财富，国家只能凭借自己的公共权力强制地无偿地占有剩余产品，以满足其执行职能的需要。这样，在国家产生的同时，就产生了一种国家凭借政治权力参与的社会分配，这就是财政。可见，财政与国家的存在、需要和权力有着密切联系。财政实质上就是国家财政。

1.1.3 财政的本质

从财政产生和发展的过程来看，可将财政的基本概念概括为：财政是一种以满足国家需要为目的，凭借国家的政治权力进行的国民收入的分配和再分配，是随国家的产生和发展而从社会产品分配中独立出来的一种特定的分配范畴。因此，财政的本质是一种分配关系，是在社会产品分配中，国家与社会各方面发生的，以国家为主体的社会产品占有和支配的关系。这一概括实质上就是指出财政是国家或政府的分配活动。这一论点在财政学界被称为“国家分配论”。长期以来，“国家分配论”在财政学界处于主流地位，影响很大。

除了“国家分配论”之外，财政理论界对国家财政的本质还有其他一些认识，主要代表性的观点有以下几种。

1. 价值分配论

“价值分配论”认为财政是国家以价值形式进行社会产品的分配而形成的分配关系。国家参与价值的分配，必然在社会的各个方面，首先是在各个阶级之间形成一系列的分配关系，而这些分配关系——分配价值所发生的分配关系，就是财政的本质。

---

①《马克思恩格斯全集》，第21卷，195页，北京，人民出版社，1965年。

②《马克思恩格斯全集》，第19卷，32页，北京，人民出版社，1963年。

2. 国家资金运动论

“国家资金运动论”认为财政是国家资金运动所形成的经济关系。国家资金的筹集、分配、使用、周转，都是国家资金的运动，都体现了国家同各方面的经济关系，因此，社会主义财政就是社会主义国家资金所体现的经济关系。

3. 剩余产品分配论

“剩余产品分配论”认为财政分配的本质特征是剩余产品的分配。与一般分配过程不同，财政分配的对象不是社会总产品和国民收入，而是包含在社会总产品和国民收入中的剩余产品，这是财政分配本质的规定性，也是财政分配区别于其他分配关系的本质特征。

4. 公共需要论

“公共需要论”认为财政的本质是社会为满足公共需要而进行分配所发生的分配关系。一些学者认为，“国家分配论”的财政定义只是针对“财政一般”而言的，也就是“以国家为主体的分配”，对于历史上存在的所有国家财政来说，都是适用的。然而，在人类已有的历史中，社会已存在的经济体制有三种类型：自然经济、市场经济和计划经济。在不同的经济体制下，都有着国家或政府的分配活动和经济活动，也就是都有着“财政”的存在。但是，不同的经济体制对国家或政府有着不同的要求，决定着不同的财政性质，从而形成着不同的财政类型，也就是人们所说的“财政特殊”。与市场经济相适应的财政类型，就是公共财政。公共财政也是政府进行的分配活动或经济活动，这是它与自然经济和计划经济下的财政所共同具有的性质。但是，公共财政只能为市场提供公共服务，这又使得它不同于只为君主私人服务的自然经济下的财政，或只为“国家”自己服务的计划经济下的财政。这样，“公共”就是市场经济所给予市场型财政的根本性质。

1.2　财政在经济中的作用

市场是一种资源配置系统，政府也是一种资源配置系统，二者共同构成社会资源配置体系。在市场经济体制下，市场是一种有效的资源配置系统，在配置资源方面发挥基础性的作用，那么，为什么还需要政府这种资源配置系统呢？本节的内容主要通过对市场固有的缺陷——市场失灵问题进行分析，从而说明政府这种资源配置系统在市场经济体制下是必须的，财政作为政府配置资源的经济活动，在经济活动中，扮演着不可或缺的角色。

1.2.1　弥补市场失灵

1. 市场与市场效率

市场有广义和狭义之分。狭义的市场是指有形市场，即商品交换的场所。在这种市场上，商品价格是公开标明的，买卖双方在固定的场所进行交易。百货商店、贸易集市等都属于此类市场。广义的市场包括有形市场和无形市场。无形市场是指没有固定的交易场所，靠广告、中间商以及其他交易形式，寻找货源或买主，沟通买卖双方，促进商品成交。某些技术市场、房地产市场等都是无形市场。

完整的市场系统是由家庭、企业和政府三个相对独立的主体组成的。家庭是社会的基本细胞，是社会生活的基本单位，它为市场提供劳动力、资本和土地（在土地私有制的条件下）等生产要素，并通过提供生产要素获得收入，而后用家庭收入到市场上购买生活消费品或从事投资，家庭的基本目标是满足需要和效用水平的最大化。企业是社会的基本生产单位，它从家庭那里买进生产要素，通过加工转换为商品或劳务，而后将商品或劳务又卖给家庭并获取企业收入和利润，企业的基本目标是利润最大化并实现扩大再生产。市场就是商品交换的场所。市场机制的基本规律就是供求规律：供大于求，库存增加，价格下降，生产低迷；供小于求，库存减少，价格上涨，生产增长。通过价格和产量不断的波动，达到供给和需求的均衡。政府为市场提供诸如基础设施、教育和社会保障之类的公共物品和准公共物品，同时从市场采购大量的投入品和办公用品。但政府又是一个公共服务和政治权力机构，具有与市场不同的运行机制，因而在市场中又具有特殊功能和特殊地位，可以通过法律、行政和经济手段，“凌驾”于市场之上介入和干预市场。

亚当·斯密将市场规律形容为“看不见的手”，认为不需要任何组织以任何方式的干预，市场可以自动地达到供给与需求的均衡，而且宣称当每个人在追求私人利益的同时，就会被这只手牵动着去实现社会福利。马克思同样赞叹市场机制的效率。经济学家迄今所能给予明确界定的经济效率准则是由意大利经济学家费尔弗雷多·帕累托提出并以他的名字命名的帕累托效率或帕累托准则。它是一个建立在个人偏好基础上的社会化的经济效率概念，指的是这样一种状态：如果社会资源的配置已经达到任何重新调整都不可能在不使其他任何人境况变坏的情况下，而使任何一个人的境况变得更好，那么这种资源配置就是最佳的，也就是有效率的。如果至少一个人处境变好了，其变动结果又未使任何人处境变坏，则这种变动就称为“帕累托改进”(Pareto improvement)。因此，帕累托最优就是帕累托改进不可能发生的状态。

2. 市场失灵及其表现

市场是一种有效率的运行机制，市场机制在资源配置中起基础性作用，但市场机制也有运行得不好的时候，或令人不满意的时候，人们把市场机制本身固有的缺陷称之为“市场失灵”。正是由于市场机制在许多领域缺乏效率或无效，政府的介入或干预才有了必要性和合理性的依据。

市场失灵的表现形式主要有以下几种。

(1)市场不能有效地提供公共物品。公共物品没有竞争性，没有排他性，因而没有市场供求关系，不能核算其对个人提供的费用，一般不能获得直接报酬，因而作为市场主体的私人经营者不愿提供或不能提供，唯有政府提供。

(2)垄断的存在制约着市场竞争。市场竞争完全是以自由竞争为前提的。当某一企业在产量达到较高水平后，就会出现规模效益递增和成本递减的问题，这时就会形成垄断。垄断者可以通过限制产量、抬高价格，获得垄断利润，因而窒息了市场竞争，使市场失灵。

(3)信息不充分和信息不对称。竞争性市场的生产者和消费者都要求有充分的信息。在现代经济中，信息构成了商品生产、流通、消费最敏感的神经系统，而在市场经济条件下，生产者的生产、流通者的营销、消费者的需求属于个人行为，很难掌握充分的信息。由于信息不足使私人生产陷入盲目性，不能有效地进行资源配置，由于信息不对称而影响公平竞争，使市场失灵。

(4)外部效应引起市场失灵。外部效应是指经济主体在从事某项活动时，给其他的经济主体带来积极或消极的影响，却没有为此获得应有的报酬或支付相应的代价。具有外部效应的个人或企业所生产的产品成本和效益是非对称的，当出现正外部效应时，生产者的成本大于收益,却得不到效益的补偿,从而导致实际产量小于最优产量;当出现负外部效应时,生产者却没有承担应有的基本费用,受损者得不到损失补偿,从而导致实际产量大于最优产量。所以具有外部效应的产品,市场机制不能自发调节,需要政府进行调节。

(5)收入分配不公。在市场经济体制下,是按照社会成员的要素禀赋进行收入分配的,社会成员的要素禀赋主要有四项:劳动力、资本、土地和企业家才能。凭借这四项要素禀赋,社会成员可以取得工资、利息、地租和利润等收入,然而社会成员之间的要素禀赋是存在差异的,这必然导致社会成员的收入出现差距,当差距扩大到一定程度,即为收入分配不公。

(6)经济波动。市场机制是通过价格和产量的自发波动达到需求与供给的均衡,而过度竞争不可避免地导致供大于求与供不应求的不断反复:供大于求,物价下跌,压缩生产,会导致失业率上升;供不应求,物价上升,会导致通货膨胀,这是市场经济不可避免的弊端。

1.2.2 提供公共产品

1.公共产品和私人产品

人类社会需要各种各样的商品和服务,一般认为,这些商品和服务可以分为两大类:公共产品和私人产品。公共产品(public goods)是这样一些产品,不论每个人是否愿意购买它们,它们带来的好处将不可分割地散布到整个社区里。公共产品的享用无竞争性和排他性,即同时为人们所享受,无利害冲突。如公共路灯、改善污染而提高空气质量等。私人产品(private goods)则是这样一些产品,它们能分割开并可分别地提供给不同的个人,也不带给他人外部的收益或成本。公共产品的有效率的供给通常需要政府行动,而私人产品则可以通过市场有效地加以分配。

2.公共产品的特性

区分或分辨公共产品和私人产品通常用两个基本标准:一是排他性和非排他性。排他性是指个人可以被排除在消费某种产品的利益之外;非排他性是指一些人享用一种产品带来的利益而不能排除其他人同时从中获得利益。二是竞争性和非竞争性。竞争性是指每增加一个消费者时,会引起该种产品生产成本的增加。非竞争性是指消费者的增加不引起生产成本的增加,即多一个消费者引起的社会边际成本为零。因此,私人产品具有竞争性和排他性,公共产品具有非排他性和非竞争性。

一方面,由于公共产品具有非排他性,因此一旦提供了公共产品,则在其效应所及的范围和领域内,所有的个人都会“消费”此产品,他们都会享受到这类产品所提供的利益和好处。同时,若不让其中某一部分人消费此产品,这在技术上无法做到,或者是成本费用过于昂贵,实际上也无法完成。也就是说,公共产品的提供无法排除此区域内所有成员从中获得利益,而且在其他人享受公共产品的同时,不需要他们付出任何成本费用或者只需要他们付出少量的成本费用。这与私人产品消费时具有的排他性形成了鲜明的对比。

另一方面,由于公共产品具有非竞争性,所以一旦提供了公共产品,则此产品效应覆盖区域内的人数多少,与此产品的数量和成本的变化无关,消费者的增加不会引起此公共产品的生产成本的增加,即新增消费者引起的社会边际成本为零。在已有的公共产品数量下,原有消费者也不会因为新增消费者的加入而减少自己所获得的收益。这与增加私人产品的消费者数量就需要增加此产品的供给量及相应的成本,也形成了鲜明的对比。

总的来说,由于公共产品的非排他性和非竞争性产生了公共产品提供上的“免费搭车”

问题,即消费者在自利心理的诱使下,将试图不由自己提供公共产品,或不用自己为提供公共产品而付出成本费用,或分享他人付出成本提供的公共产品。市场无法有效地为个人提供公共产品,即存在"市场失效"。尽管由于私人产品的排他性与竞争性,使消费者必须付出一定的成本才能从私人产品中获得收益,但消费者可以在市场机制下获得私人产品,市场在私人产品的范围和领域内可以有效地进行资源配置。这在客观上就决定了公共产品必须由政府来提供,私人产品则由市场来提供。

3. 准公共产品

公共产品和私人产品是社会产品中的两极,实际上,在现实生活中还存在另外一种产品,也就是准公共产品。准公共产品是指介于公共产品和私人产品之间的商品和劳务,亦称为半公共产品。这种产品具有公共产品的特征,即非排他性和非竞争性。但由于提供服务的范围有限,因此也具有排他性和竞争性。如学校、公园、体育场、公共图书馆等,本来是任何人都能享受的,但因名额、座位、面积等条件有限,享用就受到限制。所以有的准公共产品就采取先到先坐,额满为止;有的准公共产品则采取发许可证(如门票)等办法。准公共产品是政府和市场均可提供的商品和劳务,但对公众影响大的或由政府提供更为有利的商品和劳务则由政府财政出资,或由政府财政补助,如医疗补助、基础设施、公共工程、公共事业、社会福利等等。

1.3 财政的职能

财政的职能是指财政作为一个经济范畴所固有的功能。它回答的问题是"财政是干什么的?"或者说"财政应当干什么?"市场经济下对于财政的职能较为一致的看法是具有三种职能:资源配置职能、收入分配职能、经济稳定和发展职能。

1.3.1 资源配置职能

所谓资源配置,是指财政通过资金、财力的分配,引导人才和物力的流向,形成一定的资产结构、产业结构、技术结构和地区结构。其目标是保证全社会的人力、物力和财力资源得到有效的利用,通过财政分配,最终实现资源的优化配置,以满足社会及成员的需要。

财政之所以具有配置资源的功能,在于市场存在缺陷而不能提供有效的资源配置。一般而言,市场在资源配置中起基础性作用,在没有政府干预的条件下,市场会通过价格与产量的均衡自发地形成一种资源配置状态,但由于存在市场失灵,市场自发形成的配置状态不可能实现最优的效率结构。财政的配置职能是由政府介入或干预所产生的,它的特点和作用是通过本身的收支活动为政府提供公共物品和财力,引导资源的流向,弥补市场的失灵,最终实现全社会资源配置的最有效状态。

1. 资源配置效率的衡量指标

一般情况下,各国政府通常采用某些指标(如失业率和经济增长率)或由若干指标组成的"景气指数"来表示资源配置效率。

当前,我国主要采用 GDP(国内生产总值)增长率指标作为衡量指标。如果 GDP 的增长率较高,则意味着资源配置效率较高,反之,则较低。当然,该指标也存在某些缺陷。如 GDP 增长有可能不会带来居民福利和社会福利的提高、环境的改善、经济结构的优化等。

但是GDP是按市场价格表示的一个国家的所有常住单位在一定时期生产活动的最终成果，可以反映一个国家的经济总体规模和经济结构，反映一个国家的贫富状况和居民的平均生活水平，反映当前经济的繁荣或衰退以及通货膨胀或通货紧缩的态势等等，因而，对于以经济增长为主要目的的发展中国家来讲，该指标仍然是可取的。

2. 财政配置资源的机制

财政配置资源主要是通过以下几个方面来完成的。

(1)调节积累和消费的比例关系来配置资源。积累和消费的比例关系是整个国民经济中一个重要的比例关系，直接影响到国民经济的持续、稳定和协调发展。在积累和消费比例关系的最终形成上，财政起着重要的调节作用。其主要表现在：第一，财政分配的规模调节着国民收入中V和M的比例关系，从而制约着积累和消费比例的基础。在国民收入一定的条件下，V和M存在着此消彼长的关系。V主要用于消费，在M的使用方向(积累和消费的比例)一定的情况下，V所占比重的大小直接影响着消费的规模。M的主要部分是通过财政分配来实现的，因此，财政收入占国民收入的比重直接制约着M占国民收入的份额和比例，从而影响着积累和消费的基础。第二，财政支出分配对积累和消费比例的最终形成具有决定性作用。在V和M的比例为一定的条件下，积累和消费的比例决定于M的使用方向，即用于积累和消费以及二者的比例关系，而M的主要部分是通过财政分配来实现的，因此，财政分配直接决定着积累和消费比例的最终形成，从而最终实现资源的配置。

(2)调节资源在产业部门之间的配置，调整产业结构。合理的产业结构，对于促进国民经济的协调发展具有重要的意义。产业结构的调整主要是通过调整投资结构和调整资产存量结构即改变现有企业的生产方向而进行的。财政在这两个方面都能发挥调节作用。就调整投资结构来看，国家财政可以通过调整国家预算支出中的投资结构，增加能源、交通和原材料等基础产业和基础设施方面的投资，减少加工部门的投资；同时，利用财政税收杠杆和投资政策对企业的投资方向进行引导，鼓励企业向短线生产投资，限制企业对长线生产进行投资。在调整资产存量结构，改变现有企业的生产方向上，国家可以通过实行不同的税收政策，引导企业通过市场竞争，实行破产、兼并和横向经济联合。

(3)调节全社会的资源在政府部门和非政府部门之间的配置。财政收入在国民生产总值或国民收入中所占份额的高低，直接决定着社会资源在政府部门和非政府部门之间的配置。国家提高财政收入的份额，意味着社会资源中归政府部门支配使用的部分增大，非政府部门支配使用的部分减小；反之，则意味着政府部门支配使用的部分减小，而非政府部门支配使用的部分增大。社会资源在政府部门和非政府部门之间的配置比例不是固定不变的，而是随着经济的发展，国家职能和活动范围的变化而变化的。国家财政调节这一配置比例的原则是使政府部门支配使用的资源与其承担的责任相适应，政府部门使用的资源过多或过少都不符合优化资源配置的要求。

1.3.2　收入分配职能

所谓收入分配，是指财政通过分配调整各分配主体之间的物质利益关系，其目标是实现国民收入和财富分配的公平合理，调整国家与企业、个人之间，企业和企业之间，个人和个人之间的分配关系。

在市场经济条件下，财政之所以具有分配收入的职能，在于市场机制缺陷造成收入和财富分配的不公平。一般而言,分配收入是市场机制的职能,即市场机制是分配收入的主要形式。在生产要素市场上,各要素主体作为分配的参与者,企业和个人分别取得利润(或利息)、租金和工资以及补贴、福利等,国家则主要以税收、上缴国有资产收益等形式取得收入。但是,仅有这一层次的分配是不够的,因为财政要实现国家的职能,国家不仅是市场的参与者,而且是市场的调节者;不仅要以生产资料所有者的身份参与分配,而且还要以社会所有者的身份参与分配。就企业和个人而言,必然要在市场中追求效率,但由于各经济主体或个人所提供的生产要素不同、资源的稀缺程度不同以及各种非竞争因素的干扰,各经济主体或个人获得的收入会出现较大的差距,甚至与劳动投入不相称,而过分的悬殊将影响社会公平。因此,市场的基础性作用及其存在的弱点和消极方面,要由财政的分配收入职能来调控和克服。

1. 衡量收入分配公平程度的指标

收入分配的核心问题是实现公平分配。公平是一个很难界定的概念,不同的社会制度,不同的道德体系和价值观念,对公平的理解是不同的。所以,只要大多数人认为某一种状态是合理的,那就是公平的。收入分配公平与否一般是使用收入差距的大小来表现的,收入分配公平是指将收入差距维持在现阶段社会各阶层居民所能接受的合理范围之内,平均不等于公平,甚至是对社会公平的背离。

收入差距的大小一般使用洛伦兹曲线和基尼系数来衡量。下图中横轴表示整个社会人口的比例,并且按收入由低到高进行排列,纵轴表示一定比例的人口持有的收入的比例。洛伦兹曲线是表示人口比例与收入比例之间对应关系的一条曲线。如果洛伦兹曲线为45度角的直线,表示一定比例的人口对应着一定比例的收入,收入分配绝对公平,如果与正方形的底边和右边重合,则表示一个人取得全社会的收入,其他人则一无所有,收入分配绝对不公平,而实际收入分配都处于这两种极端情况之间,如图中凸向横轴的洛伦兹曲线所示。测定收入分配的公平程度,可用曲线 A 与对角线之间的面积(图中的 x)除以对角线以下的总面积(图中 $x+y$),其数值称为基尼系数。由此可见,基尼系数小于1,系数越小,越趋于公平。根据国际惯例,一般认为,系数处于0.3~0.4之间被视为合理区间;系数低于0.2,收入分配绝对平均;系数处于0.2~0.3之间,收入分配比较平均;系数处于0.4~0.5之间,收入分配差距较大;系数高于0.5,收入分配差距悬殊。

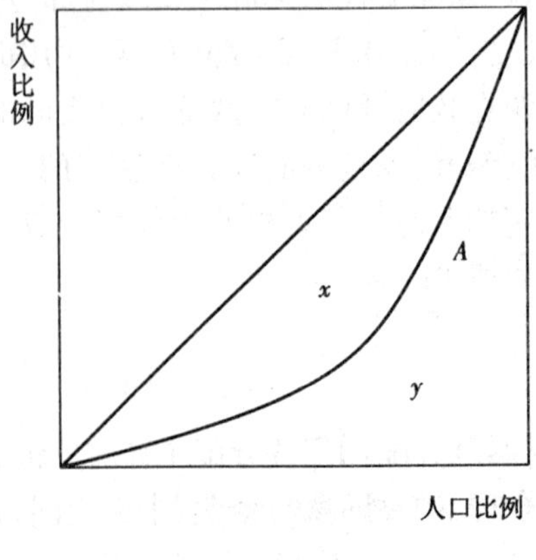

洛伦兹曲线

2. 财政进行收入分配的机制

(1)提供公共产品。政府实现收入分配职能的一个形式是通过税收的方式筹集资金,向公众提供公共产品,或者准公共产品。由于每一个社会成员都能够享受到公共产品的好处,而提供公共产品的税收来源虽然原则上由每一个社会成员负担,但实际上每一个社会成员的税收负担是不同的。一般来说,社会中较富有的成员会承担较多的税收,而收入较低的社会成员承担较少的税收。这样,政府提供的公共产品就会使社会各成员因享用公共产品而获得相同的效用却付出不同,这实际上形成了收入再分配。

(2)组织公共生产。政府组织公共生产的一个重要原因是为了改善由于资本占有的不均等以及资本参加收入分配所导致的收入水平悬殊的状态。如果由政府组织公共生产,即通过政府占有生产资料并代表全体公民行使对资本收入的占有权,社会的收入分配差别就主要来自于各社会成员劳动力禀赋的差异。一般来说,劳动力禀赋的差异所导致的收入分配差异大小与因资本参加分配所形成的收入分配差异相比更具主观性。因此,由政府组织公共生产可以在一定程度上缩小收入差距,实行收入再分配。

但是,政府如果广泛地组织公共生产,则容易产生社会生产的低效率。这主要是因为:在公共生产这样一个庞大的系统中,难以有效地实行激励和监督;同时,由于政府制度的复杂及系统的庞大,也难以保证信息传递的效率。因此,将公共生产作为收入再分配的主要手段,在使用时需要谨慎。

(3)转移支付。转移支付是将某一部分社会成员的收入转移到其他社会成员的手中来进行收入再分配,它是一种最直观的收入分配制度。由于转移支付方式信息比较明确,与提供公共产品和组织公共生产两种方式相比,其成本较小,因而一般作为收入再分配的主要方式。转移支付的方式主要有社会救济、地区间的转移支付、补贴等。

政府在行使收入再分配职能时,必须妥善处理好公平与效率之间的关系,不能因为强调社会公平而过多地损害社会的经济效率。

1.3.3 经济稳定和发展职能

所谓经济稳定和发展,就是指财政通过分配稳定经济并使经济适度增长,其目标是保持充分就业、物价稳定和国际收支平衡等。充分就业并非指可就业人口百分之百的就业,它是指有工作能力且愿意工作的劳动者能够找到工作。物价稳定也不意味着物价冻结,上涨率为零,它是指物价上涨幅度维持在不至于影响社会经济正常运行的范围内。国际收支平衡指的是一国在进行国际经济交往时,其经常性项目和资本项目的收支保持大体平衡。在开放经济条件下,国际收支平衡是经济稳定的一个重要内容和标志。

在市场经济条件下,财政之所以具有稳定和发展经济的职能,在于市场存在着缺陷而不能自动调节并稳定经济,以致经济波动的幅度可能日益变大。一般而言,稳定经济和经济增长是市场机制的职能,即市场机制在稳定经济和经济增长方面起着基础性的作用。市场能够随着“看不见的手”在一定程度、范围、对象、内容方面调节和稳定经济,但是,市场也有其弱点和消极方面。市场经济活动是有周期的,会出现经济波动的状态,会导致供给和需求总水平的不稳定,而市场竞争又可能受其外部干扰出现不足、不充分的情况。市场的基础性作用及其存在的弱点和消极方面,要由财政的稳定经济职能来调控和克服。

财政实现经济稳定和发展职能的机制和手段主要有以下几种。

(1)财政政策是保持社会总供给和社会总需求的重要手段。财政可以通过税收政策、投资政策、补贴政策、国债政策等的收支活动,调节市场作用下宏观经济的不平衡。在总需求超过总供给时,财政可以通过减少支出或增加税收,或者二者同时运用,通过减少政府部门和非政府部门的需求来压缩总需求。而当总需求小于总供给时,财政可以通过增加支出或减少税收,或者二者并用来扩大总需求,即采用"相机抉择"的财政政策,保证社会总需求与总供给的平衡。

(2)财政还可以通过收入和支出发挥"自动稳定器"作用。财政收入有收敛经济的作用,而财政支出则有扩张经济的作用。财政收入和财政支出发挥的作用与经济变化的作用是相反的。例如,在实行累进税的情况下,经济衰退使纳税人的收入会自动进入较低纳税档次,政府税收下降的幅度会超过收入下降的幅度,从而可起到抑制衰退的作用。相反,在经济繁荣时,纳税人的收入自动进入较高的纳税档次,政府税收上升的幅度会超过收入上升的幅度,从而起到抑制通货膨胀的作用。失业救济支出则是财政支出方面一个重要的"自动稳定器"。在经济繁荣时期,失业人数减少,财政用于失业救济支出下降,从而私人购买力下降,抑制了通货膨胀;相反,在经济萧条时期,非自愿性失业工人增加,失业救济支出增加,从而增加私人购买力,扩大了社会需求,减弱了经济衰退。

(3)财政投资、补贴、税收和国债等政策可以消除经济增长中的"瓶颈"。政府可以通过财政投资、补贴、税收和国债等政策,鼓励农业、能源、交通运输、邮电通信等公共设施的发展,从而消除经济增长中的"瓶颈",扶持第三产业的发展,加快产业结构的转换和优化升级,保持国民经济协调高速健康发展。

课后练习题

一、名词解释

1. 财政　2. 市场失灵　3. 公共产品　4. 债务依存度

二、简答题

1. 财政的本质是什么?
2. 市场失灵的表现有哪些?
3. 公共产品的特征有哪些?
4. 财政的职能有哪些?

第 2 章　财政支出

学习目标：

1. 了解我国行政管理费规模居高不下的现状及原因；
2. 了解政府在提供教育服务方面发挥主导作用的原因；
3. 了解政府投资的特点；
4. 了解财政对三农投入的重要性；
5. 了解我国社会保障制度的运行状况；
6. 了解财政补贴的必要性及功能；
7. 理解我国财政支出规模发展变化的特殊性；
8. 掌握财政支出的分类方式；
9. 掌握财政支出规模发展变化的一般趋势。

财政支出是政府将集中起来的货币资金，有计划地分配使用到各种用途上去的过程。通过财政资金的支出，满足整个社会再生产和公共部门等各方面活动的资金需要，从而为实现政府的各项职能服务。因此，财政支出是财政分配活动的重要环节，它反映了政府的政策，规定了政府活动的范围和方向。

2.1　财政支出的分类

2.1.1　按国家职能分类

国家职能是指国家行政机关依法对国家和社会公共事务进行管理时应承担的职责和所具有的功能。政府职能反映着公共行政的基本内容和活动方向，是公共行政的本质表现。政府职能具体包括政治职能、经济职能和社会职能。政府为履行其政治职能所需要的开支包括行政管理费和国防费；为履行其经济职能所需要的开支为经济建设费；为履行其社会职能所需要的开支为社会文教费。

所以财政支出按照国家职能分类大体上可以划分为五类：经济建设费、社会文教费、国防费、行政管理费和其他支出。这种分类可以反映出国家政治、经济、文化等活动的全貌和各个时期政治职能与活动范围的变化情况。

按国家职能对财政支出分类，能够明显地显示出国家执行了哪些职能以及侧重于哪些职能。对一个国家的支出结构进行纵向分析，可以看出国家职能发生了怎样的演变；对若干国家在同一时期的支出结构进行横向分析，可以比较各国国家职能的差异。

2.1.2 按经济性质分类

按经济性质分类,可将财政支出分为购买性支出和转移性支出两大类。

所谓购买性支出是政府在商品和劳务市场上购买商品和服务的行为,包括购买日常政务活动所需要的商品和劳务支出,也包括政府投资所需要的商品和劳务支出。购买性支出包括购买进行日常政务活动所需的或用于国家投资所需的商品和服务的支出,前者如政府各部门的事业费,后者如政府各部门的投资拨款。这种支出的特点是政府遵照等价交换的原则,一手付出资金,另一手购得了商品和劳务,体现了政府市场性的再分配活动,其目的是行使国家职能,满足社会公共需要。

所谓转移性支出是指政府单方面的、无偿的资金支付,不要求相应地配给商品和劳务。主要有社会保障支出、财政补贴支出、捐赠支出和债务利息支出等。这些支出的共同点是,政府不是为了交换商品和服务而支出,也就是说,财政付出了资金,却没有直接获得商品和服务,是一般无偿性支出,体现了政府非市场性的再分配活动。

2.1.3 按财政支出产生效益的时间分类

按财政支出所产生收益的时间划分,可把财政支出分为经常性支出和资本性支出。这是现代公共经济学研究财政支出分类的一种主要方法。

经常性支出是指维持公共部门正常运转或保障人们基本生活所必需的支出,主要包括人员经费、公用经费及社会保障支出。这种支出的特点是它的消耗会使社会直接受益或当期受益,比如,行政管理费包含公务员的工资、办公费、修缮费、三公经费等,这些费用的消耗就会形成当期服务的公共物品——行政管理、社会秩序、社会安定、经济信息等。由此可见,经常性支出直接构成当期公共物品的成本,按照公平原则,当期公共物品的受益应与当期公共物品的成本相对应,如果人们消费了本期公共物品却没有支付相应的代价,那就违背了公平原则。因而,从理论上来说,经常性支出的补偿方式应为税收,如果以公债方式(延期的税收)来为经常性支出筹资,实际上就是将本期公共物品的成本递延到未来,这样就会使公共物品的受益与公共物品的付费在时间上发生差异。

资本性支出是指用于购买或生产使用年限在一年以上的耐用品所需的支出,其中用于建筑厂房、购买机械设备、修建铁路和公路等生产性支出,也有用于建筑办公和购买汽车、复印机等非生产性支出。这种支出的明显特性是:它的耗费的结果将形成一年以上能长期使用的固定资产。所以,资本性支出不能全部视为当期公共物品的成本,因为所形成的成果,有一部分是在当期受益,但更多的是在以后的较长时间内受益,与此相对应,资本性支出的一部分应在当期得到补偿,而大部分应分摊到未来的使用期之中。如果用当年的税收去补偿全部的资本支出,就等于将未来公共物品的成本提前到本期,这样也会使公共物品的受益与公共物品的付费在时间上发生差异。这就是说,资本性支出的补偿方式有两种,一是税收,意味着本期享用的公共物品,本期付出代价;二是国债,意味着未来享用的公共物品,未来时期付出代价。

2.1.4 国际分类方法

按国际货币基金组织划分的标准可将财政支出分为两类:一类按职能分类,另一类按经济分类。按职能分类的财政支出包括：公共服务支出、国防支出、教育支出、保健支出、社会保障和福利支出、住房和社区生活设施支出、其他社区和社会服务支出、经济服务支出、无法归类的其他支出。按经济分类的财政支出包括经常性支出、资本性支出和净贷款(财政性贷款)，具体如表2-1所示。

表2-1 国际货币基金组织的分类方法

职能分类	经济分类
1. 公共服务支出	1. 经常性支出
2. 国防支出	(1)商品和服务支出
3. 教育支出	(2)利息支出
4. 保健支出	(3)补贴和其他经常性转让
5. 社会保障和福利支出	①对公共企业 ②对下级政府 ③对家庭
6. 住房和社区生活设施支出	④对其他居民 ⑤国外转让
7. 其他社区和社会服务支出	2. 资本性支出
8. 经济服务支出(农业，采矿，制造业，电业，公路，水输送，铁路，通信，其他等)	(1)现在的和新的固定资产购置
	(2)存货购买
9. 无法归类的其他支出	(3)土地和无形资产购买
(1)借债利息	(4)资本转让
(2)其他	3. 净贷款(财政性贷款)

2.1.5 按预算科目支出分类

2007年，财政部制定了《政府收支分类改革方案》，并据此制定了《2007年政府收支分类科目》。

按支出功能分类，共有15项，具体包括：一般公共服务、外交、国防、公共安全、教育、科学技术、文化体育与传媒、社会保障和就业、医疗卫生、环境保护、城乡社区事务、农林水事务、交通运输、工业商业金融等事务、其他支出。支出功能分类是根据政府管理和部门预算的要求，统一按支出功能设置类、款、项三级科目。类级科目综合反映政府职能活动，如国防、外交、教育、科学技术、社会保障和就业、环境保护等；款级科目反映为完成某项政府职能所进行的某一方面的工作，如"教育"类下的"普通教育"；项级科目反映为完成某一方面的工作所发生的具体支出事项，如"水利"款下的"抗旱""水土保持"等。新的支出科目能够清楚地反映政府支出的内容和方向，可有效解决原支出预算"外行看不懂、内行说不清"的问题。

按经济性质分类，共有12项，具体包括：工资福利支出、商品和服务支出、对个人和家庭的补助、对企事业单位的补助、转移支出、赠与、债务利息支出、债务还本支出、基本建设支出、其他资本支出、贷款转贷及产权参股、其他支出。按照支出经济分类能够全面、规范、明确地反映政府各项支出的具体用途。按照简便、实用的原则，支出经济分类科目是进行政府预算管理、部门财务管理以及政府统计分析的重要手段。

2.2 财政支出规模分析

2.2.1 衡量财政支出规模的指标

衡量财政支出规模的指标有两大类,基本指标有两个:一是财政支出的绝对数指标;二是财政支出的相对指标,即财政支出占 GDP 的比重。由这两个基本指标又可以衍生出反映财政支出发展变化的三个指标:一是财政支出增长率的指标,以 $\Delta G(\%)$ 表示。财政支出增长率表示当年财政支出比上年同期财政支出增长的百分比;二是财政支出增长弹性系数,以 E_g 表示。财政支出增长弹性系数是指财政支出增长率与 GDP 增长率之比。弹性系数大于 1,表明财政支出增长速度快于 GDP 的增长速度;三是财政支出增长边际倾向,以 MGP 表示。该指标表明财政支出增长额与 GDP 增长额之间的关系,即 GDP 每增加一个单位的同时财政支出增加多少。

2.2.2 财政支出规模发展变化的一般趋势

对于西方财政支出规模不断扩大、增长的趋势,各国经济学家从理论上对其原因进行了分析研究。从 19 世纪后期到 20 世纪中期,先后有德国经济学家瓦格纳、英国经济学家皮科克和怀斯曼、美国经济学家马斯格雷夫和罗斯托从不同角度对此作了研究。

1. 政府活动扩张论

政府活动扩张论即瓦格纳法则。瓦格纳在 19 世纪后期提出的"公共支出不断增长法则",后来被人们称为"瓦格纳法则"。这一法则认为,财政支出是不断上升的,但瓦格纳没有明确指出财政支出增长是指财政支出在 GDP 中的份额上升还是指它的绝对增长。后来美国财政学家马斯格雷夫指出,瓦格纳法则指的是财政支出的相对增长。于是,瓦格纳法则可以解释为:随着人均收入的提高,财政支出占 GDP 的比重也相应随之提高。

财政支出规模不断增长的原因在于:①西方国家市场化后,现代工业发展会引起社会进步,社会进步又会引起国家活动范围扩大,致使政府活动扩张,即是政府活动扩张论引起财政支出扩大。②西方国家工业化推动城市化进程,城市化和人口密集造成拥挤,必然要增加道路、供水、供气、供电等基础设施的建设投资,而这些投资多数是由政府投资。③随着经济的发展,人均收入增加,社会文教科卫、福利方面支出将大幅度增加,因此造成财政支出扩大。

经济发达国家自 18 世纪末到如今一百多年经济发展的实践表明瓦格纳法则符合财政支出占 GDP 比重的发展变化的一般趋势。尽管由于各经济发达国家的国情有所不同,因而财政支出占 GDP 的比重的高低以及变化情况有所不同,但却明显存在一种共同的趋势:随着人均 GDP 的增长而逐步上升。同时,历史的数据也表明,财政支出占 GDP 的比重的上升不可能是无止境的,当经济发展达到一定高度,则呈相对稳定的趋势,即稳定在一定的水平上,上下略有波动。

2. 梯度渐进增长论

梯度渐进增长论又称为替代—规模效应理论。英国经济学家皮科克和怀斯曼在瓦格纳分析的基础上于 1961 年提出了财政支出规模不断扩大是以一种梯度渐进方式增长的财政支出增长理论。该理论的分析是建立在这样一种假定基础之上:政府喜欢多支出、公民不愿意多缴税。他们认为,政府在决定预算支出规模时,应该密切注意公民的税收容忍度,公民所能容忍的税收水平是财政支出规模的约束条件。该理论认为内在因素和外在因素两方面原因导致财政支出的增长,并认为外在因素是说明财政支出"梯度增长"的主要原因。内在原因是指在正常情况下,公民的税收容忍度是一定的,国家不能提高宏观税率水平,税收只能通过经济增长来实现渐进增长,即"规模效应";外在原因是指当战争、重大灾害等社会"激变"发生时,公民的税收容忍度增加,会接受高税率,进而公共支出会替代私人支出,使公共支出比重增加即"替代效应"。但"激变"时期过去后,国家总有大量新问题需要政府解决,公共支出并不会退回到"激变"之前的水平,公共支出仍然保持高水平。

3. 经济发展阶段论

美国经济学家马斯格雷夫和罗斯托用经济发展阶段论来说明财政支出不断增长的原因。他们认为,在经济发展的早期阶段,政府投资在社会总投资中占有较高比重,政府财政需要投资基础设施、环境卫生系统、法律与秩序和人力资本等,所以需要增加财政支出;而到了经济发展的中期阶段,政府要继续增加投资以作为私人投资增长的补充;当经济达到成熟阶段,公共支出将从基础设施支出转向不断增加的教育、福利、保健等方面的支出,且这些支出的增长将大大超过其他方面支出的增长,因而成熟期也会使财政支出不断扩大。

2.2.3 我国财政支出规模发展变化的特殊性

我国 1978 年之前,财政支出占 GDP 的比重同西方国家 20 世纪 60 年代相差不大,一般占 30% 左右,如 1978 年为 30.78%。但改革开放以后,我国财政支出占 GDP 的比重一度呈下降趋势,到 1996 年已下降到 11.15% 的历史最低谷。此后,财政支出占 GDP 的比重又缓缓地呈上升趋势,2008 年上升到 20.82%,具体如表 2-2 所示。

表 2-2 我国财政支出占 GDP 的比重 单位:%

年代	1978	1980	1985	1990	1991	1992	1993	1994	1995	1996	1997
比重	30.78	27.03	22.23	16.52	15.55	13.90	13.14	12.02	11.22	11.15	11.69
年代	1998	1999	2000	2001	2002	2003	2004	2005	2006	2007	2008
比重	12.79	14.71	16.01	17.24	18.33	18.15	17.82	18.52	19.07	19.95	20.82

资料来源:《中国统计年鉴》(2009)

我国改革开放以来,财政支出比重的变化呈"V"形。为什么会产生这样的趋势,原因分析如下。

(1)受经济体制变化影响。在计划经济体制时期,国家包揽一切,政治、经济、社会、文化,特别是国有企业基本建设投资主要依靠财政,所以受计划经济体制影响财政支出比重高一些是正常的。而改革开放以后,特别是进入市场经济体制以后,打破了财政包揽一切的局面,对生产竞争性产品的国有企业实行投资主体多元化,财政基本退出竞争性产品的投资领域,而主要从事社会公共事业方面支出,所以财政支出比重有所降低。

(2)受财政管理体制变化影响。从 20 世纪 80 年代初到 90 年代初,我国实行"划分收支、分级包干"的财政体制,财力比较分散,预算外资金大幅度上升,企业和个人收入分配占

GDP 的比重增加，因此造成财政收入占 GDP 比重不断下降。所以财政收入比重的下降制约了财政支出的增长。

(3)市场经济处于初始阶段，过渡时期，一些急需要财政支出的项目，如基础设施、重点基础产业因政府资金有限，没有足够给予保证，欠账较多，造成支出下降。一旦社会主义市场经济步入正轨，“分税制”财政体制代替了“包干制”，政府职能逐步到位，财政支出下降的趋势应会停止，转为上升趋势。自 1996 年开始，财政支出比重每年上升一个百分点以上，符合财政支出不断扩大、不断增长这样的运行规律。

2.3 财政支出结构分析

2.3.1 财政支出的国家职能结构

经济体制改革以来，我国的财政学界对新时期政府职能重新开展讨论，普遍认为财政支出结构与政府职能存在着密切关系，并把政府职能划分为两大类。即经济管理职能和社会管理职能。由于我国市场经济体制初步建立，经济管理职能逐步减弱，社会管理职能日益加强。政府职能的这种变化导致了财政支出结构发生重大改变。经济建设支出占财政支出总额的比重从经济体制改革前的 64.08% 下降到 2008 年的 19.41%。相反，社会管理支出则大幅度提高。如表 2-3 所示。

表 2-3 1978—2008 年我国各项财政支出占比状况

年份	财政总支出（亿元）	经济建设		科教文卫		就业与社会保障		支援农业生产支出	
		费用（亿元）	比例（%）	费用（亿元）	比例（%）	费用（亿元）	比例（%）	费用（亿元）	比例（%）
1978	1 122.09	718.98	64.08	112.66	10.04	18.91	1.69	96.95	6.86
1990	3 083.59	1 368.01	44.36	617.29	20.02	55.04	1.78	221.76	7.19
1995	6 823.72	2 855.78	41.85	1 467.06	21.50	115.46	1.69	430.22	6.30
1998	10 798.18	4 179.51	38.71	2 154.38	19.95	595.63	5.52	626.02	5.80
2003	24 649.95	6 914.05	28.04	4 505.51	18.28	2 655.91	10.77	1 134.86	4.60
2007	49 781.35	1 042.56	20.95	11 793.2	23.69	5 447.16	10.94	3 404.70	6.84
2008	62 592.6	1 214.82	19.41	14 992.2	23.95	6 804.29	10.87	4 397.51	7.03

经济建设支出比重下降主要有两方面的原因：第一，流动资金支出下降。从 1983 年 7 月开始，除了核工业部、航空航天工业部所属的少数国有企业外，其余绝大多数国有企业的流动资金供应从拨款改为由银行贷款，从而使流动资金支出占总财政支出的比重大幅度下降，这种支出的下降趋势符合市场经济运行的要求。第二，基本建设支出下降。在经济体制改革过程中，投资主体的多元化以及投资主体资金来源多元化，使得基本建设支出比重迅速下降。尽管财政投资支出下降有其合理的一面，但其下降的速度如此之快，下降的幅度如此之大，在很大程度上制约了财政对重点产业、基础设施发展的支持力度。

随着我们对“科学技术是第一生产力”认识的提高，政府不断加大对教育、科学领域的投入，特别是“八五”时期以来，社会文教支出增长比较明显，这是合理的。

虽然随着社会经济发展，经济活动日趋复杂，“公共事务”也日益增多，行政管理支出增加有一定的必然性，但是，我国目前的行政管理费的增长速度过快，结构变化也不尽合理。近年来，行政管理费支出的增长超过了同期财政收入、财政支出和GDP的增长速度，加速了其比重的上升。同时，行政管理费支出内部结构发生不合理变化，主要表现在个人经费增长快于公用经费增长，在个人经费部分，补助工资的增长明显过快，离退休人员费用的增长大大高于行政管理费总额的增长，公务费、业务费比重上升，而修缮费、购置费比重下降。

2.3.2　财政支出的经济性质结构

各个国家的购买性支出和转移性支出占总支出的比重有所不同。一般地说，经济发达国家，由于政府较少直接参与生产活动，财政收入比较充裕，财政职能侧重于收入分配和经济稳定，因而转移性支出占总支出比重较大，往往同购买性支出平分秋色；发展中国家，由于政府较多地直接参与生产活动，财政收入相对匮乏，购买性支出占总支出的比重较大。

我国作为一个发展中国家，财政支出结构具有发展中国家的一般特征。但自经济体制改革以来，随着国民经济的迅速增长，情况开始发生变化。在全部财政支出中，购买性支出所占比重有所下降，而转移性支出所占比重有所上升，后者在1978年仅为2.7%，到1985年曾达32.9%。这说明，进入20世纪80年代以后，财政的资源配置能力减弱，收入分配能力增强。但自1985年以后的10年间转移性支出比重又有所下降，主要原因是随着经济体制改革的深化和管理的加强，原来在转移性支出中占据举足轻重地位的价格补贴和企业亏损补贴有所控制，其绝对额或占全部支出的比重有所下降，这是财政支出结构优化的一种表现。伴随价格补贴和企业亏损补贴所占比重的下降，债务支出的比重则急剧增长，由此而导致转移性支出的比重从1996年又开始回升。从我国财政支出性质看财政支出结构：转移性支出比重偏低，购买性支出比重偏高。转移性支出比重偏低集中表现为社会保障费和福利费支出较低。还应指出，我国社会保障支出尚未完全纳入预算，可以预料，一旦社会保障支出完全纳入预算，并且随着财政逐步减少以至退出一般经营性投资领域和政府机关精简措施的奏效，购买性支出与转移性支出两者的相对比重将会发生较大变化，总的趋势是转移性支出的比重逐步提高，达到一定程度时相对稳定下来。

2.3.3　财政支出结构的优化

调整和优化财政支出结构与合理确定财政支出规模同样重要，而且是提高支出效益的关键。从上面的有关分析可知，财政支出结构不是一成不变的。从客观上说，它取决于一个国家所处的经济发展阶段，其对财政支出结构具有决定性的作用，使财政支出结构的发展变化带有一定的规律性。从政府政策的角度看，财政政策的调整必须符合一定时期的发展战略和政策目标以及经济形势的发展变化。

1. 我国财政支出结构调整和优化的依据

社会主义的根本任务是发展社会生产力，我国仍处于社会主义初级阶段，集中力量发展社会生产力是首要任务。我国“十一五”规划纲要把扩大国内需求特别是消费需求作为基本立足点，把调整经济结构作为主线，把促进经济增长方式根本转变作为着力点，把增强自主创新能力作为国家战略，把改革开放作为动力，把提高人民生活水平作为根本出发点和落脚点等作为推动发展的政策导向,这为调整和优化财政支出结构提供了基本依据。

2. 我国财政支出结构调整与优化的具体措施

(1)加大改革力度,改变国家财政包揽过多的分配局面。如国家财政对竞争性领域的投资要逐步退出;清理和规范事业单位的财政经费供给范围;对大多数属于竞争领域的国有企业,其亏损补贴应随着企业改革的推进予以取消。

(2)进一步加强社会公共支出。主要是加大教育、社会保障、就业再就业、医药卫生、保障性住房建设、文化事业和文化产业发展等方面的投入,以保障和改善民生。

(3)加大国家重要产业和领域的财政投资,增强国民经济长远发展后劲。如增加社会公共基础设施建设支出和农业投资,对以高新技术为基础的产业结构性调整和节能环保企业进行财力支持等。

2.4 财政支出项目

2.4.1 行政管理费

行政管理费是指财政提供的用于行政机关、司法机关和外事机构在行使其特定职能时所需要的各项支出。行政支出是财政支出中重要的经常性支出项目,是各级政府履行社会管理职责的物质保障,是政府向社会公众提供公共服务的经济基础。

1. 行政管理费支出的内容

按支出部门不同,行政管理费可以分为以下几点。

(1)行政经费。主要包括各级政府机关经费、各级人大经费、各党派补助费、政协经费、人民团体补助费等。

(2)公检法支出。主要包括公安支出、安全支出、法院支出、检察院支出等。

(3)外交支出。包括驻外机构经费、出国访问经费、外交招待费、国际组织会议费、捐赠支出以及其他外事经费等。

按用途不同,行政管理费可分为以下几点。

(1)人员经费支出。主要包括工作人员的工资、津贴和福利等费用。

(2)公用经费支出。主要包括公务费、修缮费、设备购置费和业务费。

2. 行政管理费规模变化的一般规律

随着社会经济的发展,经济活动日趋复杂,“公共事务”也日益增多。所以行政管理费的增长是必然的。公检法支出是用于维持社会秩序的。社会经济活动日益复杂,社会交往的规模日益增大,“城市化”的浪潮不可遏止,难以避免犯罪和违法事件的发生以及经济和社会纠纷增多。为了保证社会在法制的轨道上有序地进行,用于维持秩序的机关的扩大以及相应的经费增长是不可避免的。国际交往也会随着经济发展和外事活动的频繁而增多起来,于是,驻外机构的费用、国际交往的支出也将呈不断增加的趋势。将上述各方面总结起来,可以看出,行政管理费不断增长是一个实践可以证实的事实。然而,行政管理支出的绝对数是增长的,但它在财政支出总额中所占的比重却应是下降趋势,世界各国一般都是如此。

3. 我国行政管理费规模

自改革开放以来,我国行政管理费的增长速度不断加快,大部分年份超过了财政支出的增长速度,是财政支出中增长最快的一个项目,占财政支出的比重逐年上升,可以说是呈高速爬升的态势。截至 2010 年,我国行政管理费占财政支出比重将近 20%。我国行政管理费占财政总支出比重的高速爬升与其他国家这一指标的平缓上升或平缓下降形成鲜明的对比。

我国行政管理费高速爬升的原因主要有以下几点。

(1)政府机构膨胀。随着一国经济的增长,完善国内外法律法规以及维护社会秩序的要求随之递增,经济结构以及当事人之间的关系越来越趋于复杂化,将带来经济职能的扩张。所有这些,都有赖于政府部门活动的加强,从而导致行政机构的膨胀,人员配置的增加。再加上国家出台的各项改革措施,工作人员正常升级、升职等,都会使工资、补贴和各项福利支出明显增加。因此,行政支出迅速增加是不可避免的。

(2)财政秩序紊乱。预算编制方法不够科学规范,追加预算的情况频繁发生。行政支出预算编制过程中,由于采取了基数法,具有一定的刚性,不利于支出范围的重新制定和支出结构的优化。财政部门对行政事业单位实行的预算包干,尽管调动了单位节支的积极性,却不利于根据政府职能的转变,进一步对支出范围和结构作出调整。此外,预算外收支、制度外收支、账外账、"小金库"等问题普遍存在,也导致行政支出的扩张。

(3)预算约束软化。支出使用过程存在软预算约束,缺乏竞争和降低成本的动力。我国行政支出是由财政直接拨付给使用单位,各单位又可以对行政支出进行灵活处理,甚至经常挤占、挪用,支出的不透明滋生了大量的腐败行为。

(4)政府部门运作效率低下。从政府部门投入与产出看,我国政府在 1996 年以 1 元的行政经费,创造出 57 元的 GDP。到了 2001 年,这个数字下降为 27 元,政府部门的运作效率越来越昂贵。与世界发达国家相比,我国政府部门的运作成本偏高。以征税为例,1997 年,我国近 100 万税务人员,当年收了近 8 千亿人民币的税收;而美国 10 万税务人员收了 1.7 万亿美元的税收;日本国税局 5 万人,只相当于我国的 1/20,人均征税额却是我国的 8 倍。

控制行政管理费需要从以下几个方面着手。

(1)科学界定政府职能范围。强化政府的法律、经济和社会职能,弱化政府的行政职能。在市场经济中,真正做到不"越位",也不"缺位"。

(2)严格控制机构膨胀和人员增长。按政府履行职能的需要合理确定各级行政机构,严格执行人员编制管理制度,对超编人员一律不核拨经费。

(3)进一步完善公务员制度。深化人事制度改革,引入竞争激励机制,完善公务员制度,建设一个廉洁、勤政、务实、高效的政府。

(4)认真落实政府采购制度。规范政府采购程序,确保政府采购的"公开、公正、公平"。这样,一方面可以节省大量的行政管理费,另一方面可以提高政府的声誉。

(5)改进预算管理,强化预算约束。改进预算编制方法,严格执行预算方案,提高资金使用的透明度,对预算资金进行绩效评估,提高预算资金的使用效率。

2.4.2 国防费

保卫国土和国家主权不受侵犯,是政府的一项基本职能。只要国家存在,国防费就不会从财政支出项目中消失,保证国防支出是财政支出的一项基本职能,建立巩固国防是国防现代化的一项战略任务,是维护国家安全统一、全面建成小康社会的保障。其目标和任务主要包括:巩固国防,防备和抵抗侵略;制止分裂,实现祖国的完全统一;制止武装颠覆,维护社会稳定;维护世界和平,反对侵略扩张。

1. 国防费用支出的主要项目

国防费用支出是用于国防建设和人民解放军方面的费用,主要项目包括:国防费、民兵建设事业费、国防科研事业费、防空经费、军事专项工程和其他费用等。

2. 国防费支出的决定因素

(1)经济水平的高低。国防费支出的规模从根本上说是由经济实力决定的。经济实力越强,用于国防方面的支出就越大,经济实力弱的国家,国防支出往往受到限制。

(2)国家管辖控制的范围大小。一国领土越大,人口越多,国防费开支相应要大一些;反之,则小一些。比如,我国和新加坡国防开支是不可比的,前者往往是后者的100倍以上。

(3)国防政策。一国如果实行的是进攻性的、扩张性的国防政策,军事支出往往很大。第二次世界大战时的日本、德国军事支出占财政总支出的40%以上。目前,美国对外扩张的军事政策,也导致军费比重大。如果实行的是防御性的、中立的、和平共处的国防政策,军事费用就较低。如瑞典、瑞士等国。

(4)国防的政治军事形势。爆发战争或军事对峙时期,国内动乱、内战时期,国防支出往往会大大增加,而和平时期国防支出往往会减少一些。如我国"五五"时期,由于国际政治军事形势比较紧张,国防支出也大规模扩张,随着国际政治军事形势不断缓和,国防支出的规模也逐步下降。

3. 我国的国防费规模

我国国防费占财政支出和GDP的比重见表2-4。

表2-4 我国国防费占财政支出和GDP的比重 单位:%

年份	国防费占财政支出比重	国防费占GDP的比重
1978	14.96	4.60
1980	15.77	4.26
1985	9.56	2.12
1990	9.41	1.56
1995	9.33	1.05
2000	7.60	1.22
2001	7.63	1.32
2002	7.74	1.42
2006	7.73	1.41
2007	7.14	1.38
2008	6.67	1.33
2009	6.32	1.42
2010	5.75	1.29

续表

年份	国防费占财政支出比重	国防费占 GDP 的比重
2011	5. 35	1. 24
2012	5. 33	1. 29

资料来源：历年《中国统计年鉴》

改革开放以来，和平与发展成为时代主题，大搞军备竞赛的格局不复存在，国际形势渐趋缓和。在大规模战争的威胁渐趋减弱的背景下，我国抓住难得的和平时期，将工作重心转移到经济建设上来。出于节省军费开支的考虑，我国在 20 世纪 80—90 年代进行了大规模的裁军活动，裁军规模达到 150 万人以上，这些举动促成了我国国防支出相对规模的减少。

2000 年以来，为了推进军事现代化步伐，我国国防支出有所增加。不过，从总体上说，我国对国防的财政投入仍然是相当有限的。从表 2-4 可以看出，国防支出的相对规模依旧是逐年下降的。与世界主要国家和地区相比，我国国防无论是在绝对规模还是相对规模上都是较低的。如 2003 年，我国国防费仅相当于美国的 5. 69%，日本的 56. 78%，英国的 37. 07%，法国的 75. 94%。

2. 4. 3　文教科卫支出

文教科卫支出是指财政用于文化、教育、科技、卫生、出版、通信、广播、文物、体育、地震、海洋等事业的经费支出的统称。

1. 教育支出

财政的教育支出，也称财政性教育经费。按照来源和负担情况划分，教育支出主要包括财政的预算内教育支出，各级政府征收的用于教育的税费，校办产业、勤工俭学和社会服务收入用于教育的经费以及其他财政性教育经费。

教育分为若干层次，不同层次的教育产品属性不同。义务教育由于其强烈的正外部性及国家法律规定的强制性，一般被视为纯公共物品，由国家免费提供。非义务教育由于其正外部性一般被视为准公共物品，既可以由私人提供，也可以由政府提供。

一般情况下，各国政府在提供教育服务方面发挥主导作用，这主要是因为教育具有以下三个特点。一是当今社会已经进入知识经济时代，科技进步已经成为经济增长的主要动力，而科技进步又源于教育。二是避免因收入差距而形成受教育机会的不公平。如果教育服务主要是由私人部门提供，学费必然被抬高，则收入较低家庭的子女即使天资聪颖也会被拒之于外。而如果主要由政府提供教育服务，就可以为所有社会成员提供同等的受教育机会，从而保证教育机会的公平，并避免流失优秀人才资源。三是教育资本市场的不发达和不完善。对于家庭来说，用于教育的支出是一种人力资本投资，如果低收入家庭暂时无力支付学费，照理可以向金融部门申请贷款。问题是人力资本市场是一个不完全的资本市场，在这个市场中，金融部门与借款者之间的信息不对称，人力资本投资究竟有没有回报或者回报率有多高，事先是难以确定的，因而金融部门不愿轻易发放贷款，由政府主办教育服务并为教育贷款提供担保，则有助于弥补教育资本市场的不足。

近年来，我国财政性教育支出的绝对规模和相对规模不断增加，但仍然没有达到 4% 的目标。

2. 科技支出

科技支出是指财政在科学技术研究方面的专项支出。按照我国财政支出的划分标准，科技支出包括科技三项费用、科学事业费、科研基建费及其他科研事业费。所谓科技三项费用是指国家为了支持科技事业发展而设立的新产品试制费、中间试验费和重大科研项目补助费。所谓科学事业费是指预算中由科技部管理的科学事业费以及我国科学院系统的科学事业费。所谓科研基建费是指科研事业单位基本建设工程及设备更新费。

从研究性质上说，科学研究大致可以分为两种类型，即基础科学研究和应用科学研究。基础科学研究一般构成应用性科学研究的基础，其成果对于社会的发展和进步具有特殊重要的意义。但是，由于基础科学研究一般具有研究成果交易性差、外溢性明显等特征，因此，从事这方面研究的人员难以从市场中获取支持自己研究工作的经济资源。而应用性科学研究往往直接导致新产品、新工艺的发明，在专利制度下；从事这类研究的人员可以将其研究成果拿到市场上进行交易，并从中获取收入。基于以上不同的特点，基础科学研究一般由政府来承办，所需经费主要由财政承担；而应用科学研究则主要由私人承办，所需经费由私人承担。

在现代社会中，科技进步越来越成为经济增长的内在动力。据统计，现代科技进步对经济增长的贡献，已经从 20 世纪初的 5% ~20% 提高到 20 世纪 50 年代后的 60% ~80%，全面超过了劳动力增加和资金增加所贡献的经济增长量，真正成为第一生产力。鉴于科技进步对经济社会发展所起的重要作用，各国用于科学研究方面的政府支出日益增长。然而，我国财政在科技方面的投入缺乏稳定的增长机制，且科技支出的规模相对偏低。如科技支出占 GDP 的比重，发达国家一般维持在 2% 以上，且呈上升趋势，而我国大部分年份一直在 0.5% ~0.7% 之间，只是进入 21 世纪之后才有所增加。这一迹象表明，我国政府已经意识到，财政在科技方面的较低支出，势必影响到科教兴国战略的真正落实，在此背景下，有必要加大对科技的投入。

3. 卫生支出

我国的卫生支出包括卫生事业费、公费医疗经费、计划生育费和中医事业费。

卫生服务可分为医疗服务和公共卫生服务。医疗服务具有私人产品的性质，可以遵循谁看病谁付费的原则，通过市场提供。而其中的公共卫生服务，如社会性的卫生防疫、流行性疾病的预防、职业病的研究等，是着眼于全体社会成员的身心健康而提供的服务，这些服务具有较为明显的外溢性，属于准公共物品或混合产品的范畴，市场上的个人或企业一般不愿意提供或无力提供，它们通常依靠政府专门提供或在政府的资助下提供。

20 世纪 80 年代以前，我国在卫生医疗事业上取得了举世瞩目的成就，曾经被世界卫生组织赞誉为"用最低廉的成本保护了世界上最多人口的健康"。改革开放后，我国建立了遍及城乡的卫生医疗服务体系，消除了一批危害人民健康的烈性传染疾病，居民平均期望寿命、婴儿死亡率、孕产妇死亡率等主要健康指标达到发展中国家的先进水平。然而，随着市场化改革的不断深入，我国卫生事业的发展却有所松动，滞后于经济和其他社会事业的发展，带来的诸多问题日益积累并暴露出来。从投入水平来看，严重落后于世界各不同类型国家。就效率而言，尽管全社会的卫生投入有所增加，但是居民综合健康指标却暴露出严重问题，特别是公共卫生领域，健康指标甚至恶化，已经被控制的部分传染病、地方病开始死灰复燃。就卫生医疗体系的公平而言，不同收入阶层社会成员之间卫生医疗需求的实际被满足程度严重分化,贫困阶层的基本医疗需求由于经济原因而很难得到满足。

2.4.4　政府投资性支出

1.政府投资性支出的特点

政府投资支出包括生产性投资支出和非生产性投资支出两部分。生产性投资包括基本建设支出(生产性支出部分)、增拨流动资金、挖潜改造资金和科技三项费用以及支援农村生产支出。基本建设支出是财政支出的一个重要支出项目。基本建设支出本身也分为生产性支出和非生产性支出两部分,生产性支出主要用于基础设施、基础产业投资;非生产性投资支出主要用于国家机关、社会团体、文教科卫等部门的办公用房建设。

政府投资的特点有以下三点。

(1)政府投资的目的主要是社会效益性。政府居于宏观调控的主体地位,政府投资一般不单纯从经济效益的高低角度来评估和安排自己的投资,如对一些事业单位、管理机关的投资可能是低利甚至是无利的,但政府投资项目的建成,如事业单位、基础设施投资等,具有正的"外部效益",可以极大地提高国民经济整体效益和人民的整体利益。

(2)政府投资项目的大型化和长远性。相对而言,政府的财政资金力量雄厚,且资金来源大部分是无偿的,可以投资于大型项目和长期项目,这一点是私人投资难以达到的。

(3)政府投资是调控经济运行的重要手段。政府财政投资一般要考虑国家调控经济运行的需要,考虑国家的产业政策,重点解决瓶颈制约的部门和行业,以保证国民经济健康、协调、稳定发展。

2.政府投资的领域

从社会固定资产总投资的方向看,政府投资包括以下三大部分。

(1)社会公共需要类项目的投资,包括国防、政府行政机构、公检司法部门的设施、科研、教育、文化、卫生部门设施,以及环境保护和其他城市公共设施等。

(2)经济基础类项目投资,包括能源、交通、邮电和通信业、农业、水利、气象设施及高新技术产业等。

(3)竞争类项目的投资,包括制造业、建筑业、流通仓储业、服务业、金融保险业等。

从市场经济下政府投资的特点和财政支出的范围看,政府基本建设投资主要是前两部分,而第三部分政府投资一般不应介入。就是说政府投资性支出应以社会公益性项目和一部分经济基础类项目为投资范围,一般不应参加竞争类项目投资。这样,既可以防止对市场配置资源不必要的干预,体现市场配置基础性作用,又可以把政府有限的资金集中到必不可少的领域。因此,政府财政性投资主要集中在三大领域。

第一,社会基础设施和公用设施的投资领域。社会基础设施是一国在文化、教育、科技研究、公共卫生等社会发展方面的基础设施。政府财政对这方面进行投资,可以提高社会成员的整体素质,促进社会全面进步。公用基础设施是指构成一国经济发展的外部环境所必需的基础设施,如道路、码头、机场、供水、供气、供热、排水和固体废物处理等。政府对公用基础设施投资,优化外部环境,是促进经济增长必不可少的条件。发展中国家普遍存在公用基础设施滞后的问题。亚洲开发银行专家指出,亚太地区普遍存在公用基础设施落后,建议政府要将基础设施投资由占 GDP 的5%提高到7%,才能跟上经济发展和社会进步的需要。公共基础设施是服务于全社会的,有些是服务于区域范围内经济建设的。它以社会效益为基本出发点,虽然也可以收取一定的费用,但基本上是非盈利性质的,所以主要靠政府财政投资。当然私人企业也可以参与投资,但主要是政府投资。

第二,经济基础产业投资。经济基础产业投资大都是关系国计民生的重要产业,是经济增长必不可少的因素。这类产业资本密集程度高,投资大,建设周期长,投资回收慢。巨额的投资沉淀后较难收回;同时部分产业外部效应明显,存在着无利或低利的情况。鉴于这些特点,对这些经济基础产业,如交通、邮电、水利、通信、能源、军工等,私人投资主体一般不愿意主动进行投资。若没有政府财政投资支出的支持,经济基础产业很难迅速发展,这必然影响整个社会经济的稳定增长。因此,政府应该在较大程度上介入这些产业的投资,同时运用政策鼓励和吸引其他社会资金共同投资。

第三,高新技术产业投资以及重点能源和稀缺资源的开发领域。新兴产业、高技术和高风险产业,是为国民经济提供技术装备,保证国家经济长远发展的新的特殊产业。对一些重要能源和稀缺资源进行开发利用,以及某些垄断产业属于私人无力投资,或不允许私人投资的产业,对此政府必须通过财政投资来实施。

2.4.5 财政支农支出

1. 政府财政对农业投资的必要性

(1)农业是国民经济的基础,工业的发展和繁荣,都离不开农业。只有农村、农业不断发展,农民增收,财政收入才有坚实的基础,消费市场才有广阔的前景。所以政府对农业的财政支出是责无旁贷的。

(2)农业是一个特殊的部门,受地理环境和气候等因素影响较大。为了稳定农业,政府财政应当介入农业投资,促进农业基础设施完善和增产增收。

(3)农业发展的根本途径是提高农业生产率,提高农业生产率的必要条件之一是增加对农业的投入。而目前由于农村收入水平低,靠本身资金无法加大投入,如果政府财政不加大财政投入,农业部门的发展就会受到很大制约。因此,政府财政必须加强对农业这样基础性产业的投资。

2. 我国财政对农业投资概况

“九五”“十五”时期,政府加大了对农业的投入,但仍存在两个问题:一是从绝对额看,财政对农业各项支出逐年增加,但占财政总支出的比重出现徘徊甚至下降的趋势,1999 年以后各年,尚未达 1995—1998 年各年的比重,其中 1998 年为比重最高点,也才只占财政支出的 10.69%(见表 2-5);二是发展农业各项财政支出,投资结构不尽合理,直接用于改善农业生产条件和农民生活条件的基础设施投资比重小,且地区投资不平衡,东部投资比重大于中、西部。

表 2-5 财政对农业各项支出

年代	财政对农业支出总额(亿元)	占财政总支出的比重(%)
1995	574.93	8.43
1996	700.43	8.82
1997	766.39	8.30

续表

年代	财政对农业支出总额(亿元)	占财政总支出的比重(%)
1998	1 145.76	10.69
1999	1 085.76	8.23
2000	1 231.56	7.75
2001	1 456.73	7.71
2002	1 580.76	7.17
2003	1 754.45	7.12
2004	2 357.89	8.28

资料来源:历年《中国统计年鉴》

3. 完善财政对农业的投资政策

在新的形势下,财政部门坚持把支持“三农”作为预算安排和财政工作的重点,健全农业投入保障机制,将财政支援农业生产支出集中用于那些“外部效应”较强、“市场失灵”的领域。诸如农业基础设施建设,大江大河的治理,农业科技的研究开发和推广示范,农业产业化、农业社会化服务体系建设,自然灾害的防御等。2009 年,中央财政用于“三农”方面的支出安排合计 7 161.4 亿元,比上年增加 1 205.9 亿元,增长 20%。

不断完善的财政对农业投资政策,主要表现为以下三点。

(1)加大补贴农民力度。安排粮食直补、农资综合补贴、良种补贴、农机具购置补贴四项补贴共 1 230.8 亿元,增长 19.4%。其中,农资综合补贴拨款 756 亿元,增长 5.6%,大幅增加;农机具购置补贴,拨款 130 亿元,增长 225%,补贴种类由 9 大类扩大到 12 大类,覆盖到全国所有农牧业县;增加农作物良种补贴资金规模,在已实现水稻良种补贴全覆盖的基础上,进一步扩大小麦、玉米等补贴范围,拨款 154.8 亿元,增长 25.4%。支持较大幅度提高粮食最低收购价,增加农民收入。

(2)大力支持发展农业生产。安排用于农业生产方面的支出 2 642.2 亿元。支持有计划、分步骤地推进全国新增千亿斤粮食生产能力建设。对农村低收入人口全面实施新的扶贫政策。推动农业结构调整,支持现代农业发展。加快中低产田改造,增强农业综合生产能力。在稳定现行农业保险保费补贴政策的基础上,研究适当提高种植业补贴比例,稳步增加补贴品种。加强农业基础设施建设,大力支持加快大中型和重点小型病险水库除险加固进度,强化灌区改造和小型农田水利建设。加大农村饮水安全工程和沼气工程投入,再解决 6 000 万人饮水安全问题,增加 500 万农村沼气用户。

(3)支持加快发展农村公共事业。国家不断扩大公共财政覆盖农村的范围,安排农村社会事业发展方面的支出为 2 693.2 亿元。支持繁荣发展农村文化,大力办好农村教育事业,促进农村医疗卫生事业发展,健全农村社会保障体系,加强农村环境建设,实施农村保障性安居工程,加强农村防灾减灾能力建设。此外,主要农产品储备费用和利息等支出安排 576.2 亿元。

2.4.6 社会保障支出

1. 社会保障的概念及特征

社会保障是指政府向丧失劳动能力、失去就业机会、收入未能达到应有的水平，以及由于其他原因而面临困难的公民，给予货币或实物形式的帮助，以保障社会成员能维持最基本生活水平的活动。社会保障是社会发展不可或缺的组成部分，是社会发展的“安全网”和“稳定器”。

社会保障作为一种经济保障形式，具有以下基本特征。

(1)普遍性。社会保障的实施主体是政府，目的是满足全体社会成员的基本生活需要，因此，社会保障的范围覆盖整个社会，任何一个社会成员都不应该被排斥或遗漏在社会保障之外。

(2)强制性。虽然社会保障为全体社会成员提供，但是每个人从社会保障中所获得的收益与支付并不相同，甚至有很大差别。这样，通过成本效益分析之后，有些社会成员就有可能选择不参与社会保障，这显然不利于社会整体利益。因此，任何一个国家都是以立法的形式来保证社会保障参与的强制性。

(3)互济性。在现实生活中，不同的人所面临的风险程度是不同的，有的人面临的风险大，有的人面临的风险小，这就决定了每个人在社会保障中的权利与义务是不完全对等的。而社会保障参与的强制性，使得利益从风险小的人向风险大的人转移，其实质是通过社会保障将个人风险分散给社会。

(4)福利性。社会保障的目的是保障社会成员最基本的生活，从性质上说，它属于全社会公益事业，目的是造福社会，而非出于盈利的目的。因此，社会保障决不能商业化，这是社会保障区别于商业保险的一个重要特征。因此，社会保障基金必须专款专用，不能挪用。

2. 社会保障制度的重要意义

(1)弥补市场机制的失灵。市场经济是一种效率型经济，可以使社会经济资源得到有效的配置，这也是市场为人们称道的原因。然而，市场经济也存在种种缺陷，其中之一就是市场的分配机制必然拉大社会成员之间的收入差距，出现分配不公，甚至使一部分人最终在经济上陷入贫困。市场分配承认要素禀赋所导致的收入分配的差距，在经济的角度来看，这种分配机制可以刺激人们不断开拓创新，勇于进取，对于提高经济效率是有益的；但从社会的角度来看，这种分配机制会使得要素禀赋较差的社会成员，在激烈的竞争中遭到无情的裁决。现代经济社会中，人们已经达成一种共识，即人的生老病死以及人的最低生活需要，不应由市场来裁决，政府应当有所作为。在市场经济体制下，政府虽然不能通过行政手段在初次分配领域干预收入分配，但可以采取收入再分配的措施来缩小收入差距，矫正市场分配的不公。

从政府实施收入再分配的手段来看，税收是一个有力的工具，它可以通过累进制的所得税和财产税，对高收入者课以较重的税，达到“劫富”的效果；社会保障是另外一个有力的工具，通过为低收入群体提供基本生活保障，达到“济贫”的效果。

(2)发挥“内在稳定器”效应。在市场经济体制下，社会保障制度还具有“内在稳定器”的作用。由于社会保障各方面都是制度化的，社会保障的收支便与财政收支以及国民经济的运行构成某种函数关系。基于这种关系，社会保障支出随经济周期而发生反向变化，可能弱化经济周期的波幅。其表现为:在繁荣时期,不但失业准备金增长,而且还对过多的支出施加稳定性的压力;相反,在就业较差的年份,失业准备基金使人们获得收入,以便维持消费数量和减缓经济活动的下降程度。

(3)弥补私人保险市场上存在的种种缺陷。私人保险市场存在一系列的局限性,导致其无法有效地运行,如私人保险市场存在逆向选择和道德风险问题;私人保险市场无法解决个人储蓄不足以及"免费搭车"的问题;私人保险市场难以抵御系统性的风险;私人保险市场无法进行有目的的收入再分配等等。社会保险可以有力地克服这些问题。

3.社会保障制度的主要内容

世界各国所实施的社会保障制度的内容存在很大差异。但综合起来,比较不同国家的社会保障制度,它们大体包括社会保险、社会救济、社会福利和社会抚恤。其中,社会保险在社会保障中处于核心地位,社会救济是最低层次的社会保障,社会福利是社会保障的最高纲领,社会抚恤起着安定特定阶层生活的功能。

1)社会保险

社会保险是指以立法形式,由国家、集体和个人共同筹集资金,以确保社会公民在遇到生、老、病、死、伤、残、失业等风险时获得基本生活需要和健康保障的一种社会保障制度。

社会保险与商业保险的区别主要有以下几点。

(1)社会保险的保险基金除了来自受保人或其就业单位交纳的保费以外,政府还可以给予一定的资助;而商业保险则完全依靠收取保费筹集保险基金。

(2)社会保险的受保人领取保险金的权利与交纳保险费的义务在数量上有一定的对应关系,但这种对应并不像商业保险那样要遵从对等的原则。

(3)社会保险是强制保险,由国家根据立法采取强制行政手段加以实施;而商业保险则一般为自愿保险。

社会保险主要包括以下几项。

(1)养老保险。它是指由政府以立法形式确定的,劳动者在年老失去劳动能力或退出就业领域时享有的退休养老的权利,除企业和劳动者在就业时缴纳的税费外,还可以依靠政府和社会提供的帮助,以维持基本生活水平的一项社会保险制度。在社会保险中,养老保险又处于核心地位。

(2)失业保险。它是由政府以立法形式确定的,劳动者在失业时所享有的权利,除企业或劳动者在就业时缴纳的税费外,还可依靠政府和社会提供的帮助,以维持基本生活水平的一项社会保险制度。

(3)医疗保险。它是由政府以立法的形式确定的,劳动者所享有的疾病预防和治疗的权利,它是以企业和劳动者缴纳税费,以及政府的补助为经费来源的一种社会保障制度。

(4)工伤保险。它是由政府以立法形式确定的,在劳动者因工作而负伤、致残、死亡时,给劳动者本人及其供养者提供物质帮助的一种社会保险制度。

(5)生育保险。它是由政府以立法形式确定的,女工在生育期间中断劳动或工作时给予其帮助的一种社会保险制度。

2)社会救济

社会救济是国家通过财政拨款,向生活确有困难的城乡居民提供资助的社会保障计划。社会救济是一种公民应享受的基本权利,也是国家和社会必须认真履行的最起码的社会保障职责，其目标是克服贫困。从性质上来说，社会救济又包括济贫和救灾两种。其财力主要依靠政府财政拨款，同时鼓励社会捐款和公民互助。

3）社会福利

社会福利是指由政府出资兴办的、以低费或免费形式向一部分需要特殊照顾的社会成员提供货币或实物帮助和服务的一种社会保障制度。它主要包括国家、企业或集体兴办的福利院、敬老院、疗养院、儿童福利院、福利企业等，其目的是使那些无生活来源的孤老残幼能得到基本的生活待遇。

4）社会抚恤

社会抚恤是指对国家和社会有功劳的特殊社会群体给予补助和褒奖的一种制度，主要包括牺牲病故抚恤、定期定量生活补助、残废抚恤、残废人员免费医疗、军烈属疾病减免待遇等。其财力来源主要是政府预算拨款。

4. 养老保险的筹资模式

年老风险具有必然性，养老金开支是社保开支中最大的一个项目。养老保险的筹资模式是个值得关注的问题。纵观世界各国养老保险的筹资模式，可以分为现收现付式和基金式两大类。

现收现付式是指当期的缴费收入全部用于支付当期的养老金开支，不留或只留很少的储备基金。从资金角度来看，现收现付式的养老保险是一种靠后代养老的保险模式，上一代并没有留下养老储备基金的积累，其养老金全部需要下一代人的缴费筹资，实际上这种保险靠的是代际之间的收入转移。

基金式又分为完全基金式和部分基金式两种。完全基金式是指当期缴费收入全部用于为当期缴费的受保人建立养老储备基金，建立储备基金的目标应当是满足未来向全部受保人支付养老金的资金需要。部分基金式则是介于现收现付式和完全基金式之间的一种筹资模式，即当期的缴费一部分用于应付当期的养老金开支，一部分用于为受保人建立养老储备基金。按照世界银行的标准，当一个非完全基金式的养老保险的储备基金可以满足 2 年以上的养老金支出需要时，则属于部分基金式。完全基金式是一种自我养老的保险模式，代际之间不存在收入转移；而部分基金式则是自我养老与后代养老相结合的一种养老模式。

5. 我国的社会保障制度

我国的社会保险制度最初是依据 1951 年政务院颁布的《中华人民共和国劳动保险条例》建立起来的。它与过去高度集中的计划经济体制相适应，尤其是“文化大革命”期间我国社会保险基金的管理工作陷入瘫痪，社会保险变成了“企业保险”。改革开放以来，针对原有社会保险制度的弊端和局限性，国家在社会保险方面进行了一系列改革，特别是在养老、失业和医疗保险制度方面取得了显著成就。但与社会主义市场经济的客观要求相比，我国的社会保险制度仍存在许多问题，需要不断完善。

（1）养老保险制度。1995 年 3 月，国务院下发《关于深化企业职工养老保险制度改革的通知》，要求各地区按照国务院推荐的两个《城镇企业职工养老保险制度改革实施方案》中的一个方案改革本地区的养老社会保险制度。新的改革方案主要有以下几个内容。①保险范围。各类所有制企业的职工，包括国有企业、城镇集体企业、私营企业、股份制企业和外商投资企业的职工，以及城镇个体工商户的帮工，都必须参加社会基本养老保险。城镇个体工商户本人、私营企业主、自由职业者也可以参加养老社会保险。养老社会保险的覆盖面由原来只包括国有企业和一部分城镇集体企业扩大到城镇各类所有制企业，其目的在于破除养老保险在用人单位之间的所有制界限，促进劳动力在各类所有制企业之间的合理流动和优化配置，同时也为各类企业创造一个公平的竞争环境。②保险费用的筹集。养老社会保险的费用由企业和个人共同负担，企业要以本单位全部职工工资总额为基数，按当地政府规定的比例缴纳养老保险统筹费。个人也应以个人缴费工资（个人月工资收入超过当地职工平均工资 200% 或 300% 以上的部分不计入个人缴费工资，低于当地职工平均工资 60% 的按 60% 计入）为基数，按当地政府规定的比例缴费。个人缴费的比率刚开始一般为 3%，以后随着工资收入的增长再适当逐步提高。此外，当养老保险基金发生支付困难时，同级财政要给予适当补贴。新的养老社会保险改革方案中保险费用筹集的最大变化是全部在职职工个人都必须缴纳养老保险费，而在此之前，国家只规定企业的劳动合同制职工个人要缴纳养老保险费。将养老保险的个人缴费制度推广到全部职工，不仅可以消除养老保险制度在用工制度上的差异，而且还有利于真正贯彻养老保险的缴费原则。③养老社会保险基金的设立。为了贯彻“社会互济与自我保障相结合”的原则，新方案中养老社会保险基金的设立采取了社会统筹基金与个人账户相结合的办法。社会统筹由企业缴费筹集。个人养老保险账户的资金来源有两个：一是职工个人缴纳的保险费，二是企业缴费中划转记个人账户的部分。社会统筹基金主要是用于支付原有退（离）休人员的养老金以及实施新方案时已有一定工龄的职工退（离）休后的部分养老金。个人养老保险账户上的储备金用于职工退休后养老金的支付。④养老社会保险基金的运营管理。养老社会保险基金的运营要确保基金的安全和稳定增长，防止由于通货膨胀而使基金贬值，同时还要优化投资结构，降低投资风险。根据国家规定，目前各地养老保险基金收支相抵后的余额，除满足两个月的支付费用外，80% 左右应投资购买国家发行的社会保险基金特种定向债券。养老保险基金运营所得到的收益，全部归入养老保险基金。

（2）失业保险制度。我国的失业保险制度是在 1986 年国务院发布《关于国营企业职工待业保险暂行规定》之后建立起来的。目前，失业保险主要在国有企业中实行，但一些地区尤其是沿海地区的集体企业也参加了失业保险。失业保险的资金来源主要是企业缴纳的失业保险费。企业要按本单位职工工资总额的 0.6% ~1% 向社会保险机构缴纳失业保险费。具体的缴费率由企业所在地（省、自治区、直辖市）社会保险机构根据本地的失业状况确定。失业保险计划发生困难时，由地方财政给予补贴。按照国家规定，下列职工在失业期间可以从失业保险计划中领取失业救济金及其他补助费：宣告破产的企业的职工；濒临破产的企业法定整顿期间被精简的职工；企业中止或解除劳动合同的职工；企业辞退、除名、开除的职工；按国家有关法规撤销、解散的企业的职工；按照有关规定停产、整顿的企业被精简的职工；按照法律规定可以享受失业保险的其他职工。失业救济金依据当地社会救济标准的 120% ~150% 按月发放。职工从社会保险机构领取失业救济金的最长期限为 2 年，超过 2 年仍没有机会就业的，可根据当地的具体规定转入民政部门的困难救济。

（3）医疗保险。长期以来，我国的医疗社会保险（国有企业的医疗保险称为“劳保医疗”，国家机关的医疗保险称为“公费医疗”）一直以个人免费医疗为特征。由于医疗费由国家、企业包揽，缺乏有效的制约机制，因而药品浪费的问题十分突出。另外，由于我国原有的医疗保险制度缺乏合理的医疗经费筹措机制和稳定的医疗费用来源，所以当企业经营发生困难时，职工便可能失去基本的医疗保障。经济改革以后，我国许多地区和企业对医疗保险制度进行了多种形式的改革探索，虽取得了一定成效，但原有制度根本性的缺陷还没有得到解决。为了彻底解决医疗保险制度存在的问题，国家今后将为城镇所有劳动者逐步建立起社会统筹医疗基金与个人医疗账户相结合的医疗社会保险制度。新的医疗保险制度的主要内容是以下几点。①医疗保险费用的筹集采用由用人单位和职工共同缴纳的办法。职工个人的缴费比例随着经济发展和工资增加在逐步提高。②职工个人缴纳的医疗保险费以及用人单位为职工缴纳的医疗费的大部分（不低50%）将记入个人医疗账户，用于支付个人的医疗费用。用人单位为职工缴费的其余部分则进入社会统筹医疗基金，由当地社会保险机构集中调剂使用。③医疗费用首先从个人医疗账户支付，个人医疗账户不足时，先由职工自付，然后再按一定的标准从社会统筹医疗基金中报销一部分，不予报销的由个人负担医疗费。

(4)社会救济。我国的社会救济由政府部门进行管理，内容主要包括以下几个方面。①城乡困难户救济。这是指向城镇居民中无生活来源的孤、老、残、幼和收入不能维持基本生活的贫困户，以及农村中主要劳动力病残或死亡的家庭，提供定期或临时性补助。②农村“五保户”救济。这是指对农村中一部分“五保户”（即享受保吃、保穿、保住、保医、保葬的孤寡老人、残疾人）的分散供养提供定期定量资助。③灾民救济。这是向遭受严重自然灾害而遇到生活困难的城乡居民提供必要的资助。

(5)社会福利。国家民政部门提供的社会福利主要是对盲、聋、哑和鳏、寡、孤、独的社会成员给予各种物质帮助，其资金大部分来源于国家预算拨款。在各项民政社会福利项目中，社会福利院（孤儿院、敬老院、精神病福利院等）、烈属和残废军人抚恤金计划以及孤老复员军人定期定量补助计划属于社会福利。

2.4.7 财政补贴支出

1. 财政补贴的性质

财政补贴是国家为了某种特定需要向企业或居民提供的无偿补助或津贴。这是一种影响价格变动，从而可以改变资源配置结构、供需结构的政府无偿性支出。政府的财政补贴同社会保障支出同属于转移性支出，二者的区别表现在财政补贴与价格变动有直接关系；社会保障支出与产品和劳务价格不发生直接联系，只有一定的间接关系，如人们获得社会保障收入后可以用于购买，使购买商品的价格发生变化，但这种变化是间接的；而财政补贴能直接影响商品价格变动或者商品价格变动直接引起财政补贴。

2. 财政补贴的内容

财政补贴的内容可以从不同的分类角度进行考察。比如，按补贴环节来分，财政补贴包括生产环节补贴、流通环节补贴、消费环节补贴；按补贴对象划分，财政补贴可分为企业补贴和个人补贴；按补贴的经济性质划分，财政补贴又可分为生产补贴和生活补贴。根据国家预算对财政补贴的分类，目前我国的财政补贴有以下内容。

(1)价格补贴。价格补贴主要包括国家为安定城乡人民的生活，由财政部门向企业或居民支付的、与人民生活必需品和农业生产资料的市场价格政策有关的补贴。价格补贴按产品的类别划分，具体包括以下几个项目：农副产品价格补贴；农业生产资料价格补贴；日用工业品价格补贴；工矿产品价格补贴等。

(2)企业亏损补贴。企业亏损补贴又称国有企业计划亏损补贴，主要是指国家为了使国有企业能够按照国家计划生产、经营一些社会需要,由于客观原因使生产经营出现亏损的产品,而向这些企业拨付的财政补贴。导致企业计划亏损的原因主要是产品计划价格水平偏低,不足以抵补产品的生产成本。此外,企业的技术设备落后、供销条件不利等也是造成企业计划亏损的重要原因。

(3)财政贴息。财政贴息是指国家财政对使用某些规定用途的银行贷款的企业,就其支付的贷款利息提供的补贴。它实质上等于财政部门代替企业向银行支付利息。根据规定,财政贴息用于以下用途的贷款:①促进企业联合,发展优质名牌产品;②支持沿海城市和重点城市引进先进技术和设备;③发展节能机电产品等。在具体做法上,财政贴息有半补贴和全补贴两种。

除了以上三项国家预算中列明的财政补贴以外,财政支出中还有一些补贴性质的支出。这类补贴支出隐含在其他预算科目中。例如,房租补贴就是一项很重要的财政补贴。由于我国对职工住房实行低租金制,房租远不能抵补住房的维修管理费用,因此国家每年要拿出一部分资金补贴住房的维修管理费用,从而形成房租补贴。产权属于城市房管部门或行政事业单位的住房,其房租补贴由财政部门在行政事业费支出中拨付。另外,财政对煤气、自来水、公共交通等低收费的城市公用事业的补贴也属于这类性质。

3. 财政补贴的必要性及其功能

财政补贴是调节经济的工具之一,其存在有着客观必然性。在市场经济不发达的社会中,财政补贴主要是纠正不合理的价格结构,有助于价值规律正常发挥作用。如我国目前的粮棉油价格补贴、肉食价格补贴。

平抑物价补贴就是为了调整不合理的价格结构,维持社会安定和促进经济平稳运行。为保持经济稳定和资源有序流动,同样需要借助财政补贴。欧共体坚持对农副产品补贴就是明显的例子。所以,财政补贴不论是非市场经济国家还是市场经济国家都是必要的。

财政补贴的功能主要通过影响价格水平进而影响和改变需求结构、供给结构。合理有效地利用财政补贴手段对调整和改变供求结构能起到一定的积极作用。

如我国自2007年开始的"家电下乡"政策是当前经济形势下扩大内需的一项重要举措,也是一项创新。通过对农民购买家电予以一定比例的财政补贴,有利于提高农民的消费能力,扩大农村消费,改善农民生活条件,带动家电企业生产,促进产业结构优化与升级,完善农村流通体系。2008年,在山东、河南、四川三个试点省份,家电销售量同比增长近40%,增幅提高30%,"家电下乡"产品成为农民的首选,受到农民的广泛欢迎,农村家电销售服务体系也得到了明显加强和完善。据测算,"家电下乡"在全国推广和增加补贴品种后,通过财政补贴政策的带动,补贴政策实施四年预计累计可实现销售约7亿台(件),拉动国内消费约21 000亿元。

4. 我国现行财政补贴存在的问题及其改革

(1)财政补贴目前存在的问题。财政补贴规模过大,财政负担沉重;长期补贴使受补贴企业产生依赖思想,不利于市场公平竞争和资源合理配置,甚至起到保护落后的作用;某些补贴不当,扭曲了正常的价格结构,使价格偏离价值,处于扭曲状态,刺激了不合理消费;长期过多、过广的补贴,人为地扩大政府调节面,缩小市场活动覆盖面,不利于市场经济转轨。

(2)财政补贴制度的改革。第一,大力压缩财政补贴范围,严格限定补贴项目。主要是改变农业补贴方式,取消部分农产品价格补贴,取消绝大部分工业企业亏损补贴,限定公用事业补贴项目。减少以至取消城镇居民的物价补贴。第二，改造财政补贴方式，加强财政补贴管理，变“暗补”为“明补”。第三，控制财政补贴规模，减轻财政补贴负担。第四，改革财政补贴制度的配套措施。建立以市场价格为主体的价格体系和有效的政府宏观调控体系。

课后练习题

一、名词解释

1. 财政支出　2. 瓦格纳法则　3. 梯度渐进增长　4. 行政管理费　5. 国防费　6. 政府投资　7. 社会保障　8. 财政补贴

二、简答题

1. 财政支出规模发展变化的一般趋势是怎样的？
2. 我国财政支出规模发展变化的特殊性及其原因。
3. 我国行政管理费居高不下的原因。
4. 财政用于三农支出的必要性。
5. 社会保障制度的重要意义。

第 3 章　财政收入

学习目标：

1. 了解财政收入的规模；
2. 了解现阶段我国的财政收入状况；
3. 理解财政收入的原则和意义；
4. 掌握财政收入的概念。

3.1　财政收入的形式和构成

3.1.1　财政收入的概念

财政收入是指政府为了满足公共需要，提供公共物品，通过各种途径从国民收入中集中的一部分收入。把握这一概念，可以从静态和动态两个不同角度理解。从静态分析，财政收入所代表的是政府维持自身正常运转、从事各种社会公共活动的物质基础，即一定量的货币收入。从动态上看，可以把财政收入理解为政府运用各种手段从社会筹集财政资金的过程。

这个过程实际上就是在政府与非政府部门之间配置资源的过程。在社会资源总量既定的情况下，政府筹集的财政收入越多，留给社会的就越少。资源在政府与非政府部门之间的配置孰多孰少，则直接取决于政府的财政收入政策与制度。从理论上研究财政收入时，往往是静态与动态相结合。一方面，要从静态对表现为一定量资金的财政收入进行研究。例如，考察一国政府财政收入的内容与形式，考察财政收入规模与政府职能之间的关系以及财政收入规模与社会经济发展之间的关系等问题。另一方面，也需要从动态上研究财政收入，例如，考察政府如何制定有关财政收入的制度与政策，财政收入筹集活动的运作过程以及政府对该过程的管理等。

政府对财政收入的形式在一国社会经济发展的不同阶段有所不同。政府筹集财政收入用于安排财政支出，从而保证政府例行职能。所以，财政收入是衡量政府财力的主要指标，是政府例行职能的财力保证。

3.1.2　财政收入的形式

财政收入的形式是指按一定标准对财政收入进行的分类，不同的财政收入形式反映政府不同收入的来源和性质。按照 2007 年起实行的收入分类方法，我国财政收入的形式主要有以下几类。

1. 税收收入

税收是国家凭借政治权力强制、无偿地取得财政收入的手段。国家财政的支出，绝大部分属于无偿性的支出，而税收的强制、无偿性使它最适合于为政府筹集财政收入。因此，在世界各国，税收都是政府取得财政收入的主要工具。

税收历来是国家财政收入的基本形式，是国家机器赖以存在的经济基础，原因如下。

(1)由于税收具有强制性、无偿性和固定性的特点，它可以为财政取得稳定可靠的收入，也就是说，税收能够作为国家财政收入的可靠性保证。

(2)税收是重要的经济“指标器”，能够反映经济变化的动向，并成为政府调节经济的重要手段。一般来说，当经济发展较快、生产增加时，税收就增加；反之，税收就减少。税收的增减变化和经济的发展是同方向的。

(3)税收除了能反映经济的变化外，还能充当经济杠杆调节经济。例如，税收可以通过调节分配关系来改变纳税人的负担，以达到一定的目的。在市场经济条件下，利用税收调节经济是市场经济国家的普遍做法，税收是调节经济的重要杠杆。

目前，税收收入占我国财政收入的90%左右，是财政收入的最主要的形式。2010年我国的财政收入为83 080亿元，其中，税收收入73 202亿元，占财政总收入的比重为88.1%。

2. 社会保险基金收入

社会保险是由政府举办的主要由企业和职工缴费筹资的社会保障制度，其缴费收入是政府重要的财政收入。从性质上看，社会保险基金收入具有“捐”的性质，它是一种强制性的专款专用的财政收入形式，其收入要专项用于社会保险制度的开支。目前我国的社会保险基金收入按项目划分为基本养老保险基金收入、失业保险基金收入、基本医疗保险基金收入、工伤保险基金收入和生育保险基金收入。其中每个保险基金收入项目中又包括保险费收入、财政补贴收入和基金的其他收入(主要是基金的利息收入)。

3. 非税收入

非税收入是国家依据法律法规，向单位和个人收取的各种费用。1999年以来，国家对非税收入采取了“收支两条线”管理，建立了“依票管收、银行代收、收缴分离、财政统管”的管理模式。即所有非税收入的取得都必须使用由财政部门统一印制或监制的票据，缴款人持执收部门开出的缴款通知到财政部门指定的代收银行缴款，执收部门不涉及资金管理，代收银行收到的缴款全部纳入财政预算或财政专户进行管理，并通过部门预算安排相关支出。

非税收入的种类比较多。目前已经纳入一般预算管理的非税收入大致可以分为六大类。

(1)专项收入。专项收入主要包括排污费收入、水资源费收入、教育费附加收入、矿产资源补偿费收入、探矿权采矿权使用费及价款收入、国家留成油销售后上缴收入等。

(2)行政事业性收费收入。行政事业性收费收入又称规费收入，是指国家机关或政府部门依据国务院、国务院有关部门或地方政府的法规或者规定，在向居民或单位提供某些服务时收取的工本费和手续费等。例如，公民出入境证件费、诉讼费、公证费、企业注册登记费、商标注册费、人才活动中心收费、普通高中学费、采矿登记费、房屋所有权登记费、婚姻登记证书工本费等。

(3)罚没收入。罚没收入是指各级政府的执法机关依法收缴的罚款(罚金)、没收款、赃款以及没收的物资和赃物的变价收入。它具体又包括公安罚没收入、法院罚没收入、工商罚没收入、税务罚没收入、海关罚没收入、卫生罚没收入、交通罚没收入、审计罚没收入、保监会罚没收入、证监会罚没收入、缉毒罚没收入等。

(4)国有资本经营收入。国有资本经营收入是指人们经营、使用国有财产等而向政府上缴的收入。它包括国有企业向政府上缴的国有资本投资收益(利润、股息、红利以及国有资产的出租收入)、国有企业计划亏损补贴及产权转让收入。国有企业计划亏损补贴实质上是政府的一项开支,但在账目上是作为预算收入退库来处理的,这样该项支出在预算上就表现为一种负的财政收入。

(5)国有资源(资产)有偿使用收入。国有资源(资产)有偿使用收入是指政府有关部门向企业或个人有偿转让国有资源(资产)而收取的使用费收入。它包括海域使用金收入、场地和矿区使用费收入、非经营性国有资产出租收入和利息收入等。其中的利息收入是指国库存款利息收入、财政专户存款利息收入、有价证券利息收入及其他利息收入。

(6)其他收入。此外,非税收入还包括未纳入一般预算管理中的政府性基金收入。政府性基金收入是指各级政府及其所属部门根据法律、行政法规以及中共中央、国务院有关文件规定,向公民、法人和其他组织无偿征收的具有专项用途的财政资金。它包括农民还贷资金收入、能源建设基金收入、库区维护建设基金收入、养路费收入等四十多项。从国家预算的编制来看,政府性基金收入目前不是一般预算的收入科目,而是基金预算的收入科目。

4. 贷款转贷回收本金收入

这项收入包括贷款回收本金收入和转贷回收本金收入两部分。贷款回收本金收入主要是各级政府收回的技改贷款及其他财政贷款的本金收入。转贷回收本金收入是指政府部门向外国政府、国际金融机构借款后转贷给地方政府、相关部门或企业而在其到期后回收的本金收入。

5. 债务收入

债务收入是指国家通过发行公债(包括债券和借款两种形式)而取得的财政收入。由于债务收入是国家凭借国家信用方式筹集的,所以,它不具有税收的无偿性特征,而是一种必须偿还的收入。这样,债务收入就不应作为政府的正常财政收入来看待。正因为如此,目前我国单独编制债务预算,债务收入是债务预算唯一的科目。债务收入形式包括:国内债务收入(国库券);向国外政府、外国银行或国际金融机构获得的借款收入;在国外发行债券取得的收入;向国内银行借款取得的收入等。

需要说明的是,由于我国仍处于经济体制转轨时期,财政收入项目经常有所变动,特别是收费项目繁多,管理方式不一,财政统计还不够规范,于是形成收取依据、使用权归属和管理方式不同的多种收入,如财政收入、政府收费(包括政府性基金)、预算外收入、社会保障收入、制度外收入等,因而为了对财政收入进行科学和准确的分析,有必要明确这些称谓不同的收入的口径,并将这些称谓不同的收入按管理方式的不同进行分类。按财政资金的管理方式不同,可区分为预算内和预算外两类。目前,我国财政统计中的“财政收入”一词,按其统计途径仅涵盖由税收的收费(包括政府性基金)组成的预算内收入,预算外收入是和预算内收入相对应的,在资金性质上明确属于财政性资金,但目前实行“收支两条线”管理,与未纳入预算内收入同级。还有社会保障收入,虽然明确按预算外资金管理方式管理,但也未纳入预算外资金收入统计。在经济分析中还经常提到制度外收入,则是指预算之外的滥摊派、滥收费。

3.1.3 财政收入的构成

分析财政收入的构成是为了研究影响财政收入的各种因素,揭示财政收入的变化规律,探求协调财政分配关系和增加财政收入的途径。财政收入可以从不同的角度进行分类,因而有不同的构成。一般来说,财政收入主要有价值构成、产业构成和所有制构成。

1. 财政收入的价值构成

市场经济条件下的财政分配是价值分配。财政收入归根到底来源于劳动者在物质生产领域生产的社会总产品的价值。一般来说,社会总产品的价值由补偿产品的价值、必要产品的价值和剩余产品的价值三部分构成,即由C、V、M三个部分构成。

(1)作为补偿产品的价值C。社会产品中补偿产品的价值,是产品生产过程中消耗的生产资料转移的价值。它包括两部分:一部分是补偿消耗掉的劳动对象的价值,即以原材料等投入生产,又通过产品销售收入获得的价值,它不能由社会集中成为财政再分配的对象,不能构成财政收入的来源;另一部分是补充消耗掉的劳动资料,及固定资产耗费的价值,它形成固定资产折旧费(基金)。折旧基金只是在原有的范围内进行周转,用于补偿已消耗掉的固定资金。因而,它既不能成为消费基金的来源,用来提高社会消费水平,也不能用于积累。也就是说,折旧基金与剩余价值具有完全不同的性质,如果把折旧基金作为财政收入用于再分配,必然会使一部分固定资产得不到补偿。

(2)作为必要产品的价值V。必要产品的价值用于补偿直接生产过程中的活劳动消耗,是以劳动报酬形式支付给各种劳动者的个人消费基金,一般表现为工资。它应当成为财政收入的重要来源。因为,在社会主义市场经济条件下,个人消费品的分配存在着由于对生产资料占有关系上的不平等所带来的分配上的不平等现象。为了防止出现社会分配上的不公平现象,国家通过开征个人所得税,在国民收入分配中强化政府再分配机制的作用,通过财政税收杠杆有效地调节和控制个人收入分配中的平均主义及收入过分悬殊现象。在我国实行低工资制度时期,V作为财政收入几乎为零。随着劳动者收入的提高,以及我国个人所得税与公债制度的不断完善,来自V的收入将不断增加。

(3)作为剩余产品的价值M。剩余产品的价值是由生产部门创造出来的,国家通过税收形式集中归社会支配可用于整个社会扩大再生产的价值部分。我国财政收入主要来源于剩余产品的价值M,这是由M自身的特点及财政资金用途的特点决定的。M是扣除物化劳动和活劳动消耗以后的价值部分,它可以归社会支配,用于消费或进行积累以扩大再生产,因而,它可以作为财政收入的主要源泉。同时,财政为了保证国家例行其经济、政治和社会职能,必须建立社会扩大再生产基金、后备基金和社会共同消费基金,这些基金的性质决定了财政收入的主要来源只能是M。M作为财政收入的主要来源,绝大部分体现为国有企业上缴的税利和其他经济成分上缴的税收,这是我国财政收入的一大特点。

由上可知,在社会产品的价值中,C不能构成财政收入的来源,V的一部分可以构成财政收入的来源,但所占的比例不大,财政收入的主要来源是M。因此要增加财政收入,必须将重点放在提高经济效益、增加剩余产品价值上面。

2. 财政收入的产业构成

一个国家的产业结构决定着财政收入的生产部门结构。现代产业结构分为第一产业、第二产业及第三产业。按产业划分,财政收入可分为来自第一产业的财政收入、来自第二产业的财政收入和来自第三产业的财政收入。财政收入按产业划分,计算各产业提供财政收入所占的比例多少,既可反映产业结构合理与否和经济发展水平高低及来自各产业的财政收入多少的关系,又可反映各产业的经济效益好坏和利润水平高低的关系,为财政从宏观上调控各产业提供一定的依据。

(1)第一产业是财政收入的基本源泉。第一产业是指农业等凭借自然资源为人们提供基本生活资料,为国民经济提供原材料的行业。由于此产业投资大、周期长,受自然影响大,积累率低,因此,其所提供的财政收入总额中所占的比例不大。但是第一产业为国民经济提供的原材料、燃料、食物等,又是后继产业的前提和基础。从这个意义上说,第一产业是财政收入的基本源泉。尤其是农业,由于它是国民经济的基础,因而对提供财政收入的意义也极为重要。

农业是国民经济的基础,也是财政收入的基础。农业对财政的直接贡献主要是农业各税上缴,但随着工业化的进程,农业税占税收收入的比重逐步下降,1978 年,农业税占财政收入的 2.5%,占税收收入的 5.2%,到 2004 年,农业税仅有 242 亿元,仅占财政收入的 0.9%,占税收收入的 1%。特别是国家为了减轻农民负担,2004 年起取消了除烟叶外的农业特产税,2006 年起全面取消了农业税,这样从表面看起来农业对财政的贡献并不大,但农业部门除了农业各税之外还有一个对财政做贡献的间接渠道,这就是所谓的工农业剪刀差。由于许多农产品是工业品的原材料,而农产品的价格往往较低,特别是计划经济时期有的甚至低于成本,这样农业部门的一部分利润实际上就通过工业部门的利润上缴转移到了财政手中。农业通过这种间接渠道上缴的财政收入不可低估。

(2)第二产业是财政收入的主要来源。第二产业主要有加工工业、建筑业等。它是财政收入的主要来源。这是因为第二产业主要是工业部门,其技术装备具备现代化水平、劳动生产率和积累率都较高,因而对财政收入规模的大小起着决定性的作用。在第二产业中,轻工业占国家财政收入的比例较大,这是由轻工业具有投资少、建设快、生产周期短、盈利多的特点所决定的。重工业和轻工业相比,由于其自身的特点,在增加财政收入方面远不及轻工业见效快,但是一旦投入生产,特别是基础工业,它在国民经济中所起的作用却是十分巨大的,对增加国家的财政收入所做的贡献也十分突出。在市场经济条件下,随着现代企业制度的建立,劳动生产率的不断提高,第二产业提供的财政收入在财政收入总量中所占的比重将会进一步提高。

(3)第三产业提供的财政收入逐步增加。第三产业是指第一、第二产业以外的各种社会服务行业,包括商业、服务业、交通运输业、金融保险业、旅游、饮食、邮电、文教、医疗、科技等行业。

随着经济的发展,人民生活水平的不断提高,第二产业的发展前途是巨大的,它在满足人们生活需要的同时,也通过收入再分配的形式为财政提供收入。第三产业财政收入,一部分是由该产业的物质生产部门职工的劳动所创造的价值,另一部分是由第一、第二产业的劳动者所创造的价值转化而来的。随着第三产业在国民经济中所占比例的逐步增加,它为财政提供的收入也将会逐步增加。

3. 财政收入的所有制构成

财政收入的所有制构成是指来自不同经济成分的财政收入所占的比重。这种结构分析的意义,在于说明国民经济所有制构成的财政收入规模和结构的影响,以便采取相应的有效措施增加财政收入。财政收入来源的构成，受当时社会经济结构等方面的制约，以一定的生产资料所有制为基础。在社会主义条件下，财政收入主要来自社会主义国有经济和集体经济创造的收入。但在不同时期，财政收入来自各种所有制的比例结构有所不同。

我国自改革开放以来，所有制结构发生了重大变化，由过去的“一大二公”、国有经济占主导地位，变为国有、集体、民营、个体、外资等多种经济成分共同发展，相应地，我国财政收入来源的所有制结构也发生了很大变化。这种变化突出表现在国有和集体经济上缴财政收入的占比大幅度下降，而外资、股份制等其他经济成分上缴的财政收入占比大幅度提高。

3.2 财政收入的规模分析

财政收入规模是指一个国家在一定时期内的财政收入总水平。它一般用财政收入占当年 GDP 的比重来表示。该比重越高，表明一国的财政收入规模越大。财政收入规模通常被作为衡量一国政府财力的重要指标，在很大程度上反映了政府在社会经济活动中提供公共物品的数量。保持财政收入持续增长是现代社会加强政府职能的需要，也是一国政府的长期目标。

财政收入规模的大小，影响着国家的宏观调控能力，关系着国家的经济建设和发展速度，因而财政收入规模的大小要满足国家宏观调控的需要，要能够维护和保证国家经济持续稳定的发展。财政收入规模过大或过小，都会对一国经济产生不利影响。财政收入的规模大，则国家宏观调控能力强，对国家组织经济建设有利；但财政收入规模过大，就会使财政收入的义务缴纳者负担过重，压缩社会居民与企业消费水平，又会影响企业的扩大再生产能力，对经济发展产生不利影响；而财政收入规模过小，就会减弱国家的宏观调控能力，影响政府提供适量的公共物品以满足公众的需要，从而也会对经济发展产生消极影响。因此，科学合理的财政收入规模必须以促进国民经济持续、稳定、协调发展为前提，并根据其自身的客观规律和当前的经济发展水平来确定。

财政收入规模大小受许多因素的影响和制约，主要有经济发展水平、国家职能范围、分配制度和分配政策以及价格水平等因素。

3.2.1 经济发展水平

经济发展水平的高低是一个国家社会产品丰裕程度和经济效益高低的概括说明，它一般用人均国民生产总值来反映。一国的人均国民生产总值较高，表明该国的经济发展水平相对较高，经济发展水平高，人均国民生产总值大，则为增加财政收入规模奠定了基础。可以说，经济发展水平是制约财政收入规模的一个最综合、最基础的因素，这即是人们通常所说的经济决定财政的问题。财政收入最终要来自社会总产品，经济发展水平提高了，社会产品丰裕了，可供财政支配的部分也就可以相应增加。从世界各国的发展现状看，无论是绝对额还是相对数，发达国家的财政收入规模都高于发展中国家的财政收入规模。

在市场经济条件下，财政与经济的辩证关系可概括为一句话：经济决定财政，财政反作用于经济。这一辩证关系也适用于财政收入与经济发展。

经济发展水平的高低直接决定了财政收入规模的大小。在正常情况下，生产发展的速度越快，经济效益越高，那么财政分配的数量增长也就越快。

经济结构决定财政收入结构。从产业结构来看，由于各个产业部门的结构构成不同，其盈利水平也不同，因而在同样的生产规模和增长速度的条件下，不同的产业结构导致不同的财政收入状态。从生产力的地区布局来看，由于历史等多方面的原因，我国不同地区的盈利水平也是不相同的，这必然决定着财政收入的区域结构的不同。从生产资料所有制结构来看，改革开放后，我国出现了以国有经济为主导的多种经济成分并存的社会经济结构，而且随着社会主义市场经济体制的建立，其他经济成分不断发展，财政收入结构逐渐变为国有经济和非国有经济并重。

财政收入对经济发展具有反作用。在计划经济体制下，财政资金积累的规模直接制约着全社会扩大再生产的规模和发展速度。市场经济中财政对经济的反作用力虽然不如计划经济时期那么直接和强烈，但仍具有一定的反作用力，体现在：①财政所能集中的财力大小，直接决定财政宏观调控能力的强弱，进而间接影响经济发展水平的高低；②我国长期面临着基础产业、基础设施、高新技术产业发展滞后，重点建设资金不足的问题，如果有充足的财力，财政就会加大对这些领域的投资，从而优化我国产业结构，促进经济发展水平的提高。

3.2.2　国家职能范围

国家取得财政收入是为了履行其职能，显然国家的职能范围越大，需要筹集的财政收入规模也就越大。所以，国家的职能范围是决定国家财政收入规模的直接因素，这可从西方国家财政收入的规模发展变化清楚地看出。在资本主义发展的早期，国家的职能范围十分有限，国家的职责主要是国防以及维护国内法律秩序，因而有“守夜人”之称。在这种“越小的政府是越好的政府”的观念下，自然是“花钱越少的政府是越好的政府”。在这种情况下，西方国家当时的财政收入一般都占不到国内生产总值的10%。随着工业化和城市化的发展，社会要求政府提供社会福利和社会保障的呼声日益高涨，到了19世纪后期，西方国家开始陆续实行社会保障制度，以后由于政府经济等原因，西方国家政府担负的社会福利职能越来越大，相应地，各国政府的财政收支规模也不断攀升。目前，西方国家的财政收入占国内生产总值的比重一般都在30%以上，有的甚至高达50%，其财政收入的40%多是用于社会福利和社会保障方面的开支。

3.2.3　分配制度和分配策略

影响财政收入规模的另一个重要因素是收入分配政策，它是一国政府对收入再分配所采取的改革措施。若一国在收入分配中追求公平，政府就会掌握较多的财力，加大收入再分配的力度，因而政府的财政收入规模也就较大。

一般而言，计划经济体制较之市场经济体制更强调收入分配的公平，因此在其他条件相同的情况下，前者的财政收入规模会更大一些。改革开放以前，我国对国民收入分配实行的是国家预先扣下大部分，剩余部分再分配给社会成员的分配政策。这种分配政策可以使国家集中较多的财政收入，因而，财政收入占国民收入的份额较大。改革开放后，我国的分配政策发生了变化，国家对国民收入少扣或不扣，较多的部分分配给社会成员。同时对国家提供的公共服务，如住房、医疗等实行有偿服务。在这种分配政策下，由于国家集中的收入较少，财政收入占国民收入的比例必然会下降。但是，这种分配政策有利于调动生产者的积极性和提高经济效益，因此，从长远看，最终会使财政收入的规模增大。

在农村改革方面,国家多次大幅度提高农副产品收购价格,从而使农民个人的收入水平有了一定的提高。上述一系列改革政策的出台,使原有的国民收入分配格局发生了重大变化。政府财政收入占 GDP 的比重由 1978 年的 31.1% 下降到 1995 年的 10.3%,2007 年为 20.6%。由于 20 世纪 90 年代中期国家提出"振兴财政"的口号,因此自 1996 年以来,我国财政收入占国民收入比重下滑的趋势开始得到扼制,财政收入占 GDP 的比重开始逐年攀升。与此同时,个人收入占 GDP 的比重则由 50% 上升到将近 70%,提高了 20%;企业收入所占的比重也由 18% 上升为 22%。很明显,改革开放以来我国财政收入规模的下降与国民收入分配政策的变化是分不开的。

3.2.4 价格因素

财政收入是一定量的货币收入,是在一定的价格体系下形成,同时又按一定时点的现价计算的。因此,由价格变动引起的实际收入的变化也就成为影响财政收入规模的一个不容忽视的因素。财政收入是按照当年的现行价格水平计算出来的。这样,在其他条件一定的情况下,某个财政年度的价格水平上升,该年度的名义财政收入就会增加。但这种财政收入的增加完全是由于价格水平上升造成的,并不代表财政收入的真正增长。也就是说,这时名义财政收入虽然增加了,但实际财政收入并不一定增加。这里所谓的名义财政收入,是指当年在财政账面上实现的财政收入;而实际财政收入则是指财政收入真正代表的商品物资的数量,在价值上它可以用按不变价格计算的财政收入量来表示。

价格水平对财政收入的影响有三种情况:

(1)价格水平的增长率超过名义财政收入的增长率,则实际财政收入水平下降;

(2)价格水平的增长率低于名义财政收入的增长率,则实际财政收入水平提高;

(3)价格水平的增长率与名义财政收入的增长率相同,则实际财政收入水平不变。

当然,也可以采用 GDP 平减价格指数来分析价格水平变动对实际财政收入水平的影响。具体的计算方法是:

$$\text{GDP 平减价格指数} = \frac{\text{名义 GDP(按当年价格计算)}}{\text{实际 GDP(按不变价格计算)}}$$

$$\text{实际财政收入} = \frac{\text{名义财政收入}}{\text{GDP 平减价格指数}}$$

因而,物价水平上涨对财政取得收入并不一定有利。但如果物价上涨是由于财政赤字,中央银行被迫发行货币弥补赤字而引起的,那么这时的通货膨胀对财政来说是有利的。因为财政在引发通货膨胀的同时,多取得了一笔收入(即财政赤字部分),而企业和居民个人的实际收入则因通货膨胀而有所下降。财政安排这种靠中央银行发行货币弥补赤字的做法实际上是对企业和个人开征了一笔税收,人们通常把它称作"通货膨胀"。另外,如果一国税制以累进的所得税为主,当出现通货膨胀时,企业和个人的名义收入水平就会提高,其适用的最高边际税率可能相应提高,政府的财政收入水平就会提高。

财政收入规模受多种因素的制约,因而不是一成不变的,在不同时期和不同政策、体制下会有较大的变化。衡量财政收入规模是否合理的标志主要有两个:①国家财政收入集中的资金是否能满足国家行使其职能的需要,并有利于社会扩大再生产;②是否兼顾了国家、生产单位和个人三者之间的利益。

3.3　我国财政收入规模的实证分析

3.3.1　我国财政收入的增长状况

虽然我国财政收入与财政支出增长变化的趋势基本一致，但是由于以下几个方面的因素，还是有必要对财政收支的增长变化趋势进行对比分析。首先，由于我国一向执行以收定支的方针，所以财政收入对财政支出有较强的制约作用；其次，如果说财政支出是直接表示政府活动的规模，那么财政收入则主要是反映企业和居民对政府活动经费的负担水平，也就是从多角度分析政府活动规模；另外，我国当前的财政收入形式还不够规范，财政收入只是预算内收入，财政收入之外还有预算外收入和制度外收入，所以应对我国财政收入的规模增长变化情况进行专门的论述。

我国财政收入的绝对规模随着经济的发展而不断增长，1978 年为 1 132.3 亿元，2007 年达到 51 304.03 亿元，增长了 44.3 倍。

从财政收入的增长速度来看，其发展状况大致可以分为以下三个阶段。第一个阶段是 1978 年至 1982 年，财政收入处于低水平徘徊阶段。1978 年的财政收入为 1 132.26 亿元，1982 年为 1 212.33 亿元，年平均增长率仅为 1.7%。第二阶段是 1983 年至 1992 年，财政收入处于缓慢增长阶段。财政收入由 1983 年的 1 367.0 亿元，增长到 1992 年的 3 483.37 亿元，年平均增长率为 11.1%。第三阶段是 1993 年至今，财政收入处于快速增长阶段，年平均增长率为 19.7%，尤其是 2007 年财政收入增长率达到 32.4%。具体情况如下表所示。

我国财政收入增长变化情况

年份	财政收入/亿元	增长速度/%	国内生产总值/亿元	财政收入占 GDP 的比重/%
1978	1 132.26	29.5	3 645.2	31.1
1980	1 159.93	1.2	4 545.6	25.5
1982	1 212.33	3.1	5 323.4	22.8
1985	2 004.82	22	9 016	22.2
1988	2 357.24	7.2	15 042.8	15.7
1989	2 664.9	13.1	16 992.3	15.7
1990	2 937.1	10.2	18 667.8	15.7
1991	3 149.48	7.2	21 781.5	14.5
1992	3 483.37	10.6	26 923.5	12.9
1993	4 348.95	24.8	35 333.9	12.3
1994	5 218.1	20	48 197.9	10.8
1995	6 242.2	19.6	60 793.7	10.3
1996	7 407.99	18.7	71 176.6	10.4
1997	8 651.14	16.8	78 973	10.6
1998	9 875.95	14.2	84 402.3	11.7

续表

年份	财政收入/亿元	增长速度/%	国内生产总值/亿元	财政收入占 GDP 的比重/%
1999	11 444.08	15.9	89 677.1	12.8
2000	13 395.23	17	99 214.6	13.5
2001	16 386.04	22.3	109 655.2	14.9
2002	18 903.64	15.4	120 332.7	15.7
2003	21 715.25	14.9	135 822.8	16
2004	26 396.47	21.6	159 878.3	16.5
2005	31 649.29	19.9	183 084.8	17.3
2006	38 760.2	22.5	211 923	18.3
2007	51 304.03	32.4	249 530	20.6
2008	61 330.35	19.5	300 670	20.5
2009	68 477	11.7	335 353	20.4
2010	83 080	21.3	397 983	20.9

注:1. 在国家财政收支中,价格补贴在 1985 年以前冲减财政收入,1986 年以后列为财政支出。为了对比,本表将1985 年以前冲减财政收入的价格补贴列在财政支出中。

2. 财政收入中不包括国内外债务收入。

3. 从 2000 年起,财政支出中包括国内外债务付息支出。

资料来源:http://www.stats.gov.cn/

3.3.2 我国改革开放后财政收入占 GDP 的比重情况

1. 1978—1995 年之间我国财政收入占 GDP 的比重下降的表现及原因分析

在我国财政收入总量不断增长的同时,财政收入占 GDP 的比重却呈现出不断下降的趋势,见上表。自 1978 年至 2007 年,财政收入占 GDP 的比重从 31.1% 下降至 20.6%。其间经历了三次较大幅度的下滑:第一次是 1978 年至 1982 年,财政收入占 GDP 的比例由 31.1% 下降至 22.8%,下降了 8.3%;第二次是 1985 年至 1988 年,财政收入占 GDP 的比重从 22.2% 跌至 15.7%,又下跌了 6.5%;第三次是 1989 年至 1995 年,财政收入占 GDP 的比重从 15.7% 跌至 10.3%,又下降了 5.4%,且降至我国历史上的最低点。1996 年以来,财政收入占 GDP 的比重开始上升,但从总体来看,我国财政收入占 GDP 的比重仍呈下降趋势。同时,在财政收入占 GDP 比重不断下降的情况下,我国的国民经济发展水平却在持续、稳定地增长。1978 年 GDP 为 3 645.2 亿元,2006 年 GDP 首次突破 20 万亿,达 211 923 亿元,2007 年为 249 530 亿元,29 年间 GDP 增长了 67.45 倍。因此,转轨时期,国家财政收入占 GDP 比重的下降实际上是政府财政收入能力和财政功能减弱的表现。

财政收入占 GDP 的比重下降与我国经济转轨时期的改革是密切相关的。1978 年以来,我国推行渐进式改革策略,尽一切可能降低对既得利益者的利益损害,减少改革的阻力。相应地,在财政领域内注重改革增量部分,而避免触动存量部分。具体来看,其原因如下。

经济转轨时期税收“双轨制”的存在,对国有企业和非国有企业的税收政策不同,使得财政收入比重下降。改革开放后,非国有企业迅速发展,可提供的财政收入大大增加,但国家的财源结构并没有相应改变,主要来源仍是国有企业。同一时期,国有企业发展步履维艰,效益很低,因而再增加国有企业的税负十分困难。与此同时,国家为鼓励非国有企业的发展,在税收方面提供较多优惠政策,使得非国有企业承担的财政收入额也有所下降。因此,这两方面因素最终导致整个财政收入占 GDP 的比重下降。

为解决国有企业缺乏活力的问题,国家先后向国有企业实施放权让利改革,大大提高了国有企业的留利水平,也导致了政府财政收入的减少。由于这些措施未能从根本上解决国有企业问题,国有企业的经济效益仍不断下滑,财政收入也就无法提高。

1994 年财税改革不彻底也是造成财政收入下降的因素之一。为照顾各方面的既得利益,减少改革的阻力,这次财税改革做了相当充分的让步,实际上就是使各级政府,尤其是中央政府继续在改革中充当"让利者"的角色。这样的改革制约着国家财政收入的提高。而且,1994 年的财税改革是在国家财政持续困难的情况下进行,因而不能不把财政的需求放在重要位置上来考虑,其结果是使财政改革的回旋余地很小,财政改革的效果大打折扣。

企业制度改革的滞后也同样造成了国家财政收入的减少。由于产权不清,缺乏产权约束机制,企业将各种本不该计入成本的费用,如工资性项目、经营者"寻租"项目等计入成本,因而侵蚀了利润。同时,由于新财务会计制度还没有实行其严格的监督职能,因此对企业各种违规行为的约束力较弱,致使国家对亏损企业不得不进行补贴,而效益好的企业则尽量少纳税或不纳税。这些都使国家的财政收入减少。

2. 1996 年至今财政收支实现良性循环

1994 年实行工商税制改革和分税制改革,1998 年实行积极财政政策,推动了财政收支的大幅增长,并导向良性循环。国家财政走向良性循环的一个重要标志是财政支出的大幅增长。政府在分析财政支出规模增长变化趋势时曾表明,我国改革开放之后,财政支出占 GDP 的比重多年呈逐年下降趋势,直到 1996 年才开始崭露头角,开始回升,是走过一个类似"V"字形的途径。应当看到,这种增长是在经济增长率下滑、物价低迷的条件下实现的,可以说是我国财政发展过程中的历史性突破。

财政收入的快速增长,首先,还是来自于以税收为主的预算内财政收入的快速增长。1994 年的工商税制改革和分税制改革,为税收的快速增长奠定了制度基础,而分税制改革则进一步规范了政府之间的税收收入分配体制,有效地调动了中央与地方共同积极组织税收收入的积极性,从而为税收的快速增长奠定了组织基础。其次,"九五"期间增发国债对财政支出的增长起了加速作用。这种加速作用,直接体现在增发国债本身直接增加了支出,还带动了银行贷款和地方、部门资金用于生产性支出,加强基础设施建设,保持了适度的经济增长率,而且为经济增长培育了自主性增长动力,从而也为通过加强征管使税收快速增长提供了经济基础。税收增长和增发国债是实施积极财政政策的两个车轮,二者共同支撑了财政支出的增长,其中后 3 年增发国债在其中起到了特别重要的作用。而财政支出的增长又为优化支出结构、提高支出效益提供了较大的空间。增发国债保证了公共投资的增长,税收增长则保证了重点公共支出的增长。于是,财政收入和国债的增长带来财政支出的增长,财政支出增长支持了经济增长,经济增长又为财政收入增长和国债增长提供了经济基础,形成了良性循环。

3.3.3 预算外资金

1. 预算外资金的含义和特征

预算外资金是指国家机关、事业单位、社会团体和其他机构为履行或代行政府职能,依据国家法律、法规和具有法律效力的规章制度而收取、提取、募集和安排使用的未纳入财政预算管理的各种财政性资金。

预算外资金在性质上属于一种财政性资金。因为其分配特征与国家或政府权力相联系;其分配对象主要是来自国民生产总值的剩余产品部分和一部分补偿基金,与预算内资金之间具有此消彼长关系和相互转化的关系。它有如下基本特征。

(1)法定性。预算外资金不论是来自国民收入(或GDP)分配部分,还是补偿性质部分,其形成、集中和使用,都是根据国家或国家授权部门的规定而建立起来的。作为预算外资金,它反映着各职能部门事业活动的特点,主要用于解决局部方面的需要,由各地区、各单位,分别进行组织、使用和管理,因而属于国家的补充财力。那么它的形成和使用,同样是要在国家的法令、制度规定的范围内。

(2)专用性。预算外资金的专用性是与它建立的目的性紧密地联系在一起的。它之所以能成为国家财力的一个补充,就是因为它的建立主要是用于解决局部的、某方面的特殊需要。一般说来,它的收入有明确的来源,它的支出有专门的用途。绝大部分预算外资金都有收与支的对应关系,从哪里取得的收入,就应该用到哪里,从哪里转移过来的价值,就应该补偿给哪里,尽量维持原有价值的平衡状态;或者为了解决某些特定需要,而采取预算外资金的筹集方式。

(3)分散性与繁杂性。预算外资金是为满足局部的需要而设立的,因而具有分散性。预算外资金的分散性,可以因地制宜、因事制宜和及时地满足各部门、各地区和各单位的多方面需要。正因为如此,分散性也就体现了预算外资金项目的繁杂性和数量的零散性。

2. 预算外资金的作用

(1)可保证某些专项事业的需要。预算外资金基本上是根据事物的特殊需要而设置的,资金来源可行,资金安排使用主动及时,能解决预算内资金渠道难以解决的问题,还能减轻国家预算安排的一些困难。

(2)有利于加快事业的发展。预算外资金的收入和使用,能因地制宜、因事制宜、切合具体情况、灵活地加以安排,能积极地促进事业的发展。

(3)有利于调动理财的积极性,提高经济效益。

预算外资金的设置,对于各地、各部门和事业单位因地制宜并灵活机动地进行经济建设,发展各项事业起到了积极的作用,但预算外资金规模的不断扩大也带来了一些问题。由于预算外资金的管理办法存在一些缺陷,一些本应纳入预算管理的资金被转移到预算外,一些本不应设立的收费项目设立了,一些收费项目的标准被擅自提高了,预算外资金的使用缺少有力的监督。预算外资金涉及的收费、基金的部门和单位越来越多,形成征收主体多元化局面,加上管理的不规范,严重削弱了财政职能,在一定的程度上分散了政府财力,扰乱了政府分配秩序,助长了不正之风,财政资金使用效益受到极大的影响。更重要的是这些问题的出现破坏了市场经济所要求的公共预算的完整性和统一性。这就向我们提出必须进一步加强预算外资金管理的要求。

3.“收支两条线”管理

“收支两条线”管理是针对预算外资金管理的一项改革,其核心内容是将全部财政性收支(预算外收支属于财政性收支)纳入预算管理范围,形成完整统一的各级预算,提高法制化管理和监督水平。

从收入方面来看,主要是收缴分离,规范预算外收入并减少各部门和单位的资金占压。对合理合法的预算外收入,不再自收自缴,实行收缴分离,纳入预算或实行财政专户管理。取消现行各执收单位自行开设和管理的各类预算外资金过渡收入账户,改为由财政部门委托的代理银行开设预算外资金财政汇缴专户,该账户只用于预算外收入的收缴,不得用于执收单位的支出。从支出方面来看,主要是收支脱钩,即执收单位的收费和罚没收入不再与其支出安排挂钩,单独编制支出预算,交由财政部门审批。因此,“收支两条线”改革的目标,就是全面掌握预算外收支的情况,真实反映部门和单位的财务收支全貌,编制完整可靠的部门预算和政府采购计划,为编制综合预算提供基础条件,从而逐步淡化以致取消预算外资金,实行预算内外统一核算和统一管理。

课后练习题

一、名词解释

1. 财政收入　2. 非税收收入　3. 债务收入　4. 财政收入规模　5. 预算外资金　6. 收支两条线

二、简答题

1. 财政收入按照形式划分分成哪几种?
2. 财政收入规模的影响因素有哪些?
3. 为什么改革开放以来我国的财政收入相对规模呈下降趋势?
4. 如何提高预算外资金的使用效率?

第4章 税收原理

学习目标：

1. 了解税收的概念；
2. 了解税收的职能；
3. 掌握税收的三个基本特征；
4. 掌握税收中的关键术语；
5. 掌握税收的基本原则；
6. 掌握税收转嫁和税收归宿的不同。

4.1 什么是税收

4.1.1 税收的基本含义

税收，历史上又称税、租税、赋税或捐税。马克思把税收界定为“赋税是政府机器的经济基础，而不是其他任何东西”①。“国家存在的经济体现就是捐税”②。列宁也认为，所谓赋税，就是国家不用支付任何东西而向居民取得东西。而按照17世纪英国著名哲学家托马斯·霍布斯的“利益交换说”，认为“人们为公共事业缴纳的税款，无非是为了获取和平而付出的代价，间接税和直接税就是为不受外敌入侵，人民以自己的劳动向拿起武器监视敌人的人民提供的报酬”③。马克思关于税收的观点揭示了税收的重要性，列宁关于税收的观点揭示了税收的无偿性，而霍布斯关于税收的观点揭示了税收的本质。我们将这些观点结合起来，可以看出，税收是国家为了实现其职能，满足社会公共需要，凭借其政治权力，依法强制地、无偿地取得实物或货币的一种特殊的分配活动。

4.1.2 税收的特征

税收具有无偿性、强制性和固定性三个特征，这是区别于其他财政收入的形式特征，不同时具备这三个特征的财政收入就不是税收收入。

1. 税收的无偿性

税收的无偿性是指国家征税以后，税款就归国家所有，既不需要偿还，又不需要对纳税

---

①中共中央马克思恩格斯列宁斯大林著作编译局：《马克思恩格斯全集》，第19卷，32页，北京，人民出版社，1965。

②中共中央马克思恩格斯列宁斯大林著作编译局：《马克思恩格斯全集》，中文1版，第4卷，342页，北京，人民出版社，1958。

③霍布斯：《利维坦》，128页，北京，商务印书馆，1936。

人付出任何报酬,但也必须指出,税收的无偿性和税收的强制性一样,也不是绝对的。虽然对具体的纳税人来说,纳税后并没有获得任何形式的报酬,但是从财政活动的整体上来看,税收又是有偿的。从政府的角度看,政府在向经济活动主体提供和平、秩序与便利等公共物品的同时向经济活动主体征税,这两者之间显然是一种互利关系。从经济活动主体的角度看,经济活动主体一方面向政府纳税,一方面却在享受政府提供的和平、秩序与便利等公共物品,这也是一种互利关系。但政府与经济活动主体之间的互利关系又并不是对等的。政府征收的税款不是直接返还给纳税人,也不直接为纳税人提供与所缴税款价值等同的服务。在现实生活中,在众多的经济活动主体中,有的纳税多,有的纳税少,但纳税多的经济活动主体并不必然享受较大的利益,而纳税少的经济活动主体也并不必然获得较少的利益。这些都体现出税收的一般有偿性。

2. 税收的强制性

税收的强制性是指任何经济活动主体都必须按照法律、法规规定的标准依法及时、准确的履行纳税义务,任何单位和个人都不得违抗。因为税收形式上的无偿性,社会成员往往不愿意积极主动地缴纳税款,国家必须采取强制性的手段保障税款及时足额地征收。在社会产品的分配过程中,存在着两种权力:所有者权力和国家政治权力。前者依据对生产资料和劳动力的所有权取得收入,后者则凭借政治权力占有收入。国家运用税收参与社会产品的分配,就意味着政治权力凌驾于所有权之上。而这种权力之所以能够实现,正是因为它依据的是政治权力,而且依法征收,任何形式的抗税行为都是违法行为。税收的强制性是税收作为一种财政范畴的前提条件,也是国家满足社会公共需要的必要保证。当然,税收的强制性不是绝对的,企业和个人在明白了征税的目的并增强了纳税观念后,强制性是可以转为自愿性的。同时,强制性是以国家的法律为依据,政府依照法律依法征税,公民依法纳税,公民具有监督政府执行税法和税收使用情况的权利。

3. 税收的固定性

税收的固定性是指征税前政府就以法律的形式规定了征税对象和征收比例或数量,并只能按照预定的标准来征收。税收的固定性,首先是指税收的课征要按事先确定的标准来征收。政府对什么征税、征多少税、由谁来纳税都必须事先明确的,而不是随意确定的,只要发生了规定应当纳税的事件,纳税人就应该按照预定的标准来缴税,而政府则按照预定的标准来征税。其次,税收的固定性还意味着税收的课征必须按照统一的标准进行,不能因人而异。最后,税收的课征应以法律为依据,保持相对的稳定性。当然,税收的固定性不意味着一成不变。当社会经济条件变化要求课征标准变化,且以法律的形式明确后,税收是可以调整的。只有这样,才能使税收制度更为科学和合理。

4.2 税收术语和税收分类

4.2.1 税收术语

1. 纳税人

纳税人是指直接负有纳税义务的单位或个人,可以分为法人纳税人和自然人纳税人。与纳税人相关的概念是负税人。负税人是最终承担税收负担的单位或个人。纳税人和负税人是否一致取决于是否存在税负的转嫁。如果存在税负的转嫁,则纳税人与负税人往往不一致;如果不存在税负的转嫁,则纳税人和负税人往往是一致的。

2.课税对象

课税现象,又称为税收客体,征税对象,是指税法规定的征税的目的物,是征税的根据。每一种税种都必须明确对什么征收,每一种税种的课税对象都不会完全一致。课税对象的不同是一种税区别于另一种税的主要标志。在现代社会,国家的课税对象主要包含所得、商品和财产三大类。与课税对象相关的是税源。税源是指税收的经济来源或最终出处,各种税收都有不同的税源。税源和课税对象可能一致,也可能不一致。如所得税的课税对象和税源都是纳税人的所得,而财产税的课税对象是纳税人的财产,但税源往往是纳税人的收入。

另一个概念是税目。税目是课税对象具体的划分。当课税对象使用的课税标准或者税率不一致时,往往需要对课税对象进行进一步的划分,如我国的个人所得税,不同来源的所得适用不同的课税标准和税率,在这种情况下,个人所得税划分为11个税目。再如消费税有14个税目,这14个税目的课税标准和税率均不统一。

3.课税标准

课税标准是指国家征税时的实际依据,如纯所得额、商品流转额、财产净值等。而课税对象的形态各异,有的是商品,有的是所得,有的是财产。对商品课税时,商品种类又有多种,因此国家征税就必须以统一的标准对课税对象进行计量,如按照商品的价格来衡量,否则就无法进行征税。同时,国家出于政治和经济的考虑,并不是对课税对象的全部课税,往往允许扣除某些项目,如个人所得中的基本生计费用部分会扣除,因此需要对课税对象予以计量,核算出实际征税的依据。确定课税标准是国家实际征税的重要步骤。

4.税率

税率是指对课税对象征税的比例,是税法规定的应征税额与征税对象之间的比例,是计算应征税额的标准。税率是国家税收制度中的核心,其高低关系着国家的财政收入和纳税人的税收负担。一般来说,税率可分为比例税率、定额税率和累进税率。

比例税率,是指对同一课税对象,不论数额大小,统一按照一个比例征税。主要特点是税率不随征税对象数量的变化而变化。优点是具有鼓励生产、计算简便和有利于税收征管,一般应用于商品课税。缺点是与纳税能力原则背离。我国多数税种采用的都是比例税率。

定额税率,又称固定税额,它是按照课税对象的一定计量单位直接规定的一个固定的税额,而不规定征收比例。优点是在计算上更为简便,且由于采用的是从量计征,不受价格变动的影响。缺点是由于它是一个固定的数额,随着税基规模的增大,纳税的比例逐渐下降,具有累退的性质,使得税负不尽合理。在我国,资源税和车船税即属于此类。

累进税率是把课税对象由低到高分为若干等级,等级越高,适用的税率越高。累进税率因计算方法和依据的不同,又分为全额累进税率和超额累进税率。全额累进税率是把课税对象的全部按照与之对应的最高的税率征税,一定数额的课税对象只使用一个税率。超额累进税率则是课税对象的每个等级分别适用不同的税率,各等级分别计算税额,一定数额的课税对象同时使用几个税率。

全额累进税率和超额累进税率都是按照纳税能力原则设计的,但两者又有不同的特点。一是在税率级次和比例相同时,前者的负担重,后者的负担轻;二是在所得额级次的临界点上，全额累进税率会出现税额增长超过所得额增长的不合理情况，超额累进税率就不存在这种情况；三是全额累进税率在计算上要比超额累进税率简便。

5. 起征点和免征额

起征点是指税法规定的对课税对象开始征税的最低界限。免征额则是对税法规定的课税对象全部数额中免予征税的数额。两者的相同点是：当课税对象小于起征点和免征额时，都不予征税。两者的不同点是：当课税对象大于起征点和免税额时，采用起征点制度的要对课税对象的全部数额征税，采用免征额制度的仅需要对超过免征额的部分征税。在税法中规定起征点和免征额是对纳税人的一种照顾，但两者的照顾对象的侧重点显然不同。前者照顾的是低收入者，后者则是照顾到了所有纳税人。

6. 课税基础

课税基础，又称为税基。这是一个源于西方国家的概念，是指建立某一种税收或税收制度的经济基础或依据。它不同于课税对象，如商品课税的课税对象是商品，而其税基则是厂家的销售收入或消费者的消费支出。它也不同于税源，税源总是以收入的形式存在，但税基却可能是支出。税基、课税对象和税源在一定情况下可以是一致的，但这三个概念上的差别是明显的。税基选择是税制设计中的重要内容，包含两个方面的问题：一是以什么为税基，现代税收理论认为以收益、财产为税基是合理的，但也有一种观点认为以支出为税基更为科学；二是税基的宽窄问题，税基宽则税源厚，税款多，但也会产生很多的不利影响。正确界定税基是保证税收作用充分发挥的重要条件。

4.2.2 税收分类

现代国家的税制一般都是由多个税种组成，各税种之间既有区别又有联系。依据一定的标准将各税种进行分类，是研究和建设税制的重要前提。按照不同的划分标准，可以将税收分为所得税、商品税和财产税；直接税和间接税；从量税和从价税；价内税与价外税；中央税和地方税等。

1. 按照课税对象的性质分类

根据课税对象的性质进行分类，可分为所得课税、商品课税和财产课税。这是各国最常用的分类方法，也是最能反映现代税制结构的分类方法。所得课税是指以纳税人的净所得（纯收益或纯收入）作为课税对象的税种。一般包含个人所得税、企业所得税等。在西方国家，社会保障税和资本利得税等一般也划在此类。商品课税是指以商品作为征税对象的税种。如增值税、营业税、消费税、关税等就属于此类。财产课税是指以各类动产和不动产作为课税对象的税种。房产税、车船税、遗产与赠与税就属于此类。

需要特别说明的是，由于各国税制不同，税种设计各有差异，因此即使采用此种分类方法，结果也会不同。如在我国，税种一般分为所得税、商品税、资源税、行为税和财产税五大类。

2. 按照税负能否转嫁分类

以税负能否转嫁作为划分标准，凡是税负能够转嫁的税种，就是间接税；税负不能转嫁的税种称为直接税。一般认为，所得课税和财产课税属于直接税，商品课税属于间接税。但也要看到，税负能否转嫁不仅取决于税收的性质和特点，也取决于客观的经济条件。有些税种看起来可以转嫁，但在一定的经济条件下未必能转嫁出去，税负的转嫁总是有条件的。仅仅凭借理论预期来判定哪些税可以转嫁,哪些税不可以转嫁并将其称为间接税或直接税是不够科学的。

3. 按照征税标准分类

按照课税标准分类,可以将税收分为从量税和从价税。国家征税必须按一定标准对课税对象予以度量。度量的方法有两种:一是按课税对象的数量、重量、容量和体积等来计算;二是按照课税对象的价格计算。采用前一种计税方法的税种称为从量税,采用后者的税种则称为从价税。从量税的税额随着课税对象数量的变化而变化,计算简便,但税负水平比较固定,因此只有少数几种税种采用这种方法,如我国的资源税和车船税。比较而言,从价税更适应商品经济的要求,也更有利于贯彻国家税收政策,多数税种采用的是这种方法。

4. 按照税价关系分类

以税收和价格的关系为标准,可以将税收分为价内税和价外税。价内税是指税金构成价格组成部分的税种,也就是说价格中包含了税金。而税金作为价格之外的附加的,就成为价外税。一般认为,价外税比价内税更容易转嫁,价内税课税的侧重点是生产者,而价外税的课税侧重点是消费者,西方国家的消费税多数采用价外税。我国的增值税,在零售以前的各环节采取价外税,在零售环节中采取价内税。

5. 按照税种隶属关系分类

按照税种的隶属关系,将税收分为中央税和地方税。从理论上讲,税收的存在依据是国家的政治权力,因此任何税种都隶属国家,也就是属于中央政府。把税收分为中央税和地方税,并不意味着中央和地方具有同等的征税权力,而是由国家在政治和经济上实行分级管理体制所决定的。有些国家的地方政府拥有税收立法权,可以自行设立税种,这类税种就属于地方税,而中央政府开征的就是中央税。有些国家的税种是由中央政府统一设立的,但根据财政管理的需要,特别是为了调动地方的积极性,中央政府划出一部分税种给地方,税种的管理和使用权限也相应下放到地方,形成了一种关系的地方税。有的国家还设立共享税,这类税收由中央和地方按一定比例分成。在我国,中央税是由国家税务总局负责征收管理,收入归中央政府支配的税种,如现行税制中的消费税和关税等。地方税则由地方税务局负责征收管理,收入归地方政府支配的税种,如现行税制中的城镇土地使用税、耕地占用税、房产税、契税等。中央与地方共享税是由中央或地方税务机关负责征收管理,收入由中央和地方共同分享的税种,如现行税制中的增值税、营业税、企业所得税、个人所得税、资源税等。

4.3 税收原则

税收原则是政府在设计税制、实施税法过程中所必须遵循的原则,也是评价税收制度优劣、考核税务行政管理状况的基本标准,它决定政府对什么征税、征收多少、怎样征收等税制的基本要素。

从历史上来看,首先比较明确提出税收原则的经济学家是英国重商主义前期的托马斯·霍布斯、重商主义后期的威廉·配第和詹姆斯·斯图亚特。他们的观点对后人的理论产生重要影响。把税收原则明确化、系统化的第一人是古典政治经济学派的创始人亚当·斯密,他在1976年发表的《国富论》中,提出了平等、确实、便利、最小征收费用四大课税原则。这些原则为财政学界对税收原则的深入研究奠定了基础。之后英国、法国、德国等经济学家,如西斯蒙蒂、穆勒、萨伊等,又相继提出了一些税收原则,试图从不同角度对亚当·斯密的税收原则加以补充和拓展。其中,将其发展得最为完善的当属德国社会政策学派的代表人物瓦格纳。他认为国家对经济活动的干预具有积极作用,应谋求修正收入分配不公的现象。在这种指导思想下,他提出"四项九端"的税收原则:财政政策原则、国民经济原则、社会公正原则和税务行政原则,这些原则的提出,极大地丰富了税收原则理论。

尽管经济学家对税收原则的表述不尽相同,但是从世界各国税收制度的实践上看,都离不开税收的财政原则、公平原则和效率原则。

4.3.1　现代经济学中的税收原则

1. 财政原则

税收的财政原则是指税收的征收必须有利于保证政府的财政收入,以满足政府各方面的支出需要。财政原则的最基本要求是政府通过征税取得的收入能充分满足一定时期财政支出的需要。按照财政原则,政府应该选择合理的税制结构模式,尤其是选择确定税制结构中的主体税种。主体税种是收入占整个税收收入的比重最大、对税收收入影响也最大的税种。一般而言,政府应当选择税源充裕且收入可靠的税种作为主体税种。

税收原则还要求税收收入具有一定的弹性。税收弹性是指既定的税收制度下,税收变化率与GDP变化率的比值。目前,世界各国在税制设计时都十分强调税收制度本身的收入弹性对税收收入持续性和稳定性的重要作用,也就是说要求税制会随着国民经济的增加而自动增加,以保证国家收入与增长的国民收入同步增长,而无须通过经常调整税基、变动税率或开征新税种来增加收入。

需要注意的是,税收的财政原则并不意味着税收收入越多越好,而是税收收入应该达到应具备的规模。主要是因为税收将资源从经济活动主体手中转变到政府手中时,不仅可以带来公共收益,也会带来负担。当财政支出的收益大于税收所导致的经济负担时,扩大税收的规模和比重可以增加社会福利;但若财政支出的收益小于税收所导致的经济负担,就应适当地缩减税收规模,降低税收的比重。

2. 公平原则

税收的公平原则要求条件相同的人缴纳相同的税收,即横向公平;条件不同的人缴纳不同的税收,即纵向公平。目前,横向公平和纵向公平已被人们普遍接受,但对于其实施的依据,一直都有两种不同的解释。

(1)受益原则。受益原则要求按照纳税人从政府公共支出中获得收益的大小来承担相应的税收。这种观点的理论依据是,政府之所以能够向纳税人征税,是因为它为这些纳税人提供了公共物品和服务;纳税人之所以要向政府缴税,是因为他们从政府提供的公共物品和服务中收益。因此,纳税人就要按照受益多者多纳税,受益少者少纳税的原则来承担相应的税收负担。按照受益原则来确定税收负担的优点在于,它既考虑到为什么要征税,又考虑到政府支出用于哪些项目,有利于在纳税人与受益人、政府收入和支出之间形成有效的联系,促进政府以尽可能少的成本为社会提供公共物品和服务,并加快其成本的补偿速度,提高公共物品和服务的供给质量和水平。

但是按照受益原则来分担税收的一个问题就是如何确定各个纳税人从政府支出中所获得的收益。由于公共物品具有非竞争性和非排他性,因此,无论消费者是否纳税,都可以从中获得收益，存在搭便车行为。在这种情况下，消费者就不会像购买私人物品一样，用愿意支付的价格来表示自己的边际效用，而是会有意识地隐瞒自己的偏好以达到减轻税负的目的。这就使得受益原则的应用受到了很大限制。只有政府提供的公共物品和服务具有可排他性，或者消费者的收益能够客观地表现出来时，受益原则才能得到应用。

尽管受益原则很难普遍采用，但是依然可以运用于一些特殊情况。如对桥梁和公路征收燃油税，实行社会保障制度征收社会保障税等。

（2）纳税能力原则。纳税能力原则要求按照纳税人负担的税收与其纳税能力相适应。从实践的角度看，纳税能力原则更具可行性。

一般认为收入最能反映出纳税人的纳税能力。因为收入的增加使纳税能力增加的效果最为明显，这也是世界上很多国家都将所得税作为主体税种的主要原因。财产是衡量纳税人支付能力的又一项重要依据。衡量纳税人纳税能力强弱的第三个标准是消费支出，消费支出越多，则纳税人纳税能力越强。

3. 效率原则

税收的效率原则包含经济效率和行政效率两个方面。

（1）经济效率原则。税收的经济效率原则是指政府征税应该有利于提高经济效率，促进资源配置优化。按照资源配置行为主体的不同，整个社会的资源配置可以分为市场配置资源和政府配置资源。市场配置资源是以企业和个人为主体，通过价格机制自发地调节生产和消费，平衡供给和需求，引导资金流向和流量。政府配置资源是以政府为主体，通过经济、法律和行政手段来安排资源配置。在市场经济体制下，以价格为核心的资源配置被认为是有效的，但并不是完全有效，政府配置是在市场机制失灵情况下通过政府的引导和干预重新配置资源，提高经济效率和社会福利。按照这一思路，税收经济效率的原则是：在通过市场机制能够合理配置资源的情况下，要减少政府对经济的干预，要少征甚至不征税。在市场失灵的情况下，政府应该借助于税收对经济进行干预，提高资源的配置效率。

（2）行政效率原则。税收的行政效率原则是指政府征税时应尽量节约税收成本。税收成本包含政府的征税成本和纳税人的纳税成本。征税成本表现为政府征税的直接成本，是政府在实施各种税收计划、对各个税种进行征管过程中发生的各项费用，包含税务人员的薪酬、办公设施和设备的购置费用、税务人员的教育培训费用以及其他各项业务支出。纳税成本则是指纳税人在依法纳税过程中所产生的除了所缴税款之外的各项成本和费用，如办理税务登记的费用和时间、填写纳税申请表的劳动耗费等。提供税收的行政效率就是要尽量降低政府的征税成本和纳税人的纳税成本，争取以最小的成本获得最大的税收收入。

4.3.2 税收中性是新兴的税收原则

税收中性是指政府课税不应扭曲市场机制的正常运行，或者说不应影响私人部门原有的资源配置状况。如果政府课税改变了消费者以获得最大效用为目的的消费行为，或者改变了生产者以获取利润最大化为目的的市场行为，就会改变私人部门原来（税前）的资源配置状况，这种改变被视为税收的非中性。税收中性包含两层含义：一是国家征税使社会所付出的代价以税款为限，尽可能不给纳税人或社会带来其他的额外损失或负担；二是国家征税应避免对市场经济正常运行的干扰。但是只要是国家征税，就必然对商品购买、劳动投入、投资等产生不同程度的影响，在现实生活中，保持完全税收中性是不可能的。因此，提出税收中性的意义主要在于要尽量减少税收对市场经济正常运行的干扰,使市场机制在资源配置中发挥基础性作用。在这个前提下,掌握好税收超额负担的量和度,有效地发挥税收的调节作用,使税收机制与市场机制以最优的方式结合。但是,提出税收中性并不意味着忽视税收对经济的调节作用。

4.3.3 税收的超额负担

税收超额负担是指政府通过征税将社会资源从纳税人转向政府部门的转移过程中,给纳税人造成的纳税税款之外的负担。税收中性就是针对税收超额负担提出的。超额负担主要表现在两个方面:一是国家征税减少了纳税人的支出,增加了政府部门支出,如果因征税而导致纳税人的经济利益损失大于因征税带来的社会经济效益的增加,则发生资源配置方面的超额负担;二是由于征税改变了商品的相对价格,对纳税人的消费和生产行为产生不良影响,则发生经济运行方面的超额负担。税收理论认为,税收的超额负担会降低税收的效率,那么减少税收的超额负担从而提高税收的效率的重要途径就是保持税收中性。

税收超额负担是哈伯格运用马歇尔的基数效用理论作为基础理论提出的,因此又被称为马歇尔 - 哈伯格超额负担理论。我们借助图 4-1 来分析一下。

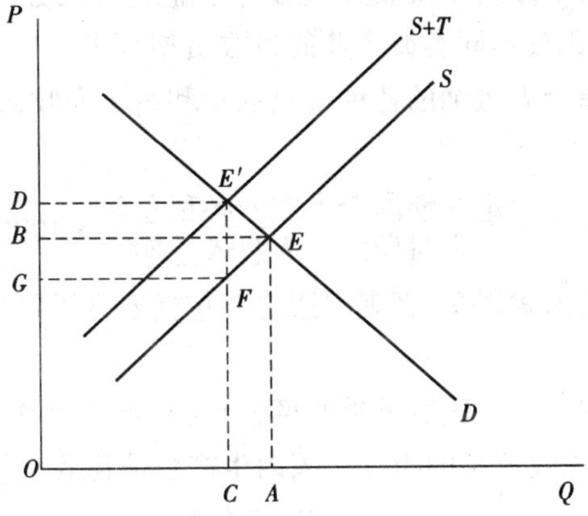

图 4-1 税收的超额负担

这是一个商品市场,D 为商品的需求曲线,S 为商品的供给曲线。征税前的均衡点为 E 点,均衡数量为 OA,均衡价格为 BE。假定政府对该商品征收 $E'F$ 的从量税,供给曲线移动到 $S+T$,新的均衡点为 E',均衡数量为 $E'C$,均衡价格为 $E'D$。此时的税收收入为 $DE'FG$ 的面积。消费者因征税损失的消费者剩余为 $DE'EB$ 的面积,生产者因征税损失的生产者剩余为 $BEFG$ 的面积。这两种损失合计为 $DE'EFG$ 的面积,大于税收收入 $DE'FG$ 的面积,两者的差额 $E'EF$ 的面积就是课税的超额负担,也是因为征税给社会带来的福利净损失。这里的税收超额负担理论,是以消费者剩余为根据说明了超额负担扭曲了课税商品与其他相关商品的消费选择。

4.4 税收负担与税负转稼

4.4.1 税收负担

1. 税收负担概念与衡量

税收负担是指政府征税减少了纳税人的直接经济利益,从而使其承受的经济负担。它反映了一定时期内社会收入在政府和纳税人之间税收分配的数量关系,通常用税收负担率这个指标来衡量。

税收负担可以从微观和宏观两个层面上进行度量。微观税收负担是指纳税个体所承受的税收负担。其度量指标有企业税收负担率和个人税收负担率。

企业税收负担率是指一定时期内企业缴纳的各种税收占同期企业纯收入总额的比例。公式表示如下:

$$企业税收负担率=\frac{一定时期内企业实缴各税总额}{一定时期内企业纯收入总额}\times 100\%$$

企业税收负担率表明了政府以税收方式参与企业纯收入分配的规模,反映企业的综合税收负担状况,也可用来比较不同类型企业的税收负担水平。

个人税收负担率是指个人缴纳的各种税收的总和占个人收入总额的比例。公式表示如下:

$$个人税收负担率=\frac{一定时期内个人实缴各税总额}{一定时期内个人收入总额}\times 100\%$$

微观税收负担的制约因素很多,客观因素主要包括宏观税收负担水平、收入分配体制和税制结构等。

宏观税收负担是指纳税人总体所承受的税收负担,可以看作是整个国家经济的税收负担。目前,我国度量宏观税收负担的指标是国内生产总值税收负担率。计算公式如下:

$$国内生产总值税收负担率=\frac{一定时期的税收总额}{一定时期的国内生产总值}\times 100\%$$

尽管制约宏观税负水平高低的因素极为复杂,但通过观察和分析,有以下几个普遍的主要因素:经济发展水平;经济结构;经济体制;政府职能范围等。

2. 税收负担与经济发展之间的关系

税收负担水平的确定。税收负担水平是根据税制确定的。无论是单个税种还是整个税收体系,都既关系到宏观税收负担,又关系到微观税收负担。由于宏观税负水平是微观税负水平的重要决定因素,因此,在此主要研究宏观税负水平的确定问题。

从宏观上看,税收是政府为了满足社会公共需要而集中的一部分 GDP。在 GDP 一定的条件下,国家税收增加与民间部门可支配收入此消彼长。宏观税收负担率过低,政府可供支配的收入过少,就不能满足社会公共需要;若是宏观税收负担率过高,不仅民间部门可供支配的收入过少,不能有效满足私人需要,而且通过影响民间部门资本和劳动的投入,使之后的产出减少进而最终减少税收收入。因此,要考虑确定一个合适的宏观税收负担率,使 GDP 在政府和民间部门之间有一个最优分割点,而最优宏观税收负担率简称最优税率就是其具体体现。

在这里,很有必要介绍一下由美国供给学派代表人物阿瑟·拉弗设计的“拉弗曲线”。拉弗曲线是衡量税率、税收收入和经济发展之间关系的一条曲线。图 4-2 给出了该曲线。该曲线阐明了税率、税收收入和国民产出之间的关系。图中横轴表示税收收入,纵轴表示税率。当税率为 0 时,政府税收收入为 0;当税率为 100%,税收收入也为 0,因为此时人们已经停止了生产。*A* 点表示一个很高的税率和很低的产出,*B* 点表示一个很低的税率和很高的产出,然而两者都为政府提供相同的税收收入。若税率从 *A* 点下降到 *C* 点,产出和税收都增加。若税率从 *B* 点上升到 *D* 点,税收增加,但产出可能减少。*C* 点和 *D* 点提供相同的税收收入。*E* 点代表的税率,是与生产相结合能提供最大税收的税率。在 *E* 点上,若政府降低税率,产出增加,税收下降;提高税率,产出和税收都会下降。因此,图中的阴影区被称为税率禁区。

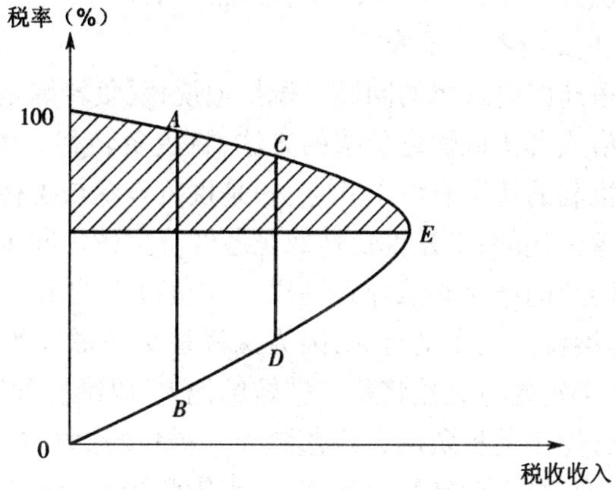

图 4-2　拉弗曲线

从拉弗曲线中可以看出,最优税率应该是既能使政府获得实现其职能的预期收入,又能使经济实现预期产出的税率。显然,从图上我们可以看到,这个最优税率应该是小于或等于 *E* 点所代表的税率。由于各国所处发展阶段不同,在政治体制、经济体制和文化传统上的差别,使得不可能有一个各国通用的最优税率。最优税率的确定只能建立在本国国情和经济的发展阶段上。

在市场经济下,最优税率的确定要考虑以下几个问题:

一是必须保证生产过程中的物质消耗得到补偿,也就是说税收不能侵蚀税本。

二是必须保证劳动者的必要生活费用得到满足,也就是说税收不能侵蚀生活费用。

三是必须保证政府行使职能的最低物质需要,也就是说税收要能维持政府行使职能所需费用。

上述前两者构成了宏观税负水平的最高限制,最后一点则构成了宏观税负水平的最低限制。最优税率应该在两者之间,并根据当时的社会经济发展目标和具体国情综合确定,同时根据实践情况作调整。

4.4.2 税负转嫁与归宿概述

1. 税负转嫁和归宿的含义

我们首先来看一个例子:假定一瓶酒的价格是10美元,政府对每瓶酒征税1美元。征税的方式是每出售一瓶酒,税务人员在钱还没有放进收款机之前,就从卖酒者手里拿走1美元。看到这种情况的人就会得出这样的结论,此税是由卖酒者承担的。

可是,因为征税,几星期后,此酒的价格就涨到了11美元。显然,对于卖酒者而言,卖一瓶所得到的钱数和纳税前是一样的,这种税并没有使其境况变差,消费者则是以支付更高价格的形式缴纳了全部款项。这是两种比较极端的情况。若在征税后,该酒的价格上升到了10.3美元,则对卖酒者来说,每卖一瓶酒,得到9.3美元,收益少0.7美元,其境况变差了;对买酒者而言,每买一瓶酒,需要支付10.3美元,多支付了0.3美元。在这种情况下,卖酒者和买酒者共同分担了税负。还有一种情况是,征税后每瓶酒的价格仍是10美元,在这种情况下,1美元的税负将由卖酒者全部承担。

这就涉及税负的归宿和如何转嫁的问题。概括地说,税负转嫁是指在商品交换过程中,纳税人通过提高销售价格或者压低购进价格的方法,将税负转移给购买者或者供应者的一种经济现象。税负转嫁机制的特征有以下几点:一是税负转嫁与价格的升降有着直接联系,价格的升降是由税负转嫁引起的;二是税负转嫁是各经济主体之间税负的再分配,也就是经济利益的再分配。税负转嫁的结果必然导致纳税人和负税人的不一致;三是税负转嫁是纳税人的一般行为倾向,是纳税人的主动行为,因为课税是对纳税人的经济利益的侵犯,在利益机制地驱动下,纳税人必定想方设法将税负转嫁给他人,以维护和增加自身的利益。而税负的归宿一般是指处于转嫁中的税负的最终落脚点。税负转嫁往往不是一次性的,如同一笔税款,厂家转嫁给批发商,批发商转嫁给零售商,零售商转嫁给消费者,从而形成一个经济过程。但税负转嫁也并不是无尽的,总存在一个不可能再转嫁而要自己负担税款的阶层,如消费者,这一阶层即为税收归宿。税负归宿是指处于转嫁中的税负的最终落脚点,如果分析具体的企业、个人之间的税负转嫁过程,它等同于负税人。与税负转嫁相联系的另一个范畴是逃税。逃税是指个人或企业以不合法的方式逃避纳税义务,包含偷税、漏税和抗税等。逃税与税负转嫁不同,税负转嫁只会带来税负归宿的变化,造成纳税人和负税人的不一致,税收并未因此减少或损失。但逃税的结果是国家税收的减少或损失,且逃税是一种违法行为。

2. 税负转嫁方式

税负转嫁的基本方式有两种,即前转和后转。除了这两者外,还有其他的一些转嫁方式。

(1)前转方式。前转,又称顺转,指纳税人通过抬高销售价格将税负转嫁给购买者。在商品经济条件下,很多税种都与商品或商品价格密切相关,大量的税收以价内税或者价外税的方式课征。作为从事特定经营活动的纳税人,往往可以抬高已税商品的价格并把这类商品销售出去,从而把该商品的负税转移给下一个环节的经营者或消费者。如果加价额度等于税额,则商品售出后就实现了充分转嫁。如果加价额度大于税额,则不仅实现了税负转嫁,纳税人还可以得到额外的利润,称为超额转嫁。如果加价额度小于税额,则纳税人自身仍要负担部分税负,称为不完全转嫁。

(2)后转方式。后转,又称逆转,指在纳税人无法实现前转时,通过压低进货价格以转嫁税负的方式。如对汽车销售商的课税,销售商如无法提高售价就只能以压低汽车进价,将税款全部或者部分转嫁给汽车制造者,则为后转。后转往往是厂商和销售商通过谈判的方式来解决。

在现实生活中,往往是前转和后转并行,即一种商品的税负通过提高销售价格转嫁一部分,又通过压低进价转移一部分,这种转嫁方式称为混转或散转。

3. 税负转嫁和税负归宿的经济学解释

为了更清楚地说明税负是如何转嫁的及税负如何归宿,我们以定量税为例具体说明。

在完全竞争市场中,对商品供给方课征定量税。如图 4-3 所示。在无税收的情况下,供给曲线为 S,需求曲线为 D。均衡数量为 Q_1,均衡价格为 P_1。由于供给方要为销售的每单位商品缴纳从量税 T,则商品的供给曲线向上移动到 $S+T$,新的均衡数量为 Q_2,均衡价格为 P_2。对供给方课税使商品价格上升。但是通过观察我们发现,商品价格的上升小于课税额 T,纳税后,供给方销售一单位商品获得的收入为 P_2-T,即为 P_3。一部分税负通过更高的价格转嫁给需求方承担,剩余的则由供给方承担。从图中也可以看出,需求方承担的税负为 P_2-P_1,供给方承担的税负为 P_1-P_3。双方承担税负的比例由供给和需求弹性决定。

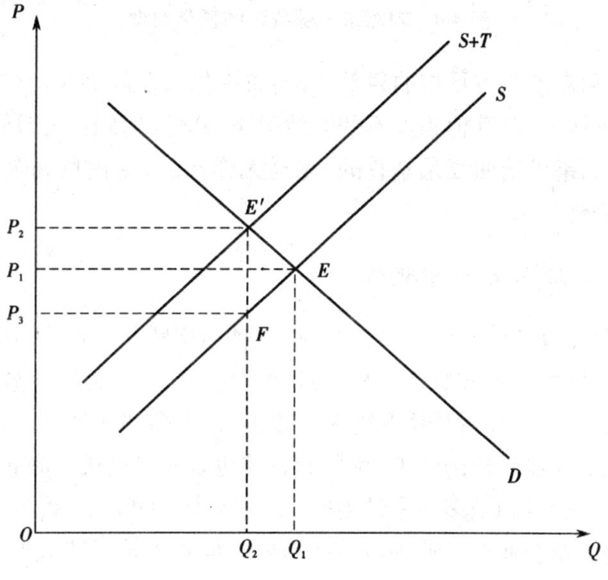

图 4-3　对供给方课税时的税负归宿

下面考虑对需求方征税的情况。如图 4-4 所示。在无税收的情况下,供给曲线为 S,需求曲线为 D。均衡数量为 Q_1,均衡价格为 P_1。由于需求方要为销售的每单位商品缴纳从量税 T,则商品的需求曲线向下移动到 $D-T$。由于需求方在购买商品时只关心支付的总价格,因此,课税后需求曲线向下移动的距离等于课税额。此时新的均衡数量为 Q_2,均衡价格为 P_2,对需求方课税使商品价格下降。但是通过观察我们发现,商品价格的下降小于课税额 T。从图中也可以看出,需求方承担的税负为 P_3-P_1,供给方承担的税负为 P_1-P_2。同样的,双方共同承担了税负,而承担税负的比例由供给和需求弹性决定。

正如以上的两个图所示,无论是对供给方课税还是对需求方课锐,税负总是由双方共同承担,这也说明了纳税人和税负归宿可能并不一致。

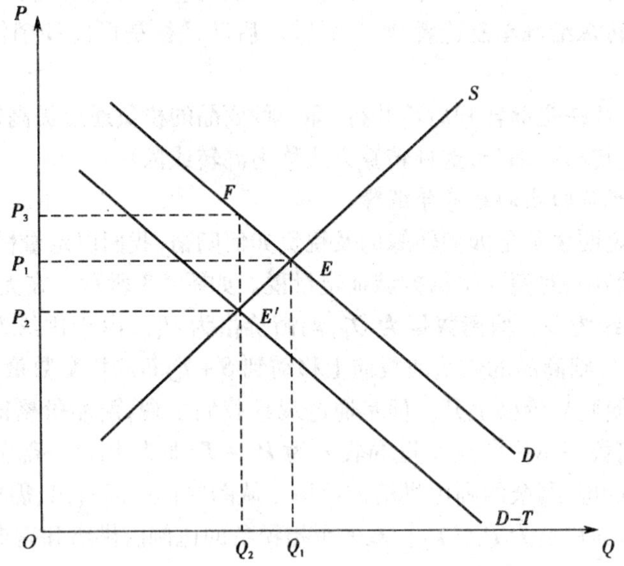

图4-4 对需求方课税时的税负归缩

前者指出，供给和需求双方承担的税负比例，将由供求曲线的相对弹性决定。弹性对税负归宿的影响可以概括为：在其他条件不变的情况下，弹性越高的一方所承担的税负比例越低。考虑极端情况，如果供给曲线是垂直的，完全无弹性的，则税负完全由供给方承担。具体证明可自行作图分析。

4.4.3 税收转嫁与归宿的一般规律

任何纳税人都存在税负转嫁的愿望，但要把这种愿望转化为现实，却并不容易。因为税负转嫁是有条件的。根据税负转嫁的含义，转嫁的基本条件是商品价格由供求关系决定的自由浮动。因为税负转嫁是通过价格升降来实现的，如果价格不能自由浮动，纳税人虽有转嫁的意愿和动机，但不存在转嫁的条件，税负的转嫁也是不可能的。在价格可以浮动的前提下，税负转嫁程度的多少受到很多因素的限制，如供求弹性的大小、税种的不同、课税标准的差异、课税范围的宽窄及企业在行业中所处的地位。但是尽管有这么多的限制因素，税负的转嫁仍然具有一般性的规律。

1. 商品课税较易转嫁，所得课税一般不易转嫁

通过前面的分析可以看到，税负转嫁的最主要的方式是变动商品价格。因此，以商品为征税对象，与商品价格密切相关的增值税、消费税、关税等就比较容易转嫁。而与商品及商品价格关系不紧密的所得课税就不易转嫁。如对个人财产和劳动所得课税，就只能是降低了个人的消费水平，无法转嫁出去。对各类企业课征法人所得税尽管存在可以转嫁的渠道，如提高本公司产品的销售价格、降低员工的工资、减少股息和红利等，但这些渠道并不通畅，或者受制于社会对该产品的供求状况，或遭到企业雇员和股东的反对，不易转嫁给他人。

2. 供给弹性大、需求弹性小的商品的课税较易转嫁，供给弹性小、需求弹性大的商品的课税不易转嫁

社会中大量商品的生产和销售都处于竞争状态，商品价格的最终决定依赖于供求关系，

而税负转嫁自然与供求弹性都有关。一般来说，供给弹性较大的商品，生产者可以灵活地调整生产数量，最终可以将商品在一个期望的价格水平上销售出去，因而所缴纳的税款完全可以作为价格的一个组成部分转嫁出去；而供给弹性较小的商品，生产者调整生产数量的可能性较小，从而难以控制价格水平，税负的转嫁比较困难。同理，需求弹性较大的商品，买方可以通过调整购买数量影响价格，税负转嫁比较困难；需求弹性较小的商品，其价格主要决定于卖方，税负转嫁比较容易。也就是说当供给弹性大于需求弹性时，税负转嫁比较容易；当供给弹性小于需求弹性时，税负转嫁困难。在极特殊的情况下，供给弹性等于需求弹性，生产者和消费者共同分担税负，税负只能部分转嫁。

3. 课税范围宽的商品较易转嫁，课税范围窄的商品较难转嫁

税负转嫁必然引起商品价格的上升，若有另外的商品可以替代加价的商品，消费者往往会用其他的商品替代，从而使税负转嫁失败。若一种税收课税范围很宽，甚至影响到同类商品，则消费者不易找到替代品，只能承受税负转嫁。

4. 对垄断性商品课税的税较易转嫁，对竞争性商品课税的税较难转嫁

由于垄断性商品在市场里占有很大的份额，且较难找到可以替代的商品，生产者和销售者基本上掌握了定价权，因此较易转嫁税负。而竞争性商品的可替代商品多，提价转嫁税负的可能行就很小。

5. 从价税较易转嫁，而从量税不易转嫁

从量课税是按课税对象的数量、重量、面积、体积、容积征税，税额不受价格变动的影响，购买者对提价比较敏感，纳税人担心转嫁税负得少失多。从价税条件下，价格随税负转嫁而上升，购买者不易察觉，相对来说较易转嫁。

课后练习题

一、名词解释

1. 税收　2. 纳税人　3. 比例税率　4. 累进税率　5. 起征点和免税额　6. 从量税和从价税　7. 价内税和价外税　8. 超额累进税率和全额累进税率　9. 税收转嫁　10. 税收归宿　11. 税收中性　12. 拉弗曲线

二、简答题

1. 税收的目的和依据是什么？
2. 简述税收的“三性”。
3. 如何理解税收的公平原则？
4. 试分析税负转嫁和归宿的一般规律。
5. 试述研究税负转嫁的现实意义。

第5章 税收制度

学习目标：

1. 了解我国的资源税和财产税；
2. 了解我国税收监管制度；
3. 掌握商品税的特点；
4. 掌握增值税、消费税、营业税和关税的相关内容；
5. 掌握所得税的特点；
6. 掌握个人所得税的相关内容。

5.1 商品税类

商品课税是指所有以商品为征税对象的税类。由于商品课税的主要对象是商品，而且是在流通过程中征收的，因此又被称为流转税。就我国现行税制而言，包含增值税、营业税、消费税、关税及一些地方性工商税种。与其他税种相比，商品课税有以下几个特点。

(1)课税普遍。商品课税是以商品交换并形成销售收入为前提。而在现代社会，商品是社会生产、交换、分配和消费的对象，商品生产和交换是社会生产的主要形式，对商品的课税自然是最普遍的税类。

(2)以商品和非商品的流转额为计税依据。商品流转额指商品销售的收入额，非商品流转额是指交通运输、邮政通信及各种服务性行业的营业收入。由于商品税收以流转额为计税依据，在税率一定的前提下，税额大小与商品和劳务的价格高低和流转额有关，与成本和盈利水平无关，因此，商品课税又称为流转课税。

(3)实行比例税率。除了少数税种实行定额税率外，多数商品税类实行比例税率。

(4)计征简便。商品课税以流转额为计税依据，实行比例税率，因此，计税征税十分方便。

5.1.1 增值税

1)增值税的概念和计税方法

增值税是以应税商品在生产经营过程中的增值额为课征对象征收的一种税。从某一生产经营过程看，增值额是商品的某一生产经营者在生产经营过程中新创造的价值，既等于工资与盈利之和，也等于产出减去投入后的余额。具体来说，增值额 = 工资 + 租金 + 利润 + 利息 = 销售收入额 - 外购商品的支付金额。但是，尽管用工资、租金、利润、利息之和计算增值额更符合理论上的增值税概念，但是这种计算更多地依赖企业的经济核算，导致了增值项目确定的困难。因此，在实践中，更多地采用销售收入额减外购商品的支付金额的扣除法来计算增值额和应纳税额。而用扣除法又具体分为扣额法和扣税法。

用扣额法计算,应纳税额=(销售收入额或营业收入额－购进商品支付金额)×税率;采用扣税法,应纳税额=销售收入额或营业收入额×税率－购进商品支付金额×税率。其中销售收入额或营业收入额×税率称为销项税额,购进商品支付金额×税率称为进项税额。因此,采用扣税法,应纳税额=销项税额－进项税额。这两种方法相比,在实行单一税率的情况下,计算结果相同。但若是实行多档税率,用扣额法就十分复杂,因此,目前实行增值税的国家都选择了扣税法。我国现行增值税也是属于此类。

2)增值税的基本类型

一般而言,增值税的计税依据是商品和劳务借款中的增值额,但各国的增值税制度对购进固定资产借款的处理有所不同,据此可将增值税划分为生产型增值税、收入型增值税和消费型增值税三种。

(1)生产型增值税。生产型增值税以纳税人的销售收入减去用于生产、经营的外购原材料、燃料、动力等物质资料之后的余额作为应税的增值额,但对购入的固定资产及折旧均不予扣除。其税基为工资、利息、租金、利润和折旧之和。从整个社会角度看,相当于国民生产总值,因此称为生产型增值税。

(2)收入型增值税。收入型增值税除允许扣除外购物质资料的价值以外,对于购置用于生产、经营的固定资产,允许将已折旧的价值额予以扣除。就整个社会而言,税基相当于国民收入,因此被称为收入型增值税。收入型增值税的税基与理论增值额基本一致,因此从理论上看它是一种标准的增值税,可以在固定资产的折旧期内逐步解决重复征税的问题。但是,在实行这种类型的增值税时,一方面需要划分外购和自制固定资产的折旧金额,另一方面,外购固定资产借款是以计入折旧的方式分期划入产品价值的,这就使得凭发票扣税的计算方法在操作上具有一定的困难,影响了该种增值税的广泛应用。

(3)消费型增值税。消费型增值税允许将购置物质资料的价值和用于生产经营的固定资产价值中所含的税款,在购置期内全部一次扣除。这种类型的增值税的税基为纳税人当期的销售收入总额扣除外购的全部生产资料价款后的余额。就整个社会而言,全部生产资料都不在征税之列,增值税的税基只是社会消费资料,因此被称为消费型增值税。这种类型的增值税具有提前补偿固定资产价值的性质,客观上可以发挥鼓励投资、加速设备更新、促进技术进步的作用,同时避免了重复征税问题,因此在很多国家得到了采用。

我国在1994年税制改革时,采用的是生产型增值税,从2009年1月1日起,开始实行消费型增值税。

3)我国现行的增值税制度

我国现行的增值税制度包括以下几点。

(1)征税范围和纳税人。增值税征收范围包括在我国境内的销售货物和提供加工、修理、修配劳务及进口货物,即不仅包含货物的生产、批发、零售和进口商品,而且包含提供加工、修理、修配,同时,对视同销售货物、混合销售的行为和兼营行为作出特殊规定。

增值税的纳税人包括在我国境内销售、进口货物,提供加工、修理、修配劳务的各类企业、单位、个体经营者和其他个人。根据《中华人民共和国增值税暂行条例》将纳税人按其经营规模大小以及会计核算是否健全划分为一般纳税人和小规模纳税人。生产型纳税人年增值税应税销售额为50万元人民币或批发、零售等非生产型纳税人年增值税应税销售额为

80 万元人民币的为一般纳税人,年销售额达不到前述标准的为小规模纳税人。

(2)增值税税率。税率基本采取一档基本税率和一档低税率的模式,基本税率为17%,低税率为13%。为与全国范围实施增值税转型改革政策相配套,财政部、国家税务总局规定,自2009 年1月1 日起,将金属矿采选产品、非金属矿采选产品的增值税税率由13%恢复到17%。对出口商品实行零税率。从2009 年1月1 日起,无论工业还是商业,税率均调整为3%。自2002 年1月1 日起,生产企业自营或者委托外贸企业代理出口自产货物,除另有规定外,增值税一律实行免、抵、退税管理办法。另外,对于小规模纳税人适用征收率,从2009 年1月1 日起,无论工业还是商业,税率均调整为3%。

(3)实行价外计算办法。现行的增值税实行价外税,即将原来含税价格中的价和税分开,并以不含税价格作为计税依据,在零售以前各环节销售商品时,专用发票上要求分别填写含税金和不含税金的价格。据测算,原商品的含税价格中税款所占的比重平均为14.5%左右,即100 元的商品价格中大致包含14.5 元的税款。现行增值税改为价外计税办法后,首先要求按现行税率将原来包含税款的价格换算为不含税价格,计算公式是:含税价格/(1+税率),即100/(1+17%)=85.5 元,应缴纳税款为85.5×17% =14.5 元。因此,由于实行价外计税方法,实行17%的基本税率,从国民经济总体来看,仍保持原来的税负水平,并不意味着在原来的含税价格上另加17%的税金。在零售环节,消费者购买的商品为自己使用,不存在税款抵扣的问题,为了照顾我国广大消费者的习惯,零售环节的价、税仍实行价税合一的办法。

(4)计税方法。分为一般纳税人计税方法和小规模纳税人计税方法。

一般纳税人在计算应纳增值税税额的时候,先分别计算其当期销项税额和进项税额,然后以销项税额抵扣进项税额后的余额为实际应纳税额。应纳税额计算公式为:

应纳税额=当期销项税额-当期进项税额

当期销项税额=当期销售额×适用税率

小规模纳税人销售货物或者应税劳务取得的销售额,按照规定的征收税率计算应纳增值税税额。应纳税额计算公式为:

应纳税额=销售额×适用征收率

5.1.2 消费税

1)消费税的含义

消费税是以消费品的销售额或消费支出额为征收对象的税收,包含消费支出税和消费品税两种税收。消费支出税是对消费者的消费支出征收的一种税,又称为综合消费税。该税以消费者个人在一定时间内的消费支出额为课税对象,是所得额减去储蓄后的余额。从这个角度看,消费支出额是所得额的一部分,对消费支出课税实际上是个人所得税的一种转化形式,税负由消费者承担,属于直接税的范畴。由于征管上存在困难,因此,消费支出税只是一种理想的税收形式,在实践中并没有被各国采用。

消费品税是对消费品的销售额课税的税收,包含货物消费税和劳务消费税。在对消费品的销售额征收税费的情况下,税收负担可以随价格转嫁给消费者,消费者作为间接的纳税人承担了税负,是一种间接税。实践中的消费税主要是消费品税,即对货物和劳务的消费课征的税收。

2）消费税的类型

按照消费税的征收范围，可以将其分为有限型消费税、中间型消费税和延伸型消费税。

（1）有限型消费税。其征税对象主要是一些传统的应税消费品，一般在 10～15 个，如烟草制品、酒精饮料、石油制品、机动车辆以及各种形式的娱乐活动等。此外，还可能包含某些食物制品，如糖、盐、软饮料等。国际上实行有限型消费税的有美国、英国等 60 多个国家约占整个实行消费税国家的一半。

（2）中间型消费税。中间型消费税的应税货物项目在 15～30 个之间。除了有限型消费税所涉及的项目外，还包含食物制品，如牛奶和谷物制品。有些国家还包含一些更广泛的消费项目，如鞋类、药品，甚至是化妆品、香水等。有些生产资料如水泥、建筑材料、颜料、油漆等也被列为中间型消费税的征税对象。采取这类类型消费税的国家主要有德国、英国、意大利、西班牙等 30 多个国家。

（3）延伸型消费税。延伸型消费税的应税项目最广，一般超过 30 种货物类别。除中间型消费税包含的品目以外，还包含更多的消费品和生产资料，如电器设备、收音机、电视机、铝制品、塑料、树脂、木材制品等。采用该类型的国家主要有日本、韩国、印度等。

3）消费税的课税对象

消费税的课税对象是消费品的销售收入，它是 1994 年工商税制改革中新设置的一种商品税。凡从事生产和进口应税消费品的单位和个人均为消费税的纳税人。在对商品普遍征收增值税的基础上，选择少数消费品再征收一道消费税，主要是为了调节消费结构，引导消费方向，保证国家财政收入。对烟、酒、汽油等消费品实行高税率或单独设置税种，课以较重的税收，是国际上普遍的做法。

4）消费税的计税方法

消费税采用从价定率计税和从量定额计税两种征税方法。从价定率是指根据商品销售价格和税法规定的税率计征，如化妆品、雪茄烟等，应纳税额 = 应税消费品销售额 × 适用税率。从量定额是指根据商品销售数量和税法规定的单位税额计算征税，如黄酒、啤酒、汽油、柴油等，应纳税额 = 应税消费品销售数量 × 适用税额标准。具体征收标准见表 5-1。

表 5-1　消费税税目税率税额表

税目	税率
一、烟	
1. 卷烟	
（1）甲类卷烟	56% 加 0.003 元/支
（2）乙类卷烟	36% 加 0.003 元/支
2. 雪茄烟	36%
3. 烟丝	30%

续表

税目	税率
二、酒及酒精	
1. 白酒	20%加0.5元/500克
2. 黄酒	240元/吨
3. 啤酒	
(1)甲类啤酒	250元/吨
(2)乙类啤酒	220元/吨
4. 其他酒	10%
5. 酒精	5%
三、化妆品	30%
四、贵重首饰及珠宝玉石	
1. 金银首饰、铂金首饰和钻石及钻石饰品	5%
2. 其他贵重首饰和珠宝玉石	10%
五、鞭炮、焰火	15%
六、成品油	
1. 汽油	
(1)含铅汽油	1.40元/升
(2)无铅汽油	1.00元/升
2. 柴油	0.80元/升
3. 航空煤油	0.80元/升
4. 石脑油	1.00元/升
5. 溶剂油	1.00元/升
6. 润滑油	1.00元/升
7. 燃料油	0.80元/升
七、汽车轮胎	3%
八、摩托车	
1. 气缸容量(排气量,下同)在250毫升(含250毫升)以下的	3%
2. 气缸容量在250毫升以上的	10%
九、小汽车	
1. 乘用车	
(1)气缸容量(排气量,下同)在1.0升(含1.0升)以下的	1%
(2)气缸容量在1.0升以上至1.5升(含1.5升)的	3%
(3)气缸容量在1.5升以上至2.0升(含2.0升)的	5%
(4)气缸容量在2.0升以上至2.5升(含2.5升)的	9%
(5)气缸容量在2.5升以上至3.0升(含3.0升)的	12%
(6)气缸容量在3.0升以上至4.0升(含4.0升)的	25%
(7)气缸容量在4.0升以上的	40%
2. 中轻型商用客车	5%
十、高尔夫球及球具	10%
十一、高档手表	20%
十二、游艇	10%
十三、木制一次性筷子	5%
十四、实木地板	5%

消费税从理论上是由最终的消费者承担的，但为了减少纳税人的数量，降低征收费用，防止税款流失，消费税的纳税环节确定在生产环节。

5.1.3 营业税

(1)营业税的含义。营业税是对各种营利事业向经营者征收的一种税。一般而言，营业是指劳力和资本相结合以谋取盈利的活动，如工农业生产、商品经营、建筑安装、交通运输、邮电通信、金融保险、文化娱乐等。

(2)营业税的类型。从征收目的的角度看，营业税可分为营业执照税和营业收益税。营业执照税是对领取营业执照、获准从事某种经营活动的经营者，按照执照所载资本额或其他某种标志征收的营业税。征收营业执照税的目的主要是对纳税人的经营活动进行监督和管理。营业收益税是对纳税人从事经营活动取得的收入征收的营业税，其目的主要是为了取得财政收入。

(3)营业税的课税对象。营业税共设置了八个征税项目：交通运输业，包含陆路、水路、航空、管道运输和装卸搬运；建筑业，包含建筑、安装、修缮、装饰和其他工程作业；邮电通信业，包含文化活动、艺术表演、体育比赛等；金融保险业，包含金融、保险、典当等；服务业，包含代理业、旅店业、饮食业、旅游业、仓储业、租赁业、广告业及其他服务业；转让无形资产，包含转让土地使用权、专利权、非专利技术、商标权、著作权、商誉等；销售不动产，包含销售建筑物和其他土地附着物；娱乐业，包含歌厅、舞厅、卡拉OK歌舞厅、音乐茶座、台球厅等。凡从事上述经营活动的单位和个人均为营业税的纳税人。

(4)营业税的计税方法。营业税根据不同行业设置了四档税率，交通运输业、建筑业、邮电通信业、文化体育业税率为3%；服务业、转让无形资产、销售不动产税率为5%；金融保险业自1997年1月1日起至2000年12月31日止，统一执行8%的税率，从2001年起，每年下调1个百分点，分3年将金融保险业的税率从8%降到5%；夜总会、歌厅、舞厅等娱乐业一律以20%的税率征收。营业税应纳税额的一般计算公式为：

应纳税额 = 营业额(销售额) × 适用税率

5.1.4 关税

关税是一国政府对进出本国关境的货物和物品征收的一种流转税。根据货物在关境上的流通方向不同，可将关税分为进口关税和出口关税。进口关税主要对进口商品课征，这也是目前各国最主要的关税。出口关税则是对出口商品课征，为了鼓励本国的商品出口，很多国家都不再课征出口关税。另外，各国课征关税主要是为了保护本国经济，取得财政收入不是其主要目的。所以，目前各国的关税基本上都是保护关税，而非财政关税。

(1)课税对象。征收对象是进出我国国境的货物和物品。货物是指贸易性商品，物品包括入境旅客随身携带的行李物品、个人邮递物品、各种运输工具上的服务人员携带进口的自用物品、馈赠物品及以其他方式进入我国境内的个人物品。

(2)纳税人。贸易性商品进口关税的纳税人是经营进口货物收发货人，物品进口关税的纳税人是入境时随身携带的行李物品的持有人、个人邮递物品的收件人、各种运输工具上携带进口的自用物品、馈赠物品及以其他方式进入我国境内的个人物品的所有人。

(3)税率。我国关税的税率采用差别比例税率。税率分为进口税率和出口税率。进口货物按照必需品、需用品、非必需品、限制进口品等分成若干级别分别规定不同的税率。必需品进口税率低于需用品税率,需用品税率低于非必需品税率,限制进口品的税率最高。另外,关税的差别税率还体现在进口货物的生成国别上。对原产于与我国未定有关税互惠协定的国家和地区的进口货物要按照普通税率征税,对原产于与我国有关税互惠协定的国家和地区的进口货物要按照优惠税率征税。我国自加入世界贸易组织后,大幅度降低了进口关税的税率。目前,我国进口关税的平均税率为10%。而对出口征税的商品我国目前只有鳗鱼苗、铝丝等30多种商品,税率为5%~40%。

(4)税额计算。应纲税额计算公式为:

应纳税额=进(出)口应纳税货物数量×单位完税价格×适用税率

关税的完税价格相当于一般流转税的计税价格,它是计算应税进出口额时应使用的价格。进口货物是以海关审定的成交价格为基础的到岸价格作为完税价格。到岸价格是指货币采购价加上货物运抵我国境内输入地起卸前发生的包装费、运费、保险费和其他劳务费之和。出口货物的完税价格等于货物的离岸价格扣除出口关税后的余额。

5.2 所得税类

所得课税是对所有以所得额为课税对象的税种的总称。所得课税是一种优缺点十分鲜明的税类,具有以下优点。

(1)税负相对公平。所得课税是以纯收入或净所得为计征依据,并一般实行多所得多征、少所得少征的累进征税方法,合乎量能课税的原则。

(2)一般不存在重复征税问题。所得税是以纳税人的总收入减去准予扣除项目后的应税所得额为课税对象,征税环节单一。只要不存在两个以上的课税主体,则不会出现重复征税,不会影响市场的正常运转。

(3)有利于维护国家的经济权益。在国际经济交往与合作不断扩大的现代社会,跨国投资和经营的情况极为普遍,因此必然存在跨国所得。对跨国所得征税是任何一个主权国家应有的权益,这就需要利用所得税可以跨国征税的天然属性,参与纳税人跨国所得的分配,维护本国权益。

(4)课税有弹性。所得税来源于经济资源的利用和剩余产品的增加,从长远看,随着资源利用效率的提高,剩余产品也会不断增长,因此所得课税不仅税源可靠,且可以根据国家的需要灵活调整,以适应政府支出的增减。

但是所得课税也有以下缺陷:所得税的开征及其财源受企业利润水平和人均收入水平的制约;所得税的累进课税方法会在一定程度上压抑纳税人的生产和工作积极性;计征管理比较复杂,需要较高的税务管理水平,在发展中国家广泛推行往往比较困难。

我国的所得课税有自身的特点:一是我国一向以商品课税为主,所得课税刚刚起步;二是西方发达国家的所得课税是以个人所得税为主,而我国却是以企业所得税为主,不过个人所得税的地位和作用已经受到了重视。

5.2.1　个人所得税

1)个人所得税的概念

个人所得税是对个人取得的所得征收的一种税。从理论上看,对“所得”存在两种理解。狭义上,所得被定义为在一定期间内运用资本或劳力取得的货币收益或报酬;广义上,所得为在一定期间内所获得的一切经济利益,不管其来源如何,方式如何,属于货币收益还是实物收益。目前,税收学界较为流行的解释是,所得是指财富的增加额,它等于一年内的消费支出额加上财富净值的变动额。按照这种解释,凡是能够增加一个人享用商品和劳务能力的东西,都应当视为所得。但在征收实践中,个人所得的范围则要狭窄很多,一般主要由工资、薪金、股息、利息、租金、特许权使用费以及资本利得等构成。

个人是指区别于法人的自然人,不仅包括作为要素所有者的个人,也包括作为经营者的个人。个人所得税实际上就是对财产所有者个人、投资者个人、劳动者个人、个体工商业户、合伙企业合伙人及独资企业业主等自然人征收的所得税。

2)个人所得税的类型

从征收模式上看,个人所得税可以分为三种类型,即分类所得税、综合所得税和分类综合所得税。

(1)分类所得税。分类所得税是将纳税人的所得按来源划分为若干种类,对不同种类的所得分别按照不同的税率计算征收个人所得税。分类所得税的优点在于可以灵活选择课税对象,征收相对简便,易于进行源泉控制,减少逃税;而且可以按照所得性质的不同采用差别税率,有利于实现特定的政策目标。缺点是对所得分类课征,无法根据纳税人的总体负担能力实行量能课税,难以体现公平税负、合理负担的原则。

(2)综合所得税。综合所得税是将纳税人在一定时期内取得的各类所得综合在一起,按照统一的税率计算征收个人所得税。该税的优点是有利于体现纳税人的实际税负水平,比较符合按能力负担的公平原则,发挥调节个人收入的作用。缺点是征收复杂,要求纳税人有较高的纳税法制意识和较为健全的财务会计和先进的税收管理制度。

(3)分类综合所得税。分类综合所得税是分类所得税和综合所得税相结合的一种个人所得税。该税要求先将不同来源的所得按照性质不同分为不同项目,对不同项目的所得先进行费用扣除,并对余额从源扣缴,然后对全部或部分所得项目加总,进行个人宽免,运用累进税率征税。该税集中了分类所得税综合所得税的优点,但缺点是税制更加复杂,管理上的要求也更高。

3)个人所得税的课税对象

个人所得税的课征对象是个人所得。按税法规定,在我国境内有住所,或者无住所而在境内居住满一年的个人,从我国境内和境外取得的所得,应依法缴纳个人所得税;在我国境内无住所又不居住或无住所而在境内居住不满一年的个人,从我国境内取得的所得,依法缴纳个人所得税。应纳税的个人所得包括:工资、薪金所得;个体工商户的生产、经营所得;对企事业单位的承包经营、承租经营所得;劳务报酬所得;稿酬所得;特许权使用费所得;利息、股息、红利所得;财产租赁所得;财产转让所得;偶然所得;经国务院财政部门确定征税的其他所得。

4)个人所得税的计税方法

工资、薪金的税基为每月收入额减去3 500元后的余额,工资、薪金所得适用超额累进税率,免征额目前为3 500元,税率为3% ~45%,具体见表5-2。

表5-2 工资、薪金所得适用的税率及速算扣除数表

级数	全月应纳税所得额	税率(%)	速算扣除数(元)
1	不超过1 500元的	3	0
2	超过1 500元至4 500元的部分	10	105
3	超过4 500元至9 000元的部分	20	555
4	超过9 000元至35 000元的部分	25	1 005
5	超过35 000元至55 000元的部分	30	2 755
6	超过55 000元至80 000元的部分	35	5 505
7	超过80 000元的部分	45	13 505

个体工商户的生产、经营所得和对企事业单位的承包经营、承租经营所得,以每一纳税年度的收入总额减除成本、费用及损失后的余额,为应纳税所得额,适用税率为5% ~35%的超额累进税率。具体见下表5-3。

表5-3 个体工商户的生产、经营所得和对企事业单位的承包经营、承租经营所得的税率及速算扣除数表

级数	全年应纳税所得额	税率(%)	速算扣除数(元)
1	不超过15 000元的	5	0
2	超过15 000元至30 000元的部分	10	750
3	超过30 000元至60 000元的部分	20	3 750
4	超过60 000元至100 000元的部分	30	9 750
5	超过100 000元的部分	35	14 750

稿酬所得,若每次取得的收入低于4 000元,则允许扣除800元的费用作为应纳税所得额,若收入超出4 000元,则允许扣除20%的费用作为应纳税所得额。适用比例税率,税率为20%,并按应纳税额减征30%,实际税率为14%。

劳务报酬所得,若每次取得的收入低于4 000元,则允许扣除800元的费用作为应纳税所得额,若收入超出4 000元,则允许扣除20%的费用作为应纳税所得额。适用比例税率,税率为20%。对劳务报酬所得一次收入畸高的(个人一次取得劳务报酬,其应纳税所得额超过2万元),可以实行加成征收。对应纳税所得额超过2万元至5万元的部分,依照税法规定应纳税额后再按照应纳税额加征5成;超过5万元的部分,加征十成。所以,劳务报酬所得实际上适用3级超额累进税率,税率分别为为20%、30%、40%。具体见表5-4。

表5-4　劳务报酬所得的税率及速算扣除数表

级数	每次应纳税所得额	税率(%)	速算扣除数(元)
1	不超过20 000元的	20	0
2	超过20 000元至50 000元的部分	30	2 000
3	超过50 000元的部分	40	7 000

特许权使用费所得,若每次取得的收入低于4 000元,则允许扣除800元的费用作为应纳税所得额,若收入超出4 000元,则允许扣除20%的费用作为应纳税所得额。适用20%的比例税率。

利息、股息、红利所得,不允许扣除任何的费用,适用20%的比例税率。从2007年8月15日起,居民储蓄利息税税率为5%;从2008年10月9日起,暂免征收储蓄存款利息的个人所得税。

财产租赁所得,若每次取得的收入低于4 000元,则允许扣除800元的费用作为应纳税所得额,若收入超出4 000元,则允许扣除20%的费用作为应纳税所得额。对个人出租住房取得的所得减按10%的税率征收个人所得税。

财产转让所得,允许扣除财产的原值以及在转让过程中发生的合理费用作为应纳税所得额,适用20%的比例税率。

偶然所得不允许扣除任何的费用,适用20%的比例税率。

5.2.2　企业(公司)所得税

(1)企业所得税的含义。从概念上看,企业所得税是以企业所得作为课税对象的一种税。在现代社会,企业存在多种形式。从资本的构成角度看,企业可以分为独资企业、合伙企业与有限或无限责任公司。从法律地位上看,企业有非法人企业和法人企业等形式。世界各国的实践表明,企业所得税主要是对公司或者具有法人地位的企业征收的所得税。因此,企业所得税又被称为公司所得税或法人所得税。我国的法律规定中并未将企业所得税称为公司或法人所得税,一方面是因为沿袭已久的习惯,另一方面是因为涵盖的主体不仅包含了公司制企业,还包含了非公司制企业;不仅包含了法人企业,还包含了非法人组织。不同企业都按照统一的企业所得税法征税,有利于企业间的公平税负、平等竞争。

(2)企业所得税的课税对象。在中华人民共和国境内,企业和其他取得收入的组织为企业所得税纳税人。企业分为居民企业和非居民企业。居民企业是指依法在我国境内成立,或依照外国法律成立但实际管理机构在我国境内的企业。非居民企业是指依照外国法律成立且实际管理机构不在我国境内,但在我国境内设立机构、场所的,或者在我国境内未设立机构、场所,但有来源于我国境内所得的企业。

(3)企业所得税的计税方法。企业每一纳税年度的收入总额,减除不征收收入、免税收入、各项扣除以及允许弥补的以前年度亏损后的余额,为应纳税所得额。收入总额为企业以货币形式和非货币形式从各种来源取得的收入,包含销售货物收入、提供劳务收入、转让财产收入、股息红利等权利性投资收益。利息收入、租金收入、特许权使用费收入、接受捐赠收入、其他收入。不征税收入有财政拨款、依法收取并纳入财政管理的行政事业性收费和政府性基金、国务院规定的其他不征税收入。企业所得税的税率为25%,特别税税率为20%。

企业所得税应纳税额计算公式为：

应纳税额 = 应纳税所得额 × 适用税率 − 减免税额 − 抵免税额

5.2.3 土地增值税

对土地使用权转让及出售建筑物时所产生的价格增值量征收的税种，即为土地增值税。课税对象是转让国有土地使用权、地上建筑物及其附着物所取得的收入，减去相关的成本、费用、税金及加计扣除之后的余额。我国的土地增值税是一种财产税，但按其课税对象则属于所得课税的性质。

不分经济性质，不分内外资企业及中外籍人员，不论是专营还是兼营房地产，只要在中华人民共和国境内转让房地产并取得收入的单位和个人，都是土地增值税的纳税义务人。

土地增值税实行四级超率累进税率，其税率见表5-5。

表5-5 土地增值税税率表

级数	土地增值额	税率(%)	速算扣除数
1	不超过扣除项目金额50%的部分	30	0
2	超过扣除项目金额50%的部分但未超过100%的部分	40	5%
3	超过扣除项目金额100%的部分但未超过200%的部分	50	15%
4	超过扣除项目金额200%的部分	60	35%

土地增值税应纳税额公式为：

应纳税额 = 增值额 × 适用税率 − 扣除项目金额 × 速算扣除系数

5.3 其他税类

5.3.1 资源税

资源税是以各种应税自然资源为课税对象、为了调节资源级差收入并体现国有资源有偿使用而征收的一种税。

(1)课税对象。课税对象是自然资源。具体而言，资源税的税目有七大类：原油、天然气、煤炭、其他非金属矿原矿、黑色金属矿原矿、有色金属矿原矿和盐。

(2)纳税人。凡在我国境内开采应税资源的矿产产品或者生产盐的单位和个人为资源税的纳税义务人。中外合作开采石油、天然气暂不征收资源税，但要征收矿区使用费。

(3)计税依据。资源税采用定额税率，其计税依据是课税数量。纳税人开采或生产应税产品销售的，以销售数量为课税对象；纳税人开采或生产应税产品自用的，以自用数量为课税对象。

(3)税率。资源税的税率采用差别定额税率。不同种类的应税产品税率不同；统一应税产品不同的开采企业或不同的产品等级税率也不尽相同。

(4)税额计算。资源税应纳税额计算公式为：

应纳税额 = 课税数量 × 单位税额

5.3.2 财产税

财产税是对纳税人拥有或者支配的应税财产就其数量或价值总额征收的一类税收的总称。它分为两大类:一类是对财产的所有者或占有者课税,包含一般财产税和个别财产税;另一类是对财产的转移课税,包含遗产税、继承税和赠与税。我国现行的具有对财产课税性质的税种有房产税、土地使用税、耕地占用税、车船税、城市房地产税和契税。下面重点介绍房产税和契税。

(1)房产税。房产税是对纳税人拥有的房屋财产课征的税收。目前,房产税只对国内的单位和个人征收,对外资企业和外籍个人征收城市房地产税。而现行的房产税的首批试点城市是上海和重庆。

课税对象为城市、县城、建制镇、工矿区的房屋,不包括农村的房屋。

房产税的纳税人是我国境内拥有房屋产权的单位和个人。产权属国家所有的,由经营管理单位纳税;产权属集体和个人所有的,由集体单位和个人纳税。

计税依据是房屋的计税价值或房产的租金收入。房产的计税价值等于房产原值减去其10% ~30%后的余额。

税率为比例税率,按房产余值计征的,年税率为1.2%;按房产出租的租金收入计征的,税率为12%。但对个人按市场价格出租的居民住房,用于居住的,减按4%的税率征收房产税。

税额的计算有两种方法:按房产的原值减除一定比例后的余值计征,其公式为:

应纳税额 = 应税房产原值 ×(1 - 扣除比例)×1.2%

按房产的租金收入计征,其公式为:

应纳税额 = 租金收入 ×12%

(2)契税。契税是对土地使用权和房屋产权的转让征收的一种税。

课税对象为在我国境内转移的土地、房屋的权属,包含国有土地使用的转让、土地使用权的转让、房屋买卖、房屋赠与和房屋交换。

纳税人是在我国境内取得转移土地、房屋权属的单位和个人。

国有土地使用权出让、土地使用权出售、房屋买卖,以成交价格为计税依据;土地使用权赠与、房屋赠与,由征收机关参照市场价格核定;土地使用权交换、房屋交换,以所交换的土地使用权、房屋的价格的差额为计税依据。

税率从2008年11月1日起,对个人首次购买90平方米及以下普通住房的契税税率暂统一下调到1%。契税的应纳税额计算公式为:

应纳税额 = 计税依据 × 税率

5.4 我国税收征管制度

5.4.1 我国税收征管制度的变革

我国税收征管制度的立法,经历了一个由分到合、由不统一到统一的过程,大致可以分为三个阶段:1949—1986年是没有统一立法的阶段,1986—1992年是初步统一立法的阶段,

1993—2001年进入统一立法及实施阶段。我国于1992年9月4日颁布《中华人民共和国税收征收管理法》，简称《税收征管法》，颁布后经过了两次修订。1995年第一次修订后的《税收征管法》，对加强税务机关的立法刚性，促进依法治税，提高纳税人的纳税意识，保护纳税人的合法权益，保证税收收入的持续稳定增长，推动税收管理的法制化、科学化、规范化都起到了积极作用。但是，随着改革开放的深化和市场经济体制的逐步建立和发展，我国的经济和社会各个方面都发生了重大变化，税收处于利益分配的交叉点，不可避免会出现各种各样的新问题。在现实中，《税收征管法》越来越不能适应新的经济形势。从宏观方面看，因为社会主义市场经济体制的建立，使《税收征管法》立法的经济基础发生了根本性的变化，而《税收征管法》已经滞后于这种经济基础的深刻变化。从微观方面看，1994年我国税制进行了较大改革，实行了分税制，分设了国税、地税两套税务机构，税收征管改革也取得了很大进展，征管法也要从法律上明确、反映和巩固这些改革成果。而当时的《税收征管法》已经明显暴露出内在的缺陷和不足。如税源管理覆盖不全，监管不力，导致税源失控，税收大量流失；对欠税的处理偏轻，使欠税现象大量存在，使税收的严肃性受到冲击；《税收征管法》中的个别条款的规定太原则、太笼统，造成实际操作因理解不一致而造成执法不一致；对当前出现的新问题、新情况缺乏法律应对措施，造成执法被动；部门行政协税不力，难以形成打击偷、逃、骗税违法行为的合力。对纳税人合法权益的保护问题，在《税收征管法》中也是一个薄弱环节，对纳税人的义务强调的多，对权益的保护少，虽然有关于保护纳税人权益的条款，但纳税人应享受的权利和所承担的义务、责任不对称。

鉴于《税收征管法》已经不能适应形势发展的新要求，我国于2001年进行了全面、大范围的修订，自2001年5月1日起开始实施。这次修订，涉及条款达90余处，增加了不少新的条款，原有的条文也做了不少改动，尤其是突出了对纳税人权益的保护，这些都标志着我国的税收征管正在向服务性税收转变。

5.4.2 我国的《税收征管法》

1.《税收征管法》的立法原则和特点

《税收征管法》作为一部建立正常纳税秩序的税务机关和纳税人都要严格遵守的法律，在整个立法过程中，遵循三项立法原则：坚持为改革开放和经济建设服务；保证国家依法征收权利；维护纳税人合法权益。

概括地讲，《税收征管法》的主要特点有四个：统一了对内税收和涉外税收监管制度；强化了税务机关行政法权限，增强了税法的刚性；完善了对税务机关的执法制约制度和对纳税人合法权益的保护制度；确立了税务代理制度。

2.《税收征管法》的适用范围

《税收征管法》是我国第一部统一的税收征收管理法律。凡由税务部门主管的各种税收管理的基本内容都要纳入这部基本法规之中，不论是现行税种还是今后开征的新税种，不论是外商投资企业和外国企业及华侨、外籍与港澳人员，还是国有、集体、私营企业等经济实体或个体工商户及一切纳税个人，其缴纳的税收凡是由税务部门征收的，有关征收管理的事项，都要依据《税收征管法》的规定执行。

考虑到目前财政部门负责组织征收的农业税、牧业税、耕地占用税、契税等税种，与税务机关负责组织征收的税种相比，在征收和管理上有一些区别，不宜完全套用《税收征管法》。

另外,海关属于国家特别授权可以征税的机关,其征收的关税和船舶吨税已按国际惯例单独立法或规定,其为税务机关代征的增值税、消费税等,除减免税等管理权外,也由其独立行使职权。《税收征管法》第二条规定:"凡依法由税务机关征收的各种税收的征收管理,均适用本法。"《税收征管法》第九十条规定:"耕地占用税、契税、农业税、牧业税征收管理的具体办法,由国务院另行制定。关税及海关代征税收的征收管理,依照法律、行政法规的有关规定执行。"

5.4.3 我国的税收监管工作

税收监管工作包含税务管理、税款征收和税务检查三大项,这三项也是税收监管工作的重要内容。

1. 税务管理

税务管理在整个税收征收管理中处于基础环节,它是做好税款征收和税务检查工作的前提。《税收征管法》中为税务管理规定了税务登记、账簿和凭证管理及纳税申报三项内容。

1)税务登记

从事生产、经营的纳税人(包含企业、企业在外设立的分支机构和从事生产、经营的场所,个人工商户和从事生产、经营的事业单位)应当自领取营业执照之日起30日内,向税务机关申报办理税务登记,如实填写税务登记表,并按照税务机关的要求提供有关证件、资料。

纳税人税务登记内容发生变化的,应当自工商行政管理机关或者其他机关办理变更登记之日起30日内,持有关证件向原税务登记机关申报办理变更税务登记;纳税人税务登记内容发生变化,不需要到工商行政管理机关或者其他机关办理变更登记的,应当自发生变化之日起30日内,持有关证件向原税务登记机关申报办理变更税务登记。

纳税人按照国务院税务主管部门的规定使用税务登记证件,税务登记证件不得转借、涂改、损毁、买卖或者伪造。

从事生产、经营的纳税人到外县(市)临时从事生产、经营活动的,应当持税务登记证副本和所在地税务机关填开的外出经营活动税收管理证明,向营业地税务机关报验登记,接受税务管理。

2)账簿和凭证管理

从事生产、经营的纳税人、扣缴义务人按照国务院财政、税务主管部门的规定设置账簿,根据合法、有效的凭证记账,进行核算。账簿应当在领取营业执照之日起15日内设置。

从事生产、经营的纳税人应当在领取税务登记证件之日起15日内,将其财务、会计制度或财务、会计处理办法报送税务机关备案。若财务、会计制度或财务、会计处理办法与国务院或者国务院财政、税务主管部门有关税收的规定抵触,要按照国务院或者国务院财政、税务主管部门有关税收的规定纳税。

从事生产、经营的纳税人、扣缴义务人必须按照国务院或者国务院财政、税务主管部门规定的保管期限保管账簿、记账凭证、完税凭证及其他相关资料。账簿、记账凭证、完税凭证及其他相关资料不得伪造、变造或者擅自销毁。

3)纳税申报

纳税人必须依照法律、行政法规规定或者税务机关依照法律、行政法规的规定确定的申报期限、申报内容如实办理纳税申报,报送纳税申报表、财务会计报表以及税务机关根据实际需要要求纳税人报送的其他纳税资料。扣缴义务人必须依照法律、行政法规规定或者税务在依照法律、行政法规的规定确定的申报期限、申报内容如实报送代扣代缴、代收代缴税款报告表以及税务机关根据实际需要要求扣缴义务人报送的其他有关资料。

纳税人、扣缴义务人不能按期办理纳税申报或者报送代扣代缴、代收代缴税款报告表的,经税务机关核准,可以延期申报。经核准延期办理所规定的申报、报送事项的,应当在纳税期内按照上期实际缴纳的税额或者税务机关核定的税额预缴税款,并在核准的延期内办理税款结算。

纳税人、扣缴义务人的纳税申报或者代扣代缴、代收代缴税款报告表的主要内容包括:税种、税目,应纳税项目或者应代扣代缴、代收代缴税款项目,计税依据,扣除项目及标准,适用税率或者单位税额,应退税项目及税额、应减免税项目及税额,应纳税额或者应代扣代缴、代收代缴税额,税款所属期限、延期缴纳税款、欠税、滞纳金等。

纳税人办理纳税申报时,应当如实填写纳税申报表,并根据不同的情况相应报送下列有关证件、资料:财务会计报表及其说明材料;与纳税有关的合同、协议书及凭证;税控装置的电子报税资料;外出经营活动税收管理证明和异地完税凭证;境内或者境外公证机构出具的有关证明文件;税务机关规定应当报送的其他有关证件、资料。

扣缴义务人办理代扣代缴、代收代缴税款报告时,应当如实填写代扣代缴、代收代缴税款报告表,并报送代扣代缴、代收代缴税款的合法凭证以及税务机关规定的其他有关证件、资料。

4)发票的使用和管理

发票的使用和管理包括以下几方面内容。

(1)发票的印制。增值税专用发票由国务院税务主管部门指定的企业印制;其他发票按照国务院税务主管部门的规定,分别由省、自治区、直辖市国家税务局、地方税务局指定的企业印制。为防止伪造发票,应使用发票防伪专用品。发票应当套印全国统一发票监制章,禁止在境外印制发票。

(2)发票的领购。申请领购发票的单位和个人应当提出购票申请,提供经办人身份证明,税务登记证件或者其他有关证明,以及财务印章或者发票专用章的印模,经主管税务机关审核后,发给发票领购簿。领购发票的单位和个人凭发票领购簿核准的种类、数量及购票方式,向主管税务机关领购发票。对外省、自治区、直辖市来本辖区从事临时经营活动的单位和个人申请领购发票的,可以要求其提供保证人或者根据所领购发票的票面限额及数量缴纳不超过1万元的保证金,以限期缴销发票。按期缴销发票的,解除保证人的担保义务或者退还保证金;未按期缴销发票的,由保证人或者以保证金承担法律责任。税务机关收取保证金应当开具收据。

(3)发票的开具和保管。销售商品、提供服务以及从事其他经营活动的单位和个人,对外发生经营业务收取款项,收款方应当向付款方开具发票;收购单位和扣缴义务人支付个人款项时,由付款方向收款方开具发票。取得发票时,不得要求变更品名和金额。不符合规定的发票,不得作为财务报销凭证,任何单位和个人有权拒收。开具发票应当按照规定时限、顺序、逐栏全部联次一次性如实开具,并加盖单位财务印章或者发票专用章。开具发票的单位和个人应当按照税务机关的规定存放和保管发票,不得擅自损毁。已经开具的发票存根联和发票登记簿,应当保存五年。保存期满,报经税务机关查验后销毁。

(4)罚款。未按照规定印制发票或者生产发票防伪专用品的;未按照规定领购发票的;未按照规定开具发票的;未按照规定取得发票的;未按照规定保管发票的;未按照规定接受税务机关检查的。对有前款所列行为之一的单位和个人,由税务机关责令限期改正,没收非法所得,可以并处一万元以下的罚款。有前款所列两种以上行为的,可以分别处罚。非法携带、邮寄、运输或者存放空白发票的,由税务机关收缴发票,没收非法所得,可以并处一万元以下的罚款。私自印制、伪造变造、倒买倒卖发票,私自制作发票监制章、发票防伪专用品,由税务机关依法予以查封、抵押或者销毁,没收非法所得和作案工具,可以并处一万元以上五万元以下的罚款,构成犯罪的依法追究刑事责任。违反发票管理法规,导致其他单位或者个人未缴、少缴或者骗取税款的,由税务机关没收非法所得,可以并处未缴、少缴或者骗取的税款一倍以下的罚款。

2. 税款征收

税款征收是税收征收管理的中心环节,直接关系到国家税收能及时、足额入库。根据《税收征管法》的规定,税务机关必须依照法律、行政法规的规定征收税款,不得违反法律、行政法规的规定开征、停征、多征或少征税款。纳税人、扣缴义务人则要按照法律、行政法规的规定或税务机关依照法律、行政法规的规定确定的期限,缴纳或解缴税款。在税款征收中有几项需要特别注意。

(1)延期纳税。纳税人因有特殊困难,不能按期缴纳税款的,经县以上税务局批准,可以延期缴纳税款,但最长不得超过3个月。经税务机关批准延期缴纳税款的,在批准期内不加收滞纳金。

(2)滞纳金。纳税人、扣缴义务人未按规定期限缴纳税款或者解缴税款的,税务机关除责令限期缴纳外,应从滞纳税款之日起,按日加收滞纳税款万分之五的滞纳金。

(3)退税和追征。纳税人不论何种原因超过应纳税额多缴纳的税款,税务机关发现后应当立即退还;纳税人自结算缴纳税款之日起3年内发现的,可以向税务机关要求退还多缴的税款并加算银行同期存款利息,税务机关及时查实后应立即退还。因税务机关的责任,致使纳税人、扣缴义务人未缴或者少缴款的,税务机关在3年内可以要求纳税人、扣缴义务人补缴税款,但是不得加收滞纳金。因纳税人、扣缴义务人计算错误等失误,未缴或者少缴款的,税务机关在3年内可以追征税款,并加收滞纳金;有特殊情况的(即数额在10万元以上的),追征期可以延长到10年。对因纳税人、扣缴义务人和其他当事人偷税、抗税、骗税等原因而造成未缴或者少缴的税款,或骗取的退税款,税务机关可以无限期追征。

(4)税收保全措施和强制执行措施。税务机关有根据认为从事生产、经营的纳税人有逃避纳税义务行为的,可以在规定的纳税期之前,责令限期缴纳应纳税款;限期内发现纳税人有明显地转移、隐匿其应纳税的商品、货物以及其他财产或者应纳税的收入的迹象的,税务机关可以责成纳税人提供纳税担保。如果在纳税人不能提供纳税担保,经县以上税务局(分局)局长批准,税务机关可以采取下列税收保全措施:书面通知纳税人开户银行或者其他金融机构冻结纳税人的金额相当于应纳税款的存款;扣押、查封纳税人的价值相当于应纳税款的商品、货物或者其他财产。采取税收保全措施不当,或者纳税人在期限内已经缴纳税款,税务机关未立即解除税收保全措施,使纳税人的合法利益遭受损失的,税务应当承当赔偿责任。

从事生产、经营的纳税人、扣缴义务人未按照规定的期限缴纳或者解缴的税款,纳税担保人未按照规定的期限缴纳所担保的税款,由税务机关责令限期缴纳,逾期仍未缴纳的,经县以上税务局(分局)局长批准,税务机关可以采取下列强制执行措施:书面通知其开户银行或者其他金融机构从其存款中扣缴税款;扣缴、查封、依法拍卖或者变卖其价值相当于应纳税款的商品、货物或者其他财产,以拍卖或者变卖所得抵缴税款。

3. 税务检查

税务检查是税务机关根据国家税法和财务会计制度的规定,对纳税人履行纳税义务的情况进行的监督、审查活动的总称。税务检查是税收征收管理的重要内容,也是税务监督的重要组成部分。搞好税务检查,对于加强依法治税,保证国家财政收入,有着十分重要的意义。

根据《税收征收管理法》的规定,税务机关有权进行下列税务检查。

(1)检查纳税人的账簿、记账凭证、报表和有关资料;检查扣缴义务人代扣代缴、代收代缴税款账簿、记账凭证和有关资料。

(2)到纳税人的生产、经营场所和货物存放地检查纳税人应纳税的商品、货物或其他财产;检查扣缴义务人与代扣代缴、代收代缴税款有关的经营情况。

(3)责成纳税人、扣缴义务人提供与纳税或者代扣代缴、代收代缴税款有关的文件、证明材料和有关资料。

(4)询问纳税人、扣缴义务人与纳税或者代扣代缴、代收代缴税款有关的问题和情况。

(5)到车站、码头、机场、邮政企业及其分支机构检查纳税人托运、邮寄应纳税的商品、货物或者其他财产的有关单据、凭证和有关资料。

(6)经县以上税务局(分局)局长批准,凭全国统一格式的检查存款账户许可证明,查询从事生产、经营的纳税人、扣缴义务人在银行或其他金融机构的存款账户。税务机关在调查税收违法案件时,经市、自治州以上税务局(分局)局长批准,可以查询案件涉嫌人员的储蓄存款。税务机关查询所获得的资料,不得用于税收以外的用途。

税务机关依法进行上述税务检查时,纳税人、扣缴义务人必须接受检查,如实反映情况,提供有关资料,不得拒绝、隐瞒;税务机关有权向有关单位和个人调查纳税人、扣缴义务人和其他当事人与纳税或者代扣代缴、代收代缴税款有关情况,有关部门和个人有义务向税务机关如实提供有关材料及证明材料。税务机关调查税务违法案件时,对与案件有关的情况和资料,可以进行记录、录音、录像、照相和复制。但是,税务人员在进行税务检查时,必须出示税务检查证,并有责任为被检查人保守秘密;未出示税务检查证和税务检查通知书的,纳税人、扣缴义务人及其他当事人有权拒绝检查。

课后练习题

一、名词解释

1. 税收制度　2. 商品税　3. 所得税　4. 资源税　5. 财产税　6. 税收征管

二、简答题

1. 商品税如何分类？其一般特征和功能有哪些？
2. 为什么说我国目前仍然实行以商品税为主的税收制度？
3. 试述增值税的类型和计税方法。
4. 我国目前实行哪种类型的个人所得税？它应当如何进一步完善？
5. 试述我国新《税收征管法》所体现的新理念。

第6章 财政赤字与公债

学习目标:

1. 了解公债的种类、结构和负担;
2. 了解公债的发行和还本付息;
3. 了解公债的经济效应;
4. 了解外债的种类、功能;
5. 掌握公债的概念、特征;
6. 掌握公债的政策功能。

财政赤字与公债是一对孪生兄弟。随着政府职能范围的扩大,税收等财政收入来源往往难以满足日益增长的财政支出需要。于是,通过公债方式筹资来弥补财政收支的"缺口"(即财政赤字)就成为各国政府的经常性选择。

公债不仅是国家筹集财政收入的一种重要手段,而且是投资者的一种理想的投资工具。随着现代信用经济的不断发展,各国发行公债的规模不断扩大,公债制度也在不断地完善。本章主要向大家介绍公债的基本知识、公债的功能、外债的相关知识等。

6.1 财政赤字概述

简单地说,财政赤字是财政支出大于财政收入的差额。不过,不同的赤字概念具有不同的经济含义。本节首先讨论一下如何理解财政平衡,然后主要讨论财政赤字的各种概念、类型和用途等基本问题。

6.1.1 财政平衡

财政平衡是指年度预算收支在量上的对比关系。收支对比不外是三种结果:一是收入大于支出有结余;二是支出大于收入有赤字;三是收支相等。国家预算作为一种平衡表,收与支是恒等的,而财政赤字和财政结余不过是从某种政策含义上,就收支的经济内容特别是就收入要素的分析所得出的结果。就经济内容上分析,收支正好相等的情况虽然在理论上是可以成立的,但从实际经济运行来看,几乎是不存在的,而且当今世界各国年年有预算结余的国家也为数极少,预算逆差倒是收支对比的常态。就现代市场经济国家而言,财政赤字已经是一种世界性的经济现象。财政平衡不过是收支对比的一种理想状态作为预算的编制和执行所追求的目标和考核的目标而已。因此,我们在理解财政平衡时需要注意以下两点:第一,对财政平衡不能作绝对的理解,收大于支略有结余和支大于收略有赤字都可谓基本平衡;第二,不能只囿于中央财政收支状况本身理解财政平衡,必须从整个政府部门和国民经济角度认识财政平衡。

1. 静态平衡与动态平衡

静态平衡的主要表现是不考虑时间因素，只考察一个财政年度内的收支对比状况。动态平衡则要引入时间因素，考虑年度之间的联系和衔接，研究未来财政收支的发展趋势，研究经济周期对财政的影响以及财政对经济周期的调节作用，以求得到一个时期的内在平衡。同任何事物的发展一样，财政收支平衡是在收与支这对矛盾不断产生又不断解决的过程中实现的，实际上，在静态平衡中就包含着动态平衡的因素，因为平衡毕竟是某一时点上出现的瞬时现象，或者是在平衡表上的表现形式。例如，某些年份有赤字，但如果将某些有结余的年份结合起来，从动态上看，财政收支仍可能是平衡的；在一个财政年度内也是如此，有时可能收大于支，有时可能支大于收，即平衡不断被打破，又不断达到新的平衡。

2. 局部平衡和全局平衡

研究财政平衡还要有全局观点，不能就财政平衡论财政平衡。财政状况是经济运行的综合反映，财政收支是宏观经济的重要指标，财政政策又是宏观调控体系的重要组成部分。如果把财政部门看作是国民经济的一个部门，财政收支就是国民经济货币收支体系中的一类货币收支，同其他货币收支，即同家庭部门、企业部门以及对外部门的货币收支有着密切地联系，是相互交织、相互转化的，而且是互补余缺的。只有从通过经济全局出发研究财政平衡，才能分析财政平衡状况的原因和后果，探求改善财政状况的对策，从而运用财政政策有效地调节经济运行，达到优化资源配置、公平分配以及稳定和发展的目标。

3. 中央预算平衡和地方预算平衡

根据我国过去的财政体制，一般是把中央财政与地方财政合到一起，从总体上进行考察。这种考察虽可反映国家财政收支的全貌，却不能反映中央与地方财政各自收支的对比情况。比如，1979 年以来出现的财政赤字主要是中央财政赤字，地方财政除少数年份出现赤字以外，多数年份均为结余，而地方的结余又可抵补中央财政的赤字。也就是说，中央财政实际存在的赤字比国家公布的财政赤字数要大得多。我国实行分税制改革以后，地方财政已经成为一级相对独立的财政主体，在中央预算与地方预算分立的情况下，分别考察中央预算的平衡与地方预算的平衡就十分必要了。

6.1.2　财政赤字的概念

讨论财政赤字的概念之前，首先要明确一个问题，即公共部门的范围与财政赤字的关系。政府在参与社会经济活动的情况下，公共部门范围的大小不同，财政赤字的内容也大不一样。如果公共部门仅指中央政府，财政赤字是指中央政府的赤字；如果公共部门既包括中央政府也包括地方政府，则财政赤字是指这两级政府的赤字之和，可称之为国家财政赤字或一般财政赤字；如果公共部门的范围不仅包括这两级政府，而且还包括国有企业，财政赤字则既包括国家财政赤字，又包括国有企业的亏损，可称之为公共部门赤字。一般来说，财政赤字指的是中央政府的财政赤字，但研究我国的情况时，一般是指国家财政赤字，因为我国的国家预算包括中央预算和地方预算两个环节的汇总预算。

为了更好地理解财政赤字的概念，把预算赤字、财政赤字、赤字财政的概念作如下区别。

预算赤字，是指在某一财政年度，政府计划安排的总支出超过经常性收入并存在与决算中的差额。这个概念包括以下两层意思：①赤字不仅表现在预算的执行结果上，而且政府在安排国家预算时，就已经有计划、有目的地留下赤字缺口；②这种赤字虽然是计划安排的，但这种赤字计划可能是有目的地要实施一种扩张性财政政策,也可能是由于支出具有强烈的刚性,在税收上不去的情况下,被迫留下的财政缺口。

财政赤字,又称为决算赤字,是指在某一财政年度,计划的财政支出是平衡的,而在预算执行过程中,由于主客观不可预测性因素的影响,致使决算出现支出大于收入的差额。这个概念强调的是预算的执行结果,说明的是一种事实。

赤字财政是指国家有意识地运用赤字来调节经济的一种政策,亦即通过财政赤字扩大政府支出,实行扩张性财政政策,刺激社会有效需求的增长。因而,赤字财政不是个别年度或少数年度存在赤字,它的主要标志是连续多年安排预算赤字,甚至是巨额赤字。赤字财政的基本思想是由英国经济学家凯恩斯于1936年在其《就业、利息和货币通论》一书中提出的,在西方市场经济国家曾被广泛运用,作为调节经济运行的一种重要手段。

6.1.3 财政赤字的类型

在财政赤字的经济分析中,最常见的分类有两种:一种是从计算方法角度,把财政赤字分为总赤字与原始赤字;另一种是从财政赤字与经济运行状况相关的角度,把财政赤字分为周期性赤字与结构性赤字。

1. 总赤字与原始赤字

经济学家在研究财政赤字与经济运行的关系时,通常把不包括债务利息支出的赤字叫做原始赤字或基本赤字;基本赤字加上债务利息支出就是总赤字。区分总赤字与基本赤字非常重要。第一,总赤字容易使人们对相机抉择政策产生错误的认识,因为它包括了一个非常重要的非相机抉择因素——未尝债务的利息支付,而此项开支是由以前的赤字规模预先决定的。第二,货币政策可能影响利率,故利息支付不受当期财政政策所控制。第三,基本赤字更能准确反映政府部门吸纳的实际资源,当估价财政刺激程度时,它对政策的指导意义更大。第四,基本赤字将反映出政府的当期相机抉择措施对债务余额产生怎样的影响,在估价财政赤字的可持续性时起很重要的作用。

2. 周期性赤字与结构性赤字

周期性赤字是指经济运行的周期性引起的赤字。在经济衰退期间,财政支出增加而税收收入减少,自动稳定器的作用在经济衰退中又使财政赤字更趋恶化,所以周期性赤字是经济衰退的产物。结构性赤字是指非周期性因素引起的财政赤字,换言之,结构性赤字是指其他条件不变,经济活动保持在某种潜在水平时,预算赤字依然存在的情况。

结构性赤字与高度就业赤字或充分就业赤字是相同的概念。所谓的充分就业财政赤字,是指经济如果处于充分就业时所出现的赤字。这种赤字剔除了经济周期对财政赤字的影响。美国著名财政学家马斯格雷夫曾经说过,如果国民收入在充分就业下实现,而且取得了相应的税收水平,则在这种情况下出现的赤字就是结构性赤字。

由此可以看出,①结构性赤字是指在指定的失业水平的情况下计算出来的赤字,而标准化的失业水平通常设定为5% ~6%之间;②结构性赤字是在剔除经济活动偏离其基点高度就业水平的影响之后,反映政府收入与支出之间的基本结构不平衡的赤字;③结构性赤字有时是政府在一定时期内实施减税或增加支出等措施的结果,是政府扩张性财政政策的结果;④结构性赤字和周期性赤字构成现实赤字,或者说,结构性赤字是现实赤字与周期性赤字之差。

6.2 公债概述

6.2.1 公债的概念

所谓公债，是国家或政府以其信用为基础，依据借贷原则，通过借款或发行债券方式而取得的收入。可见，公债作为公共债务、政府债务与个人或企业等私人部门举借的债务（即私债），在获取收入的依据上是相同的，即都是基于信用基础上的收入。只不过，其债务人是政府，而不是私人。

为了更好地理解公债的概念，介绍几个与公债相关的概念。

1. 公债与国债

在我国，公债通常被称为国债，其实，严格说来，国债和公债是有区别的。公债是指公共部门的负债，既包括中央政府的债务，也包括地方政府的债务。其中，中央政府的债务称为国债，地方政府的债务称为地方债。当一个国家不允许地方政府发行债务的时候，公债就是国债，二者的内涵是相同的。但是，当一个国家允许地方政府发行债务时，二者就有区别了，公债既包含国债，也包含地方债。长期以来，我国预算法规定，地方政府要本着"量入为出、收支平衡"的原则编制预算，不允许地方政府发行债务，所以，我国长期用国债的说法代替公债。近两年，我国开始尝试允许地方政府发行债务，所以，从准确意义上来说，现在政府部门发行的债务应称之为公债。

2. 公债与私债

根据债务人的不同，债务可以分为公债与私债。公债的债务人是政府，包括中央政府和地方政府及政府所属机构，私债的债务人是私人部门，包括自然个人和法人。公债和私债都是债，都具有自愿性和偿还性等特征，但两者仍然存在本质区别。①举债的目的不同。公债的举债目的是筹集资金用于经济建设，弥补财政赤字和满足社会共同需要；而私债的举债目的是满足债务人生产、生活及投资需要，通常具有盈利性。②公债的债信基础是政府的政治权力和政府掌握的各种社会资源与财富，较为可靠，而私债的债信基础较薄，往往是一定的财产或收益。此外，由于政府具有凌驾于社会和个人之上的政治权力，因而在特殊情况下，公债的发行可以是强制性的。

3. 公债与政府信用

政府信用是指政府以债务人的身份取得的信用或以债权人的身份提供的信用及信用活动。其中，政府以债务人的身份取得信用的主要形式包括在国内发行国债券、公债券、建设债券等，国家向中央银行借款或透支，国家向外国政府、私人企业和国际金融机构借款等等。政府以债权人的身份提供信用是指政府作为债权人以有偿发放贷款的方式供应财政资金或组织财政支出。例如，我国财政发放的基本建设投资贷款、小型技术措施贷款、各类财政周转资金，以及中央政府向国外发放的贷款等等。由此可见，公债是政府信用的一种形式。

6.2.2 公债的特征

要更好地把握公债内涵，不能仅从公债是一种特殊财政收入形式和补充财政赤字的手段去理解。公债具有财政性、金融性、经济性三个方面属性，并由此带来相应的特征。

1. 财政性

公债是一种特殊的财政收入形式,具有弥补财政赤字的功能,从而具有财政性。

从历史上看,各国公债的产生无一例外都是出于弥补财政赤字的需要,即当各种经常性收入不够用的时候,产生了政府举债的必要性。因此,财政性是公债最初始和最基本的属性。

但公债是凭借政府信用取得的收入,与依据政治权力获取的经常性的税收收入相比,具有其明显的特征。税收收入具有强制性、无偿性、固定性等形式特征,而公债的形式特征则正好相反,而具有有偿性、自愿性和灵活性。

(1)有偿性。政府获得公债收入依据的是信用原则,即有借有还、还本付息。

(2)自愿性。由于公债具有偿还性,所以公债的发行和认购是建立在认购者自愿的基础上的。

(3)灵活性。公债的灵活性体现在公债是否发行,发行多少,如何发行,都由作为债务人的政府根据当时经济发展的需要而定。

2. 金融性

公债是金融市场上一种特殊的金融工具,因而具有金融性。

公债作为政府债务,其意义并不限于财政范畴。现代公债产生后不久,就迅速成为得到普遍接受和广泛交易的金融工具,而且对整个金融市场的培育和发展起到了重要的作用。随着金融市场的发展,公债作为基础性的重要金融工具,其地位和作用也越来越重要。从金融投资的角度看,公债和其他债券,如公司债券、金融债券等一样,都是一种能在未来带来收益流的金融资产,因而具有投资价值的市场价格。但公债与其他债券的不同之处在于,公债是以国家信用而非私人信用为依据的,是以政府的未来税收为偿还保证的,因而是所有有价证券中信用风险最低的,被称为无风险的"金边债券"。加上公债收益一般都享有免税优惠,故很受市场欢迎,社会公众、金融机构和中央银行都是公债市场的需求者。

不仅如此,而且由于公债无信用风险,公债利率往往成为市场基准利率,并成为其他金融资产定价的依据。

3. 经济性

公债是宏观调控的一种重要经济杠杆,因而又具有经济性。

在当今世界各国,公债已经成为各国政府调节经济、实施宏观调控的一个重要的经济杠杆。它一头连着财政收支,一头连着货币供给,通过增债增支或减债减支的调整,来决定财政政策的扩张和收缩;又通过中央银行在公开市场上买卖公债券,而决定着货币政策的松紧。事实上,公债对消费、储蓄、投资、市场利率、货币供应量等重要的宏观经济变量,都产生相应的影响,对短期总需求和长期总供给也产生相应的影响。因此,公债在现代宏观经济调控中具有十分重要的地位和作用。

6.2.3 公债的种类、结构和负担

1. 公债的种类

按不同的标准,公债可以有以下不同的分类。

(1)内债和外债。按国债发行的地域分类,公债分为内债和外债。内债是指政府在本国境内发行的公债,其认购主体是国内法人和本国公民,其债权人包括国内企业、组织团体、

居民个人等，一般以本国货币为计量单位。所谓外债是指政府在境外发行的公债，其认购者可以是外国政府、国际金融组织、外国企业、国外金融机构、组织团体或个人等。

(2)短期、中期和长期公债。按债务偿还期限分类，公债分为短期公债、中期公债和长期公债。短期公债一般是指债务期限在一年以内的公债，因其具有期限短、流动性强的特征，所以又被称为流动公债。它是政府在公开市场上进行货币政策操作的主要工具。中期公债是指债务期限在1年以上10年以下的公债。与短期公债相比，由于期限较长，因此，许多国家将由中期公债筹集到的资金，用于弥补财政赤字或进行中长期投资。在世界各国公债结构中，中期公债都占有重要比重。长期公债是指债务期限在10年以上的公债，一般用于较大的经济建设项目或突发事件，但由于期限过长，容易面临通货膨胀的风险。

(3)中央公债和地方公债。以发行主体为标准，公债分为中央公债和地方公债。中央公债是指以中央政府为债务主体而发行的公债。地方公债是指以地方政府为债务主体而发行的公债。只有在地方政府财政真正独立于中央财政的情况下，公债才可以真正区分为中央公债和地方公债。我国长期以来不允许地方政府发行公债，在2008年，中央政府开始代理地方政府发行公债。但是，在我国当前的政权结构下，地方公债很难独立于中央公债而独立存在。中央公债和地方公债对国民经济的影响是不同的，前者的影响是全局的和整体的，后者的影响是局部的和区域的，同时，地方政府的筹资能力明显弱于中央政府。

(4)可转让公债和不可转让公债。按是否被允许上市流通交易划分，公债可以分为可转让公债和不可转让公债。可转让公债又称为自由流通公债，是指能够在金融证券市场上自由流通买卖的公债。不可转让公债又称为非自由流通公债，是指不能在金融市场上自由买卖，而只能由政府对购买者到期还本付息的公债。一般来说，可转让公债流动性强，价格取决于市场供需和市场利率；而不可转让公债变现能力弱，利率就相应较高。

(5)凭证式公债和记账式公债。以发行的凭证为标准，公债可以分为凭证式公债和记账式公债。凭证式公债是指国家采取不印刷实物券，而是填制“国库券收款凭证”的方式发行的公债。凭证式公债具有类似储蓄的特点，通常被称为“储蓄式公债”，是以储蓄为目的的个人投资者理想的投资方式，具有安全性好，保管、兑现方便的特点。记账式公债是利用账户通过计算机系统完成国债发行、兑付的全过程，又被称为“无纸化公债”，可以记名、挂失，安全性好，发行成本低，发行时间短，发行效率高，交易手续简便，已成为世界各国发行公债的主要形式。

2. 公债的结构

公债结构是指不同种类或不同性质的公债间的相互搭配，以及各类公债收入来源的有机组合。

(1)公债期限结构。公债期限结构是指不同期限的公债在公债总额中的构成比例。按偿还期不同所分成的短期、中期、长期公债，对财政负担及国民经济的影响是不一样的。较为合理的公债期限结构应是短期、中期、长期公债并存的结构，避免某一期限的债务过于集中。这样做既有利于满足不同投资者的投资需求，还可以拉开还债时间，有利于债务负担的均衡分布，分散还债压力。

(2)公债持有者结构。公债持有者结构，即公债资金来源结构，指的是在公债中不同性质的承购主体持有公债的构成比例，公债的持有者主体，可以是居民个人，也可以是企事业单位和各金融机构等。不同承购主体持有公债的比例不同，对公债的发行成本及公债的经济调节功能如货币供应量等都会产生不同的影响。在不同的经济条件下，应根据国家宏观调控的政策需要，适当考虑公债发行成本，来选择适当的公债持有者结构。

(3)公债利率结构。公债利率结构是指不同利率水平的公债在公债总额中的构成比例。在现实中，决定公债利率结构最为重要的因素，是公债的期限结构，短期、中期和长期公债分别适用不同的利率，因此，合理的期限结构是合理利率结构的基础。为此，应根据资金供求状况、市场利率水平、公债的使用方向和公债发行的需要与偿还的可能等因素，来综合确定合理的利率水平和利率结构。

3. 公债的负担

各国的经济实践都已表明，公债作为一种债务债权关系，总会存在负担问题。对公债负担的理解，主要可以从债务人负担、纳税人负担和代际负担三个角度来把握。

(1)债务人负担。所谓债务人负担，也称为政府负担，是指公债到期还本付息形成的财政负担。公债是政府依据信用原则获得的收入，政府作为债务人，虽然在借债时取得了财政收入，但却同时承担了偿债时还本付息的责任。因此，公债发行的过程同时就是公债的财政负担形成的过程。因此，政府举债首先要考虑自身的财政偿债能力。

(2)纳税人负担。尽管公债是政府借的债，但不论公债资金用途和效益如何，公债的偿还最终还得靠税收，这就必然存在纳税人负担的问题。因此，纳税人负担指的是政府公债偿还的还本付息的资金来源对纳税人造成的税收负担。但与税收不同的是，通过举债，在财政支出阶段并不会给纳税人带来实际负担，只有在未来还本付息时才构成纳税人负担。因此，公债实际上是延迟了的税收。

(3)代际负担。代际负担是指将当代人的债务负担转移给后代，而对后代人造成的负担，尤其是在政府通过借新债还旧债的方式下，公债的负担更容易向下代人转移。不过，公债的发行、使用和偿还是否一定会发生代际负担，则需要视公债资金的使用方向而定。如果政府将公债资金用于消费性用途，而公债偿还的资金来源又来自未来税收，那么，公债就会引起未来负担和代际负担；如果公债资金用于公共投资，建成的公共基础设施和形成的公共资本为后代人所受益，那么，根据受益原则，并不产生代际负担。

由于公债负担的存在，就要考虑其衡量问题。对于债务人负担即财政负担，最主要的衡量指标为债务依存度。所谓债务依存度是指当年的国债发行额占财政支出的比重，反映财政支出靠债务收入来安排的程度。用公式表示为：

$$\text{债务依存度} = \frac{\text{当年国债发行额}}{\text{财政支出}} \times 100\%$$

按国际较为公认的标准，债务依存度的警戒线为25%～35%。

另一个衡量债务人负担的重要指标是借债率。借债率是指一个国家当年公债发行额与当年GDP的比率。该指标反映了一国当年对公债利用程度的高低，也说明国民负担的高低。用公式表示为：

$$\text{借债率} = \frac{\text{当年公债发行额}}{\text{当年 GDP}} \times 100\%$$

按国际公认标准，该指标一般为3%～10%，一般最高不得超过10%。

对于纳税人负担的，最主要的衡量指标为国债负担率。国债负担率指的是当年国债余额占GDP的比重，它反映公债还本付息对国民经济总体所造成的负担，用公式表示为：

$$公债负债率=\frac{公债累计余额}{GDP}\times100\%$$

按国际较为公认的标准,公债负担率的警戒线为45%~60%。

6.2.4 公债的发行和还本付息

1. 公债的发行

现代公债的发行,主要采用公募法、包销法和公卖法三种方法。

(1)公募法。公募法是指政府或政府委托的部门向社会公众募集资金的公债发行方法。公募法又可以分为直接公募法和间接公募法。直接公募法是指由财政部门直接向公众募集的公债发行方法,其发行费用和全部损失均由政府负担。间接公募法也称为委托募集法,指的是财政部门委托银行系统发行,按一定的约定条件由银行代理向公众发行,发行不足的部分由银行认购的公债发行方法。实行公募法应具备的条件是政府债务信用度较高,公众资金充裕。

(2)包销法。包销法指的是政府将发行的债券统一售给金融机构,再由金融机构自行销售的公债发行方法。包销法和间接公募法的区别在于:在间接公募法下,金融机构只是代理发行;而包销法则是发行权向金融机构的转让,一经包销,政府就不得再干预公债的发行,而由银行等金融机构全权管理。包销法的优点在于手续简单,政府可以一次性获得公债基金。

(3)公卖法。公卖法指的是政府委托证券经纪人在证券交易所按市场价格竞价出售的公债发行方法。公卖法的前提是证券交易市场健全。其优点在于:可以吸收较大的社会资金,并在一定程度上调节社会资金的运动方向;但缺点是会受证券市场行情波动的影响,收入不够稳定等。

以上三种方法中,各国通常应根据本国社会经济条件以及各种公债发行的优缺点,选择一种或几种方法来发行公债。一般来说,银行信用制度较发达、证券市场比较健全的发达国家,大都采用公卖法和公募法;而信用体系不健全、证券市场不够发达的国家,则通常采用包销法和其他不常用的方法等。

2. 公债的偿还

公债偿还是政府根据发行时的规定,对到期公债支付本金和利息的过程。公债偿还的方法和公债偿还的资金来源是公债偿还主要考虑的两个内容。

1)公债偿还的方法

(1)买销法。是指政府按市场价格在证券市场上买进政府所发行的公债,它通过市场交易完成了公债的偿还。买销法是一种间接偿还方式。这种方法对政府来说,偿还成本低,操作简单,而且可以体现政府的经济政策。其缺点是背离公债发行的信用契约,存在提前或退后偿还的可能。买销法通常与公债发行上的公卖法相对应。

(2)一次偿还法。是指政府对所发行的公债,实行到期后按票面额一次全部兑付本息的方法。一次偿还法在公债管理上简单易行,但其缺点是在缺乏保值措施的情况下,债券持有人容易受到通货膨胀的影响,同时,一次性集中还本付息也会给财政造成很大的压力。

(3)比例偿还法。是指政府对所发行的公债,采取分期比例方式偿还本息的方法。由于这种偿还方式是政府不通过市场而直接向公债持有者偿还公债的本息,所以又称直接偿还法。比例偿还法的优点在于有利于政府安排偿债资金;其缺点是由于预先确定偿还期限和比例,缺乏灵活性。

(4)抽签偿还法。它是指政府控制每年公债还本付息的总额,但对具体债券的偿还比例则通过定期抽签确定的方法。一般以公债的号码为抽签的依据,直到全部债券中签清偿为止。这种方法也是直接偿还法,其优缺点与比例偿还法类似。

2)公债偿还的资金来源

(1)偿债基金。它是指政府预算中设立一个专项基金,从每年的财政收入中拨出一笔专款,专门用于偿还公债。建立偿债基金的优点,在于能够保证公债的及时偿还,使债务偿还有稳定的资金来源并具有计划性,从长远角度看,还可以起到均衡债务负担的作用。其缺点是限制了公债的调控功能,同时,需要防止被挪用而形同虚设。

(2)预算盈余。它是指政府用于预算盈余资金来偿还公债本息的一种方法,这种方法是预算周期平衡政策的具体运用。但这种方法实施的前提是政府如预算必须有往年结余,但从各国财政实践看,历年财政赤字几乎成为常态,因此,这种方法难以存在实践基础。

(3)借新债还旧债。它是指政府从每年新发行的公债收入中,安排一部分用于偿还到期债务的本息。采用这种方法能够推迟政府实际偿还时间,延缓债务负担。但是,单纯的借新债还旧债本质上并不是一种偿还方法,而且容易造成债务规模越滚越大,因此,应加以控制。

6.2.5 公债市场

公债市场是政府通过证券市场进行公债交易的场所,是公债金融性的重要体现。公债作为一种重要而特殊的金融资产或金融工具,公债市场是证券市场的重要组成部分。从交易的层次和阶段来看,公债市场可以划分为公债一级市场和二级市场。

公债的一级市场,又称为公债的发行市场,是公债交易的初始环节。在公债的一级市场上,具体决定了公债的发行时间、发行金额和发行条件。在作为由政府、投资者和中介机构组成的公债发行市场上,政府作为筹资者,是公债资产的供给者和资金的需求者;作为公债资产需求方的投资者,主要有社会公众和金融机构等;作为公债供需双方的中介机构,主要有投资银行、承购公司和受托公司等证券承销机构,它们是交易双方进行公债发行交易的实务代理。

公债的二级市场,又称为公债的流通市场,是买卖交易已发生的公债的场所。公债流通市场上交易双方主要有公债认购者之间的交易、包销机构与认购者之间的交易、公债持有者与政府之间的交易等。公债的二级市场可以分为证券交易所交易和场外交易两种,前者是在指定的证券交易所营业厅内进行的交易,后者是不在指定证券交易所营业厅内进行的交易。

公债的一级市场和二级市场是相互依存、相互作用的。一级市场是二级市场的基础和前提,只有具备了一定规模和质量的发行市场,流通市场的交易才有可能进行。一级市场上债券的发行条件、发行方式和发行价格等,对二级市场上的价格及流动性都有重要的影响。反过来,二级市场上又能促进一级市场的发展,二级市场为一级市场上所发行的债券提供了变现的场所,债券流动性的提高有利于提高投资者的投资兴趣,并使新债券的发行成为可能性。同时,二级市场的流动性以及形成的债券价格,是决定一级市场上新债券的发行规模、条件、期限等的重要因素。

我国国债市场不仅有现券交易,而且还有自 1991 年推出国债回购市场。公债回购市场是指国债持有人在卖出一笔国债的同时,与买方签订协议,承诺在约定期限后以约定价格购回同比国债的交易活动。如果交易程序相反,则称国债逆回购。国债回购是在国债交易形式下的一种融券兼融资活动,具有金融衍生工具的性质。国债回购为国债持有者、投资者提供融资,是投资者获得短期资金的主要渠道,也为公开市场操作提供工具。因而国债回购业务对国债市场的发展有重要的推动作用。

6.2.6　我国公债简况

我国具有现代性质的公债,始于清朝末期发行的国内公债和大量丧权辱国的国外公债,以后的北洋军阀政府和国民党政府也曾多次聚结国外债务。这些旧的公债,都带有明显的半殖民地半封建特点。中华人民共和国成立后的 1950 年和 1954—1958 年期间,为了恢复国民经济的经济建设,我国曾发行过“人民胜利折实公债”和“国家经济建设公债”,对我国国民经济的恢复和“一五”时期的经济建设,都发挥了重要作用。而在 1959 年至 1978 年间期间,在计划经济思维理念的指导下,我国再未发行过公债。

改革开放一开始,我国就恢复了公债发行。先是国外借款,而后于 1981 年开始在国内发行国库券,从而进入了内外债并举的时期。在整个 20 世纪 80 年代,我国的公债虽有一定的增长,但规模始终不大。进入 20 世纪 90 年代后,我国公债发行步伐加快,尤其在 1994 年以后,随着财政赤字的公债化,在实施积极财政政策的总体框架下,我国公债规模更加扩大。2005 年开始,我国开始实施稳健的财政政策,公债发行规模有所减少,2008 年,我国重新实施积极的财政政策,公债发行规模急剧增加,国债余额也是在逐年上升。表 6-1 列出了我国自 1996 年以来公债余额及公债负担率的情况。

表 6-1　我国公债余额及公债负担率　(单位:亿元)

年份	公债余额(亿元)	占 GDP 的比重(%)
1996	12 004.2	16.9
1997	12 562.7	15.0
1998	13 520.7	16.0
1999	15 312.3	17.1
2000	17 909.2	18.1
2001	20 505.5	18.7
2002	21 539.6	17.9
2003	26 349.6	19.4
2004	29 557.5	18.5
2005	32 635.4	17.9
2006	35 568	17.6
2007	52 074.7	20.2
2008	53 271.5	17.7

续表

年份	公债余额(亿元)	占 GDP 的比重(%)
2009	60 237.7	18.0
2010	67 526.9	17.0

资料来源:1996 年至 2006 年的数据转引自陈共《财政学》,中国人民大学出版社,2009 年第六版。2007 年至 2010 年公债余额引自财政部网站的公布数据,公债负担率根据国内生产总值计算得出。

从表格中我们可以看出,我国公债负担率相对于世界公认的警戒线还有很大距离,这说明从整体上来说,我国的公债发行还有很大的空间。但是也应注意到自 2007 年开始我国公债发行的规模急剧增加,如果不注意公债的使用效率以及管理,还是存在债务风险的可能性的。

6.3 公债的经济效应与政策功能

6.3.1 公债的经济效应

公债作为一种财政信用形式,最初是用来弥补财政赤字的,随着信用制度的发展,公债已成为调节货币供求、协调财政与金融关系的重要政策手段。公债对宏观经济的调节作用,主要体现为以下三种效应。

1. 排挤效应

即由于公债的发行,使民间部门的投资或消费减少,从而对民间部门的投资或消费起调节作用。

2. 货币效应

即公债发行引起货币供求变动。它一方面可能使部分“潜在货币”变为现实流通货币,另一方面则可能把存于民间部门的货币转到政府部门,或由于中央银行购买公债增加货币的投放。由公债发行所带来的货币的一系列变动,统称为“货币效应”。

3. 收入效应

不论是以未来年度增加税收还是以发行新债来偿还,国债持有者在国债到期时,不仅收回本金而且还得到利息报酬。而政府发行国债主要用于社会公共需要,人人均可享用,这样,在一般纳税人与国债持有者之间就产生了收入的转移问题。此外,国债所带来的收入与负担问题,不仅影响当代人,而且还存在着所谓“代际”的收入与负担的转移问题。

公债的作用主要是通过公债规模、持有者结构、期限结构、公债利率等综合体现出来的。政府可以通过调整公债规模,选择购买对象,区分公债偿还期限,制定不同公债利率等来实现宏观经济政策的目标。

6.3.2 公债的政策功能

1. 弥补财政赤字

随着社会经济的发展,政府职能不断扩大,财政支出也日益增加,仅仅依靠税收已经不能满足政府支出的需要,政府只能采取借债的方式来弥补财政资金的不足,公债便由此产生。弥补财政赤字是公债的最原始、最基本的功能。从历史的角度考虑,引致政府发行公债的原因很多,例如,筹集军费,这是发行公债最古老的原因,无论是战争经费,还是养兵维持费,都构成各国财政支出的重要组成部分。军费激增导致财政预算失衡,是许多国家发行公债的重要原因。再如,调剂季节性资金余缺。在一个预算年度内,政府财政资金在继接上存在不均衡,有时财政收入多而财政支出少,有时财政支出多而财政收入少。为解决这一矛盾,许多国家采取发行短期债券的办法进行调节,在资金紧张时发行债券,在资金有余时还本付息。

与弥补财政赤字的其他方式相比,发行公债一般不会影响经济发展,可能产生的副作用也很小。因为,发行公债只是部分社会闲置资金使用权的暂时转移,使潜在的购买力在一定期间集中到政府手中,流通中的货币总量一般不会改变,通常不会导致通货膨胀。同时,公债的认购一般采取自愿的原则,发行公债取得的资金基本上是社会资金运动中游离出来的,也是私人部门闲置不用的资金,将这部分资金集中使用,不会对经济发展产生不利影响。

2. 筹集建设资金

发行公债为政府从事经济建设投资提供了重要的资金来源。许多国家发行公债时对公债资金来源、公债资金用途有明确规定,有些国家还以法律的形式对公债发行加以约束。如我国建国初期发行的“国家经济建设公债”和改革开放之初发行的“国库券”就明确规定了发行的目的是为了筹集建设资金。从公债收入的性质上看,公债筹集建设资金的功能隐含着公债可以是稳定的、长期的收入,政府发行公债就可以在经常性收入之外安排更多的支出。

公债作为稳定的、长期的收入是可行的。这是因为:①社会资金的运动是一个连续不断的过程,而在这一过程中游离出来的闲散资金也具有持续性和稳定性,发行公债具有可靠的来源保证;②公债发行遵循自愿认购和有借有还的信用原则,容易为公众接受;③世界各国经济发展程度不同,资金占有量及充裕程度也不同,因为不仅可以发行内债来筹集本国资金,而且还可以发行外债引进其他国家资金。

3. 调节宏观经济

随着社会经济的发展,政府职能的不断扩大,对国民经济运行实施宏观调控已经成为国家的重要任务。适时适当地利用公债政策,可以有效地调节和影响国民经济的发展。发行公债意味着政府集中支配的财力增加,而公债收入投放方向不同,对社会经济结构的影响也不相同,这部分财力用于生产建设,则扩大社会的积累规模、改变既定积累与消费的比例关系;这部分财力用于消费,则扩大社会的消费规模,使积累与消费比例关系向消费倾斜;这部分财力若用于弥补财政赤字,就是政府平衡社会总供给和社会总需求关系的过程;公债还是中央银行进行公开市场业务操作的重要手段。总之,公债作为政府宏观调控的工具,它的作用主要表现在调节国民收入的使用结构、调节国民经济的产业结构、调节社会的货币流通和资金供求等方面。

6.4 外债

6.4.1 外债的种类与结构

1. 外债的种类

外债是由政府借款和在外国发行外币债券两部分组成。具体来说,外债主要有以下几种形式。

(1)外国政府贷款。这是一国政府利用本国财政资金向另一国政府提供的优惠贷款。其利率较低,甚至是无息;贷款期限长,一般可达20年至30年,是一种带有经济援助性质的优惠贷款。但这种贷款往往规定专门的用途,且一般以两国政治关系较好为前提。

(2)国际金融机构贷款。这主要包括国际货币基金组织贷款和世界银行集团贷款。

(3)外国银行贷款。这是由国际商业银行用自由外汇提供的商业性贷款。有的还要求借款国官方机构予以担保。利率大多以伦敦银行以同业拆借利率为基础加上一定幅度的差价。其用途不受限制,资金期限以中、短期为主,利率较高且大部分是浮动利率,信贷方式灵活多样。

(4)出口信贷。这是指国家专门机构或银行以利息补贴或信贷国家担保方式,对出口贸易提供的含有官方补贴性质的贷款,包括买方信贷和卖方信贷。出口信贷是国家支持商品出口、加强贸易竞争的一种手段。

(5)发行国际债券。这是指以各种可兑换货币为面值发行的国际债券。这种形式正在成为国际信贷的主要形式。特点是:对发行国和发行机构的资信要求较高;筹集金额较大;期限较长;资金可以自由使用;发行手续比较繁琐;发行费用利率较高。

2. 外债的结构

建立合理的外债结构意义重大,可以扩大本国借款的能力,维护国际信誉,有效减轻债务负担,避免出现偿债高峰期和在国际环境发生变化时产生的债务危机。

(1)外债的类型结构。在债务资金来源上,不能依靠某一国或某一机构,而应采取多来源、多渠道、多方式的借债策略,以使债务国有可靠、稳定、均衡的外部资金来源,避免因国际金融市场动荡而出现介入困难和偿还成本的提高。另外,从国际政治角度考虑,也应拓宽来源渠道。表6-2列出了我国历年外债的类型结构。

表6-2 我国历年外债的类型结构 (单位:%)

年份	2001年	2002年	2003年	2004年	2005年	2006年	2007年
外国政府贷款	13.9	14.5	13.1	14.1	9.7	8.6	8.0
国际金融组织贷款	16.2	16.4	13.7	11.0	9.5	8.6	7.6
国际商业贷款	57.2	53.5	54.3	54.6	48.5	50.6	48.7
贸易信贷	12.7	15.6	18.9	20.3	32.3	32.2	35.6

资料来源:《中国统计年鉴(2008)》。

(2)外债的期限结构。合理的外债期限结构要求各种期限的债务之间保持适当的比例,长、中、短期搭配合理,以适应多方位、多层次的需要。在债务的期限分布上要求不同时间到期的外债数量要与本国在各个时期内的偿债能力相适应,尽量避免形成偿债高峰。表6-3列出了我国历年外债的期限结构。

表6-3 我国历年外债的期限结构 (单位:%)

年份	2001年	2002年	2003年	2004年	2005年	2006年	2007年
长期债务余额	70.3	67.4	60.2	54.4	44.4	43.1	41.1
短期债务余额	29.7	32.6	39.8	45.6	55.6	56.9	58.9

资料来源:《中国统计年鉴(2008)》。

(3)外债的币种结构。指借入外债时所做的外币币种选择、不同外币在债务中各自所占的比重及其变化情况。应结合汇率、利率,以及需要进口商品的轻重缓急,从总体上安排币种的选择,调整"篮子"中的各种币种的比重,以降低借债的实际成本。国际金融市场是动荡多变的,为了避免因汇率变化所导致的损失,建立适当的外债币种结构十分必要。

(4)外债的利率结构。利率是构成债务总成本的主要内容。利率结构要均衡,浮动利率与固定利率的比重需适当控制。其中,浮动利率债务的控制是关键,因为国际金融市场变化多端,浮动利率外债过多,很有可能因为利率上升而增加,当然也有可能得到好处,但比较而言,风险相对大些。同时,浮动利率易使债务总额变化不定,不便于国家对外债进行宏观控制,也无法计算某年确切的偿还额。如果恰逢国内经济不景气,国际债务利率上升,债务负担加重,这样偿还债务就会陷入困境。对外债利率结构的合理规划,是外债结构管理的重要环节。

6.4.2 外债的功能

国债的功能一般可以概括为弥补财政赤字、筹集建设资金和调节经济三个方面,这个概括也适用于外债,但外债功能的发挥具有不同的特点。

首先,弥补财政赤字的功能表现为平衡政府的国际收支。任何参与国际政治经济活动的国家都有国际收入和支出,而国际收入和支出的关系也存在平衡、盈余和赤字三种状态。国际收支是用外币核算的,出现逆差也必须用外币来弥补。当国家拥有外汇储备时,可以动用外汇储备弥补当年国际收支逆差,而当外汇储备拮据时,就需要举借外债来弥补,外债的这一功能与内债弥补国内财政赤字的功能是相同的,只是运用形式不同而已。

其次,筹集建设资金是外债的主要功能。举借外债的首要目的是补充国内建设资金的不足,加速本国的经济建设。这种功能表现在两个方面:一是通过举借外债,购入本国短缺的原材料和设备;二是通过举借外债,引进先进设备和先进的科学技术,促进本国生产效率的提高,并最终实现民族经济的腾飞。比较起来,后一个则更为重要,也是世界各国特别是广大的发展中国家举借外债的主要目的。

再次,外债的经济调节功能属于"增量型"调节。外债首先表现为资金的流入,也就是国内资金的增加,同时反映社会可支配商品量的增长。当社会总需求超过总供给时,举借外债使外国商品流入,可以缓解国内商品供求关系;当社会产业结构或产品结构失调时,举借外债可以使薄弱的环节得以加强,而又不影响其他产业和产品生产的正常发展。总之,外债的调节功能不同于内债通过对社会资源再分配进行的“消长式”调节，而是一种“增量”的或“注入式”的调节，总量调节是补而不是压，结构性调节是加强而不是调减。

外债功能上的特点赋予外债以特殊的吸引力，所以利用外债来发展本国经济，在当前几乎成为各国趋之若鹜的乐园。从20世纪开始，世界各国外债总额不断上升，特别是发展中国家的外债总额更是以异乎寻常的速度增长。我国从1979年实行对外开放政策以后，开始引进外资和举借外债，目前已成为我国实现现代化的外部力量，并在有效利用外资和外债方面取得重要的成就和经验。但是，外债并不是从天而降的，有百利而无一害的。外债毕竟是一种债务，利用外债是要付出代价的，有的外债实际上是难以偿还的高利贷。从20世纪80年代爆发的发展中国家债务危机来看，运用外债不仅要考虑必要性，更要考虑可能性。对我国来说，正确认识外债的功能，科学安排外债的种类和结构，如实评估本国使用外债的负担能力和限度，加强对外债的直接和间接管理，是进一步有效运用外债的必要条件和可靠保证。

6.4.3 外债的负担与限度

外债也有一个负担和限度问题。由于外债收入来源国外，是债权国与债务国国家间的债务关系，各国政府必须从本国偿债能力的角度来全面考虑负担问题，因而外债负担实质是政府的负担问题。外债的限度来源与外债的负担，合理的外债负担和限度是通过具体的相对指标来确定的。

国际上通用的指标主要有三个：一是负担率，即当年债务余额占GNP的百分比；二是偿债率，即当年债务还本付息额占商品和劳务总额的百分比；三是债务率，即当年债务余额占商品和劳务出口总额的百分比。其中，负担率是一项综合指标，全面反映本国偿债能力与外债规模的对应关系；而债务率和偿债率则是衡量外债负担的专门指标，反映本国实际偿债能力的可能性。按照国际惯例，有关外债风险指标的国际公认安全线是：负担率为25%，偿债率为20%，债务率为100%。[①] 表6-4列出我国历年外债风险指标。

表6-4 我国历年外债风险指标 （单位：%）

年份	偿债率	负担率	债务率
1985	2.7	5.2	56.0
1990	8.7	13.5	91.6
1995	7.6	15.2	72.4
2000	9.2	13.5	52.1
2001	7.5	14.7	56.8
2002	7.9	13.6	46.1

①外债的负担可以通过本国有关外债的统计数据计算，但外债的限度却不是通过数量指标可以精确度量的，有关国家一般只能根据本国具体国情并与其他国家横向比较，确定一个大概的数值作为举借外债的限制性指标。根据某些国际性金融组织的统计分析，一个国家的偿债率超过20%即为进入债务危机时期，这一限制指标已经被很多国家所接受。不过，各个国家的政治、经济条件并不相同，而政治经济条件有时难以量化的，一个固定的数量指标很难适应各个国家的情况。所以，本国外债负担是否过重或是否超过限度，还应由债务国自己做出具体分析和判断。

续表

年份	偿债率	负担率	债务率
2003	6.9	13.7	39.9
2004	3.2	13.9	37.8
2005	3.1	12.6	33.6
2006	2.1	12.3	30.4
2007	2.0	11.5	27.8

资料来源:《中国统计年鉴(2008)》。

从上表我们可以看出,无论从那个指标看,我国外债发行还有一个很大的空间,在将来的经济建设中,我们应积极地利用外债来发展我国的经济。

课后练习题

一、名词解释

1. 财政平衡　2. 财政赤字　3. 公债　4. 公债回购　5. 外债　6. 债务依存度

二、简答题

1. 按照财政赤字产生的原因和背景不同,财政赤字有哪几项?
2. 公债的特征有哪几项?
3. 公债的政策功能有哪几项?
4. 相对于内债,外债的独特功能表现在哪儿?

第7章 国家预算与预算管理体制

学习目标:

1. 了解预算外资金的管理;
2. 了解国家预算的编制、审批、执行、决算;
3. 理解国家预算的原则及国家预算的形式;
4. 掌握国家预算的概念及其类型。

7.1 国家预算概述

7.1.1 国家预算的含义

国家预算就是指以法律形式确定的政府年度财政收支计划。从形式上看,它是以收支一览表的形式表现的,是具有法律地位的技术性文件,是国家有计划地筹集、分配和管理财政资金的重要工具。从实际经济内容看,国家预算的编制是政府对年度财政收支的计划安排,预算的执行是财政资金的筹措和使用过程,决算则是国家预算执行的最终结果。所以,国家预算具体规定了计划年度内政府财政收支指标及其平衡状况,反映计划年度内政府财政资金的规模、来源以及财政资金的去向和用途,体现了以政府为主体的分配关系。

国家预算的英文名称是budget,原意是皮包的意思,因而有人形象地将国家预算比喻为财政部长的皮包,它是管理国家财政收支的重要工具。国家预算和政府预算这两个概念是有一定区别的。国家预算通常是指一个国家各级政府预算的总和,即剔除重复计算后各级政府的收入和支出总和;而政府预算特指某一级政府的预算,如中央政府的预算、省级政府预算等。

在理解国家预算的概念时需要注意以下几点。

(1)国家预算是具有法律效力的政府年度财政收支计划。从国家预算的产生和发展的历史情况看,国家预算是由国务院按中华人民共和国预算法编制、经过全国人大按一定的法律程序审批的年度财政收支计划。

(2)国家预算是对社会经济进行宏观调控的重要杠杆。国家预算历来是政府用来调控社会经济活动的重要手段。特别是到了混合经济时期,国家预算成了政府干预社会经济及经济周期的重要手段。在经济过热,通货膨胀时期,采取紧缩性预算政策,来抑制经济的过快增长,使物价逐渐回落,使经济"软着陆"。在生产过剩,通货紧缩时期,采取扩张性预算政策,来拉动国内的消费需求和投资需求,从而推动经济的增长。

任何一个国家的预算,都要包括三个方面的内容:①收入和支出的种类和数量,以及这些种类和数量所表现出来的收支的性质和作用;②各类国家机关和部门在处理这些收支问题上的关系及其所处的地位和所承担的责任;③在收入和支出的实现上所必须经过的编制、批准、执行、管理、监督等财政过程。

7.1.2 国家预算的产生与发展

国家预算是财政发展到一定阶段的产物,但它的产生要晚于税收和公债。国家预算最早产生于封建社会末期、资本主义初期的英国,是资产阶级同封建贵族不断斗争的结果。

在 13 世纪至 17 世纪与 18 世纪之交,随着封建势力的日趋没落,新兴资产阶级逐渐成为社会财富的主宰,但他们并未控制政府财权。为争夺财权并最终打击封建势力,资产阶级提出政府财政收支必须编列计划,并经议会批准方能生效,经过 400 多年的反复斗争,这一要求才最终实现。英国最早进行资产阶级革命,因此也是世界上最早建立国家预算的国家。

1640 年英国资产阶级革命后,英国的财政权已受到议会的完全控制。到 1688 年,英国资产阶级议会还进一步规定皇室年俸由议会决定,国王的私人支出与政府的财政支出要区别开来,不得混淆。它表明,纳税人的钱应由纳税人选出的代表控制,这就直接回答了一个问题,政府预算是纳税人维护自身经济利益的集中体现;它也表明,国家预算制度的建立,从根本上看是争夺经济利益的产物。

国家预算制度的形成过程,就是议会对君主财政权的逐步剥夺和控制的过程。国家预算制度的形成史,也就是议会为控制政府的"钱包",即政府财政而斗争的历史。到了 18 世纪,英国的预算制度才发展成为典型的资本主义政府预算。

欧美其他资本主义国家的国家预算制度确立较晚,一般是在 18、19 世纪中叶建立了资产阶级政权之后才形成的。在美国,南北战争后的 1865 年,国会成立了一个拨款委员会,专门主管财政收支问题;1908 年和 1909 年,美国财政收支连续出现赤字,这才促使美国政府考虑建立联邦预算制度。第一次世界大战后,美国国会在 1921 年通过了《预算审计方案》,正式规定了总统每年要向国会提出预算报告。到了 21 世纪,几乎所有国家都建立了国家预算制度。国家预算已成为财政体系不可缺少的组成部分,并构成财政学的重要范畴。

我国的国家预算是在半封建半殖民地社会条件下的清末宪政改良时期,参酌中西制度,从外国引进的。1889 年 6 月 11 日,光绪皇帝接受变法,推行新政时,才真正提出"清理财政,筹办预算";1896 年康有为提议要编制预算、公开财政,每年的出、入款要分门别类列为一表,按月刊报,但变法夭折未能实施。1907 年颁布"清理财政章程";清朝宣统二年,即 1910 年起,由户部下属的清理财政处负责全国的预算编制工作,这是我国 2000 多年来的封建王朝的第一次,这是一次由外力推动的制度革新。当时,由于清政府财政收不抵支,只得大举外债,外国政府要求清王朝公开财政,编制财政收支计划,迫使清政府不得不编制预算。宣统皇帝拟定"预算册式及例言",同时公布了"统一国库章程",并逐渐形成了半封建半殖民地性质的国家预算。1911 年爆发辛亥革命,清政府被推翻,所以只有预算而无决算,它是我国第一部国家预算。以后,北洋军阀和国民党政府也有国家预算,都是为统治阶级根本利益服务的。

在中国第二次国内革命战争时期,1931 年 11 月 7 日中国共产党领导的武装力量在江西瑞金成立了中国工农民主政府,颁布了《中华苏维埃共和国暂行财政条例》,建立了预算制度,统一了财政收支,保证了革命战争的需要。

抗日战争时期,根据地分散,采取"统一领导、分散经营"的方针,整个解放区没有形成统一的国家预算。

中华人民共和国成立后，建立了新民主主义国家预算。1956年社会主义改造完成，社会主义制度基本确立，我国的社会主义国家预算也随之建立起来。在建立社会主义市场经济体制过程中，我国国家预算制度不断进行改革，尤其进入21世纪以后，我国国家预算制度将随着入世时代经济全球化和国内经济形势的发展变化，实行更加深刻的改革，初步建立公共财政体制框架，实行以部门预算为依托的预算管理制度改革，使预算制度更适应市场经济发展的客观要求。

我国国家预算的组成是与我国政权结构和行政区域划分密切相联的，实行一级政府一级预算的原则。根据我国《预算法》规定，设立以中央为第一级，以省、自治区、直辖市为第二级，以设区的市、自治州为第三级，以县、自治县、不设区的市、市辖区为第四级，以乡、民族乡、镇为第五级的五级预算。

中央政府预算由中央各部门（含直属单位）的预算组成。地方预算由各省、自治区、直辖市总预算组成；地方各级总预算由本级政府预算和汇总的下一级总预算组成；地方各级政府预算由本级各部门（含直属单位）的预算组成。各部门预算由本部门所属各单位预算组成。单位预算是指列入部门预算的国家机关、社会团体和其他单位的收支预算。也就是说，我国的每级政府预算都要涵盖下一级预算的内容。如国家预算由中央预算和地方预算组成，地方预算由省、市、县和乡镇预算组成。但中央预算实际上已经包括了省、市、县、乡预算，即每一级预算都是本级预算和下一级总预算的汇总。

国家预算管理体制，实行中央和地方分税制，中央预算和各级地方预算按照复式预算编制。

中央政府公共预算不列赤字。中央预算所必需的建设投资的部分资金，可以通过举借国内和国外债务等方式筹措，但借债应当有合理的规模和结构。地方各级预算按照量入为出、收支平衡的原则编制，不列赤字。各级政府预算应按本级政府预算支出额的1%～3%设置预备费，按照国务院规定设置预算周转金。

7.1.3 国家预算的分类

最初的国家预算十分简单，政府将财政收支数字按一定程序填入特定的表格，国家预算就形成了。因此，通常将国家预算称为政府收支一览表。随着社会经济生活和财政活动逐步复杂化，国家预算逐步形成包括多种预算形式和预算方法的复杂的系统。从预算的类别看，有单式预算、复式预算、零基预算、增量预算、中长期预算、项目预算、行动预算、国民经济预算、充分就业预算等等，对这些五花八门的预算进行科学、合理的分类，是进一步认识和研究国家预算的前提。

1. 按预算的组织形式可分为单式预算和复式预算

（1）单式预算。单式预算是将政府的全部预算收支汇编入一个统一的预算表中，而不区分各项财政收支的经济性质的预算形式。其优点是符合预算的完整性原则，整体性强，便于立法机关审批和社会公众了解。其缺点是没有把全部的财政收支按经济性质分列和分别汇集平衡，不利于政府对复杂的经济活动进行具体、深入分析。

（2）复式预算。复式预算是在预算年度内，将政府的全部预算收支按收入来源和支出性质的不同，分别汇编入两个或两个以上的收支对照表，从而编成两个或两个以上的预算。

典型的复式预算通常分为经常预算和资本预算。其中,经常预算又称经费预算、线上预算或普通预算,它是政府编制的满足国家经常性开支需要的预算,其支出主要用于文教、行政、国防、社会保障等方面,其收入主要是税收。资本预算又称建设性预算、线下预算或投资预算,它是综合反映建设资金来源与运用的预算,其支出主要用于经济建设,其收入主要是经常预算盈余和债务收入。《中华人民共和国预算法》规定,我国预算采用复式预算,我国的复式预算包括政府公共预算、国有资产经营预算、社会保障预算和其他预算。

复式预算的优点是科学、严谨,便于政府对财政活动进行分析,有利于对收支的控制。其缺点是复式预算的资本支出的资金来源主要依赖于举债,如果举债规模控制不当,容易导致物价上涨,引起通货膨胀,影响国民经济的稳定。另外,复式预算总体功能较弱,编制和审批也比较复杂。

2. 按计划指标的确定方法分为增量预算和零基预算

(1)增量预算。增量预算是在上年预算安排的基础上,参照本年预算所要实现的目标,对各项目上年预算安排数额进行增减调整,确定最终预算支出数的方法。采用这种方法编制预算较为简单,但往往只适用于政府行政管理支出、国防支出、教育经费支出等支出项目。

(2)零基预算。零基预算是对所有的预算支出项目都以“零”为基数,采用成本—效益分析,在重新审查和评估该项目必要性的基础上,确定项目预算金额的预算编制方法。这种方法可使政府在评价各项目必要性的基础上,确定优先安排的项目,对不必要或非优先的项目可适当进行削减,以此提高财政支出效益,节约预算支出,减轻财政的压力。美国是最早采用这种预算编制方法的国家。

3. 按预算是否具有法律效力可分为正式预算、临时预算和追加预算

(1)正式预算。正式预算也称本预算,是指政府依法就各预算年度的预计收支编成预算草案,并经立法机关审核通过宣告正式成立、取得法律地位的预算。

(2)临时预算。临时预算是指预算年度开始时,由于某种特殊原因使得政府编制的预算草案未能完成法律程序,因而不能依法成立,在这种情况下,为了保证正式预算成立前政府活动的正常进行而编制的临时性的预算。这种临时性预算不具备法律效力,只是作为政府在正式预算成立前进行必要的财政收支活动的依据。

(3)追加预算。正式预算在执行过程中,由于情况的变化需要改变正式预算收支时,需再编制一种预算作为正式预算的补充,这就是追加预算或修正预算。把成立后的追加预算或修正预算汇总执行,称为追加(修正)后预算。

4. 按预算内容分为总预算和分预算

这里有两种理解:

(1)如果从预算项目(科目)的分合来看,总预算就是政府财政收支的综合计划,它分列一般经费收支和各类特别收支项目;而分预算则是总预算中一般经费收支和各类特别收支基础上的详细款项。

(2)如果从预算的部门分合来看,部门预算如国防预算就是分预算,而各部门预算的汇总就是总预算。

7.1.4　国家预算原则

国家预算原则是指国家选择预算形式和体系以及编制国家预算应遵循的指导思想和方

针，自国家预算产生之后，各国就开始了对预算原则的探讨和争论，曾形成各种各样的思想和主张。时至今日，影响较大并为世界大多数国家所接受的预算原则，主要有以下五项。

1. 公开性

国家预算是反映国家和政府活动的范围、方向和政策，与全体公民的切身利益息息相关，因此，国家预算及其执行情况必须采取一定的形式公之于众，让民众了解财政收支情况，并置于民众的监督之下。

2. 可靠性

每一收支项目的数字指标，必须运用科学的计算方法，依据充分，数据确实，不得假定、估算，更不能任意编造。

3. 完整性

列入国家预算的一切财政收支都要反映在预算中，不得打埋伏、造假账，国家允许的预算外收支，可以另编预算外收支，也应在国家预算中有所反映。

4. 统一性

尽管各级政府都设有各该级财政部门，也有相应的预算，但这些预算都是国家预算的组成部分，所有地方政府预算连同中央预算一起共同组成统一的国家预算。这就要求设立统一的预算科目，每个科目都要严格按统一的口径、程序计算和填列。

5. 年度性

任何一个国家的预算的编制和实现，都要有明确的时间界定，即所谓的预算年度。预算年度是指预算收支起讫的有效期限，通常为一年。目前世界各国普遍采用的预算年度有两种：一是历年制预算年度，即从每年1月1日起至同年12月31日止，我国实行的是历年制；二是跨年制预算年度，即从每年某月某日开始至次年某月某日止，中间历经12个月，但却跨越两个年度，如美国的预算年度是从每年的10月1日开始，到次年的9月30日止。所谓预算的年度性原则，是指政府必须按照法定预算年度编制国家预算，这一预算要反映全年的财政收支活动，同时不允许将不属于本年度财政收支的内容列入本年度的国家预算之中。

应当指出，上述原则是就一般意义而言的，不是绝对的。一种预算原则的确立，不仅要以预算本身的属性为依据，而且要与本国的经济实践相结合，要充分体现国家的政治、经济政策。一个国家的预算原则一般是通过制定国家预算法来体现的。

7.2 我国的预算管理制度

7.2.1 我国预算管理级次的划分

一般来说，有一级政府即有一级财政收支活动主体，也就应有一级预算。在现代社会，大多数国家都实行多级预算，从而产生了国家预算级次及预算管理权限的划分问题。国家预算一般由中央预算和地方预算组成。与中央预算和地方预算有联系的一个概念是总预算。一般来说，一级政府在一般性财政收支之外，往往还有一些特别项目的收支预算，如预算外收支、政府所有企业的财务收支、特别工程的收支等。在有些国家，对这类收支与政府的一般财政收支是分别核算的，但这种做法有损于预算的统一性和完整性，因而有些国家是合并在一起并统一列表核算的，于是形成总预算。同时，一级政府的总预算不仅包括本级一般财政收支和特别预算,也包括下级政府的总预算,从而形成完整的国家预算体系。

我国国家预算级次是按照一级政权设立一级预算的原则建立的。我国宪法规定,国家机构由全国人民代表大会、国务院、地方各级人民代表大会和各级人民政府组成,与政权结构相适应,首先是国家预算由中央预算和地方预算组成,预算管理实行分级分税体制;同时结合我国行政区域的划分,《中华人民共和国预算法》规定设立五级预算:中央预算;省、自治区、直辖市预算;设区的市、自治州预算;县、自治县、不设区的市、市辖区预算;乡、民族乡、镇预算。

国家预算按照收支管理范围,分为总预算和部门预算两类。中央总预算由中央所属部门预算和各省总预算组成;地方预算由本级政府各部门的预算和所属的下级政府总预算组成,没有下一级预算的,总预算即指本级预算。如省预算由本级各部门单位预算以及所属县总预算组成;在我国实施省直县管的背景下,市预算由本级各部门预算组成;县总预算由本级各部门单位预算和乡镇总预算组成。

世界各国的预算程序分为预算编制、预算批准、预算执行和国家决算四个阶段。

7.2.2　国家预算的编制

我国国家预算的编制,一般采取自下而上和自上而下相结合的办法进行,即采取的是"两上两下"的编制流程。首先是"一上",由各部门、各地方编制,汇总和上报本部门、本地区的预算收支建议数;其次是"一下",财政部门结合各部门、各地区的管理职能,分别对上报的预算建议数进行审核,并下达预算收支控制指标;再次是"二上",各部门、各地区根据财政部门下达的预算控制指标编制预算,再上报财政部门;最后是"二下",财政部门再对各部门、各地区预算数进行审核汇总,报送国务院审定后再报送全国人民代表大会审批。批准后,由财政部门在规定时间内批复给各部门、各地区。

中央预算由国务院编制,具体由财政部负责,国务院各部门编制本部门的预算,地方各级人民政府负责编制本级政府预算。由于国务院要向全国人民代表大会报告中央和地方预算草案情况,而实际上在全国人民代表大会会议召开之前,汇总地方预算来不及,因此国务院还代为编制地方预算,待各省、自治区、直辖市报送备案的预算汇总后,再报全国人大常委会备案。

我国在每年的年中就开始进行下年预算的编制工作,国务院要下达中央预算编制的通知,对编制下年预算提相互要求,同时还向地方下达编制地方预算的通知。一般在每年9月底以前,中央各部门需按统一的部门预算编报格式,编制本部门预算报送财政部,项目支出要同时报送《中央部门项目申报文本》和项目排序建议,其中涉及有预算分配职能部门的,还要提前报送这些相关部门。财政部门要在10月底以前,根据中央各部门上报的预算报表及项目排序建议进行审核,会同有预算分配职能的部门提出分配意见,将综合平衡汇总后的预算方案上报国务院审定。在11月底以前,财政部根据国务院审定的按功能分类的中央支出预算(草案)确定分部门的预算分配方案,并向各部门下达预算控制数。中央各部门根据财政部下达的预算控制数编制正式部门预算,并于12月上中旬报送财政部。财政部审核汇总后编制中央预算(草案),于年底前报国务院审批。拟提请全国人大审议的中央有关部门的预算也一并上报。

每年1月中上旬,财政部将当年中央预算(草案)送全国人大常委会预算工作委员会,预算工作委员会从工作层面进行预先审查,为初审和审批作准备。每年2月上中旬,财政部将当年中央预算(草案)提交全国人大财政经济委员会,由财政经济委员会进行初步审查。每年3月上中旬,全国人民代表大会审查批准中央预算草案,法定预算正式产生。财政部在全国人民代表大会批准中央预算草案后的30日内批复中央各部门预算。中央各部门在财政部批复本部门预算之日起15日内,批复所属各单位的预算。在财政经济委员会会议进行初步审查、全国人民代表大会会议进行审查时,财政部要派有关负责人到会,对预算草案作出解释,回答代表的提问。

7.2.3 国家预算的审批

在西方国家,批准国家预算的权利在议会。凡实行两院制的国家,两院均有审批权,只是众议院权利大于参议院,居于优先地位,拥有最后批准权。

我国人大审查批准国家预算的程序在全国人大议事规则、预算法和全国人大常委会关于加强中央预算审查监督工作中做了决定,但这些规定的内容还不够完备。近些年来,全国人大和地方人大都在法律规定范围内做了一些探索,取得了积极成效。根据法律规定和我国近几年的实际情况,中央预算的审查批准大致可以分为以下三个阶段。

1. 预先审查

全国人民代表大会会议举行前的一个半月,全国人大常委会预算工作委员会听取财政部关于上年预算执行情况和当年预算草案初步方案的通报,并在听取有关方面意见和进行分析研究的基础上,向财政部门提出对预算草案初步方案的意见和建议。财政部对预算草案和预算报告稿进行修改,并将修改意见反馈预算工作委员会。

2. 初步审查

全国人民代表大会会议举行前一个月,全国人大财政经济委员会和有关专门委员会听取财政部关于上年预算执行情况和当年预算草案初步方案的汇报,预算工作委员会提出对上年预算执行情况和当年预算安排的分析报告,由财政经济委员会对预算草案的主要内容进行初步审查。将财经委的审查意见和建议编成简报,报全国人大常委会主要领导并书面送财政部,财政部对预算草案再一次修改后报国务院批准。

3. 人大会议审查

全国人民代表大会每年举行会议时,国务院向全国人大提交关于上年中央和地方预算执行情况及当年中央和地方预算草案的报告、上年全国预算执行情况及当年全国预算草案。会议期间,各代表团对报告和预算草案进行审查,财政经济委员会根据各代表团和有关专门委员会的审查意见,对国家预算和国家预算执行情况的报告进行审查,向大会主席团提出审查结果报告。国务院将根据会上的审议意见,对报告和预算草案进行修改。大会主席团审议通过后,印发会议,并将关于上年中央和地方预算执行情况及当年中央和地方预算的决议草案提请大会全体会议表决。

地方各级政府财政预算审批程序同上,只是同级人民代表大会批准后还要报上级政府备案。

我国将审查国家预算的权利交给了人民代表大会,人大代表作为人民代表大会的组成人员,要对人民负责,对纳税人负责,对国家预算积极发表审议意见。预算一经权力机关批准,即成为具有法律效力的文件,执行机关必须照此执行,未经法定程序许可,不得改变。

7.2.4 国家预算的执行

国家预算的执行是整个预算工作程序的重要环节。收入入库、支付拨付以及预算调整都必须按照法律和有关规定的程序进行。国家预算执行的领导机关是国务院;地方预算执行的领导机关是地方各级人民政府。财政部和地方财政机构具体负责本级预算的执行,并指导和监督下级预算执行。

国家预算执行的具体工作包括以下两个方面。

1. 积极组织预算收入

各级财政、税收、海关等预算收入征收部门,必须依照有关法律、行政法规和财政部的有关规定,积极组织预算收入。各项预算收入的减征、免征或者缓征,必须按照有关法律、行政法规和财政部的有关规定办理。任何单位和个人不得擅自决定减征、免征、缓征的应征预算收入。一切有预算收入上缴任务的部门和单位,必须依照有关法律、行政法规和财政部的有关规定,将应当上缴的预算收入,按照规定的预算收入,按照规定的预算级次、预算科目、缴库方式和期限入国库,不得截留、占用、挪用或者拖欠。

2. 及时、正确安排预算支出

各级政府、部门、单位应当加强对预算支出的管理,严格执行预算和财政制度,不得擅自扩大支出范围、提高支出标准;严格按照预算规定的支出用途使用资金;建立健全财务制度和会计核算体系,按照标准考核、监督,提高资金使用效益。根据年度支出预算和季度用款计划,合理调度、拨付预算资金,监督检查各部门、单位管好、用好预算资金,节减开支,充分发挥资金的使用效果。另外,还需编报、汇总分期的预算收支执行数字,分析预算收支执行情况,定期向本级政府和上一级政府财政部门报告预算执行情况,并提出增收节支的建议。

在预算执行过程中,应当加强对预算执行的监督。严格执行国家预算各项管理制度,检查监督各部门和单位执行国家预算和遵守财经纪律,指导和监督各部门、单位建立健全财务制度和会计核算体系,按照规定使用预算资金。

7.2.5 国家预算调整

预算调整是指在预算执行中,因社会经济情况发生变化,特别是不可预料的情况发生时,往往需要对已经批准的各级预算的收支范围进行必要的变更。预算调整必须经各级人民代表大会常务委员会的审查和批准;未经批准不得调整预算。为了避免这些调整的随意性和主观性,需要规定相应的制度和调整、批准程序。一般由财政部门提出并编制预算调整方案,经同级人大常委会审查批准后方可执行,并报上一级政府备案。

预算调整的方法主要包括:①预算科目之间的经费流动,即财政资金在预算支出科目之间的相互调剂,只是局部地改变财政资金的用途,不会改变预算支出的总额;②动用预备费,预备费是编制预算时事先安排的一笔不指定用途的资金,以应付在预算执行过程中意想不到的开支,当出现某种特殊情况需要一笔财政资金时,可以在立法机构审批后动用预算安排的预备费;③预算的追加、追减,即调整和改变原有预算的收支规模,一般在经济情况发生较大变化时采取此措施;④预算的划转,即由于行政区划或企事业单位的行政隶属关系发生变化而相应改变其预算的隶属关系,将预算收支在地区或部门之间进行调整的措施。

7.2.6 国家决算

国家决算是经法定程序批准的年度国家预算执行情况及结果总结性的书面文件。国家决算由中央财政决算和地方财政决算组成。

尚未经法定程序批准的称为决算草案。财政部在每年第四季度部署编制草案的原则、要求、防范和报送期限,制发中央各部门决算、地方决算以及有关决算的报表格式。县级以上的地方财政部门根据财政部的部署,部署编制本级政府和下级政府决算及其他有关决算的报表格式。编制决算草案,必须符合法律、行政法规,做到收支数额准确、内容完整、报送及时。

财政部应当根据中央各部门决算草案汇总编制中央决算草案,中央决算草案应在全国人大常委会举行会议审查和批准的一个月前,发送全国人大财经委员会,由全国人大财经委员会结合审计工作报告进行初步审查。县级以上地方各级政府财政部门编制本级决算草案,报本级政府审查后,由本级政府提请本级人民代表大会常务委员会审查和批准。乡、民族乡、镇政府编制本级决算草案,提请本级人民代表大会审查和批准。

县级以上地方各级政府应当自本级人民代表大会常委会批准本级政府决算之日起30日内,将本级政府及下一级政府上报备案的决算汇总,报上一级政府备案。

国家决算采用层层汇编的办法先由执行预算的基层单位决算编起,由各级财政部门汇编成本级决算。财政总决算由基层乡(镇)财政机关开始编制,逐级汇总。县(市)财政决算分为乡(镇)级和县(市)级两部分,两部分数字汇总后,即编制成县(市)财政总决算。如此层层逐级汇总,形成国家总决算。财政总决算各表编成后,还要根据财政决算收支数字,结合税收年报,各种财务决算、国民经济和社会发展计划完成情况以及平时掌握的有关材料,编写财政决算说明书,形成财政决算。

财政总决算编成后,经同级人民政府审定盖章后上报上级财政机关,逐级上报到财政部;财政部再连同中央级总决算一并汇编成国家决算草案,报国务院审定。这一工作通常是与下一年度的预算草案审批同时进行的。如果在召开全国人民代表大会时,正式的中央决算草案尚未编成,可先提交年度预算执行情况的报告,待决算草案编成后,再提交全国人民代表大会常委会审批。国家预算批准后,国务院根据全国人民代表大会或常委会决议,批复中央各部门决算。

7.3 国家预算管理体制

7.3.1 国家预算管理体制基本概念

1. 国家预算管理体制的含义

国家预算管理体制是在中央与地方政府,以及地方各级政府之间规定预算收支范围和预算管理职权的一项根本制度。预算收支范围涉及的是国家财力在中央与地方以及地方各级政府之间如何分配的问题;而预算管理的职权则是各级政府在中央统一领导下,支配国家财力的责任和权限问题。

预算管理体制主要包含两层涵义。

(1)预算管理体系。即在一个国家中,中央与地方以及地方各级政府形成的预算管理体系,它包括预算管理的组织机构、组织形式、决策权限、监督方式等;

(2)财权财力划分。即预算管理体制作为一种管理制度,其根本任务就是通过正确划分各级预算的收支范围和规定预算管理职权,使各级政府有稳定的收入来源,促进国民经济和社会的发展。

2. 国家预算管理体制的实质

国家预算管理体制的实质是处理预算资金分配和管理上的集权与分权、集中与分散的关系问题。从经济基础角度看,国家预算管理体制是以制度的形式处理中央与地方政府之间所支配物质财富的集中与分散问题;从上层建筑角度看,国家预算管理体制是解决中央与地方政府之间的集权与分权问题。所谓集权与分权,只是为了划分职权,分工负责,在中央统一领导下,照顾到地方的利益,充分发挥地方的积极性与主动性。

7.3.2　政府职责的划分

1. 资源配置方面的分工

政府在资源配置方面的职责主要是提供公共物品。由于中央政府不了解各地的具体需求信息,而地方政府更接近当地居民,所以信息更充分,能够根据当地居民的不同偏好提供更适合的公共产品,另外由于公共物品的收益由地方居民享有,成本也由当地居民承担,所以根据收益和成本对称的特点,地方政府社会管理职能的重点是实施教育计划,普及中等普通教育,发展职业教育;维护社会治安,保证社会安定;建立地区性基础设施;开发公共事业;治理污染、保护环境、维护生态平衡;而中央政府事权主要集中在提供具有全国性的公共产品和劳务,如国防、外交等,协调受益外溢的产品和劳务,如学校等,以及调剂跨地区余缺和维护社会公平等。

2. 经济稳定方面的分工

宏观调控被认为是中央政府与生俱来的职责,因为地方政府缺乏实施稳定宏观经济政策的条件和手段。但这并不意味着地方政府与宏观调控之间没有任何联系,在宏观调控政策与地方快速发展本地经济的目标相适应时,地方政府会积极地配合中央政府的宏观调控措施的实施,但是因为地方政府在稳定宏观经济中的作用空间相当狭小,因此,稳定宏观经济的职责主要是应该由政府来承担。

3. 收入再分配的分工

收入分配和提供社会福利应由中央政府负责,因为地方政府进行收入分配和提供社会福利的效果会被人员流动抵消。现举例来说明:对于一个实行对富人征收高所得税、对穷人给予高福利的地区,富人将离开这个地区,而外地的穷人将流入本地,结果导致本地区的所得税税基减少的同时,穷人数量上升,穷人的福利下降。地方政府"劫富济贫"的收入分配目的落空。当然目前我国现行的户籍制度限制人员的自由流动,因此地方政府在进行收入分配方面也发挥着一定的作用。

7.3.3　政府财政收入的划分

政府间财政收入划分的实质就是税种的划分问题。现在各国普遍实行分税制来处理中央与地方政府间的财政收入划分问题。分税制按税种合理地划分中央与地方的收入范围,界定了政府之间的利益边界，可以避免出现中央与地方之间互相挤占收入等现象，而各自独立、稳定的收入来源则是各级政府建立一级独立预算的财力保证。中央税就构成中央政府的固定收入，地方税就构成地方政府的固定财政收入，共享税按双方分成的比例分别构成各自的收入。

1. 划分为中央税的税种

与稳定国民经济、收入重新分配有关的税种如所得税；税基流动性大的税种如增值税；与自然资源有关的税种如资源税；有关国际贸易的税种如进出口关税以及附加税、海关代征的增值税和消费税。

2. 划分为地方税的税种

适合地方征管的、税基流动性小的税种等，如房产税、土地增值税、土地使用税、契税、遗产和赠予税等。

7.3.4 政府间的转移支付制度

1. 政府间转移支付的内涵

经济学中使用的"政府间转移支付"是指财政资源在政府间的无偿流动。是政府单方面的、无偿的资金让步。狭义的转移支付仅限于政府的公共支出，并不包括政府以无偿方式取得的公共收入(税收)。一般情况下，政府间的转移支付表现为财政资源在政府间的直观的、显性的资金收付活动。但在某些特殊情况下，财政资源会以一种隐性的方式在政府之间流动，形成隐性的政府间转移支付，如政府间税式支出、政府间管制(通常是高层级政府对低层级政府的某些行为进行规制)、政府公共定价以及政策(财政)性金融等所形成的政府间资源流动，都是一些极为隐蔽但确实存在的政府间转移支付形式。

2. 建立政府间转移支付制度的必要性

(1)弥补纵向财政失衡。纵向财政失衡是指上下级政府之间的自有财政收入与其承担的支出责任不对称而出现的财政缺口。这种财政缺口可能表现为赤字，也可能表现为盈余。实际上，受各种因素的影响，每一级政府都存在财政缺口。如果某一级政府出现财政赤字、而其他层级政府财政却有盈余时，这就意味着纵向财政失衡的存在。弥补纵向财政失衡是政府间转移支付制度的一项最重要的任务。

弥补纵向财政失衡的方法应是尽可能通过合理划分各级政府的课税权、提高支出责任与税收责任的匹配程度来解决，中央政府还可以采用非配套性转移支付来尽量缩小纵向财政缺口。但是，政府间支出责任与课税权的完全对称是不可能，也是不必要的，这就意味着纵向财政失衡具有客观必然性。中央政府的职责在于通过恰当地设计政府间的税收安排和转移支付模式来缩小纵向财政不平衡。

(2)弥补横向财政失衡。横向财政失衡是指不同辖区政府在提供最基本的公共服务方面不能达到最低标准，其支出责任与自有财力之间存在缺口，表现为在相同的公共服务项目上，地区间的服务水平和质量存在差异。

导致横向财政失衡的具体原因大致可分为两大类：一类是影响财政收入能力的因素，如经济发展水平、经济体制、经济结构、税基的大小、征税的努力程度、城市化程度以及自然、地理、人口、文化等。另一类是不同辖区间提供相同公共服务项目的单位成本存在巨大差距，有些辖区(如山区)在提供相同水平和质量的公共服务(如修建公路)时需要更多的支出。

横向财政均等和财政公平只是一个相对概念，绝对的均等和公平是不现实的。实际上，保持区域间经济的梯度发展有助于提高效率，但过大的发展差距也会影响整体宏观效率的提高，损害社会公平，激化社会矛盾。中央政府代表着国家整体利益，有责任运用倾斜性政策，通过提供一套非配套性的、基于一般财政平衡为目的的政府间转移支付制度来协调各个地区之间的经济发展，以纠正经济发展中区域间的"马太效应"。当然，中央政府通过恰当的制度安排，扶持和鼓励贫困地区发展经济，不断壮大财政，增强财政实力，才是缩小并最终消除横向财政失衡的根本之策。

(3)矫正区域间公共物品的外溢性。外溢性广泛存在于各个层次的公共产品中，地方性公共产品尤其如此。由中央政府提供一套资金上不封顶的配套转移支付制度，对具有外溢性的公共产品的提供进行适当调节，是一种较为有效的解决方法。

(4)促进区位效率。区位效率反映的是国内统一市场的运作效率。区位效率的实现要求清除各种人为的超市场的区际壁垒和地方保护主义，在正常的市场价格引导下，使生产要素特别是资本和劳动力在辖区间自由流动，以获取最大的经济效益。当市场价格机制由于超市场力量(如辖区间的差别税收)而受到干扰时，就会发出扭曲的价格信号，导致要素的流向和流量出现偏差，进而造成区位上的低效率。通过政府间的转移支付，可以减少各辖区间由此带来的在净财政利益上的差异，从而在促进效率和公平方面发挥积极作用。

(5)责权对等的要求。在分权型财政体制模式下，各级政府在财政的初次分配中，财权财力与事权(支出责任)大体相称；而在集权型财政体制模式中，中央政府在初次分配中掌握了超出其事权需要的财力，而各级地方政府的自身收入难以满足其行使职责的需要。按照财权与事权相对称的原则，在责权非对称型财政体制中，对地方政府财力不足部分应通过中央政府对地方政府的转移支付或补助制度来加以弥补。

(6)社会政治目标。国际经验表明，要想保持一个国家经济的持续、稳定、健康发展和社会的长治久安、民族团结，没有强大的中央政府和财力雄厚的中央财政实施强有力的宏观调控是难以实现的。中央政府实施社会政治目标的手段和工具是多样性的，其中，中央对地方特别是少数民族地区、偏远落后地区的转移支付，能够促进、带动这些地区的经济和社会发展，缩小与发达地区的差距，增强国家凝聚力，巩固国家的统一和民族团结，实现中央的社会政治目标。

3. 类型

公共财政理论中对政府间转移支付的分类方法有多种，最为普遍的一种分类方法就是把转移支付分为无条件的转移支付和专项转移支付两大类。

(1)无条件的转移支付。无条件的转移支付又称为一般目的的转移支付，包括均衡补助和收入分享两种形式。一般情况下，无条件转移支付是政府间转移支付的主体，在整个转移支付中占主要比重，而专项转移支付是辅助性的。政府间转移支付体系大致由这两部分构成。

均衡补助又称为均等化补助，它是根据区域均等化目标来设计的，其主要目标就是促进各辖区基本公共服务水平的均等化。均衡补助还可进一步划分为有限额的转移支付和无限额的转移支付两种。前者指支付方对接受方规定一个转移支付的最高限额，接受方在资金使用过程中不得突破总额；后者是指没有总额控制的转移支付，即上不封顶。

(2)专项转移支付。专项转移支付又称为有条件的转移支付。是指转移支付方政府要求接受转移支付方政府必须达到一定的标准和基本的条件才能得到这笔转移支付。这里的基本条件就是按照支付方政府规定的项目和用途使用资金。

7.3.5 我国预算管理体制的发展历程

根据财力的集中与分散、财权的集权与分权的程度不同，我国预算管理体制大体经历过四种类型。

1. 统收统支的预算管理体制

这种体制的基本特点是财力与财权高度集中于中央，地方组织的财政收入全部上缴中央，地方一切开支由中央核拨。

2. 以中央集权为主，适当下放财权的体制

其特点是财力和财权的相当大部分仍集中在中央，同时给地方一定的机动财力和财权，但都比较小。

3. 多种形式的预算包干体制

其特点是在中央统一领导和统一计划下，地方有较大的财权，地方财力大大增强。预算包干体制对原体制有重大突破，是我国预算管理体制的一次重大改革。

4. 分税制分级预算管理体制

这是我国现行预算管理体制，是我国在借鉴发达国家先进经验，结合我国国情的基础上，于1994年实行的在分税制基础上的分级预算管理体制。其基本内容是：根据中央政府和地方政府的不同职能划分支出范围；按税种来划分中央收入和地方收入；分别设置机构，分别征收；中央预算通过转移支付制度实现对地方预算的调剂和控制。

7.4 我国分税制改革

7.4.1 分税制简介

分税制是分税制预算管理体制的简称。是在划分中央与地方政府事权的基础上，按税种划分各级政府财政收入的一种预算管理体制。不能把分税制仅仅理解为划分税种，分税制的内涵很丰富，它包括分税、分权、分征、分管等多方面内容。

1. 分税制的含义

(1)分税。是指按税种将全部税收划分为中央与地方两套税收体系。依据分税程度的不同，分税方法有两种形式：一种做法是彻底分税制，是把全部税种划分为中央税和地方税，不设中央与地方共享税；另一种是适度分税制，是指除了按税种划分中央税和地方税之外还设置中央与地方的共享税。

(2)分权。是指划分各级政府在税收方面的立法权、征管权和减免权。通常情况下，中央税和中央地方共享税由中央立法；地方税由地方立法或部分由地方立法。

(3)分征。是指分别设置中央税和地方税两套税务机构，分别征税。中央政府设置国家税务局，负责中央税和共享税的征收；地方政府设置地方税务局，负责地方税的征收，以保证各级税收收入能够稳定、足额入库。

(4)分管。是指中央政府和地方政府分别管理和使用各自的税款，涵养税源，不得相互

混淆、平调或挤占。

(5)建立规范化的中央预算对地方的转移支付制度,实现中央对地方的宏观调控和调节地区之间的财力分配,这是实现分税制预算管理体制的关键。

2. 分税制的特点

分税制预算管理体制与其他类型的预算管理体制相比,在处理中央与地方政府财政分配关系上更加科学化和规范化。其主要特点如下。

(1)明确划分了各级政府的事权。划分事权是实行分税制的前提条件,即在划分各级政府事权的基础上,才能根据各级政府行使职能的需要,相应地划分其所应拥有的财政管理权限和财力。中央政府事权主要集中在提供具有全国性的公共产品和劳务,协调受益外溢的产品和劳务,以及调剂跨地区余缺和维护社会公平等;地方政府更多地承担与政府职责相对应的一些区域性的政治经济事务。

(2)理顺并规范了各级政府间的财政分配关系。分税制预算管理体制消除了政府之间财力分配的随意性,使各级政府真正建立起独立的一级预算。分税制按税种合理地划分中央与地方的收入范围,界定了政府之间的利益边界,可以避免出现中央与地方之间互相挤占收入等现象,而各自独立、稳定的收入来源则是各级政府建立一级独立预算的财力保证。

(3)确定了中央财政的主导地位。分税制预算管理体制有利于调动中央和地方两个积极性,在促进整个财政收入增长的同时,逐步提高中央财政收入占全国财政收入的比重,收入的大头在中央,增强了中央财政的宏观调控能力。

(4)建立了科学规范的转移支付制度。分税制预算管理体制通过建立统一的中央对地方收入的转移支付制度,有利于加强中央对贫困地区的财政支援,可以逐步缩小地区间的差距。

7.4.2 我国分税制改革的主要内容

1. 中央与地方的事权和支出的划分

中央与地方的事权和支出的划分就是按照中央政府和地方政府的事权,合理确定各级政府预算的支出范围。

中央政府的主要职责包括维护国家安全、外交、调整国民经济结构、协调地区经济发展、实施宏观调控以及一些地方政府无力独自解决的问题。根据支出与事权相对应的原则,中央政府的支出有:国防费及外交经费支出、援外支出、中央级行政管理费、中央统筹的基本建设投资和公益建设投资支出、全国性的科学教育文化体育卫生等事业经费支出、国债及利息支出、社会保障支出等。

地方政府主要负责本地区的经济发展。地方财政主要承担本地区行政机关运转所需的支出以及本地区经济事业发展所需的支出,具体包括:地方行政管理费、城市维护建设费、地方性的文化教育科学卫生等事业的支出、地区经济发展支出等。

2. 中央与地方财政收入的划分

根据事权和财权相结合的原则,按税种划分中央与地方的收入。将维护国家权益、实施宏观调控所必需的税种以及一些容易引起地方政府行为扭曲的税种划为中央税;将那些同经济发展直接相关的主要税种划为中央与地方共享税;将那些收入稳定、适合地方征管的税种划为地方税,以增加地方税收收入。

中央固定的财政收入包括:关税、海关代征的消费税和增值税、利息税、消费税、地方银行和外资银行及非银行金融企业上缴的所得税、铁道、各银行总行、各保险公司等集中缴纳的收入(包括营业税、所得税、利润和城市维护建设税)、中央企业上缴的利润等。外贸企业出口产品退税,除1993年地方已经负担的20%部分列入地方上缴中央基数外,1994—2003年发生的出口退税全部由中央财政负担,2004年后的增量部分实行中央与地方按3:1的比例分担。

地方固定的财政收入包括:营业税(不包括铁道、各银行总行、各保险总公司集中缴纳的营业税)、地方企业上缴利润、个人所得税、城镇土地使用税、城市维护建设税(不含铁道、各银行、各保险公司集中缴纳的部分)、房产税、车船使用税、印花税、屠宰税、耕地占用税、契税、遗产及赠与税、土地增值税、国有土地位用权有偿使用收入等。

中央与地方共享收入包括:增值税(按收入总额中央分享75%,地方分享25%)、资源税(大部分资源税作为地方收入,海洋石油资源税作为中央收入)、证券交易税(中央97%,地方3%)、企业所得税(中央与地方按6:4分享)、城建税(国有企业纳税归中央)。

3. 以1993年为基期确定中央财政对地方的税收返还数额

为了保持现有地方既得利益格局,逐步达到改革的目的,中央财政对地方的税收返还数额以1993年为基期年核定。

4. 分设中央和地方两套税务机构

国家税务局实行中央垂直领导,负责中央税和共享税的征收;地方税务局负责地方税的征收。海关的税务职责不变,即负责关税和进出口环节流转税的征收。

课后练习题

一、名词解释

1. 政府预算　2. 单式预算　3. 复式预算　4. 零基预算　5. 预算外资金

二、简答题

1. 试述政府预算的原则。
2. 单式预算和复式预算的特点和作用是什么?
3. 政府职能划分的原则是什么?
4. 政府间收入划分的原则是什么?

金融篇

金融学是以货币资金的经济活动为研究对象的一门学科，是一门应用经济学科。金融是现代经济发展的血液，是经济增长的推进剂。在经济发展的模式中，商品的流动是通过资金的流动完成的；同时市场经济发展的模式从本质上讲就是一种发达的货币信用经济或金融经济，它的运行表现为价值流导向实物流，货币资金运动导向物质资源运动。金融日益广泛地影响着我国经济社会生活的各个方面，金融对经济社会发展的作用越来越重要。

政府对宏观经济进行调控，不仅要借助于财政杠杆，还要借助于金融杠杆，只有将金融手段和财政手段结合起来，才能达到理想的调控效果。本篇主要介绍以下内容：一是货币与货币制度主要包括货币的职能、货币制度、货币的供求、通货膨胀和通货紧缩；二是信用及利息，包括信用方式、信用工具及利息的计算等；三是金融市场，主要包括货币市场、资本市场、金融衍生品市场、保险市场和黄金白银市场等子市场的特点和构成；四是金融机构及其业务，包括中央银行、商业银行、专业银行、非银行金融机构等；五是国际金融，主要包括国际收支、国际金融市场、国际金融机构及国际货币体系等；最后是财政金融的宏观调控，包括财政政策、货币政策的效应和作用机制、财政政策与货币政策的配合、我国当前的宏观经济形势等。通过本篇基本理论和基本业务的学习，使学生掌握一定的业务操作技能和对金融现象进行分析的能力。

第 8 章　货币与货币制度

学习目标：

1. 了解货币的产生背景以及发展历程；
2. 理解货币的本质以及特性；
3. 掌握货币的内涵；
4. 掌握货币制度的基本内容；
5. 掌握我国现行人民币制度的内容。

在现代经济生活中，人们几乎处处、天天接触到货币，货币已经成为人们生活中一个不可或缺的基本构成因素，对社会经济运行的各个环节都发挥着极大的作用。那么，货币是什么？为什么货币具有如此大的威力？货币是怎么产生的？其经历了怎样的发展历程？货币在社会经济运行中发挥哪些职能作用？货币是怎样流通的？本章将逐一解答这些问题。

8.1　货币的起源

货币的出现是与交换联系在一起的。根据史料的记载和考古的挖掘，在世界各地，交换都经过了两个发展阶段：先是物物直接交换，然后是通过媒介的商品交换。货币是商品交换的产物。货币与商品相伴而生，解开货币之谜，必须从分析商品入手。

8.1.1　货币的产生

货币的产生已有几千年的历史，关于货币的起源众说纷纭，形成了各种学说，如我国古代的先王制币说，西方学者提出的保存财富说、契约说等。比较有代表的有以下说法。

第一种是智者发明说，也即是说货币是圣人先贤的创造物。如我国传说中的伏羲氏收集天下的铜铸成货币和黄帝用金铸成货币等。

第二种是协议结果说，也即是西方学者提出的货币是发明或协议的产物，是人人同意的结果，人类的祖先为了便于买卖收付起见，大家共同约定使用货币。

第三种是权力意志说，也即是人们所说的统治阶级为了维护其利益，运用国家政权强行规定使用货币。

第四种是中介货物说，也即是亚里士多德所说："一地的居民有所依赖于别处居民的货物，人们于是从别处输入本地所缺的货物，而抵偿这些收入，他们也得输出自己多余的产品。于是（作为中间媒介的）'钱币'就应运而生了。"这种钱币是"中介货物"，是"某种本身既有用而又便于携带的货物"。

第五种是交换发展说，也即是司马迁的论断："农工商文易之路通，而龟贝金钱刀布之币兴焉。"

上述几种观点虽在不同程度上对货币的起源问题进行了分析，有一定的可取之处，但由于受不同历史发展阶段、不同的社会意识形态和不同的政治经济制度等影响，都有其片面性和局限性，说明不了本质的联系。只有马克思主义货币学说在对商品经济的最高形式——资本主义，进行深入研究的基础上，第一次科学地对货币问题做出了系统地理论阐明，揭示了“货币起源之谜”。

1. 货币是商品经济内在矛盾发展的产物

马克思认为，货币起源于商品，是商品生产、商品交换发展的产物，是商品经济内在矛盾发展的必然结果，是商品矛盾运动中价值形式发展的自然产物。其形式随着商品经济的发展而不断发展。

在人类初期的原始社会，由于生产力极其低下，人们不得不结为一个个共同体，在共同体内部，大家共同劳动、共同消费，没有剩余，因此没有可供交换的对象，也就不存在商品，也不存在媒介商品的货币。随着社会生产力的发展，出现了社会分工和私有制，情况发生了变化。由于社会分工，各个生产经营者只从事某种特定的具体劳动，生产或提供具有某一特定使用价值的产品，整个社会的产品则由众多从事特定具体劳动的生产者所生产的各种具有不同使用价值的产品共同组成。社会消费的多样性和个体生产的单一性决定了在社会分工条件下，每个生产者都相互需求对方的产品，也都为满足对方的需求而生产产品，他们的劳动具有社会性，构成社会总劳动的组成部分。而在私有制下，生产资料和劳动产品归属不同所有者，生产者为了自己的经济利益而相互分离，生产什么、生产多少都由生产者自己决定，生产成果归生产者自己所有，其劳动直接表现为私人劳动。这样，一方面社会分工使生产者彼此都为对方的需求而生产，劳动具有社会性；另一方面私有制又决定其产品归私人所有，使这种私人劳动的社会性不能直接表现出来。于是就产生了私人劳动和社会劳动这一商品经济最基本的矛盾。要解决这一矛盾，必须通过交换，产品交换出去了，说明生产者的私人劳动得到了社会的承认，转化为社会劳动。生产者也换回自己所需要的其他劳动产品，从而社会产品就转化为专为交换而生产的商品，出现了商品生产和商品交换。

商品要进行交换，就要有交换的比例。各种不同的商品是由不同形式的具体劳动创造出来的，具有不同的使用价值。商品的使用价值千差万别，构成了能满足人们各种需要的社会财富，是商品的自然属性。这种使用价值无法比较，为了寻找商品交换的可比较性，人们发现尽管生产商品的具体劳动形式不同，各种商品的使用价值不同，但它们都有一个共性，就是创造它们都耗费了人类劳动，即一般人类劳动，或者叫抽象劳动。这种凝结在商品中的一般的、抽象的劳动，就是商品的价值，是商品的社会属性。各种商品的价值，在质上是相同的，因此在量上是可以相互比较的。但是，商品的价值是抽象的，看不见、摸不着，不能直接表现出来，只能在交换过程中，由另一种商品表现出来，这就是商品的价值表现形式。商品的价值表现形式随着商品交换的发展，经历了漫长的发展过程，货币就是商品价值形式发展的自然结果。

2. 货币的产生是价值形式发展的最终结果

商品的价值形式，经历了由低级到高级的发展过程，即由简单的、偶然的价值形式，经过扩大的价值形式、一般价值形式，最后才达到货币形式。

在原始社会后期阶段，在公社的共同体内部虽然不存在交换，但在公社之间出现了产品的交换。由于当时生产力水平低下，可供交换的剩余产品不多，这种交换是非常偶然的现象。随着这些偶然的交换行为的出现,价值也就偶然地表现出来,即一种物品的价值偶然地被另一种物品表现出来。比如一只绵羊和两把石斧相交换,绵羊的价值就偶然地由两把石斧表现出来。马克思把这个阶段的价值表现形式称为简单的或偶然的价值形式。用公式表示为:

$$\text{一只绵羊}=\text{两把石斧}$$

随着社会生产力的进一步发展,产生了人类历史上的第一次社会大分工,畜牧业从农业中分离出来。随着社会分工的深入和私有制的产生,用于交换的物品越来越多,产品交换成为一种较为经常的现象。这时的交换表现为一种物品不再偶然地同另一种物品相交换,而是经常地同许多种物品相交换。相应地,一种物品的价值就不再是偶然地由另一种物品表现出来,而是经常地由许多与之相交换的物品表现出来,有多少种物品与之相交换,就会相应地有多少种价值表现形式。例如,一只绵羊可以与两把石斧、一辆马车、一袋玉米等多种物品相交换,其价值就由石斧、玉米、马车等多种物品表现出来。马克思将这种价值表现形式称之为扩大的或总和的价值形式。用公式表示为:

$$\text{一只绵羊}=\begin{cases}\text{两把石斧}\\\text{一辆马车}\\\text{一袋玉米}\end{cases}$$

在简单价值形式阶段,是两种物品偶然发生交换;在扩大价值形式阶段,是许多种物品经常发生交换,但这两种价值形式都属于直接的物物交换。随着交换物品种类日益增多,直接的物物交换就产生了很多困难。因为物物交换要求交换双方不仅要同时需要对方的物品,而且在交换的量上也要取得一致,否则交换就无法完成。这就迫使参加交换的人在市场上不得不反复寻找,采取迂回的方式来达到自己的目的。当越来越多的物品频繁地参与到交换的过程中,人们逐渐发现某种物品参于交换的次数比其他物品多,其使用价值广泛被人们所需要。于是人们就先将自己的物品换成这种物品,再以它与自己所需要的其他物品相交换,这种物品逐渐就变成为实现其他物品交换的媒介,成为所有其他物品价值的表现材料。从而交换也由直接的物物交换转变为有交换媒介的间接交换,不再是一种物品的价值经常地表现在其他许多种物品上,而是许多种物品的价值经常地由一种物品来表现。比如两把石斧、一辆马车、一袋玉米等多种物品都与一只绵羊相交换,石斧、马车、玉米等多种物品的价值都由一只绵羊表现出来。这个表现所有物品价值的媒介就是一般等价物,这种商品的价值形式马克思称之为一般价值形式。用公式表示为:

$$\left.\begin{matrix}\text{两把石斧}\\\text{一辆马车}\\\text{一袋玉米}\end{matrix}\right\}=\text{一只绵羊}$$

在一般价值形式下的一般等价物,并没有完全固定地由某一种商品来充当。比如,在一个时期,一般等价物可以由布来充当,而在另一个时期,又可能由兽皮来充当;在一个地区,可以由海贝作为一般等价物,而在另一个地区,又可能是以农具当作一般等价物。一般等价物的不固定,阻碍了商品交换的进一步扩大和发展。因此,随着商品交换的发展,交替地起一般等价物作用的几种商品中逐渐分离出一种商品,经常地起一般等价物的作用。这种比较固定地充当一般等价物的商品就是货币,当所有商品的价值都由货币表现时,这种价值形式被马克思称为货币形式。

从马克思对货币起源的理论分析中,我们可以看到货币是在商品交换过程中自发产生的,是商品矛盾运动中价值形式发展的自然产物。

8.1.2 货币形态的发展

货币产生后,虽然其本质特征是不会改变的,但作为货币载体的材料则随着商品经济的不断发展而不断变化和进步。从表面上看,什么材料充当币材,完全取决于人们的主观想法和法律规定;但从币材演化层次分析,不同时代的货币材料则受制于当时社会经济客观发展的程度、流通的便利程度及货币在经济中地位和作用变化的需要等因素。可以说币材演变历史就是一部商品经济发展史。从币材的演变看,它曾经历了从实物货币发展到金属货币,再发展到货币商品的代表——信用货币形式的过程。

1. 实物货币形态

实物货币又称商品货币或足值货币,是指以自然界存在的某种物品或人们生产出来的某种物品来充当货币。在简单商品交换时代,生产力低下,交换的目的是以满足某种生活和生产的需要为主,因而要求作为交换媒介的货币必须具有价值和使用价值,货币主要由自然物来充当,它是货币发展的最初形态。此时,货币的额定价值同它作为特殊商品的内在价值是一致的。最初充当货币的商品,是为了用它再去交换其他商品而换进来的商品——是最经常地作为需求的对象交换的,因而一般是在当时社会组织下最能代表财富、最普遍被需要,并且具有特殊使用价值的商品。历史上,有许多物品充当过交易媒介,起过一般等价物的作用。比如粮食、农具、牲畜、布匹、木材、毛皮、贝壳、龟壳等。各地、各国根据自己的自然条件和传统习惯而有不同的选择。我国充当货币时间较长、影响较大的是贝壳,这也是为什么我国很多关于财富的汉字带有“贝”字的原因。

实物货币是以其自身所包含的内在价值同其他一款商品相交换。受其本身使用价值的限制,运用范围不大,不便于保存和携带,而且难以分割,不可能有质地均匀的、统一的价值表现标准、体积大价值小等,不是理想的交易媒介。因此,随着商品交换的发展和扩大,实物形态的商品货币就逐渐由内在价值稳定、质地均匀、便于携带的金属货币所替代。

2. 金属货币形态

当货币在生活中的重要性日益加强时,一般来说,作为货币的商品要求具有以下四个特征:一是价值比较高,这样可用较少的媒介完成较大量的交易;二是易于分割,即分割之后不会减少它的价值,以便于同价值高低不等的商品交换;三是易于保存,即在保存过程中不会损失价值,无需支付费用等;四是便于携带,以利于在广大地区之间进行交易。因此,随着交换的发展,对以上四个方面的要求越来越高,这就使得世界各地历史上比较发达的民族,先后都走上用金属充当货币之路。金属货币在交换中逐渐成为主要对象,最终成为通行的货币。

金属货币是指以金属(如铜、银、金等)作为材料的货币。随着商品经济的发展和冶炼技术的提高,金属越来越多地进入了交换领域,出现了金属货币。与实物货币相比,金属货币具有质地均匀、便于分割、体积小、价值大,便于携带、不易腐烂变质、便于储藏保存,而且价值稳定等待点,更适宜充当货币。

金属货币的演化沿着两个方向进行。一方面,随着交易规模的不断扩大,经历了由贱金属到贵金属的演变。世界各国货币发展的历史证明,随着商品交换的发展,作为货币材料的铜、铁等贱金属逐步让位于金、银等贵金属,这是一个普遍的规律。因为金、银所具有的天然属性最适宜于充当货币商品。贵金属质地均匀,其表现价值的尺度很容易统一;贵金属可按不同比例任意分割,分割后还可冶炼还原,最适合充当交换媒介;贵金属体积小、价值高、耐腐蚀、便于携带,也符合越来越发展的商品和劳务交易的需要。而在足值货币时代,贵金属还不是生产过程所必需的原材料,充当货币商品也不影响经济的发展。因此,马克思说:"金银天然不是货币,但货币天然是金银。"黄金作为货币材料的历史比较长,如英国早在13世纪中叶就出现了金币铸造,而且于1816年最早实行金本位制。我国历史上白银作为货币材料的时间比较长,由于我国工业产业化发展比较晚,经济一直以自然的小商品经济为主,作为大宗交易支付工具的金币运用比较少。另一方面,金属货币经历了从称量货币到铸币的演变。金属货币最初是以块状流通的,交易时要称其重量、估其成色,这时的货币称为称量货币。从货币单位名称如英镑的"镑"、五铢钱的"铢"都是重量单位,可以看出称量货币留下的踪迹。由于称量货币在交易时很不方便,于是,人们就将金属货币铸成一定形状,标有一定重量和成色并标明计量单位,这就是金属铸币。如我国早期的刀币制及以后出现的秦半两、汉五铢等。当商品交换进一步发展并突破区域市场的范围后,金属块的重和成色就要求更具权威的证明,而最具权威的自然是国家。这种带有国家印记的铸币,最初各国有各种各样的形式,但后来都逐步过渡到便于携带且不易磨损的圆形。铸币的出现,克服了秤量货币流通时的种种不便,便利了商品交易。

实物货币和金属货币的共同特点是其实际价值和名义价值相等,即作为商品的价值和作为交换中介的货币价值完全相等,都以其自身所包含的实际价值表现其他商品的价值,属于足值货币。

3. 信用货币

信用货币是以信用活动为基础产生的、能够发挥货币作用的信用工具。信用货币的产生是基于货币的流通手段职能。货币作为商品交换的媒介,在流通中只起转瞬即逝的媒介作用,人们更多关心的是用货币能否买到价值相当的商品,而不是货币本身的价值。事实上,流通中被磨损的铸币被人们照常接受,服务于流通,并不影响流通,这就表明货币可以用象征的货币符号来执行流通手段职能。

一方面是由于金属货币流通受本身供给量的限制,满足不了商品生产和商品交换规模日益扩大对媒介手段追加的需要;另一方面,大宗交易和异地交易越来越多,金属货币其携带和结算很不方便,流通费用很高,而且风险比较大,同时,人们在交换中,并不十分重视货币自身的价值,重视的是货币的交换价值。

在长期交换过程中,人们开始使用代用货币,即纸制的用以代替金属货币流通的货币符号,包括政府和银行所发行的纸币符号。政府凭借其权力发行的,叫纸币;银行通过信用渠道发行的,叫银行券。历史上,这两种代用货币与金属货币同时流通。其本身的价值低于其货币价值,在流通中是以金属货币的代表资格出现,克服金属货币流通的不足。

(1)可兑换的信用货币——银行券。银行券是随着资本主义银行的发展而首先在欧洲出现的一种用纸印制的货币。最初人们只是将银行券当作兑换金银货币的凭证。例如,商人可以将金属货币存放于货币商人,如票号、钱铺、银行,由其开出汇票进行支付,票号、钱铺、银行见到汇票要求提现时,可以兑换为金属货币。当票号、钱铺、银行拥有大量的金银货币作保证时,又以此为信用发行自己的银行券,开始是在一张空白字据上临时填写金额,后来发展为印制好的不同面额的钞票。于是银行券就成为银行发出的代替金银币流通的可随时兑换的信用货币。19世纪下半叶，各国可兑换金币的银行券广泛流通，但此时的银行券仍是金的符号，以金为准备，代替金币进行流通，流通中仍有大量的金币充当货币。银行券的出现是货币币材的一大转折，它为其后不兑换纸币的产生奠定了基础。

银行券具有以下特征。第一，银行券是由银行发行的可以随时兑换的表征货币，它是作为代替贵金属货币流通与支付的信用工具。第二，银行券的发行必须具有发行保证，一般分为黄金保证和信用保证。黄金保证体现为银行的金准备，信用保证则体现发行银行保证兑换的信用度。由于银行券有严格的发行准备规定，保证随时兑换，因此，具有较好的稳定性。第三，早期银行券的发行是分散的，各家商业银行都可凭自己的信誉和能力发行银行券，其前提是必须保证随时可按面额兑付金币、银币。后来，由于市场经济发展统一性的要求和国家宏观调控货币的需要，逐渐固定在一国之内几家大银行发行。自中央银行诞生以后，商业银行失去了发行权，银行券集中由中央银行发行，成为中央银行的基本职能之一。

（2）不可兑换的信用货币——纸币。信用货币是以信用作为保证，通过一定信用程序发行、充当流通手段和支付手段的货币形态，是货币发展中的高级形态。信用货币实际上是一种信用工具或债权债务凭证，除纸张和印制费用，它本身没有内在价值，也不能与足值货币按某种平价相兑换。信用货币之所以可以流通和被接受为价值尺度，是因为各社会经济行为主体对它拥有普遍的信任。这种信任一方面来自于表征货币的长期信用，使公众在兑换停止之后依然保持对价值符号的货币幻觉；另一方面来自于国家对这一价值符号的收付承诺，不但国家在征税时按面值接受，而且法定禁止任何债权人在索偿时拒收该信用凭证，从而使其成为法偿货币。

典型的不兑换信用货币是政府纸币，它是指与银行券同时流通的、以国家政权为准备的、国家发行并强制流通的纸质货币。同银行券相比，政府纸币以国家信用为基础，表现出强制流通和不可兑换的特征。不可兑换信用货币突破了货币商品形态对经济发展的制约，提供了政府调控经济的一个手段，所以说不可兑换信用货币是货币发展历程中的重大飞跃。

尽管都是代用货币，银行券与纸币有一定的区别：纸币是由国家发行并依靠政治权力强制进入流通，满足政府国库支付的；银行券是由银行发行并主要通过票据贴现和放款进入流通，满足商品流通的客观需求。纸币不能随时要求兑换金属货币，银行券要保证随时兑换金属货币。纸币产生于货币流通手段职能，银行券产生于货币支付手段职能。19世纪末20世纪初，各国相继建立了中央银行，垄断了银行券的发行权，政府不再发行纸币，而由中央银行帮助政府解决支付不足。这时的银行券仍与黄金相联系，以黄金单位计价流通，可以在一定限制下兑换黄金，建立严格的金准备制度。

代用货币的流通，在一定程度上克服了金属货币流通的缺陷，但受到金准备制和保证兑换黄金的限制，其流通量也很难满足不断扩大的商品生产和商品交换的需要，为了方便交易，各国相继放弃金属货币流通，实行信用货币流通。信用货币不再与黄金相挂钩，不能再兑换黄金，由各国政府授权银行通过信贷程序，根据经济发展的需要而发行，不受黄金数量的限制。目前世界上几乎所有的国家都采用这一货币形态。

信用货币的主要形式包括以下几种。①辅币。主币单位以下的小额通货，其主要功能是作为零星小额交易的媒介手段。其自身的价值低于其货币价值，由各国政府垄断发行。在金属货币流通条件下，金属本位币是由贵金属铸造的足值货币，辅币是以贱金属铸造的货币符号,可以按一定比例兑换本位货币。②现金或纸币。它是目前各国计价结算的基本通货,由各国政府垄断发行,其自身的价值低于其货币价值,属于货币符号。③银行存款。它是能够发挥货币作用的可签发支票存款。银行有一项重要的职能就是充当客户的支付中介,为客户办理转账结算,客户先将一部分款项存入银行开立支票存款账户,在需要支付时,可根据交易额在存款余额内签发支票,银行通过支票的收付替客户结清债权债务关系。银行存款与现金一样,能够充当商品交易媒介和发挥支付手段职能,都是建立在信用基础上的信用货币。④电子货币。它是利用电子计算机系统储存和处理的信用支付工具,如银行卡或信用卡,持有这种磁卡与持有现金一样,每次支付可以从磁卡的存储金额里予以扣除。其既可以提取现金,也可以进行转账,目前已经成为经济生活中被广泛应用的支付工具。

与金属货币、代用货币比较,信用货币的特征有:①信用货币是价值符号,信用货币的名义价值和其自身的实际价值完全脱离,代表一定的价值发挥一般等价物作用,是价值符号;②信用货币是债务货币,信用货币是通过银行信贷程序投入流通的,是发行银行的负债,信用货币包括现金和存款货币,现金由中央银行发行,是中央银行的负债,存款货币由商业银行创造,是商业银行的负债;③信用货币是管理货币,信用货币与黄金脱钩,不能兑换黄金,为维护货币流通稳定,各国政府授权中央银行垄断发行,并通过货币政策加以调控。

4. 电子货币

电子货币是信用货币与计算机、现代通信技术相结合的一种最新货币形态,它通过电子计算机运用电磁信号对信用货币实施贮存、转账、购买和支付,明显比纸币、支票更快速、方便、安全、节约。有人把电子货币称为继金属铸币、纸币以后的第三代货币,而实质上电子货币是新型的信用货币形式,是高科技的信用货币。

总之,在历史的发展进程中,币材经历了若干次变化。货币形式从一般商品到贵金属,再到纸币或无形的存款货币、电子货币的发展过程,体现了随着生产力的发展,人们对更方便、更快捷、成本更低廉的交易媒介的需要。随着经济和社会的发展,未来的货币形式还会出现动态的发展。

8.2　货币的本质与职能

8.2.1　货币的本质

马克思在对价值形态的发展进行研究后,揭示了货币的本质,把货币定义为:货币是从商品世界中分离出来的,固定充当一般等价物的商品,并能反映一定的生产关系。那么,货币的本质究竟是什么呢?

1. 货币是商品

货币是商品,它与商品世界的其他商品一样,都是人类劳动的产物,是价值和使用价值的统一体。由于货币和其他商品具有共同的特性,即都是用于交换的人类劳动产品,所以它才能在长期的交换过程中被逐渐分离出来,成为不同于一般商品的特殊商品——货币。货币作为一般等价物,本身具有价值和使用价值,并以它的使用价值来表现一切商品的价值;货币之所以能够作为价值尺度去衡量其他商品,就是因为其本身有价值,即凝结在商品上的人类必要劳动。价值实体的内在尺度就是社会的必要劳动时间,货币作为价值实体的化身,表现了相对价值量上的商品,可以与一切商品相交换。货币排除了物物交换的双重巧合的必要性,降低了交易成本,在经济活动中提高了经济效率。

2. 货币是一般等价物

马克思通过对价值形式发展历史的考察,揭示了货币的起源,同时也使我们清楚地看到了货币的本质,即货币是固定地充当一般等价物的特殊商品,它体现一定的社会生产关系。

首先,货币是商品,具有商品的共性,即具有商品的两个基本要件——价值和使用价值。价值形式发展的历史表明,货币是在商品交换过程中,从普通商品中分离出来的。

其次,货币不是普通商品,是特殊商品。其所以特殊,是因为它在商品交换中取得了一般等价物的独占权,只有它才能起到一般等价物的作用。具体的表现是:第一,货币能够表现一切商品的价值,在交换中,普通商品是以各种各样的使用价值出现的,而货币却是作为一切商品价值的表现者出现的;第二,货币对于一切商品具有直接交换的能力,用它可以购买一切商品,从而货币就获得了一般的、社会的使用价值,即拥有货币,就可以得到任何一种使用价值。

最后,货币在充当一般等价物的过程中,体现着一定的社会生产关系。商品生产者互相交换商品,实际上是互相交换各自的劳动。因此,货币作为商品的一般等价物,也就使商品的生产者通过等价交换,实现了他们之间的社会联系,这种联系就是人和人之间一定的社会生产关系。

8.2.2 货币的职能

货币职能是货币本质的具体表现,是货币作为商品的一般等价物发挥作用时固有的功能。马克思货币理论认为,货币在与商品交换的过程中,逐渐形成价值尺度、流通手段、贮藏手段、支付手段和世界货币五个职能。其中价值尺度和流通手段是货币的基本职能。

1. 价值尺度

价值尺度是货币表现商品价值、衡量商品价值量大小的职能,这是货币的基本职能。货币执行价值尺度职能是通过把商品价值表现为一定的货币单位,即商品的价格来实现的,所以价格是商品价值的货币表现。货币在表现商品价值、衡量商品价值量大小时,其本身也有量的规定性,即要确定一种固定的货币单位,如两、圆、磅等,这就是价格标准。用它来计量商品价格,表现各种不同价值量的商品价值,使商品交换成为可能。所以,货币执行价值尺度职能是商品交换的前提条件。在货币价值不变的条件下,商品价值量大,表现的货币就多,价格就高;商品价值量小,表现的货币量就少,价格就低。然而由于商品供求关系的影响,商品价格常常围绕价值上下波动,当商品供大于求时,价格就下跌,低于其价值;当商品供小于求时,价格就上涨,高于其价值。因此,价格是由商品价值决定,并受供求关系的影响。价格的高低是货币购买力,在商品价值不变时,价格高则货币购买力就低;相反,价格低则货币购买力就高。

货币执行价值尺度职能时,具有三个基本特点。一是具有观念性,即并不需要现实的货币,只要观念上的货币就可以了。因为给商品标价,只是商品交换的准备阶段,并没有实际交换,所以只需要想象中或者是观念的货币就行了。二是具有内在价值。作为价值尺度的货币是具有内在价值的货币商品,是货币以自身的价值给商品标价,衡量商品价值的大小。三是这时的货币具有垄断性、独占性。货币作为价值的直接体现,给商品标价,必须具有垄断性和独占性,如果有两种货币同时发挥价值尺度作用,就会使一切商品同时具有两种货币表现的价格,在商品价值不变的情况下也会因两种货币比价发生变化而使商品价格发生变化,给商品流通带来困难。于是就会出现一种货币排挤另一种货币的现象。在金属货币流通条件下,在两种实际价值不同而名义价值相同的金银铸币同时流通时,实际价值较高的货币,即所谓良币,必然被融化、输出而退出流通界,而实际价值较低的通货,即所谓劣币,反而充斥市场。这叫劣币驱逐良币。在目前纸币流通条件下,由于纸币没有内在价值,由政府垄断发行,一旦发行过多,纸币就会贬值,一旦贬值过度,人们在交易中就需要更能保值的物品来充当媒介,各国采用最多的就是废旧币改新币。出现良币驱逐劣币现象。

2. 流通手段

当货币用来作为媒介商品交换,实现商品价值时,充当的就是流通手段。流通手段是货币的又一基本职能。在货币出现以前,商品交换采用直接的物物交换形式,即“W—W”。商品生产者进行商品交换时,既是卖者,又是买者,在卖出自己商品的同时又买进了别人的商品。这种交换形式下的买卖不仅在时间和空间上要求一致,而且要以买卖双方互需对方的产品为条件。货币出现以后,商品交换方式发生了变化,每个商品生产者都要先把商品换成货币,即“W—G”,然后用货币去换取自己所需的商品,即“G—W”。商品的交换分离成了卖、买两个阶段,货币在商品卖与买之间充当了交易的媒介。商品交换变为“W—G—W”。在以货币为媒介的商品交换中,可以克服物物交换在买卖时间和空间上要求的一致性和双方互需对方产品的局限性,使交换的效率提高了。

货币充当流通手段具有三个基本特征。一是具有现实性。执行流通手段的货币不能是想象的或观念上的货币,必须是现实的货币。货币在媒介商品交换时,必须是一手交钱,一手交货,有实实在在的货币和商品相交换。二是可以由价值符号来代替。作为流通手段的货币仅仅是充当交换的媒介,具有转瞬即逝的特点。人们在交换中关注的是出售商品所换得的货币,是否能够买到与自己出售商品价值相当的自己所需要的其他商品,而货币本身价值如何人们并不十分关心,这样,没有价值的符号或票券也能作为货币流通,纸币、信用货币就是基于此产生的;三是包含着信用危机的可能性。货币发挥流通手段职能克服了物物交换的局限性,便利了商品生产与流通,促进了商品经济的发展,但同时又使商品交换分离为买卖两个在时间和空间上独立的环节,从而使买卖脱节、供求失衡成为可能。当商品经营者存在卖而暂时不买的行为时,就会出现社会商品卖出大于买入的现象,必然使一部分商品积压,造成过剩危机;相反,当商品经营者存在买而暂时不卖的行为时,就会出现社会商品买入大于卖出的现象,必然使一部分商品供不应求,会产生通货膨胀的危机,经济危机就是在一定条件下使这种可能性变成现实的一种表现。

3. 贮藏手段

货币被人们当作独立的价值形态和社会财富的一般代表保存起来,退出流通领域时,便发挥了贮藏手段职能。由于货币作为一般等价物,是一切商品价值的一般代表,具有和一切商品相交换的能力,因此货币才能作为社会财富的一般代表,具有贮藏的价值。财富贮藏和积累的形式多种多样,货币作为一种贮藏形式,贮藏费用最低,因此货币成为人们贮藏价值的主要形式。货币贮藏的最初阶段是利用货币来保存自己的剩余产品,即将自己的剩余产品交换成货币,一旦需要,可用货币购买所需的商品,比保存实物更方便。随着商品经济的发展,货币贮藏变成了商品生产顺利进行的必要条件。因为要保证商品生产的顺利进行,就必须不断地补充生产资料,商品生产者就必须贮藏一定量的货币,以便在需要时使用。

货币发挥贮藏手段具有三个基本特征。一是必须是现实的货币。作为贮藏手段,货币不能是观念上的,而必须是现实的,是真实财富的窖藏。二是必须是足值的货币。货币发挥贮藏手段职能,是被人们当作一般的社会财富保存起来,这就要求货币必须是足值的金属货币,以确保贮藏价值的稳定。三是具有自发地调节货币流通的作用。当流通中的货币量多于商品流通对货币的客观需要量时,多余的货币就会退出流通界被贮藏起来;当流通中所需要的货币量增加时,贮藏的货币就会重新进入流通界而成为现实的流通手段。这样,贮藏货币就像蓄水池一样,自发地调节着流通中的货币量,使流通中的货币量与商品流通对货币的客观需要量经常保持一致。

4. 支付手段

当货币作为价值的独立形态进行单方面转移,用于清偿债务、交纳赋税、支付工资和租金时,发挥的便是支付手段职能。货币支付手段职能最初产生于以延期付款方式买卖商品的活动之中。在商品以赊销方式买卖时,购买者先取得商品,经过若干时间后,才向销售者支付货币。在偿还赊买款项时,货币已经不是流通过程的媒介,而是补足交换的一个环节,是作为价值的独立存在而使流通过程结束。随着商品交换的发展,货币作为支付手段职能的范围也扩展到商品流通之外,包括在借贷、工资、地租、赋税等的支付中发挥职能。

货币发挥支付手段具有两个基本特征:一是价值的单方面转移。货币作为支付手段时,等值的商品和货币在交换过程中不再对等转移,货币不再是交换的媒介,而是作为补充交换的一个环节,作为交换价值的独立存在,结束商品交换的整个过程,是价值的单方面转移;二是存在信用危机的可能。货币作为支付手段,使生产者之间的债权债务关系结成为复杂的支付链环,一旦支付链中断,信用危机就会由可能变为现实。

5. 世界货币

货币超越国界,在世界市场上发挥一般等价物作用时,发挥世界货币的职能。发挥世界货币职能是伴随国际贸易的产生而产生的,其具体作用表现为:一是作为国际间的支付手段,用于平衡国际收支差额;二是作为国际间的购买手段,用于购买外国商品;三是作为社会财富的代表,由一国转移到另一国,如支付战争赔款、对外援助等。

价值尺度和流通手段是货币的两大基本职能。商品价值要能表现出来,需要一个共同的、一般的价值尺度;商品要转化为与自己价值相等的另一种商品,则需要有一个社会所公认的媒介。当这两个要求由某种商品来满足时,该商品就取得了货币的资格。所以,马克思说:"价值尺度和流通手段的统一是货币。"贮藏手段职能是在价值尺度和流通手段职能的基础上产生的。由于货币是表现一切商品价值的材料,具有和一切商品相交换的能力,才会被人们当作财富保存起来,发挥贮藏手段的职能。同时,贮藏货币又是一种潜在的价值尺度和流通手段。货币的支付手段职能是由商品信用交易引起的,但在进行信用交易时,货币首先要发挥价值尺度职能,其后还有价值的实现。所以,货币的支付手段职能和价值尺度、流通手段职能的关系是密不可分的。世界货币是货币的这四个职能在地域上的扩展,即在世界市场上货币职能的具体发挥。所以,货币的五大职能,是货币作为一般等价物在不同方面的具体体现,它们共同反映货币的本质。

8.3 货币制度

8.3.1 货币制度的建立

货币制度是一个国家以法律形式确定的该国货币流通的结构和组织形式。它主要包括规定货币材料,规定货币单位,规定各种货币的铸造、发行与流通的程序及建立金准备制度等。货币制度的形成经过了漫长的历史发展过程。

1. 前资本主义的货币流通

货币制度的形成是从金属货币流通开始的,在金属货币流通之初,金属货币都是以金属条块形式流通的,每次交易都要验成色、称重量,并按交易额的大小进行分割,很不方便。为了方便交易,最早是一些在商界有影响的富商巨贾,凭借自己的信誉,在金属货币上加盖自己的印戳并标明重量和成色,这样就出现了铸币,即标有一定重量和成色单位的金属铸币,这样流通起来比较方便。但是以个人信誉为保证的铸币在流通过程中受制约因素比较多,流通带有很大的局限性。逐步演变为由国家来铸造铸币,即由国家凭借自己的权威,铸造具有一定形状、重量和成色并打上印记的铸币。

这一时期的铸币流通有以下几个特点。

(1)铸币权分散。在前资本主义社会,由于自然经济占统治地位,封建割据严重,当时的铸币权很分散,各封建主凭借自己的权威,都拥有货币铸造权,分别铸造在各自所辖范围流通的不同的铸币,比如在中世纪的德国,仅隶属于各封建主的铸币局就有600多所。

(2)币材众多,品质各异。由于铸币权的分散性,使铸币名目繁多,规格品质各不相同,形状各异,成色重量更难测定,铸币流通非常混乱,对当时的商品生产和商品流通影响很大。

(3)铸币不断变质。在封建割据的条件下,各封建主为了扩张自己的权力,掠夺他人的财富,不断发动战争,使军费开支不断增加,在收入有限的情况下,就通过降低铸币成色、减低铸币重量的方式实行铸币贬值,滥造伪造铸币来解决入不敷出的困难。

2. 资本主义货币制度的建立

前资本主义社会的铸币流通是分散的、紊乱的、非制度化的,对商品流通的发展和国内统一市场的形成起到了严重的阻碍作用。随着资本主义生产方式的出现,统治阶级为了建立国内统一的市场,繁荣经济,需要对当时紊乱的货币流通状况进行治理。于是,各国政府纷纷以法令或条例的形式对货币流通作出种种规定,在执行、修改和补充这些规定的过程中,逐步完善和固定下来,形成了一套相对统一的、比较完善的、规范的货币制度。包括对制币的材料、货币的单位、货币的发行流通程序及保持货币流通稳定的准备金等都作出相应的规定。

8.3.2 货币制度的构成要素

1. 规定货币材料

确定币材,关系到整个货币制度的基础,确定不同的币材,就构成不同的货币本位制度。例如,确定以白银作为币材,就形成银本位制;确定以黄金作为币材,就形成金本位制;确定以白银和黄金同时作为币材,就形成金银复本位制。

一个国家币材的选择，虽然由政府来规定，但这种选择最终要受本国生产力发展水平及经济条件所制约。历史上，各国先后经历了由白银过渡到金银并用，再过渡到黄金，现在各国基本上都是纸质货币。

2. 规定货币单位

包括规定货币单位的名称和规定每一货币单位所含金属的重量与成色，即所代表的价值量。比如英国的货币单位名称为“英镑”，根据1816年的金币本位法案规定，1英镑合成色11/12的黄金123.274 47格令，即含纯金113.001 6格令；美国的货币单位为“美元”，根据规定，1美元合成色9/10的黄金25.8格令，即含纯金23.22格令；我国1914年的货币条例规定，货币单位为“圆”，1圆合成色8/9的白银7钱2分，即含纯银6钱4分8厘。

3. 规定各种通货的铸造、发行和流通程序

(1)金属本位币的铸造与流通。在金属货币制度下，金属本位币是按国家规定的货币金属和货币单位铸造成的铸币，是法定通货，也称为主币。一般用贵金属铸造，按自身的重量成色计价流通，其名义价值与实际价值相符，属于足值货币。所以，其铸造采用自由铸造，其流通具有无限法偿的能力。所谓自由铸造，是指国家允许持有货币金属的居民可以自由到铸币厂请求铸造本位币，也可将金属铸币自由熔化为金属条块，使其退出流通领域。这样，货币可以自动地进入流通领域，也可自动退出流通领域，不但可以自发地调节流通中的货币量，而且可以经常保持本位货币的名义价值与实际价值相一致。所谓无限法偿的能力，是指国家规定金属本位币具有无限的支付能力，用本位币进行支付，无论金额多大，任何人不得拒绝接受。

(2)辅币的发行与流通。辅币是指本位币以下的小额通货，常作零星交易和找零之用。在金属货币制度下，辅币是用本位币金属以下的贱金属，如铜、镍、银等铸造的不足值的铸币，其名义价值高于其自身的实际价值，按法定的名义价值流通。所以，辅币的发行采用限制铸造，只能由国家垄断铸造。其流通具有有限法偿的能力，即国家规定每次交易支付的最高限额，超过限额的部分，收款人可以拒绝接受。如美国曾规定，10分以上的银辅币每次支付的限额为10元，铜镍辅币为25分。不过，在向国家纳税或向银行兑换时不受此限制。在流通中，辅币可以按一定比例与金属本位币自由兑换。

(3)银行券的发行与流通。银行券是一种代用货币，是金属本位币的代表物。其发行与流通的规定与金属铸币不同，在历史上分两个阶段，第一阶段是17世纪初至19世纪中期，这一阶段银行券的发行是分散的、自由的，各私人银行为扩大自己的业务规模，以自己的信誉作担保，都可以发行银行券，在流通中，各发行银行必须保障持有人可随时兑换成金属货币。所以，银行券与金属本位币一样，也具有无限法偿的能力，并能自发地调节流通中的货币量。为了保证其随时可兑换，要求各发行银行必须持有一定的货币金属做准备，即建立金准备制度。第二阶段是19世纪中期至20世纪初，这一阶段，各国先后建立了中央银行，集中垄断发行银行券，在流通中，银行券不再实行自由兑换金属货币，而是在一定限制下兑换金属货币，但银行券也具有无限法偿的能力，各国也都建立自己的金准备制度。20世纪30年代，由于世界性经济危机和金融危机，各国金属本位制先后崩溃，银行券也停止兑现，从而演变为不兑现的纸币，称现代信用货币。

(4)纸币的发行与流通。最早的纸币是国家纸币，与金属货币及银行券同时流通，是依靠政府的权威由国库发行并强制人们流通使用，如我国北宋时期的“交子”及以后出现的

"交钞""会子""宝钞"等。随着银行券由各国中央银行的垄断发行，各国停止了国库的直接纸币发行，而转为由中央银行统一发行，银行券也不能保证随时兑现，逐渐由限制兑现发展到完全停止兑现，就演变为现代信用货币。所以，现代信用货币是银行券和国家纸币合一的产物，是依靠政府的权威和一定的信誉发行，并由中央银行垄断发行，不再兑现金属货币，金属货币退出流通领域，但为维护货币流通的稳定，各国仍然建立有金准备制度。现代信用货币由国家法律赋予其无限法偿的能力。

4. 金准备制度

金准备制度也叫黄金储备制度，是指保持一定的黄金作储备，以保证货币流通的稳定。在金属货币制度下，其用途主要有：作为国内金属货币流通的准备金，以满足时而扩大，时而收缩的流通需求；作为兑换银行券的准备金，以保证银行券的流通稳定；作为国际支付的准备金，以满足国际间的支付。在现代信用货币流通制度下，金属货币退出流通领域，信用货币不再兑现货币金属，黄金准备的前两个作用均已不存在了，其主要用途是作为国际支付的准备金，用于对外支付和保护本国货币的稳定，而且金准备的内容也发生了变化，不仅保存黄金作储备，而且更多地保存价值比较稳定的能够自由兑换的外汇作储备。金准备已成为一国经济对外实力状况的标志之一。

8.3.3 货币制度的演变历程

历史上，货币制度先后经历了银本位制、金银复本位制、金本位制及信用货币本位制的演变。

1. 银本位制

银本位制是以白银作为本位货币的货币制度。其主要内容是：以白银作为本位币币材；银币的名义价值和所含银的价值相等，属于足值货币；银币可以自由铸造；银币具有无限法偿的效力；银币可以自由输出输入。

银本位制是历史上最早形成的货币制度，而且持续的时间也比较长，16世纪到19世纪，银本位制在许多国家盛行。19世纪中后期，由于生产力的发展，一方面，商品交易规模越来越大，白银相对价值小而体积大，逐渐满足不了日益扩大的大宗商品交易的需要，另一方面，白银产量不断增加，使白银价格长期趋于跌势，银币价格不稳定，不利于商品交易的计价流通。19世纪末，各国先后放弃了单一的银本位制而采用了金银同时流通的复本位制。

2. 金银复本位制

金银复本位制是指以金和银同时作为本位货币的货币制度。其主要内容是：以金和银两种金属作为本位币币材；金和银两种本位币都可以自由铸造；金币和银币都具有无限法偿的效力；黄金和白银都可以自由输出输入，两种本位币可以自由兑换。

金银复本位制先后经历了三种形式，包括平行本位制、双本位制和跛行本位制。平行本位制是指金币和银币按其各自实际价值流通，国家不规定两种货币的法定比价，而完全由市场决定其兑换比价的货币制度。在这种货币制度下，金银价值的差异使同一种商品同时会有两种价格，即金币表示的价格和银币表示的价格，由于金银市场比价经常变动，使得用不同货币表示的商品价格也随之发生变化，从而使商品计价流通非常混乱。所以，这种制度是一种不稳定的不能持久的货币制度。为了克服这一缺点，一些国家就以法律形式规定金银两种货币的比价，就产生了双本位制。双本位制是指国家以法律形式规定金银之间的比价，要求金银两种货币按法定比价流通的货币制度进行流通。例如,美国在1792年规定,金银法定比价为1∶15。这种以法定形式规定两种货币的比价,目的是为了克服平行本位制的缺点,但与价值规律的自发作用相矛盾,于是就出现了“劣币驱逐良币”的规律。“劣币驱逐良币”的规律也叫“格雷欣法则”,是指两种实际价值不同而名义价值相同的货币同时流通时,实际价值较高的货币必然被人们收藏、熔化而退出流通,而实际价值较低的货币反而会充斥市场。跛行本位制是指国家法律规定金币和银币同为本位货币,并规定其兑换的法定比价,但政府同时又规定金币可以自由铸造而银币不能自由铸造的制度。由于银币实行政府限制铸造,等于把银币的地位降低,起着辅币的作用,演化为金币的符号。这种制度实际上已不是典型的复本位制,而是复本位制向金本位制过渡的一种货币制度。

金银复本位制是一种极不稳定的货币制度。货币的本质是排他的、独占的,复本位制正好导致了价值尺度的二重化,这与价值尺度的职能相矛盾。

3. 金本位制

金本位制是以黄金作为本位货币的货币制度。其具体有三种形式,即金币本位制、金块本位制和金汇兑本位制。金币本位制是典型的金本位制形式。其主要内容包括:以黄金作为本位币币材;金币的名义价值和所含黄金的价值相等,属于足值货币;金币可以自由铸造;金币具有无限法偿的效力;黄金可以自由输出输入;辅币和银行券可以与金币自由兑换。英国在1816年首先采用金本位制,此后,大部分资本主义国家相继采用。第一次世界大战以后,由于资本主义各国政治经济发展的不平衡,黄金的自由流通与银行券的自由兑换及黄金的自由输出和输入受到影响,许多国家先后放弃典型的金币本位制。在“战后”资本主义相对稳定时期,英、法、比、荷等经济实力较强的国家改行金块本位制,德、意、奥等国和一些殖民地、半殖民地国家改行金汇兑本位制。金块本位制也称“生金本位制”,是指国内市场不铸造、不流通金币,只流通代表一定数量黄金的银行券,黄金集中由政府储存,银行券只能有限制地兑换金块。如英国在1925年规定银行券每次兑换金块的最低数量为纯金400盎司,约值1 700英镑,从而限制了黄金的兑换范围。金块本位制虽无金币流通,但仍规定货币的含金量,并有黄金官价。金块本位制是一种残缺不全的金本位制。金汇兑本位制也称“虚金本位制”,是指国内市场没有金币的铸造与流通,流通的银行券在国内不能兑换黄金,只能兑换外汇,用外汇在外汇基金保管国兑换黄金的货币制度。实行这种制度的国家,要把本国货币同另一金本位制国家的货币固定比价,并把外汇存放在该国作为外汇基金,通过无限制供应外汇,以维持本国货币币值稳定。本质上是一种附庸货币制度。第一次世界大战前,多为殖民地和附属国所采用,如印度在1893年、菲律宾在1903年先后实行这种货币制度。第一次世界大战后,战败国如德国、意大利、奥地利等国,也采用金汇兑本位制。在旧中国,国民政府于1935年11月实行币制改革,发行法币,依附于英镑和美元,也实行金汇兑本位制。

金块本位制和金汇兑本位制是金本位制后期的一种残缺不全的、极不稳定的货币本位制度,两种本位制都没有黄金的自由铸造和自由流通,黄金的流通手段和贮藏手段作用难以发挥,不利于货币流通的稳定,而且银行券不能自由兑换黄金,影响货币流通的稳定,采用金汇兑本位制的国家,将本国货币依附于另一国家的货币,一旦这些国家的币制混乱,必然导致依附国币制的不稳定。1929年至1933年,发生了世界性经济危机和金融危机,使金本位制破产,各国先后实行了不兑现的信用货币本位制度。

第二次世界大战之后,各主要资本主义国家企图恢复金本位制,建立起以美元为中心的国际货币体系,实行美元与黄金挂钩,1盎司黄金等于35美元,其他国家货币与美元挂钩,建立固定比价,美国国内实行金块本位制,其他国家实行金汇兑本位制,各国政府或中央银行可以35美元兑1盎司的官价向美国兑换黄金,美国成为各国的外汇基金保管国。随着1971年8月美国政府宣布美元停止兑换黄金,并在1971年和1973年两次宣布美元贬值,各国纷纷宣布废止本国货币与美元固定比价,使以美元为中心的世界金汇兑本位制瓦解。货币制度彻底演变为不兑现的信用货币本位制度。

4. 信用货币本位制(纸币制度)

信用货币本位制是指以纸币为本位币,而且纸币不能兑换黄金的货币制度。其主要内容是:以纸取代黄金作为本位币币材;纸币的名义价值高于实际价值,属于货币符号;纸币由国家垄断发行,由中央银行和商业银行通过信用程序投入流通领域;纸币与黄金脱钩,不再规定法定含金量,也不能兑换黄金;纸币的发行不受黄金准备的限制,其发行量决定于国家货币管理当局实行的货币政策;国家法律赋予其无限法偿的效力;纸币是一种管理货币,各国都通过货币政策加以调节;流通中的货币,不仅指纸币现钞,也包括银行存款。

不兑现的信用货币本位制的实行,是社会经济发展的必然结果,其克服了金属货币制度下受币材供给的制约、经常存在通货紧缩的问题,能够满足社会经济发展,大宗商品交易对媒介手段追加的需要。同时,纸币携带方便,其流通的费用和风险都降低了,交易的效率提高了。

8.3.4　我国的人民币制度

1. 人民币制度的建立

1948年,随着人民解放战争的顺利进行,分散的各解放区迅速连成一片,为适应形势的发展,亟需一种统一的货币替代原来种类庞杂、折算不便的各解放区货币。为此,1948年12月11日,在河北省石家庄市成立中国人民银行,同日开始发行统一的人民币,开始了我国新型的人民币制度。同时,按一定比价逐步收回了各根据地分散发行的货币,限定日期收兑了国民党政府发行的各种货币,使人民币成为我国境内统一流通的货币。人民币的统一发行与流通,标志着我国人民币货币制度的建立。1949年初,中国人民银行总行迁到北平(今北京),各省、市、自治区相继成立中国人民银行分行,至1951年底,人民币成为我国惟一合法货币,在除台湾省、西藏自治区以外的全国范围流通(西藏自治区自1957年7月15日起正式流通使用人民币)。之后国家又颁布了许多法令条例,规定人民币是我国境内惟一合法的通货,禁止金银外币流通,打击各种投机活动,使这一制度得到了巩固。由于人民币是在当时恶性通货膨胀背景下发行的,面额很大,随着我国经济建设的恢复和物价的逐渐稳定,为了方便商品的计价流通,我国于1955年3月发行了新人民币,按1∶10 000的比例收兑了全部旧币,并同时建立了主辅币制度,这个格局一直保持到现在。

2. 我国人民币的性质

人民币制度规定人民币是我国惟一合法的通货,其单位为“元”,为本位货币,辅币是“角”“分”,采用10进制。同时规定在国内只允许人民币流通,国内一切货币收付、结算和外汇牌价,都以人民币为计价标准。人民币在经济发行原则下由中国人民银行垄断发行并由银行组织流通。我国人民币的性质可以概括为以下几点。

(1)人民币仍然是一般等价物。货币作为一般等价物具有两个基本特征:①货币是表现、衡量一切商品价值的材料;②货币对一切商品都具有直接相交换的能力,是实现商品价值的惟一工具。我国人民币在我国现阶段的经济生活中是计价货币和交换的媒介,具备一般等价物的基本特征,因而仍然是一般等价物。

(2)人民币作为一般等价物,反映了我国现阶段劳动者之间的相互交换劳动、相互协作的社会生产关系。

(3)人民币是信用货币。这主要表现在:①人民币的发行主体是银行,由中国人民银行通过信用程序发行,同时由中国人民银行根据客观经济的需求来调节和控制;②人民币是一种债务货币,由中国人民银行发行的人民币是中国中央银行的负债,反映着人民银行与人民币持有者之间的债务债权关系;③人民币是货币符号(价值符号),人民币的持有者握有的是价值符号,即索取实在价值的凭证,由国家掌握的大量商品作为信用担保。所以,实际上,人民币是建立在我国信用经济关系基础上,代替货币来执行货币的大部分职能的信用凭证,具有信用货币的性质。因此,在实际工作中,必须确保其信用货币的性质,防止人民币的纸币化。

3. 我国现行人民币制度的内容

(1)人民币是我国的法定货币。国家规定人民币是我国惟一的合法通货,禁止金银和外币在国内市场计价流通。人民币主币单位为“元”,券别有7种,即1元、2元、5元、10元、20元、50元、100元。辅币单位为“角”和“分”,分别有1分、2分、5分和1角、2角、5角的纸币和金属币。

(2)人民币是不兑现的信用货币,是代表一定价值的货币符号。人民币没有规定法定含金量,也不能自由兑换黄金,其名义价值高于实际价值,按法定的名义价值流通。

(3)人民币的发行实行集中垄断发行。人民币发行权集中于国家中央,国家授权中国人民银行具体掌管货币发行工作,中国人民银行是我国惟一的货币发行机构,每年根据经济发展的需要,制定货币发行计划,经国务院批准,组织实施货币发行和货币回笼。

(4)人民币本位币是无限法偿货币。尽管是货币符号,但由国家法律赋予其具有无限法偿的能力。

(5)人民币以现金和存款货币两种形式存在。现金由中国人民银行统一发行,存款货币由银行体系通过业务活动投入流通。

(6)人民币是一种管理通货,国家根据宏观经济发展的状况,制定货币政策,调节货币流通。

(7)人民币汇率,实行以市场供求为基础的、参考一揽子货币的、有管理的浮动汇率制,人民币在经常项目下实现可兑换外汇,在国家统一规定的国内外汇市场上可以买卖外汇。

(8)建立严格的金准备制度。我国的黄金及外汇储备,由中国人民银行集中掌握,统一管理、统一调配。作为调节国际收支的准备金,可以起到保证人民币价值稳定的作用。

4. 我国人民币的存在形式

现阶段人民币的存在形式主要是现金和存款。现金指人民币现钞,一般用于日用消费和零星商品交易,主要流转于银行体系之外,一般能立即形成购买力,流通性很强,对市场的冲击力也很强,因而是货币流通管理中的重点。但现金货币本身没有收益性,且会由于市场物价上涨而贬值,所以持有现金在数量、时间、运用上都要十分注意。存款主要体现为各单位、个人在银行账户上的存款，可用于转账结算，主要流转于银行体系之内。存款货币来源于人民币现金的存入，也有的是银行贷款的派生。存款货币的流动性比现金货币要小，但有收益性。存款货币由银行经营和管理，是社会主义市场经济条件下货币供给的重要组成部分，为国家宏观调控的重要手段之一。

我国人民币的存在形式并不是一成不变的，它必将随着社会主义市场经济的发展和科学技术的进步而不断变化。目前，信用卡的运用，网上银行的开发，已经预示着人民币形式的新前景。

课后练习题

一、名词解释

1. 货币制度　2. 金本位　3. 格雷欣法则　4. 一般等价物

二、简答题

1. 简述信用货币的特征。
2. 简述货币诸职能的主要特征。
3. 为什么说价值尺度和流通手段的统一是货币？
4. 简述现代信用货币发挥世界货币职能应具备的条件。
5. 简述货币制度包括的内容。
6. 人民币货币制度的主要内容有哪些？

第9章 信用和利率

学习目标:

1. 了解信用的产生与发展;
2. 了解各种信用形式的特点;
3. 理解各种利率决定理论;
4. 掌握信用的概念、特征及构成要素;
5. 掌握信用工具的概念、特征及类型;
6. 掌握利息、利率的概念及利息的计算方法。

信用是在商品货币关系的基础上产生的,它是一种以还本付息为条件的借贷行为。信用是价值运动的特殊形式,在不同社会中体现不同的生产关系。随着社会经济活动的发展,各种信用工具的充分运用,能够有力地促进社会和经济的发展。在现代市场经济中,金融活动的形成和不断发展就是建立在信用的基础上,所以信用是现代市场经济的基石,我国建立和发展市场经济,必须利用信用和信用工具,完善信用制度。本章主要介绍信用的基本知识、信用形式、信用工具、利息与利率等相关知识。

9.1 信用概述

9.1.1 信用的内涵及特征

1. 信用的内涵

“信用”作为人们在日常生活中所广泛使用的词汇,具有道德层面和经济层面的双重属性。作为道德层面的信用,往往是指诚实、信任、遵守诺言等;作为一个经济学范畴的词汇,信用是指以偿还本金和支付利息为条件的暂时让渡商品或货币的借贷行为。它包含三个含义:以信任为基础、以让渡商品或货币为内容、以还本付息条件为约束机制。

经济层面的信用与道德层面的信用有着紧密的联系,道德层面的互相信任是完成并达到经济层面信用的基础。

2. 信用的特征

(1)信用是有条件的借贷行为。这个条件为:一要偿还本金;二要支付利息,即信用是以取得利息为条件的贷出,以偿还本金为义务的借入。现实生活中也有无息借贷,这是出于政治目的或其他目的的社会关系而非信用关系,但也有一些属于信用关系的无息借贷,如西方一些国家对企业的活期存款不支付利息,从表面上看,存款者未获得让渡资金使用权的补偿,但由于银行向其提供了相应的服务及贷款的权利,实际上也是有利息的。因此,在市场经济条件下偿还和付息是信用最基本的特征。

(2)信用是价值运动的特殊形式。价值运动的一般形式是通过商品的一系列买卖来实现的。在商品的买卖中,商品的所有者让渡自己的商品所有权和使用权,获得货币的所有权和使用权;买者则相反,付出货币换回商品。这种商品交换是买和卖同时完成,商品和货币进行了对等的转移,即进行了等价交换。而在信用活动中,商品或货币的拥有者在贷出商品或货币时,一方面并没有放弃所有权,只是让渡使用权,另一方面没有立即取得货币,他仅获得一种承诺,就是到期时借者才将借入的货币偿还给贷者,并付给利息作为代价。此前商品或货币的出卖者成为债权人,商品或货币的购买者成为债务人。只有到约定的偿还期,收回本金,价值才得以还原。这里不难看出,价值不管在贷者的手中,还是在借者手中,都是作为一种独立的形态,进行单方面的转移。

(3)信用反映的是债权、债务关系。信用是商品货币经济中的一种借贷行为。在这种借贷行为中,有价物的所有者由于让渡有价物的所有权而取得了债权人的地位,有价物的需要者则成为债务人,借贷双方有着各自的权利与义务。

9.1.2 信用的产生与发展

1. 信用的产生

从逻辑发展的角度来看,信用产生的必要条件是私有制,而充分条件则是剩余产品的出现。在人类发展的早期阶段,人类社会处于原始共产主义阶段。生产力水平发展低下使得人们必须相互依赖,只有依靠财产的集中才能够维持基本的生存需要。财产的不可分性决定了借贷行为不具备起码的制度基础。在原始社会末期和奴隶社会初期,生产力飞跃发展,促进了商品生产和商品交换的极大发展,出现了剩余产品;原始社会解体,私有制产生,出现了贫富的差别。贫困家庭缺少生产资料和生活资料,为了维持生产和生活,被迫向富裕家庭借债,通过借贷调剂余缺,就产生了信用。

2. 信用的发展

信用的产生是生产力发展推动的结果,信用关系的深度与广度也必然随着生产力的发展而不断向前演进。信用在不同社会体现了不同的生产关系。在信用发展的过程中,信用经历了高利贷信用与现代信用两个主要阶段。

(1)高利贷信用。在信用发展的早期阶段,信用关系直接表现为高利贷信用形式。这是以取得高额利息为特征的借贷行为,是生息资本的古老形态。它产生于原始社会末期,在奴隶社会和封建社会得到了广泛发展,成为占统治地位的信用形态。

随着商品生产和商品交换的发展,出现了货币,也就出现了货币借贷。由于生产上的季节性、生产周期长短不一、商品购销地点、距离远近等原因,使商品买卖与货币支付在时间上有时不能一致,有时要求商品买卖采取延期支付的形式,即信用贸易,卖者成为债权人、买者成为债务人,到了约定还款期限,再偿还所欠货款,货币在信用贸易中成为支付手段。

货币信贷在奴隶社会和封建社会采取高利贷的形式,其具有两大特点。①利息高。在信用萌芽、发展的早期阶段,生产力发展不充分,剩余产品有限,借贷对象供给不充分,借贷价格很高,即利息特别高昂。在旧我国农村,高利贷利率年利一般都在50%以上,有的高达100%以上,而且是驴打滚、利滚利。②非生产性。在工业革命以前的漫长历史时期,人类的生产主要是以小手工业生产方式进行的,生产主要通过内部筹集的方式来解决,利息的高昂使得信用难以进入正常的生产过程之中,由此也就决定了高利贷的非生产性特点,高利贷的目的在于消费而不是生产。高利贷的作用对社会生产力来说,不起促进作用,而是起阻碍破坏作用。它使小生产者无力进行扩大再生产,就是简单再生产也难以维持。

(2)现代信用。生产力发展阶段的束缚使得高利贷在人类历史上长期存在。但是随着工业革命的爆发,大工业生产方式代替了小手工业生产方式,信用发展进入了一个崭新的发展时期,现代信用逐步产生并发展起来。由于生产方式的转变,大量集中资金、发展社会生产变得很迫切,由此培育了信用的生产性需求;同时,生产力水平的大力发展,社会上剩余产品增多,借贷对象变得很丰富,这就产生了降低利息的可能性。利息的降低使得信用具备了生产性特征,由主要服务于消费领域的高利贷信用逐渐向能够服务于生产过程各个环节的现代信用转变。

现代信用与以往的信用一样,也是借贷行为,是价值运动的特殊形式。但现代信用的范围更广泛,跨越了地域界限,向全球化、一体化方向发展。当货币形态进一步发展,进入电子货币时代,信用形式也更加抽象,不再是单纯的实物形态的货币借贷,而是伴随着电子货币的借贷,并且后者所占的比重越来越大,最终居于主导地位。

9.1.3 信用的构成要素

信用付诸于实践,就是信用行为。信用行为发生时,必然存在主体、客体等相关内容,这些内容构成了信用的基本要素。

1. 信用主体

即信用行为的双方当事人,包括自然人和法人。其中转移资产一方为授信人,也叫贷方、债权人,接受的一方为受信人。通过授信,授信人取得在一定时间内向受信人收回货币或其他资产与服务的权利,而受信人则有偿还义务。在许多信用行为中,信用主体常常既是授信人,又是受信人。

2. 信用客体

即信用行为的交易对象,是授信人的资产,它或以货币的形式存在,或以商品的形式出现;信用客体既可以是有形的,也可以是无形的(如服务)。

3. 信用的内容

即信用活动的主体通过直接信用和间接信用建立起来的债权债务关系。在信用行为中,授信人处于债权人的地位,受信人则为债务人,分别具有索回本金、获得利息的权利及按时支付本息的义务。

4. 时间间隔

与其他交易行为最大的不同是,信用行为是在一定的时间间隔下进行的,贷款在前,偿还在后,只有经过一定的时间间隔,受信人归还本金并支付利息后,信用行为才完结。也正因为这种时间间隔,使信用具有天然的风险性。

5. 信用载体

信用载体即信用工具,是记载信用内容或关系的凭证,如商业票据、股票及债券等,没有载体,信用关系将无所依附,借助这个信用工具实现资金或资本由供应者手中转移到需求者手中。信用工具又叫金融工具,是重要的金融资产,是金融市场上的重要交易对象。关于信用工具,将在第三节进行详尽地论述。

9.1.4 直接信用和间接信用

按信用主体联系方式的不同,信用有直接信用和间接信用之分,也称为直接融资和间接融资。

直接信用是指不经过中介机构作媒介而由资金需求者和供给者双方直接协商所进行的资金融通。通常情况是由作为中间人的经纪人或证券商来安排。这种直接信用可以是货币借贷,也可以采用商业信用,或者通过买卖股票、债券等有价证券的形式来实现。直接信用的典型特征:借款者自己直接通过发行信用工具进行融资,中间人仅仅牵线搭桥,收取佣金。

间接信用是经过金融中介机构参与的资金融通,由金融机构先进行筹资,再将资金加以运用。金融机构筹资的形式有:吸收存款、发行有价证券,通过贷款、贴现或投资有价证券等将资金提供给需求者使用,由使用者在规定期限内偿还,从而完成融资全过程。间接信用的典型特征是:金融中介发行信用工具使贷者的资金流向借者,借贷双方不发生直接的联系。

若将根据信用主体划分的信用形式进行归类,则银行信用是典型的间接信用,消费信用中由银行提供的那部分也属间接信用的范畴,而商业信用、国家信用及消费信用中由企业提供的那部分、股份信用等则属于直接信用。

9.2 信用形式

9.2.1 商业信用

所谓商业信用,是指企业之间以赊销商品和预付货款等形式相互提供的、与商品交易直接联系的信用形式。其主要表现形式有两种:一是提供商品的商业信用,如企业之间的商品赊销、分期付款等;二是提供货币的商业信用,如在商品交易基础上发生的预付定金、预付货款等。伴随着商业信用,出现了商业票据作为债权债务关系的证明。

1. 商业信用的特点

(1)商业信用与特定的商品交易相联系。商业信用虽然是以商品形态提供的信用,但它的活动同时包含着两种性质不同的经济行为——买卖和借贷。一个企业把一批商品赊销给另一个企业时,商品的买卖行为就完成了,即商品的所有权发生了转移,由卖者手中转移到买者手中,但由于商品的货款并未立即支付,从而使卖者变成了债权人,买者变成了债务人,买卖双方形成了债权债务关系,并以货币的形式存在。

(2)商业信用具有社会普遍性、自发性和分散性。商业信用是在商品经营者之间以商品形式进行的,其主体——不论是债权人和债务人都是以盈利为目的的工商企业。而工商企业是社会经济活动的主体,因此,商业信用具有社会普遍性,与银行信用构成现代经济中最基本的信用形式。

(3)商业信用的供求与经济周期相一致。在经济繁荣时期,生产扩大、商品增加,商业信用的供应和需求都随之增加。在经济危机时期,生产缩减,商品滞销,商业信用供求也随之减少,使整个商业信用规模大大缩减。

2. 商业信用的作用

在市场经济条件下,商业信用广泛地存在于工商企业之间,无论是商品的供给方还是需求方，都可能面临资金短缺，商业信用的存在，使经营者有可能根据需要随时发生信用联系，彼此间补充到必要的资金；虽然有银行信用，但银行信用不可能满足如此分散经济联系中的所有资金需要，而商业信用本身就具有的分散性正好弥补了商业银行这方面的不足，使整个生产和流通得以顺利进行；同时，商业信用是基本的信用形式之一，其发育程度和运行状况直接影响一国的经济运行。如果商业信用制度完善、运行有序，本来难以完成的交易就会顺利进行，经济的增长就有了基础，反之，经济有可能走向萧条。

3. 商业信用的局限性

商业信用虽然在经济中发挥着重要作用，但由于其本身具有的特征，又决定了它的存在和发展具有局限性。

(1)规模和数量上的局限性。商业信用是企业间买卖商品时发生的信用，是以商品交易为基础。因此，信用的规模受商品交易量的限制，生产企业不可能超出自己所拥有的商品量向对方提供商业信用。商业信用无法满足由于经济高速发展所产生的巨额的资金需求。

(2)方向上的局限性。因为商业信用的需求者也就是商品的购买者，这就决定了企业只能与自己的经济业务有联系的企业发生信用关系，通常只能由卖方提供给买方，而且只能用于限定的商品交易。

(3)信用能力上的局限性。商业信用的接待行为之所以能成立，不仅是因为买卖关系的成立，重要的是出卖商品的人比较确切了解需求者的支付能力。也只有商品出售者相信购买者到期后能如数偿付贷款，这种信用关系才能成立。因此，在相互不甚了解信用能力的企业之间就不容易发生商业信用。

(4)信用期限的局限性。企业在向对方提供商业信用时，一般受企业生产周转时间的限制，期限较短。所以，商业信用只能解决短期资金融通的需要。

(5)商业信用在管理上具有一定的局限性。商业信用是企业之间自愿发生的，具有盲目、自发、无序的一面。对商业信用如果不正确地加以引导和管理，其中也潜伏着危机，容易掩盖企业经营管理中的问题，可能引起虚假的繁荣，可能引发信用规模膨胀。

鉴于上述局限性，商业信用不可能从根本上改变社会资金和资源的合理布局，从而不能适应社会的广泛需要。当经济发展到一定程度，便出现了银行信用。

9.2.2 银行信用

所谓银行信用是指银行及其他金融机构以货币形式向企业或个人提供的信用。它包括两方面：一是银行以吸收存款等形式，筹集社会各方面的闲散资金；二是通过贷款等形式运用所筹集到的资金。银行信用是在商业信用发展到一定程度时的间接信用，它克服了商业信用在信用规模和信用期限上的局限性，其产生标志着一国信用体系的发展和完善。

1. 银行信用的特点

(1)银行信用是间接信用。银行信用是银行通过吸收全社会各方面的暂时闲置的货币资本(金)，然后以贷款的方式把集中起来的这部分货币资本(金)贷放给企业，投入到社会再生产过程中去，银行是以信用中介的身份间接地对全社会的货币余缺进行合理地调剂。

(2)银行信用是以货币形态提供的信用。

(3)银行信用的主体包括银行、其他金融机构、工商企业以及个人等，它在信用活动中交替地以债权人和债务人的身份出现。

银行信用消除了商业信用的局限性,具体表现在以下方面。

(1)银行信用具有广泛性。银行信用是以货币形态提供的信用,因此,银行可以把货币贷给任何一个企业,克服了商业信用在方向上的限制。

(2)银行信用具有规模性。银行信用贷放的是社会资本,不受交易额度的影响,小额资金可聚集为大额资金进行放贷,大额资金也可以分散为小额资金放贷。

(3)银行信用具有贷款期限上的灵活性。银行信用形式下,可以提供不同期限的贷款,满足短、中、长期需求者的不同需求。

(4)银行信用具有核心性特征。现代银行信用是信用的主要形式,是其他信用赖以正常运行的基础,尤其是商业信用,更需要银行通过承兑、贴现和抵押贷款为其提供支持。

银行本身具有规模大、成本低及风险小的优势,任何其他信用形式都难以与之竞争。银行作为专营货币的企业,一方面具有集中社会闲散资金提供贷款的能力,其资金来源广、成本低,融资能力强;另一方面,银行作为专业信用机构,具有较强专业能力来识别与防范风险。

银行作为吸收存款和发放贷款的企业,不仅能够提供信用,而且还能创造信用,使其能够以较低的成本提供信用。

2. 银行信用的优点

由于银行信用具有以上特点,所以,它克服了商业信用的局限性,成为一种比较好的信用形式。其优点有以下几点。

(1)银行信用的规模巨大。银行信用能从社会上广泛筹集货币资本,不仅有工商企业暂时闲置的货币资本,还有社会各阶层居民个人的货币储蓄。在当前不兑现的信用货币制度及非现金结算的情况下,商业银行具有创造派生存款的能力,能够多倍地扩大货币供应量和信贷供应量。因此,银行信用不仅对工商企业先由资本进行再分配,还向工商企业提供大量的追加资本,使信用规模大为增加。这就在规模上和数量上克服了商业信用局限性。

(2)银行信用的投放方向不受限制。银行信用以货币形态提供,任何企业或个人暂时闲置的货币都可以被各种信用机构动员起来,投向任何一个部门和企业,以满足任何方面的需要,不受任何方向上的限制。

(3)银行信用的期限可长可短。银行主要靠吸收存款向工商企业提供信用,银行吸收的存款短、中、长期均有,银行吸收的短期存款可用于向工商企业发放短期贷款,以满足企业季节性和临时性的流动资本需要;银行吸收的中长期存款可用于向工商企业发放中长期贷款,以满足企业在扩大投资商的固定资本需要。

(4)银行信用的能力和作用范围大大提高和扩大。由于银行和社会发生比较广泛的信用关系,利用的是社会资金,资金实力强、机构多,而且其本身有了解企业生产经营活动的方便条件。特别是中央银行出现后,银行制度本身具有较高稳定性信誉,银行信用不仅能力大大提高,而且其作用范围也扩大了,克服了商业信用在信用能力和作用范围上的局限性。

由于银行信用具有以上特点和优点,因而自它产生以后,对商品经济的发展起到了巨大的推动作用,成为现代经济中最基本的信用形式之一。

9.2.3 国家信用

所谓国家信用,是国家以债务人的身份,借助于债券筹集资金的一种信用形式,包括国内信用和国际信用。国内信用是国家以债务人身份向国内居民、企业、团体取得的信用,它形成国家的内债。国际信用是国家以债务人身份向国外居民、企业、团体和政府取得的信用,它形成国家的外债;或者国家以债权人身份向外国政府提供贷款形成的信用。就国内信用来说,它是由于政府财政入不敷出、出现赤字时发生的,是政府弥补财政赤字的一种手段。国内的国家信用形式主要有三种:一是由国家发行政府债券,包括国库券和国债;二是政府发行专项债券,即政府特为某个项目或工程发行债券;三是银行透支或借款。

1. 国家信用的特点

(1)安全性高,信用风险小。国家信用关系中,国家财政作为政府的代表成为债务人,是以国家的信用作担保,信誉度极高,相对于其他信用工具,国家债券的持有者几乎不承担任何风险。在国外,政府债券有“金边债券”的美称。

(2)具有“财政”和“信用”的双重属性。国家信用的“信用”性表现在国家以债务人的身份,运用借贷的方式,依照信用的原则取得的收入,将来不仅要还本,而且要付息,与其他的信用形式相同。国家信用的“财政”性表现在国家通过信用方式取得的构成财政收入的一部分,具有特定的财政用途,国家一般用来弥补财政赤字,筹集建设资金。

2. 国家信用的作用

国家信用的作用主要有以下三方面。

(1)调剂政府收支短期不平衡。正常情况下,在一个财政年度内发生收支不平衡的现象是经常的,为了解决暂时的不平衡,国家往往借助于发行国库券来解决。

(2)弥补财政赤字。由于各种因素,国家经常出现财政赤字。财政赤字的弥补方法有:发行货币、动用财政历年节余、向银行股透支、增税、举借外债和内债。由于发行货币和向银行透支会引起货币流通量的增加,造成物价上涨;动用历年节余要受以往财政状况的制约;增税的立法程序复杂,容易引起社会不满;举借外债会引起贸易收支的不平衡。因此,弥补财政赤字的最好方法是举借内债。通过政府举债,财政收入因债务收入而增加,国内的投资和消费将减少,在不改变国内货币供应量的前提下,解决了财政赤字问题。

(3)调节经济。发行国债既能推动经济扩张,又能抑制经济过热。当经济出现衰退,有效需求不足时,政府可以将通过发行国债筹措到的资金运用出去,拉动需求;反之,流通中货币过多时,发行国债可以通过吸收流通中的货币,抑制经济过热。随着国家信用的不断发展,许多国家的中央银行依靠在公开市场买进或卖出国债来调节货币供应量,影响金融市场上的资金供求,从而达到紧缩或放松银根的目的。因此,国家信用成为政府和中央银行调控宏观经济的重要工具。

9.2.4 消费信用

所谓消费信用,是指企业或金融机构向消费者个人提供的,用于消费目的的信用。

1. 消费信用的主要形式

一是商品赊销。企业以赊销的方式,特别是分期付款的赊销方式,对顾客提供信用,是商业信用在消费者个人消费领域的表现。

二是消费信贷。银行和其他金融机构直接贷款给个人,用以购买耐用消费品、住房以及支付旅游等费用。

三是信用卡。这是由发卡机构和零售商联合起来,对消费者提供的一种延期付款的消费信用。即金融机构对个人提供信用卡,客户(消费者)凭卡可在约定单位购买商品和支付劳务,定期与银行结账,信用卡还可以在规定的额度内透支。

2. 消费信用的作用

在现代经济生活中,消费信用的积极作用主要表现在:①促进国民消费意识的转变,提高消费者消费水平和质量,加快人们生活水平的提高;②通过消费市场导向作用,调整消费结构,引导消费结构合理化;③促进消费商品的生产和销售,从而促进经济的增长。据统计,若不采用分期付款这一消费信用的典型支付方式,西方汽车的销售数量将会减少1/3。

消费信用的盲目发展,也会对正常经济生活带来不利影响:①消费信用过分发展,掩盖消费品供求之间的矛盾,造成一时的虚假需求,给生产传递错误信息,使一些消费品生产盲目发展;②过量发展消费信用会导致信用膨胀;③由于消费信用是对未来购买力的预支,在延期付款的诱惑下,对未来收入预算过大使消费者债务负担过重,最终迫使生活水平下降,增加社会不稳定因素。因此,消费信贷应控制在适度范围内。

3. 信用卡

信用卡是银行或专门的发卡机构发给资信良好的消费者的一种信用凭证。持卡人可凭卡在发卡机构指定的地方购物和消费,也可以向银行存取现金。

1)信用卡的基本功能

信用卡的功能由发卡机构根据社会需要和内部经营能力赋予,因此各发行机构所发行的信用卡的功能各不相同。但作为信用卡,其基本功能主要有以下方面。

(1)转账结算。这也是信用卡的主要功能。发卡机构为了方便持卡人的使用,与一些特约机构建立了联系,包括商店、宾馆、旅游场所和服务机构,持卡人到特约的商户购物或取得服务时,可凭信用卡支付,代替现金结算。

(2)支取现金。凭信用卡可支取现金,这是信用卡的辅助功能。虽然发行机构联系了一些特约机构,但仍不能保证持卡人凭卡办理所有的支付,有些情况下还必须使用现金,以信用卡支取现金在国外有时要受到限制,在我国,取现的比例还比较大。

(3)提供信贷。对于持卡人,允许其在一定的限额内进行透支,这是发卡机构向客户提供信贷的一种形式,因此信用卡具有消费信贷的功能。尤其是目前国际上流通使用的贷记卡,即使信用卡账户上无存款,也可先行消费,更能体现提供信贷的这一功能。

2)信用卡的优点

作为发展最快、普及面很广的信用卡业务,不仅方便了持卡人,也使银行获得了收益。其主要的优点在于以下方面。

(1)发卡机构可扩大盈利水平。办理信用卡既可获得一定比例的手续费,又可增加利息收入,当持卡人拖欠还款时,时间越长,利息越多,还有特约机构付给的回扣费。

(2)方便持卡人的购买。持卡人不必携带现金,凭卡即可购买,方便、安全,而且发卡机构还提供一段免息期,相当于无息贷款。

(3)对特约机构(如商店)来说,虽要付给发卡机构一定的回扣,但可以及时向发卡机构收回款项,加速了资金周转,而且能扩大销售,增加盈利。

(4)对代办行来说,可与发卡机构分成特约机构付给的回扣费和手续费,还可无偿使用发卡机构的备用金。

9.2.5 民间信用

民间信用是指公民之间、公民与法人之间、公民与其他组织之间的借贷关系，有以货币形式提供的，也有以实物形式提供的，是一种直接信用。民间个人借贷活动必须严格遵守国家法律、行政法规的有关规定，遵循自愿互助、诚实信用原则。出借人的资金必须是属于其合法收入的自有资金，禁止吸收他人资金转手放贷。民间个人借贷利率由借贷双方协商确定，但双方协商的利率不得超过国家规定。公民与企业之间的借贷，只要双方当事人意思表示真实即可认定有效。但必须是在法律允许的范围内，否则不受保护。实践中，如果企业以借贷名义向职工非法集资、向社会非法集资、向社会公众发放贷款都是违法的。

在我国，民间信用的发展由来已久，特别是在广大农村中普遍存在，改革开放以后，民间信用得到了更广泛的发展，在国有商业银行贷款对象以国有企业为主的情况下，城镇的个体户、集体企业、乡镇企业和私营企业的各种经营性资金需要，大都通过民间信用的途径解决。20 世纪 90 年代以后，民间信用拓展到多种投资领域，如办厂、建房等。

民间信用在方式上比较灵活、简便，可随时调节个人之间的资金余缺，能在一定范围内弥补银行信用的不足。但由于它具有利润高、手续不够齐备、随意性大、风险大、分散性和盲目性等特点，容易发生违约纠纷，必须对其加以正确引导和加强。

9.2.6 国际信用

所谓国际信用，是指信用关系的国际化。指国与国之间的企业、经济组织、金融机构及国际经济组织相互提供的与国际贸易密切联系的信用形式，它反映的是国际间的借贷关系。国际贸易与国际经济的交往日益频繁，使国际信用成为进行国际结算、扩大进出口贸易的主要手段之一。

国际信用的种类主要有出口信贷、国际银行贷款、国际金融机构贷款、国际间政府贷款、补偿贸易。

1. 出口信贷

出口信贷是出口国政府在政府的支持和补贴下，为扩大商品输出而对本国出口商或外国进口商提供的一种利率较低的贷款，利差由出口国政府补贴。国家主要是对金额大、订货期限长的商品（如成套设备、船舶等）出口贸易提供信贷。它对本国出口贸易的促进起着重要作用。具体做法分成卖方信贷和买方信贷。①卖方信贷，它是银行对本国出口商提供的信贷；②买方信贷，它是出口国银行直接向购买本国商品的进口国企业或银行提供信贷。

2. 国际银行贷款

国际银行贷款是商业银行、大公司、企业及其他金融机构在国际市场上进行的借贷活动。

3. 国际金融机构贷款

国际金融机构贷款是指联合国所属的国际机构或区域性开发银行对会员国提供的信贷，如国际货币基金组织、世界银行、亚洲开发银行等。

4. 国际间政府贷款

国际间政府贷款是指一国政府以其国库资金向他国政府提供的具有援助性质的贷款。

5. 补偿贸易

补偿贸易既是一种贸易方式也是一种利用外资的形式。其基本特点是:买方以赊购形式向卖方购进机器设备、技术知识等,兴建工厂企业,投产后以所生产的全部产品、部分产品或双方商定的其他商品,在一定期限内,逐步偿还贷款本息。

9.3 信用工具

9.3.1 信用工具的概念

信用工具,也称金融工具,是在信用活动中产生的,能够证明金融交易期限、金额、价格的书面文件,它载明了债权、债务双方的关系,同时也是现实的或潜在的流通手段和支付手段,可以流通转让,并具有法律约束意义。

9.3.2 信用工具的特征

信用工具纷繁复杂,各不相同,一般具有以下四个特征。

1. 偿还性

是指信用工具的发行者或者债务人在到期时要承担偿还责任的特征,或者说债权人或投资人可按信用凭证上所记载的应偿还债务的时间,到时收回债权金额的特性。各种信用工具按其不同的性质,有不同的偿还期。偿还期是指信用工具实际存在的有效期,或者说是债务人在还债日前所剩余的时间。信用工具,包括各种票据与证券,一般都规定有明确的偿还期限,这是信用偿还性特征的体现。不过,有两种极端情况:一种是银行活期存款随时可以提取,其偿还期限为零;另一种是股票或永久性债券,永不还本,其偿还期为无限。

2. 流动性

这是指信用工具在短时间内可以变卖为现金的能力。某种金融工具流动性的大小,实际上包括两方面的含义:一是它能不能方便地变现,二是变现过程中价值损失的程度及交易成本的大小。对信用工具的所有者来说,为转移投资方向或避免因市场"价格"波动而蒙受损失,必然会提出将手中的信用工具随时转让出去或变为现金的要求。除此以外,流动性也是信用工具本身的要求。一切信用活动的根本目的在于融通资金,如果为信用活动服务的工具本身缺乏应有的流动性,即起不到融资的作用,那么,信用工具也就失去了存在的前提和必要性。一般地说,流动性与债务人的信用能力成正比,即债务人的资信等级越高,流动性就越强。

3. 收益性

即信用工具能定期或不定期地给持有者带来收益。优良的信用工具应有适当的收益率,使投资者或资金供应者有较高的回报和利息收入。收益率是指持有信用工具所取得的收益与本金的比率,它有下列三种计算方法。

(1)名义收益率,即规定的利息与票面金额的比率。如某种债券面值 1000 元,5 年偿还期,年息 120 元,则该债券的名义收益率为 12%。

(2)即期收益率,即票面规定的利息与该信用工具当期市场价格的比率。

(3)到期平均收益率,即实际收益率,它是实际收益与购买价格的比率。实际收益包括信用工具的利息收入与买卖价差之和。

4. 风险性

为获得收益提供信用,同时必须承担风险。风险是相对于安全而言的,所以风险性从另一个角度讲就是安全性。信用工具的风险是指投入的本金和利息收入遭到损失的可能性。任何信用工具都有风险,只是程度不同。信用工具的风险有两种:一种是信用风险,或称违约风险,指债务人不履行合同,不能按约定的期限和利率按时还本付息;另一种是市场风险,指因利率变化或证券市场上行情波动,造成信用工具价格下跌,以致给投资者带来损失。

信用工具的四个特征是密切相关的。信用工具的风险性与偿还期成正比,偿还期越长的信用工具风险性越大;风险性与流动性成反比,即具有高度流动性的信用工具,其风险性较小;风险性与收益率成正比,风险性小的信用工具,其收益率往往较低,反之则高。偿还性与流动性成反比,即偿还期越长,流动性越差。

9.3.3 信用工具的种类

1. 几种主要的基础性信用工具

1)票据

票据是具有一定格式,载明金额和日期,到期由付款人对持票人或指定人无条件支付一定款项的信用凭证。票据的一般行为有:出票、背书、承兑、保证、贴现等。

出票即签发票据,是创造票据的行为。签发票据形成债权与债务关系。

背书是转让人为了将未到期的票据转让给别人而在票据的背面转让签名、盖章表示负责的行为。背书人一经背书即为票据的债务人,背书人与出票人同样具有对票据的支付负责。若票据的出票人或承兑人不能按期支付款项,票据持有人有权向背书人要求付款。

承兑是票据的付款人在票据上以文字表示“承认兑付”,承诺票据到期付款的行为。

保证是非票据债务人对于出票、背书、承兑等所产生的债务予以保证的法律行为。出票人、背书人、承兑人均可作为被保证人。保证人与被保证人所负的责任相同。

贴现是持票人以未到期的票据向银行兑取现款,银行扣除自贴现日至到期日的利息买进该票据的行为。贴现在形式上是票据买卖,但实际上是一种信用活动。

票据一般分为汇票、本票和支票。

(1)汇票。汇票是由出票人签发,付款人见票后或到期时,对收款人无条件支付款项的信用凭证。汇票按出票人不同又可分为银行汇票和商业汇票。

银行汇票是汇款人将款项交给当地银行,由银行签发给汇款人持往异地指定银行办理转账结算或向银行兑取现款的票据。

商业汇票是由债权人签发,命令债务人支付款项的票据。因商业汇票是由债权人签发,所以必须在债务人承认兑付后才能生效。经过承兑的汇票称为承兑汇票,由企业承兑的汇票称为商业承兑汇票。有时为了提高汇票的信用能力,要求银行进行承兑,这种汇票称作银行承兑汇票。经银行承兑的汇票,如果债务人无力偿还,将由银行负责垫付款项。

(2)本票。本票是债务人对债权人签发的在一定时期内承诺付款的信用凭证。本票又分为银行本票和商业本票。银行本票是申请人将款项交存银行,由银行签发给申请人凭此在同城范围内办理转账结算或支取现金的票据。商业本票又叫商业期票。它和商业汇票同是商业信用的信用工具,统称为商业票据,因为商业本票是债务人对债权人签发的,因此无须承兑。商业汇票和商业本票都可经背书后转让或向银行贴现。

(3)支票。支票是银行活期存款人通知银行从其账户上无条件支付一定金额给票面指定人或持票人的信用凭证。凡在银行开立活期往来账户的客户,银行均售予其空白支票簿,客户凭此在存款金额内签发支票。根据是否指定收款人,分为记名支票和无记名支票。

2)大额可转让定期存单

大额可转让定期存单是20世纪60年代才产生的一种金融工具,它既是银行的存款单,又具有与一般存款单不同的地方,其特点是:存单面额固定且面额大;存单期限固定;未到期以前不能提前兑现,但可以转让流通;期限较短。

3)债券

债券是债务人向债权人承诺在一定时期内还本付息的债务凭证。债券一般分为政府债券、公司债券和金融债券。

政府债券是政府为筹集资金而发行的债务凭证。它是一种国家信用工具,一般包括公债债券、国库券和地方政府债券。

公司债券是公司或企业向社会发行的承诺在一定时期内还本付息的债务凭证。公司债券一般可分为抵押公司债券、无担保公司债券、偿债基金公司债券、可转换公司债券。

金融债券是银行或其他金融机构作为债务人发行的债务凭证。金融债券是金融机构一种较为理想的筹集长期资金的信用工具。金融机构通过发行金融债券可以吸收相对稳定的中长期资金,再以贷款或其他方式贷给急需资金的有关部门。金融机构的社会资信高,其债券易为社会公众接受,安全性、流动性好,是颇受公众青睐的信用工具。

4)股票

股票是股份公司签发的,证明股东按其所持有股份享有权利和承担义务的所有权凭证。也就是说,如果谁拥有某公司一定比例的股票,谁就在公司拥有一定比例的资本所有权,并凭此所有权定期分得股息收益。股票是一种有价证券,可以为它的发行者筹集资本,给它的持有者带来一定收入,可以在证券市场上买卖。一般而言,股票具有以下几项特征。

(1)非返还性。股票是投资入股的所有权凭证,它代表公司的全部资产,股票发行后,持有者不能要求公司退股归还本金,股东要想收回投资,只能将所持有的股票转让给其他投资者,持有股票的股东改变了,但没有减少公司的资本。因此只要公司存在,它所发行的股票就存在,若股份有限公司破产倒闭,只能根据公司当时的财产状况,给予股票持有者有限的补偿。

(2)流动性。尽管股票持有者不能退股,但却可以随时转让。股票的流动性部分是针对其非返还性,部分是针对股票的风险性。

(3)股东权。股票是一种权利证券,股票表示的是对公司的所有权或股权,这种权益通常有多种表现,如股息权、红利权、剩余财产分配权等。

(4)风险性。股票投资者能否取得预期报酬,主要取决于公司的经营状况,另外,股票市场价格受政治、经济、社会等各种因素的影响,经常处于波动之中,具有很大的不稳定性。股价上升,则股票投资者收益,股价下跌,股票投资者遭受损失。股票是收益与风险共存的证券,股票收益的风险性是其最大的特征。

(5)投机性。由于股票价格的波动性大,其盈利性和风险性也比其他证券大,因而投机性相对就强。

目前各国发行的股票主要有两大类:普通股票和优先股票。普通股的股息随着股份公司利润的变动而变动,并且股东具有优先认股权,普通股票持有人有参加股东大会,选举董事会的权利。优先股的股息固定,有分配股息和分配财产的优先权,但没有参加企业管理的权利,也没有认股权。

2. 金融衍生工具

金融衍生工具又称为衍生金融工具,是指从传统金融工具中派生出来的新型金融工具。股票期货合约、股指期货合约、期权合约、债券期货合约和认股权证等都是衍生金融工具。衍生金融工具具有套期保值功能和发现价格功能。

1)金融远期合约

金融远期合约是指双方约定在未来的某一确定时间,按确定的价格买卖一定数量的某种金融资产的合约。在合约中规定,在将来买入标的物的一方称为多头方,在未来卖出标的物的一方称为空头方。合约中规定的未来买卖标的物的价格称为交割价格。因此远期交易可以理解为“订货交易”。

远期合约是一个最简单的衍生金融工具。远期合约不是标准化的,它在签署之前,双方可以就交割地点、交割时间、交割价格、合约规模、标的物的品质等细节进行谈判,以便尽量满足双方的需要。因此远期合约的灵活性相对较大。

2)期货合约

期货合约指由期货交易所统一制订的,规定在将来某一特定的时间和地点交割一定数量和质量的实物商品或金融商品的标准化合约。因此期货交易实质上是一种标准化的远期交易。

期货合约可以分成商品期货合约或金融期货合约两大类。通常有以下金融期货:在债券工具基础上的利率期货、外汇汇率基础上的外汇期货,以及股票市场平均指数基础上的股票指数期货。

期货交易的主要目的是为了避免价格风险而进行套期保值或者投机获利。期货交易的套期保值是在现货市场某一笔交易的基础上,在期货市场上做一笔买卖方向相反、期限相同、金额相等的交易以期保值。

3)期权合约

期权又称选择权,是指赋予购买者在规定的期限内按双方约定的价格购买或出售一定数量的某种金融资产的权力的合约。期权是双方签订的合约,合约中的买方有权利买进或卖出某种标的资产,而卖方必须根据买方的要求来履行义务。

(1)买权与卖权。买权赋予购买者购买某种标的资产的权利,而卖权赋予购买者出售某种标的资产的权利。期权合约的出售者则需承担绝对的义务。期权购买者为获得选择权利,必须支付给期权出售者一定的费用。就买权和卖权而言,预先支付的一笔期权价格称之为期权费。买权又称看涨期权,卖权又称看跌期权。

期权交易涉及期权的买方与卖方,因此在期权市场上有四种类型参与者:看涨期权买方、看涨期权卖方、看跌期权买方、看跌期权卖方。

(2)欧式期权与美式期权。期权购买的权利只适用于某段特定的时间,称为有效期。

期权权利失效的准确日期称为到期日。买权和卖权可以是欧式期权或美式期权。欧式期权只能在接近期权到期日的有限执行期内执行;而美式期权能够在从期权起始日至到期日之间的任何时间执行。在期权有效期内,如果没有执行的话,期权失效。

为了完全确定一个期权,期权合约在签订时必须指定几个要素:买权还是卖权、标的资产、期权的协议价格、期权的有效期。如果期权在多个交易所内交易的话,还需指定期权交易的交易所。

4)互换合约

互换建立在同样的基本结构上。两个互换对手同意进行一种或多种指定数量的标的资产的交换。互换中标的资产为名义本金,以区别于现货市场中的实际本金交换。一个互换可以是一次本金的交换、两次本金的交换、一系列本金的交换,也可以是没有本金的交换。最常见的情况是,在互换开始时交换一次名义本金,而在结束时再反向交换名义本金。

互换合约是指交易双方签订一份互换协议,同意在约定时间内相互进行一系列的定期支付。互换本质上是两笔远期交易的组合。

9.4 利息与利率

利息是在信用基础上产生的一个经济范畴,它是借贷资金的价格,而利率是用来衡量利息数量多少的一个标准。

9.4.1 利息

1.利息的本质

利息是资本所有者由于贷出资本而得到的报酬,即债务人支付给债权人超过本金的那部分金额。利息是与信用相伴随的一个经济范畴,信用关系构成利息存在的直接基础,利息存在于信用这种借贷行为之中;同时,利息也是信用存在和发展的条件,反过来其又构成了信用的基础。

(1)马克思关于利息本质的理论。马克思通过借贷资本的特殊运动形式分析,揭示了利息的来源和本质。马克思针对资本主义经济中的利息指出,贷出者和借入者双方都是把同一货币额作为资本支出的。但它只有在后者手中才执行资本的职能。同一货币额作为资本对两个人来说取得了双重的存在,这并不会使利润增加一倍。它之所以能对双方都作为资本执行职能,只是由于利润的分割,其中归贷出者的部分叫做利息。因此,利息实质上是利润的一部分,是剩余价值的特殊转化形式。

(2)西方经济学关于利息本质的理论。西方经济学关于利息本质的理论有很多。古典经济学家威廉·配第指出,利息同地租一样公道、合理,是符合自然要求的东西。他认为,假如一个人在不论自己如何需要,在到期之前却不得要求偿还的条件下,出借自己的货币,则他对自己所受到的不方便可以索取补偿,这种补偿叫做利息。杜尔阁认为,对贷款人来说,只要货币是他自己的,他就有权要求获取利息,而这种权利是与财产所有权是分不开的,这种权利即私有权。现代西方经济学家对于利息的看法基本上是沿袭着这样的思路。

2.利息的计算

利息的计算有两种基本的方法:单利与复利。

(1)单利法。单利法是按照最初的本金计算利息,而对本金所生利息部分不再计息的计息法。其计算公式为:

$$I=P\times i\times N$$

本利和 $S=P\times(1+i\times N)$

式中：I——利息；P——本金；i——利率；N——期限。

例如，一笔为期5年，年利率为6%的10万元贷款，其利息总额为

100 000×6%×5=30 000(元)

本利和为100 000×(1+6%×5)=130 000(元)

(2)复利法。复利是一种将上期利息加入本金，并以此为基础计算下一周期利息的方法。通常叫"利滚利"。其计算公式是：

本利和 $S=P\times(1+i)^N$

$$I=S-P$$

若将上述实例按复利计算，则

本利和为：$100\ 000\times(1+6\%)^5=133\ 822.56$(元)

利息为：133 822.56－100 000=33 822.56(元)

按复利计息，可多得利息3 822.56元。

复利有现值和终值的概念之分。现在的货币资金价值即为现值，终值是用复利计息方法计算的一定金额的初始投资在未来某一时点的本利和。因为从资金运动观点来看，随着单位时间的延伸，货币资金价值会发生增值，终值与现值的差额就是货币资金的时间价值。

9.4.2 利率

1. 利率的概念

利率即利息率，是指借贷期内所形成的利息额与所贷资金额的比率，如果我们将货币也看做一种特殊的"商品"，那么我们就可以将利率定义为在一定期限内出让单位货币资金使用权的价格，在这里要强调应为同种货币，是为了区别汇率。很明显，利率是针对在一定期限内对于同种货币使用权的转移而言的。利率是单价，而利息是根据转让货币资本的数量、期限和利率计算出来的总价。所以，利率可以反映利息水平的高低，反映资金的"价格"和增值能力。在实践中，利率是一个比利息更有意义的经济指标。

现实生活中的利率都是以某种具体的形式存在的。如3个月期的储蓄存款利率，1年期的贷款利率，6个月的短期公债利率，隔夜拆借的债券回购利率等。随着金融活动的日益发展和活动方式的日益多样化，利率的种类也日益繁多。经济学家在著述中谈及的利率及利率理论，通常是把各种利率作为一个综合体而言的。

2. 利率的种类

(1)名义利率与实际利率。名义利率又称"货币利率"，是指没有剔除通货膨胀因素以一定货币数量表示的存贷款利率，是银行挂牌利率。即用货币表示的是利息与本金之比。实际利率则是指名义利率剔除物价变动因素对货币影响后的利率，即包括补偿通货膨胀风险的利率。当名义利率低于通货膨胀率时，实际利率为负数，即为负利率。概略的计算公式可以写成：

$$i=r-p$$

式中：r——名义利率；i——实际利率；p——借贷期内通货膨胀率。

通货膨胀对利息部分也有使其贬值的影响。考虑到这一点，名义利率还应作向上的调

整。这样,调整后的名义利率的计算公式可以写成:

$$r=(1+i)\times(1+p)-1$$

例如,假定某年度物价没有变化,某甲从某乙处取得1年期的1万元贷款,年利息额为500元,实际年利率就是5%。但是在物价不断上涨的情况下,如果某一年的通货膨胀率为3%,某贷款者年末收回的1万元本金实际上仅相当于年初的9 707元,本金损失率近3%。为了避免通货膨胀给本金带来的损失,假设仍然要取得5%的利息,就必须把贷款利率提高到8%才能保证收回本金和利息之和。

名义利率应当是$(1+5\%)\times(1+3\%)-1=8.15\%$,而不是8%。

从公式$r=(1+i)\times(1+p)-1$中可以推出实际利率计算公式:

$$i=\frac{r-p}{1+p}$$

这是目前国际上通用的计算实际利率的公式。

(2)固定利率与浮动利率。根据在借贷期内是否调整利率,利率可以分为固定利率与浮动利率。

固定利率是指在整个借贷期内不做调整的利率。实行固定利率,对于借贷双方准确计算成本与收益十分方便,是传统采用的方式。但是,由于近几十年来通货膨胀日益普遍并且越来越严重,实行固定利率,对债权人尤其是对进行长期放款的债权人会带来较大的损失,因此,在越来越多的借贷中开始采用浮动利率。

浮动利率是一种在借贷期内根据借贷双方的协定,在规定的时间依据某种市场利率进行调整的利率。浮动利率可减少市场变化的风险,但不便于计算与预测收益和成本且因手续繁杂、计算依据多样而增加费用开支,因此,目前在我国所说的浮动利率与此概念还有所差异,它是指各个商业银行及某些金融机构可在我国银行规定的利率基础上有权按照一定幅度上下浮动的利率。

(3)市场利率与官方利率。按照形成方式的不同,利率可分为市场利率和官方利率。

市场利率是指金融市场上,由借贷资金供求关系和风险收益等市场机制直接决定的利率。利率按市场规律自由变动是市场利率存在的前提条件,借贷资金供大于求时,利率作为资金的价格会下跌,借贷资金供小于求时,利率作为资金的价格会上升。并且当资金运用的收益较高、风险较大时,市场利率会上升;反之则下降。因此,市场利率能够较真实地反映资金供求关系与运用的状况。

官方利率也叫法定利率,是由政府金融管理部门或者中央银行根据政策推行的需要而确定的利率。官方利率是国家为了实现宏观调控目标的一种政策手段。它反映了非市场的强制力量对利率形成的干预。我国目前以官方利率为主,发达的市场经济国家,以市场利率为主,发展中国家和地区的情况,基本介于上述两类情况之间。

(4)基准利率与非基准利率。基准利率是在金融市场上和利率体系中起决定性作用的利率。基准利率的变动会引起金融市场所有利率的变动。西方国家以中央银行的再贴现率为基准利率,我国则以我国人民银行对商业银行的贷款利率为基准利率。基准利率之外的均称为非基准利率。

(5)年利率、月利率和日利率。年利率、月利率和日利率是按计算利息的期限单位划分的。年利率是以年为单位计算利息,通常用百分数(%)表示;月利率是以月为单位计算利息,常用千分数(‰)表示;日利率习惯叫“拆息”,是以日为单位计算,通常用万分数(‱)表示,多用于金融企业之间的拆借。

我国传统的习惯,不论是年利率、月利率还是日利率,都用“厘”作单位,如年息2厘,月息3厘,日息4厘等。虽然都叫“厘”,但是差别很大。年息1厘是指1%,如贷出1万元,1年的利息是100元。月息1厘是指0.1%,如果贷出1万元,1月的利息为10元,不计复利,1年的利息为120元。日息1厘是指0.01%,如贷出1万元,每日的利息为1元,不计复利,每月按30天计,1个月的利息为30元,1年的利息为360元。过去和现在的民间,也常用“分”作为利率的单位。10厘为1分,同样类推,年息的分为10%;月息的分为1%;日息的分为0.1%。

3. 利率体系

利率体系,或者资金“价格”体系是一个十分复杂的问题。因为各种金融资产的收益、安全和流动性不同,其“价格”水平也不同。各种利率之间相互联系、相互制约所形成的利率体系和结构,是合理分配、有效利用资金的重要依据和有力杠杆。一般来说,利率体系主要有以下几个方面的内容。

(1)中央银行的再贴现率与商业银行的存贷款利率。中央银行的再贴现率,又称为中央银行贴现率,有的国家又叫银行率。它是指中央银行对商业银行的贴现票据进行再贴现时所使用的利率,其水平由中央银行确定。在利率体系中,它占有特殊重要的地位,发挥着核心和指导作用,反映全社会的一般利率水平。作为货币政策的体现,反映了一个经济社会一定时期经济政策的目标和方向,起着一种政策导向的作用。

商业银行的存款利率,又叫市场利率。一般是指商业银行及其他金融机构向客户吸收存款、发放贷款的借贷利率。商业银行的存贷款利率是利率体系的基础,这是因为一方面它反映了市场资金供求的状况,另一方面对资金融通和流向起着导向的作用。

(2)拆借利率与国债利率。拆借利率通常是指银行及金融机构同行之间的短期资金借贷利率,主要用于弥补临时性头寸不足,期限较短,通常在7天之内。拆借利率是由拆借市场的资金供求关系来决定的,它能比较灵敏地反映市场资金的供求变化情况,是短期资金市场中具有代表性的利率。其他短期贷款利率通常比照同行拆借利率加一定幅度来确定。国债利率通常是指一年期以上的政府债券利率,它是长期资金市场中具有代表性的利率。国债的安全性、流动性和收益性都比较好,且债息收入免缴所得税,因此国债利率通常是长期金融市场中比较低的利率水平,其他利率都参照它来确定。

(3)一级市场利率与二级市场利率。一级市场利率是指债券发行时的收益率或利率,它是衡量该收益的基础,同时也是计算债券发行价格的依据。二级市场利率指的是债券流通转让时的收益率,它真实地反映了金融资产在市场上的损益,因此特别受投资者的关注。

一般来说,二级市场预期收益率高,会使得债券需求增大,从而使发行利率降低;反之,会使发行利率提高。

9.4.3 利率的决定

1. 马克思的利率决定论

马克思的利率决定论是以剩余价值在不同资本家之间的分割作为起点的。马克思指明,利息是借贷资本家从借入资本的资本家那里分割来的一部分剩余价值,而剩金价值表现为利润，因此，利息量的多少取决于利润总额，利息率取决于平均利润率。马克思进一步指出，利息率的变化范围是在零与平均利润之间，利息率的高低取决于两个因素：一是利润率；二是总利润在贷款人和借款人之间进行分配的比例。这一比例的确定主要取决于借贷双方的供求关系及其竞争，一般来说，供大于求时利率下降；供不应求时利率上升。此外，法律、习惯等也有较大作用。马克思的理论对于说明社会化大生产条件下的利率决定问题具有指导意义。

利率的变动特点包括以下几方面。①随着技术发展和资本有机构成的提高，平均利润率有下降趋势。因而也影响平均利率有同方向变化的趋势。由于还存在某些其他影响利率的因素，如社会财富及收入相对于社会资金需求的增长程度，信用制度的发达程度等，它们可能会加速这种变化趋势或者抵消该趋势。②平均利润率虽有下降趋势，但这是一个非常缓慢的过程。而就一个阶段而言，每个国家的平均利润率则是一个相当稳定的量。相应地，平均利率也具有相对的稳定性。③由于利率的高低取决于两类资本家对利润分割的结果，因而使利率的决定具有很大的偶然性，如“一个股份公司的共同利润在不同股东之间按百分比分配一样，纯粹是经验的、属于偶然性发生的事情”。这就是说，平均利率无法由任何规律决定；相反，传统习惯、法律规定、竞争等因素，在利率的确定上都可直接起作用。

2. 西方学者的利率决定理论

(1)古典利率决定理论——实际均衡利率理论。这种理论强调非货币的实际因素在利率决定中的作用。它们所注意的实际因素是生产率和节约。生产率用边际投资倾向表示，节约用边际储蓄倾向表示。投资流量会因利率的提高而减少，储蓄流量会因利率的提高而增加。故投资是利率的递减函数，储蓄是利率的递增函数。而利率的变化则取决于投资流量与储蓄流量的均衡。

(2)流动偏好利率理论。凯恩斯认为，利率决定于货币供求数量，而货币供求数量又取决于人们的流动性偏好。如果人们对流动性的偏好强，愿意持有的货币数量就增加，当货币的需求大于货币的供给时，利率上升；反之，人们的流动性偏好转弱时，便对货币的需求下降，则利率也下降。因此，利率流动性偏好曲线与货币供给曲线共同决定。

(3)可贷资金理论。按照可贷资金理论，借贷资金的需求与供给均包括两个方面：借贷资金需求来自某期间投资流量和该期间人们希望保有的货币余额；借贷资金供给则来自于同一期间的储蓄流量和该期间货币供给量的变动。作为借贷资金供给一项内容的货币供给与利率呈正相关关系；而作为借贷资金需求一项内容的货币需求与利率则呈负相关关系。利率的决定便建立在可贷资金供求均衡的基础之上。

可贷资金理论从流量的角度研究借贷资金的供求和利率的决定，可以直接用于金融市场的利率分析。特别是资金流量分析方法及资金流量统计建立之后，用可贷资金理论对利率决定做实证研究和预测分析，有其实用价值。

(4)利率期限结构理论。它是指证券到期时的利息或收益与到期间二者的关系。期限结构理论所研究的主题是长、短期利率二者之间的关系以及二者变动所发生的影响等问题。该理论可分为预期理论、市场分割理论和偏好利率理论。

9.4.4 利率的功能

利率是重要的经济杠杆：它对经济运行有着极其重要的作用。利率的杠杆主要体现在以下方面。

1. 积累资金

一个国家经济的发展在很大程度上取决于金融储蓄以及与此有关的资本形成，而储蓄利率的水平和结构又直接影响人们在储蓄和消费之间的选择。一般来说，储蓄种类增多，储蓄利率提高，人们感到将来消费比现在消费合算，从而积极增加金融储蓄。同时，一国的利率提高，还能促进他国资金流入，从而进一步扩大资金来源，社会聚集的资金规模就会增大。通过利率杠杆来聚集资金，可以在中央银行不扩大货币供给的条件下，全社会的可用货币资金总量也能增加。

2. 调控宏观经济

在社会化的商品经济中，社会的总供给与总需求是通过货币总供给与总需求的平衡关系来实现的，利率则是调节货币供给与需求的重要杠杆。当经济过热时，中央银行可以提高再贴现利率，从而提高商业银行贷款成本，减少贷款额度，并相应收紧对客户的贷款和投资，导致全社会货币供给量缩小；反之，调低再贴现率，导致全社会货币供应量扩大。从宏观上，货币供求的平衡促使社会供求的平衡，达到稳定物价、发展经济的目的。同时，随着再贴现利率的调整，市场利率也会相应变化，起到平衡经济的作用。此外，利用利率杠杆可以调节国民经济结构，促进国民经济更加协调健康发展。如对国家急需发展的行业，适当降低贷款利率，支持其大力发展；对需要限制的行业，则适当提高利率，从资金上限制其发展。

3. 导向作用

现代金融是以金融交易不断扩大、金融资产不断增加为主要特征的，金融资产的流向引导生产要素的流向，而金融资产总是倾向于利率高、收益好的部门、企业和产品，而经济效益较差的部门和企业，因利息成本的压力和还款能力弱，则很难从金融市场上融到资金。这无疑会促使全社会的生产要素产生优化配置效应，因此，在整个经济运行过程中，利率起着导向作用。

4. 分配收入的作用

利率作为资金的“价格”，无论是在聚集资金，还是在分配资金中都起着重要的杠杆作用。贷款利率的高低直接影响到储蓄规模的大小，从而制约着消费和积累分配的比例。

贷款利息的高低直接影响企业收入的大小，从而影响企业主收入和利息收入之间的分配比例。同时，不同的存款利率机构，影响不同期限的储蓄规模和不同时期的分配状况；不同的贷款利率结构影响资金在不同地区、不同行业的再分配。

课后练习题

一、名词解释

1. 信用　2. 信用工具　3. 汇票　4. 本票　5. 股票　6. 利息　7. 利率

二、简答题

1. 试述信用的特征。
2. 试述信用工具的特点。
3. 试述信用工具的类型。
4. 利息的计算方法有哪些？

第10章　货币需求和货币供给

学习目标

1. 了解货币需求和货币供给的含义；
2. 理解基础货币和派生货币的含义；
3. 掌握商业银行派生货币过程；
4. 掌握中央银行和基础货币的关系。

10.1　货币需求

10.1.1　货币需求概述

1. 货币需求的含义

货币需求是指社会各部门的既定的收入或财富范围内能够而且愿意以货币形式持有的数量。货币需求是个存量的概念。

(1)宏观货币需求和微观货币需求。宏观货币需求是指一个国家在一定时期内的经济发展与商品流通所必需的货币量，这种货币量既能满足社会各方面的需要，又不至于引发通货膨胀。微观货币需求是指从企业、个人或家庭等微观主体的持币动机、持币行为的角度进行考察，分析微观主体在既定的收入水平、利率水平和其他经济条件下，保持多少货币，才能使机会成本最小、所得收益最大。

(2)主观货币需求和客观货币需求。主观货币需求是一种主观欲望，具有无限性，不是我们研究的对象。客观货币需求是各经济主体在一定的约束条件下应该占有和可以占有的货币量。

(3)名义货币需求和实际货币需求。在现代经济运行中，价格波动是经常性的，所以区分名义货币需求与实际货币需求有利于正确理解货币需求理论。名义货币需求是指个人或家庭、企业等经济单位或整个国家在不考虑价格变动时的货币持有量。是用货币单位表示的货币量。它是按现行价格计算的，与物价水平成正比，即物价水平上涨之后，对名义货币的需求也会随之增加。实际货币需求是指各经济单位或整个国家所持有的货币量在扣除物价变动因素之后的余额。如果名义货币量为 M_d，那么用某一具有代表性的物价指数 P 进行平减后，就可以得到实际货币需求量 M_d/P。

2. 货币需求理论

1)现金交易数量说

现金交易数量说的代表人物是美国经济学家欧文·费雪。其交易方程式为：$M_d = PY/V$，该学派认为货币需求仅取决于名义国民收入。

欧文·费雪在1911出版的《货币购买力》中创立了现金交易说，有效地揭示了货币和经济活动之间的联系，并提出了著名的交易方程式。

在分析时，欧文·费雪给定了以下指标：

M——给定年份的平均货币供给量；

T——给定年份商品和劳务的交易量（或指累计收入总量Y）；

P——给定年份交易的平均物价水平；

V——给定的货币的交易流通速度，即每一美元一年中被支付的平均次数，它由总支出PT（或名义GDP）除以货币供应量所得，即

$$V=PT/M$$

对以上两边同时乘以M，即得到交易方程式：

$$MV=PT$$

由于所有商品和劳务交易总量的资料不容易获得，而且人们关注的重点往往也是国民收入，而不在于交易总量，所以上述交易方程式通常被写成下面的形式：

$$MV=PY$$

Y代表以不变价格表示的一年中生产的最终产品和劳务的总价值，也就是实际的国民收入，P代表一般物价水平，因此PY代表名义国民收入；V代表一年中每一元用来购买最终产品或劳务的平均次数，即货币的收入流通速度。

为了使这个恒等式具有应有价值，欧文·费雪做了两点假设：第一，货币流通速度是由社会习惯、技术发展、产业结构等长期因素决定的，这些因素随时间的推移而缓慢变化，把V看成常数；第二，实际国民收入Y也看成常数。

在货币市场均衡的情况下，货币存量（M）等于人们所愿意持有的货币量，即货币需求（M_d），因此，也就有下列方程式：

$$M_d=PY/V$$

这是由传统货币数量论导出的货币需求函数，它表明货币需求取决于货币流通速度和名义国民收入。而根据其假设，货币流通速度是一个相对固定的量，所以货币需求取决于名义国民收入。

2）现金余额数量说

现金余额数量说的代表人物是英国经济学家马歇尔。现金余额数量方程式为：$M_d=KPY$，它与交易方程式的差别在于强调了个人选择。

由剑桥学派（Cambridge Classical Approaches）经济学家马歇尔和庇古等人发展起来的现金余额数量论也得出了与现金交易说完全相同的结论，但分析的出发点完全不同。它首先将货币视为一种资产，然后探讨哪些因素决定了人们对这种资产的需求，进而得出货币和价格水平同比例变化的货币数量论观点。但遗憾的是，他们在做出结论时把其他因素都忽略了，而只是简单地断定人们的货币同财富的名义值成比例，财富又同国民收入成比例，所以货币需求就同名义国民收入成比例，即

$$M_d=KPY$$

其中K代表人们的持币比例，即人们经常在手边保存的平均货币量在他们的年收入中所占的比例，也代表了人们愿意以货币这种形式持有的名义国民收入的比例。

剑桥学派还假定，货币供给量M和货币需求M_d会自动趋于均衡，于是便有：

$$M_d = KPY$$

这便是著名的剑桥方程式，如果把 K 看成常数，该方程式和欧文·费雪的交易方程式就只有符号的不同了，只需令 $K=1/V$，它们便完全一样了。但两者的观点依然存在较大的差异。

一是对货币需求分析的侧重点不同。交易方程式强调的是货币的交易手段职能；而剑桥方程式则重视货币作为一种资产的功能。

二是交易方程式重点研究货币数量同物价之间的关系；而剑桥方程式才是真正地研究货币需求，认为货币需求取决于三个变量，即 K、P、Y。

三是交易方程式把货币需求诉诸制度因素，压低人的主观机动性；而剑桥方程式则特别重视人的持币动机和判断的作用。

3）凯恩斯的货币需求论

凯恩斯早期是马歇尔的学生，剑桥学派的一员。在1936年出版的《就业、利息和货币通论》一书中他系统地提出了自己的货币需求理论，即流动偏好论。

一是流动性偏好理论。凯恩斯认为货币需求就是指一定时期公众能够而且愿意持有的货币量。他认为人们之所以需要持有货币，是因为存在流动性偏好这种普遍的心理倾向。所谓流动性偏好，是指人们在心理上偏好流动性，愿意持有货币而不愿持有其他缺乏流动性的资产，这种愿望构成对货币的需求。因此，凯恩斯的货币需求理论又称为流动偏好理论。

二是货币需求动机。凯恩斯认为，人们的货币需求源于以下三种动机：交易动机、预防动机和投机动机。交易动机、预防动机主要取决于收入，投机动机主要取决于利率。

交易动机（Transactions Motive）是人们为了应付日常交易需要持有货币的动机。它取决于收入的数量和收支的时距长短。它与收入呈同方向变化，是收入的增函数，是时间长短的减函数。

预防动机（Precautionary Motive）是指人们为了应付意外开支而持有货币的动机。同样为收入的增函数。

投机动机（Speculative Motive）是指人们为了在货币与盈利性金融资产之间进行选择而保留货币的动机，这是它不同于古典经济学派的地方，货币的投机性需求与利率成正比。

三是货币需求函数：

$$M = M_1 + M_2 = L_1(Y) + L_2(i) = L(Y, i)$$

凯恩斯把与实际收入水平成正向关系的交易性货币需求和预防性货币需求归在一起，称为第Ⅰ类货币需求，用 L_1 表示，它随实际收入的增加而增加，即

$$L_1 = L_1(Y), \mathrm{d}L_1/\mathrm{d}y > 0$$

把受利率影响的投机性货币需求成为第Ⅱ类货币需求，用 L_2 表示，它随着利率的上升而减少，即

$$L_2 = L_2(i), \mathrm{d}L_2/\mathrm{d}i < 0$$

把这两项合起来，就得到以下货币需求函数：

$$M_d/p = L_1(Y) + L_2(i) \text{或者} M_d/p = f(Y, i)$$

其中，实际货币需求与实际收入成正比，与利率成反比。这就是凯恩斯的流动偏好方程式。把利率作为影响货币需求的重要因素是凯恩斯的一大贡献。

四是流动性陷阱。凯恩斯还认为，当利率降到很低水平（如在经济周期中的危机时

段)，持有债券不仅得不到任何利息，还牺牲了流动性，而且低利率必然导致债券价格过高而面临下跌的风险。因此，人们宁愿持有现金而不愿持有债券。这样，货币需求就会变得很大，M_d 曲线就变成与横轴平行的直线，后人把这一直线部分称为"流动性陷阱"。这时，货币当局无论增加多少货币供应也会被人们所收存，即被"流动性陷阱"所吸收，而不会使利率进一步降低，这就意味着政府企图通过增加货币供应来降低利率以刺激投资的努力失败。所以他认为，在经济衰退时政府应运用财政政策而不是货币政策。

4)现代货币数量说

现代货币数量说以弗里德曼为代表，弗里德曼认为影响人们持有货币量的因素主要有：总财富；财富构成；持有货币和持有其他资产的预期收益；影响货币需求的其他因素。

1956 年，弗里德曼发表了他的名作——《货币数量说的重新表述》一文，标志着现代货币数量论的诞生。弗里德曼认为，古典货币数量论有一定的合理之处，但没有把数量论与货币需求理论联系起来，分析的较为肤浅，对货币和物价关系的解释也缺乏说服力。

弗里德曼把货币看成是一种资产，一种如同债券、股票、货币、房屋等一样的持有财富的方式。他认为货币数量论"原是货币需求的理论，而不是产出、货币所得或价格水准的理论"。所以，弗里德罗对货币数量论的表述是从货币需求入手的。

影响人们持有货币数量的因素有以下几点。

(1)总财富及其构成。总财富是影响货币需求的重要因素。这里的财富是包括货币在内的各种资产的总和。同时，他又将总财富划分为人力与非人力财富两种形式。人力财富指个人获得收入的能力；非人力财富指物质性财富，如房屋、生产资料、耐用消费品等，由于人力财富变现难流动性差，弗里德罗认为财富对非人力财富的比率或非人力财富占总财富的比率是影响货币需求的重要因素。

(2)货币及其他各种财富的预期收益率。

(3)其他因素，如财富所有者的特殊偏好等。

$$M_d/P = f(Y_p, W, r_m, r_b, r_e, 1/p \cdot dp/dt, \mu)$$

其中 M_d/P——实际货币需求；

Y_p——实际恒久性收入，即财富；

W——非人力财富占个人总财富的比率；

r_m——货币的预期名义收益率；

r_b——固定收益的债券预期名义收益率，包括债券利息与资本利息；

r_e——非固定收益的证券预期名义收益率；

$1/p \cdot dp/dt$——商品价格的预期变化率，即实物资产的预期名义报酬率；

μ——反映主观偏好、风尚及客观技术与制度等因素的综合变量。

在上述影响货币需求的因素中，Y_p 和 r_m 与货币需求成正向关系，$W, r_b, 1/p \cdot dp/dt, r_e$ 与货币需求成反向关系。

3. 影响我国货币需求的因素

(1)收入。货币需求与收入同方向变动。货币需求与收入水平正向变动的原因是以下两点。①收入水平在一定程度上制约着货币需求。因为货币是人们持有财富的一种形式，是财富的一部分，收入水平往往决定着财富的规模及增长速度。②收入的数量决定着支出的数量。在通常情况下，收入越多，支出越多，需求持有的货币也越多。除收入水平高低决定货币需求外,货币需求还取决于人们取得收入的时间间隔。在收入水平一定的条件下,人们取得收入的时间间隔与货币需求成正比,也就是说,人们取得收入的时间间隔越长,货币需求就越多;反之则越少。

(2)价格。从本质上看,货币需求是在一定价格水平上人们从事经济活动所需要的货币量。在商品和劳务量既定的条件下,价格越高,用于商品和劳务交易的货币需求也必然增多。因此,价格和货币需求,尤其是交易性货币需求之间,是同方向变动关系。在现实生活中,由商品价值或供求关系引起的正常物价变动对货币需求的影响是相对稳定的。而由通货膨胀造成的非正常物价变动对货币需求的影响则极不稳定。新中国成立后我国几次通货膨胀期间都曾不同程度地出现了提款抢购、持币待购的行为,造成了这些时期货币需求的超常增长。

(3)利率。一般情况下,利率与货币需求反方向变动;市场利率对货币需求的影响表现为两个方面。①市场利率决定人们持有货币的机会成本。一般而言,市场利率上升,意味着人们持有货币需放弃其他非货币金融资产的收益即机会成本增加。因此,市场利率上升,货币需求减少;市场利率下降,货币需求增加。②市场利率决定和影响人们对资产持有形式的选择。市场利率与有价证券价格呈反向变动,如前所述,市场利率下降时,人们将相应增加货币持有量,并准备在有价证券价格下跌后,以较低的价格买进。反之亦然。

(4)货币流通速度。由马克思的货币流通规律:$M=PQ/V$,其中M代表货币需求量;P表示物价水平;Q代表社会商品可供量;V代表货币流通速度。可以看出,货币需求与物价水平和社会商品可供量成正比,而与货币流通速度成反比。在不兑现的纸币流通条件下,因为纸币本身没有内在价值,过多的纸币也不能自行退出流通,因此,在社会商品可供量和货币流通速度一定时,流通中的纸币量过多将发生货币贬值、引起物价上涨。

(5)企业与个人对利润和价格的预期。企业对利润的预期与货币需求同方向变化;个人对价格的预期与货币需求呈反方向变化;影响人们货币需求的心理预期主要有:一是对市场利率变动的预期;二是对物价水平的预期;三是对未来投资收益率的预期。当人们预期市场利率将上升,则货币需求减少。当人们预计物价水平将上升时,会增加对商品与劳务的消费从而增加货币需求。当人们预计未来投资收益率将上升时,会增加投资,减少货币需求。

(6)财政收支状况。财政收大于支时,货币需求减少;反之则货币需求增加。

10.2 货币供给

10.2.1 货币供给概述

1.货币供给的含义

货币供给是指一定时期内一国银行系统向经济中投入、创造、扩张(或收缩)货币的行为。货币供给量是指一国各经济主体(包括个人、企事业单位和政府部门等)持有的、由银行系统供应的债务总量。它包括两个主要部分:现金和存款货币。其中现金是由中央银行供给的,表现为中央银行的负债;存款货币是金融机构供给的,体现为商业银行的存款性负债。

2. 货币供给的层次划分

现代的货币形式变得异常丰富多彩，又有各类不同期限的存款。它们的流动性不同，演化出不同层次的货币量来。有的西方国家甚至将股票、债券等金融资产也作为货币量来统计。各国对货币供给量的层次划分方法不尽相同，但有一定的共性。美国将货币供给划分为四个层次：M_1；M_2；M_3；L。英国则划分为五个层次：M_0；M_2；M_4；M_4C；M_5。我国划分为三个层次：M_0 现金通流量；M_1、M_0 + 活期存款；M_2、M_1 + 储蓄存款 + 定期存款 + 其他存款。

3. 货币供给的过程

货币创造（供给）过程是指银行主体通过其货币经营活动而创造出货币的过程，它包括商业银行通过派生存款机制向流通供给货币的过程和中央银行通过调节基础货币量而影响货币供给的过程。

1）中央银行调控的基础货币

基础货币也称为高能货币或强力货币，是指处于流通界为社会公众所持有的现金及银行体系准备金（包括法定存款准备金和超额准备金）的总和。这是整个银行体系内存款扩张、货币创造的基础。也是中央银行所发行的现金货币（即流通中的现金）以及对各商业银行负债的总和，实际上是中央银行对社会大众的负债总额。由于这一部分货币可以支撑数倍的货币供给额，故称基础货币。其特点如下：一是基础货币是央行的净负债；二是具有强流通性和普遍接受性；三是具有派生性；四是可控性：公开市场业务、贴现贷款、外汇、黄金和特别提款权等。

中央银行调控的基础货币的手段包括以下几点：一是公开市场业务操作与基础货币的控制；公开市场业务操作改变基础货币中的银行准备金数量——当证券买卖发生在央行与银行间时；二是公开市场业务操作改变基础货币中的流通中通货——当证券买卖发生在央行与公众间时；三是公开市场业务操作同时改变流通中通货和银行准备金数量；四是贴现窗口与基础货币的控制；五是黄金存量及国际收支状况，国际储备中的黄金外汇储备是中央银行投放基础货币的主要渠道之一。黄金虽然属于国际储备资产，但很少在国际支付中使用。因此，黄金储备的增减变化，主要取决于一个国家黄金收购量与销售量的变化。在一定时期内，黄金收购量大于销售量，黄金储备增加，中央银行投入的基础货币增加；相反，黄金销售量大于收购量，黄金储备减少，中央银行收回基础货币，使货币供应量减少。

外汇储备增减主要取决于一个国家的国际收支状况。一个国家的国际收支如果是顺差，则增加外汇储备，中央银行增加基础货币投放，货币供应量扩张；反之，国际收支如果是逆差，则减少外汇储备，中央银行收回基础货币，货币供应量缩减。

除黄金外汇储备量影响货币供应量外，金价和汇率的变动对货币供应量也有较大影响。如果金价和汇率上升，那么，中央银行收购黄金外汇就要相应多投放些基础货币；相反，金价和汇价下跌、中央银行收购黄金外汇就会少投放些基础货币。多数西方国家为了避免黄金外汇占款对货币供应量的过度影响，一般可以采取措施适当压缩黄金外汇占款，调节货币供应量。我国的黄金外汇储备量由国家计委、财政部、经贸部和我国人民银行共同管理，我国人民银行很难自主压缩黄金外汇占款。所以，我国中央银行通过黄金外汇储备调节货币供应量的弹性不大。

总之，一国的信贷收支、财政收支、国际收支是决定货币供给的主要变量。中央银行必须重视这些因素，并根据货币政策的要求适当灵活地加以调节，以保证货币供应量与货币需求量相适应。

我国长期以来是在综合考虑经济增长、物价稳定等方面因素的基础上控制货币供应量的。2008年,我国在保持物价稳定的同时,适当增加货币、信贷投放总量,保持银行体系有比较充足的流动性,使货币政策在促进经济增长方面发挥更加积极的作用。根据我国人民银行的安排,2009年将以高于GDP增长与物价上涨之和约3至4个百分点的增长幅度作为全年货币供应总量目标,争取广义货币供应量增长17%左右,使货币供求保持在合理的均衡水平上。

2)商业银行与存款货币的创造

(1)原始存款与派生存款含义。原始存款:一般是指商业银行接受的客户以现金方式存入的存款和中央银行对商业银行的再贴现或再贷款而形成的准备金存款。原始存款是商业银行从事资产业务的基础,也是扩张信用的源泉。派生存款:派生存款则是原始存款的对称,是指由商业银行发放贷款、办理贴现或投资等业务活动引申而来的存款。

(2)存款货币的创造条件:部分准备金制度、部分现金提取和转账结算制度。

部分准备金制指银行在吸收存款后,只保留部分现金供存款人提取即可,其余可用于发放贷款或进行证券投资。

转账结算制度指银行在按存款人指令进行支付时,并不需要完全以现金方式进行,更多的是可以通过银行间的转账结算予以完成。

商业银行的主营业务是信用业务——吸收存款和发放贷款。商业银行作为一个经营货币的特殊企业,为了获利,将它从居民和企业那里吸收的存款(原始存款)用于贷款或金融投资,多吸存就可以多放贷。在贷款以转账形式进行的条件下,客户取得银行贷款通常并不是立即提取现金(现钞),而是转入贷款行或另一家银行的存款账户,相应地产生一笔存款,多贷款就可以多产生存款。

对于商业银行系统来说,这种多存多贷、多贷多存可以反复多次进行,从而派生出多倍于原始存款的活期存款额。由此可见,商业银行对货币供给量的影响是通过存款货币的创造(即派生存款)实现的。

当储户把钱放进银行的时候,银行不可以把这些钱全部贷出去,否则当储户取钱的时候银行就没钱支付了,当恐慌的储户都跑到银行取钱时,就会发生挤兑现象,甚至导致银行的破产。为此,各国政府都规定了一个准备金率,规定银行不能把储户的存款都贷出去,银行必须留下一部分准备金,以防万一来提款的储户人。比如,中央银行规定法定准备金率是10%,如果储户存了100元钱,商业银行必须把10元钱交到中央银行,剩下的钱才能贷出去,这叫法定准备金。

让我们再来看银行是怎样把钱创造出来的。例如,我国的法定准备金率是20%,一个储户有1 000元钱存入我国工商银行,工商银行必须把200元钱留下交给中央银行,它只能贷出800元钱。有一个人正好去我国工商银行借800元钱,他要买一个录音机,他把这800元钱交给商场柜台,这家商场又把这800元存入了我国农业银行。当农业银行收到这笔钱的时候,这800元钱它也不能都贷出去,必须把160元钱上交中央银行,它只能贷出640元钱。如此往复下去,一个储户的1 000元存款,通过银行系统不断的存贷过程,最后变成了多少钱呢?银行新增存款是5 000元,新增贷款是4 000元,货币总量增加了5 000元,法定准备金是1 000元。

通过这个例子可以告诉大家,钱是怎么从银行创造出来的。这就是商业银行具有的创造货币供给的功能,商业银行以原始存款为依据发放贷款,贷款又会创造新的存款。如果商业银行创造存款货币的过程无条件限制,就可产生无限的派生存款,流通中的货币将无法控制,世界将成为货币的海洋。

在现实经济中,商业银行吸收原始存款一般不会也不可能全都用于发放贷款,总要留存一部分以应付提现的需要;得到贷款的企业一般不会也不可能全都用于购买,总会有些其他用途,由此会产生现金流失;中央银行也不会坐视商业银行无限制地创造存款货币而不管,因此,客观上有许多因素制约着商业银行创造存款货币的过程。

进一步的几点假设:第一,商业银行系统只吸收活期存款;第二,商业银行系统处于“货满”状态,即不保留超额准备金;第三,没有现金从商业银行系统流出。

过程:假设甲将一笔现金1 000元存在A银行的支票账户,在20%法定存款准备率下:

$$1\,000+1\,000\times(1-20\%)+1\,000\times(1-20\%)\times2+1\,000\times(1-20\%)\times3+\cdots\cdots+\cdots\cdots$$

$$=1\,000\times1/[1-(1-20\%)]$$

$$=1\,000\times1/20\%$$

$$=5\,000(\text{元})$$

这表明,在20%的法定存款准备率下,1 000元的原始存款经过银行系统的资产业务后,最终可以创造5 000元的存款,其中4 000元即为派生存款。

一般性地,如果我们假设存款准备金率为r,则整个银行系统经过派生后的存款总额为:

$$\Delta D=\Delta D_0\times1/r$$

式中:ΔD——经过派生后的银行系统存款总量;

ΔD_0——原始存款量;

r——法定存款准备金率。

可知法定存款准备金率越高,银行扩张存款的能力越小,反之反是。

制约存款货币的创造和收缩机制的其他因素,最主要的是以下三个。

一是超额准备金率(e)。商业银行为了日常业务的正常开展,通常要持有一定比例的超额准备金,它和银行扩张存款的能力负相关。影响银行超额准备金率的因素为以下几点。①市场利息率,它决定银行持有超额准备金的机会成本,即如果放贷或者持有证券而不持有超额准备金就能获得利息,即市场利息。显然,市场利息率越高,银行持有超额准备金的损失就越大,因此,银行超额准备金与市场利息率成反向变动关系。②预期存款的流出量——预期存款的流出量与银行超额存款准备金水平呈正向变动关系。银行持有超额准备金的收益是银行因持有超额准备金而避免的因流动性不足造成的损失。因此,超额准备金率的高低又取决于以下两个因素:出现流动性不足的可能性;出现流动性不足时从其他渠道获得流动性的难易程度。银行出现流动性不足时,可以通过下述渠道补充流动性:向别的银行借入同业资金;同大企业签订证券回购协议;向中央银行申请贴现贷款;出售证券;催收贷款;将未收回的贷款销售给其他银行。显然,从上述渠道获得流动性都要付出一定的代价。银行持有超额准备金的收益,就在于能够避免获得流动性的代价,从而避免银行的倒闭。预期存款流出的不确定性——超额准备金水平与存款流出的不确定程度成正向相关关系。

二是现金漏损率(c)。实际上总会有部分支票存款会被以现金形式提走。

如果法定存款准备率是r,超额准备率是e,现金漏损率是c,则存款总额变动于原始存款的倍数即存款派生乘数K为:

$$K = 1/r + e + c$$

三是活期存款向其他存款的转化。设流通中定期存款与支票存款的比率为t,且定期存款的法定准备率为rt,为了便于区别,我们定义支票存款的法定准备金率为rd,根据和前面相同的推理,则支票存款的派生乘数修正为:

$$K = 1/rd + e + c + t \cdot rt$$

(3)决定货币乘数的因素主要有两个因素。

一是通货—存款比率。通货—存款比率是指流通中的现金与商业银行活期存款的比率。这一比率的高低反映了居民和企业等部门的持币行为。通货—存款比率越高,表明居民和企业等部门持有的现金越多,商业银行创造存款货币的能力就越弱;反之亦然。

二是准备—存款比率。准备—存款比率是指商业银行法定准备金和超额准备金的总和占全部存款的比重,大小主要取决于中央银行和商业银行的行为。准备—存款比率越高,意味着更多的货币没有参加存款货币的创造过程,货币乘数就越小;反之,货币乘数就越大。

(4)影响货币乘数的主要因素。影响货币供给的因素包括中央银行增加货币发行、中央银行调节商业银行的可运用资金量、商业银行派生资金能力以及经济发展状况、企业和居民的货币需求状况等因素。①货币需求对货币供给的决定。货币供给与货币需求密切相关。从两者的相关程度考察,是货币需求决定货币供给,货币供给满足货币需求,从而实现货币供求均衡。但在现实生活中,货币需求均衡是偶然的,货币供求失衡是经常的,其中货币供求不相适应是产生这种现象的原因之一。原因有三个方面。一是在纸币流通下,货币需求本身有两种情况:一种是经济总量和适度经济增长对货币的客观需求;另一种是经济过热、通货膨胀对货币的虚假需求。如果按过热的经济发展对货币的不合理需求供给货币。货币供给必然过多,必然造成社会总需求与总供给失衡。二是货币供给与需求的主体不同。货币需求的主体有企业、居民和政府部门,而货币供需数量上也不可能完全一致;三是由于货币供需本身是非常复杂的经济运行过程,生产、交换、分配、消费活动,各种微观经济主体的活动,都会影响货币供需的变化。②财政体系对货币供给的决定。财政影响货币供给主要是通过财政节余(以及赤字)和国债的数量与处理方法来实现的。财政节余会减少货币供给,而财政赤字会加大货币供给,相应地,国债的增加也会加大货币供给。③企业行为对货币供给的决定。企业行为对货币供给的影响主要包括以下几点。第一,企业生产经营规模扩大影响货币供给。增加固定资产投资和补充流动资金,表现为扩大货币需求与供给,包括扩大自有资金积累和增加借款等。第二,企业经营效益影响货币供给。企业经营效益高,投入少、产出多,资金周转快,货币需求量相对减少,从而减小货币供应量的压力。反之,经营效益差,投入多、产出少,资金周转缓慢,甚至亏损经营,不过会因现金流量减少而引起资金缺乏,甚至置疑增加追加银行贷款的需求,从而给银行货币供给增加压力。第三,企业经营机制影响货币供给。在企业经营机制尚未转化、资金实行供给制的条件下,企业用种种办法挪用挤占流动资金。如将流动资金用于固定资产更新改造和扩大基本建设,用资金购买国债,交付税金,弥补亏损,把应计入成本或损益的开支挂账等等。这些情况会造成企业的流动资金需求缺口,迫使银行增加货币供应。另外,在基本建设投资体制尚未转换、投资主体未实现多元化的情况下,企业会因无风险约束机制而出现投资扩张冲动,争投资,上项目,往往超过国力可能,造成固定资金需求缺口,在财政无力供应或弥补的情况下,迫使银行增加贷款,增加非正常的货币供应。因此,转换企业经营机制,就是要使企业成为具有自主经营、自负盈亏、自我发展、自我约束机制的独立的经济法人,真正走向市场。企业的资金需要,除加强自我积累外,应通过面向市场融资解决,增加直接融资的比重,减少银行货币供给量。第四,企业的涉外业务影响货币供给量。随着对外开放力度的加大,尤其是我国加入WTO后,企业对外贸易的自主权提高了,外汇收支频度和数额加大,银行向企业结售汇,从而影响到国家的外汇储备的额度和人民币投放量的大小。④居民行为对货币供给的决定。从居民行为角度分析其对货币供应量的影响,可以分为居民可支配收入对货币供给量的影响和居民可支配支出对货币供给量的影响两个方面。居民可支配收入在总体国民收入中所占的比重应坚持收入增长与经济效益挂钩原则,否则收入分配过分向个人倾斜,就会迫使银行增加货币供给,特别是会增加现金货币的供给甚至出现供给过度。居民可支配支出对货币供给的决定表现在:在居民收入既定的条件下,其收入如何支配,是用于消费,还是用于储蓄抑或是用于投资,这会影响居民可支配收入储蓄率和投资率的高低,而储蓄、投资和消费是此消彼长的,并对货币供给产生不同的影响。

货币供给还可划分为以货币单位来表示的名义货币供给和以流通中货币所能购买的商品和服务表示的实际货币供给等两种形式。

3)简单乘数模型

$M=(1/rd)\times B=mB$ 货币供应量的多少基本取决于基础货币和货币乘数两个因素。由于基础货币基本上是受中央银行货币政策所左右,所以从该模型的这一决定因素看,货币供应具有外生性,是外生变量。货币乘数中有些因素不受中央银行的直接控制,所以货币供应量也有一定的内生性。

(1)货币乘数是研究货币供应量问题的基础。

货币乘数的意义——货币供应与基础货币之间通过货币乘数联系起来。

所谓货币乘数,又叫货币扩张系数,是指货币供应 M 与基础货币 B 之比,用 m 表示,即:

$$m=\text{货币乘数}=\text{货币供应量}/\text{基础货币}=M/B$$

(2)货币供应方程式:表示货币供应 M 与基础货币 B 及货币乘数 m 之间的关系,即:

$$M=\text{货币供应}=\text{货币乘数}\times\text{基础货币}=m\times B$$

此式表示,货币供应数倍于基础货币,这个倍数就是货币乘数。正是由于这个原因,人们通常又将基础货币称为高能货币(High-Powered money)。

4)乔顿的货币供给模型

假定:流通中现金(C)和支票存款(D)的比率为漏现比率 c,$c=C/D$;非交易存款(T)和支票存款的比率 t,$t=T/D$;银行持有的总准备金为 R,其中,超额准备金占支票存款的比率为 e;支票存款的法定准备金率为 rd,定期存款的法定准备金率为 rt。

推导:

根据定义:$B=C+R$;$M=C+D$;总准备金 R 等于支票存款的法定准备金 $rd\times D$ 和非交易存款的法定准备金 $T\times rt$ 及超额准备金 $e\times D$ 之和,即:

$$R=rd\times D+T\times rt+e\times D$$

又因为 $T=t\times D$,所以有

$$R=(rd+t\times rt+e)D$$

又因为 $C=c\times D$,所以有

$$m=M/B=(C+D)/(C+R)=(1+c)D/(rd+rt\times t+e+c)D$$

$$=(1+c)/(rd+rt\times t+e+c)$$

这样,我们就推导出了货币供给 M_1 的乘数 m,类似的,我们还可以推导出 M_2 的乘数。

由上式看来,只在 $(rd+t\times rt+e)<1$,货币乘数 m 就大于 1,因此,基础货币的增减将导致数倍的货币供给增减。例如,假定漏现比率 $c=0.30$,非交易存款比率 $t=2.50$,支票存款的法定准备率 $rd=0.06$,非交易存款的法定准备率 $rt=0.01$,银行的超额存款准备金率 $e=0.02$,则有

$$m=(1+0.30)/(0.06+0.01\times 2.5+0.02+0.30)=3.210$$

这表明,基础货币每增减 1 元,货币供给 M_1 将增减 3.210 元。

不难看出,货币供给之所以和基础货币之间具有倍数(即乘数)的关系,主要是由于银行准备金 R 的多倍存款创造作用。

10.3　货币需求与货币供给均衡

10.3.1　货币均衡与失衡的含义

货币均衡是指货币供给与货币需求基本相适应的货币流通状态。而如果在货币流通过程中,$m_d\neq m_s$,则为货币失衡。所谓货币均衡,是指货币供给与货币需求基本相适应的货币流通状态。其具体涵义是货币供给量的实际操作结果和客观需求量相一致,或当年的货币发行量与经济增长的合理需求相适应。在现实生活中,货币供给与货币需求之间往往呈现三种状态:供给大于需求;需求大于供给;供需基本相适应。前两种状态,我们称之为货币失衡,它往往会导致市场价格和币值不稳,对国民经济带来负面影响。而第三种状态,即货币均衡状态是最为理想的。在实际经济生活中,绝对的货币均衡往往很难实现,因为一国经济状况甚至国际经济环境都处于经常变动之中,影响货币需求和货币供给的因素也千变万化,一旦经济情况出现波动,就必然破坏原有的均衡关系,出现货币失衡。这时就需要中央银行综合运用各种机制和调节手段,重新建立新的货币均衡关系。因此说,货币均衡是一个动态的概念,是一个不断由均衡到失衡,再由失衡回复到均衡的不断运动的过程。同时它也是一种在经常发生的货币失衡中暂时达到的均衡状态,因而货币均衡又具有相对性。

货币均衡的实质是社会总供求平衡的一种反映。在商品经济条件下,一国的经济运行可以概括为两方面:一方面是商品、劳务的运行,由此产生社会总供求;另一方面是货币和货币经济的运行,由此产生货币总供求。这两个方面是紧密联系在一起的。

社会总供求的均衡是货币供求均衡的基础。因为货币的供求在根本上取决于社会的总供求。社会总供求的规模决定了货币供求的总量,社会总供求的结构决定了货币量的分布与结构。所以,货币供求的均衡是以社会总供求的均衡为基础的。

货币供求的均衡是实现社会总供求平衡的条件。在货币供求均衡时,币值稳定,货币流通正常,市场物价稳定,这就为经济的发展创造了良好的货币环境,为实现社会总供求的均衡提供了重要的条件。

10.3.2 货币均衡的实现机制

在计划经济条件下，利率由国家统一制定，而且企业缺乏经营自主权，没有一种有效的机制自动约束企业行为，这导致货币供求与利率的变化之间不存在直接联系，货币均衡也就难以通过利率机制实现。而在市场经济条件下，利率不仅是货币供求是否均衡的重要信号，而且对货币供求具有明显的调节功能。因此，货币均衡便可以通过利率机制的作用而实现。

就货币供给而言，当市场利率升高时，一方面社会公众因持币机会成本加大而减少现金提取，这样就使现金比率缩小，货币乘数加大，货币供给增加；另一方面，银行因贷款收益增加而减少超额准备金来扩大贷款规模，这样就使超额准备金率下降，货币乘数变大，货币供给增加。所以，利率与货币供给量之间存在着同方向变动关系。

就货币需求来说，当市场利率升高时，人们的持币机会成本加大，必然导致人们对金融生息资产需求的增加和对货币需求的减少。所以利率同货币需求之间存在反方向变动关系。当货币市场上出现均衡利率水平时，货币供给与货币需求相等，货币均衡状态便得以实现。当市场均衡利率变化时，货币供给与货币需求也会随之变化，最终在新的均衡货币量上实现新的货币均衡。

课后习题

一、名词解释

1. 货币需求　2. 主观货币需求　3. 客观货币需求　4. 名义货币需求　5. 实际货币需求　6. 货币供给　7. 基础货币　8. 派生货币

二、简答题

1. 简述凯恩斯的货币需求论。
2. 简述马克思的货币需求论。
3. 简述银行派生货币过程。
4. 简述影响货币需求的因素。
5. 简述影响货币乘数的因素。

第 11 章　通货膨胀与通货紧缩

教学目标

1. 了解通货膨胀和通货膨胀的类型；
2. 理解通货膨胀和通货紧缩的概念；
3. 掌握通货膨胀和通货紧缩产生的原因；
4. 掌握通货膨胀或通货紧缩治理的对策。

11.1　通货膨胀

11.1.1　通货膨胀的含义

通货膨胀是指纸币的发行量超过商品流通中所需要的货币量而引起的货币贬值、物价上涨的现象。通货膨胀不是指一次性或短期的一般价格水平的上涨，而是持续上涨。通货膨胀不是指个别商品价格或某个行业商品价格的上升。在流通中所需的金属货币量已定的情况下，纸币发行越多，单位纸币所能代表的金属货币量就越少，纸币的贬值程度就越大。通货膨胀是纸币流通条件下特有的一种社会经济现象。纸币流通规律表明，纸币发行量不得超过它象征地代表的金银货币量，一旦超过了这个量，纸币就要贬值，物价就要上涨，从而出现通货膨胀。通货膨胀只有在纸币流通的条件下才会出现，在金银货币流通的条件下不会出现此种现象。因为金银货币本身具有价值，作为贮藏手段的职能，可以自发地调节流通中的货币量，使它同商品流通所需要的货币量相适应。而在纸币流通的条件下，因为纸币本身不具有价值，它只是代表金银货币的符号，不能作为贮藏手段，因此，纸币的发行量如果超过了商品流通所需要的数量，就会贬值。商品流通中所需要的金银货币量不变，而纸币发行量超过了金银货币量的一倍，单位纸币就只能代表单位金银货币价值量的1/2，在这种情况下，如果用纸币来计量物价，物价就上涨了一倍，这就是通常所说的货币贬值。

11.1.2　通货膨胀的衡量指标

通货膨胀的衡量用通货膨胀率来表示。通货膨胀率是货币超发部分与实际需要的货币量之比，用以反映通货膨胀、货币贬值的程度；但通货膨胀率取决于物价指数，而价格指数则是反映价格变动趋势和程度的相对数。通货膨胀率用公式表示为：

通货膨胀率 =（现期物价水平 - 基期物价水平）/基期物价水平

其中基期就是选定某年的物价水平作为一个参照，这样就可以把其他各期的物价水平通过与基期水平作一对比，从而衡量现今的通货膨胀水平。在实际中，一般不直接、也不可能计算通货膨胀，而是通过价格指数的增长率来间接表示。通用的量测法包括以下几方面。

1. 消费者物价指数(CPI)

消费者物价指数指的是衡量所选定的一篮子消费品购买价格的指数。测量由“典型消费者”所购物品之价格,是对一个固定的消费品篮子价格的衡量,主要反映消费者支付商品和劳务的价格变化情况,以百分比变化为表达形式。CPI 的计算公式为:

$$\text{CPI} = \frac{\text{一组固定商品按当期价格计算的价值}}{\text{一组固定商品按基期价格计算的价值}} \times 100\%$$

CPI 告诉人们的是,对普通家庭的支出来说,购买具有代表性的一组商品,在今天要比过去某一时间多花费多少,例如,若 1995 年某国普通家庭每个月购买一组商品的费用为 800 元,而 2000 年购买这一组商品的费用为 1 000 元,那么该国 2000 年的消费价格指数为(以 1995 年为基期)CPI = 1 000/800 × 100% = 125%,也就是说上涨了 25%。在日常中我们更关心的是通货膨胀率,它被定义为从一个时期到另一个时期价格水平变动的百分比,其公式为:

$$T = (P_1 - P_0)/P_0$$

式中:T——1 时期的通货膨胀率;

P_1 和 P_0——1 时期和 0 时期的价格水平。

如果用上面介绍的消费价格指数来衡量价格水平,则通货膨胀率就是不同时期的消费价格指数变动的百分比。假如一个经济体的消费价格指数从去年的 100 增加到今年的 112,那么这一时期的通货膨胀率就为 $T = (112 - 100)/100 \times 100\% = 12\%$,就是说通货膨胀率为 12%,表现为物价上涨 12%。

2. 生产者物价指数(PPI)

生产者物价指数测量生产者收购物料的价格,该价格是制造商和批发商在生产的不同阶段为商品支付的价格。PPI 反应慢于 CPI,具有典型的延迟。它主要反映生产资料的价格变化状况,用于衡量各种商品在不同生产阶段的成本价格变化情况。一般是统计部门通过向各大生产商搜集各种产品的报价资料,再加权换算成百进位形式以方便比较。美国是以 1967 年的指数当作 100 进行比较的,该指标由劳工部每月公布一次,对未来(一般在 3 个月后)的价格水平的上升或下降影响很大,也是预示今后市场总体价格的趋势。因此,生产者物价指数是一个通货膨胀的先行指数,当生产原料及半制成品价格上升,数个月后,便会反映到消费产品的价格上,进而引起整体物价水平的上升,导致通胀加剧。相反,当该指数下降,即生产资料价格在生产过程中有下降的趋势,也会彭响到整体价格水平下降,减弱通胀的压力。但是,该数据由于未能包括一些商业折扣,故无法完全反映真正的物价上升速度,以致有时出现夸大的效果。另外,由于农产品是随季节变化的,而且能源价格也会周期性变动,对该价格指标影响很大,所以使用该指标时须加整理或剔除食品和能源价格后才宜作分析。在外汇交易市场上,交易员都十分关注该指标。如果生产物价指数较预期为高,则有通货膨胀的可能,央行可能会实行紧缩货币政策,对该国货币有利好影响。如果生产物价指数下跌,则会带来相反效果的影响。

3. GDP 平减指数

GDP 平减指数为基于国内生产总值的计算:名目 GDP 与经通货膨胀修正后的 GDP(即不变价格 GDP 或实质 GDP)两者间所使用的金钱之比例。这是对价格水平最宏观的测量。本指数也用来计算 GDP 的组成部分,如个人消费开支。美国联邦储备改用个人消费平减指数及其他平减指数作为制订“反通胀政策”的参考。

在以上三种物价指数中，由于消费者价格是反映商品经过流通各环节形成的最终价格，它最全面地反映了商品流通对货币的需要量，因此消费者价格指数是最能充分、全面反映通货膨胀率的价格指数。目前，世界各国基本上均用消费者价格指数（我国称居民消费价格指数），也即 CPI 来反映通货膨胀的程度。

11.1.3 通货膨胀的类型

1. 按通货膨胀的程度不同划分

（1）温和的通货膨胀，又称爬行的通货膨胀或不知不觉的通货膨胀。这种类型的通货膨胀发展缓慢，短期内不易觉察，但持续的时间很长。很多经济学家认为，通货膨胀率在 2.5% 以下的不能称为通货膨胀，达 2.5% 的称为温和的通货膨胀。

（2）恶性通货膨胀，又称极度通货膨胀或无法控制的通货膨胀。这种通货膨胀的特点是价格飞速上涨，货币贬值达到天文数字，正常的经济活动日趋紊乱，最后导致整个货币制度的崩溃。如一战后，1923 年的德国，一个月物价上涨数十倍，最后马克只相当于原来价值的万分之一。二战后的旧中国，出现自 1937—1949 年长达 12 年之久的恶性通货膨胀，物价指数上升超过万亿倍。巴西 1986 年通货膨胀率达 234%，1989 年更猛增至 1 765%。

（3）跑马式的通货膨胀，也称快步小跑式通货膨胀。通货膨胀率达到两位数字，这种情况下，人们不愿意存纸币，尽可能地储存实物，以避免遭受损失。

2. 按通货膨胀的表现形式不同划分

（1）隐蔽的通货膨胀，又称压制型通货膨胀或被遏制的通货膨胀，其特点是国家控制物价，主要消费品价格基本保持人为平衡，表现为隐蔽性的一般物价水平普遍上涨，市场商品供应紧张、凭证限量供应商品、变相涨价、黑市活跃、商品走后门等。

（2）公开的通货膨胀，又称开放式的通货膨胀。其特点是商品价格是开放性的，随市场供求自由涨落，只要出现通货膨胀，其价格水平明显上升。因此物价指数的变化能反映通货膨胀的程度。

3. 按通货膨胀产生的原因不同划分

（1）需求拉上型通货膨胀。需求拉上型通货膨胀是指社会总需求增长过快所引起的一般价格水平的普遍而持续的上涨。

在社会总需求中，无论是消费、投资增加，还是政府支出或净出口的增加，都能使需求增加，都能引起通货膨胀。当社会总需求超过社会总供给时引起价格水平上涨，导致通货膨胀。这里值得我们进一步思考的是社会总需求超过社会总供给原因又是什么？原因之一是货币数量的过度增加。这是导致社会总需求过剩从而引发通货膨胀的根源。“通货膨胀无论何时何地都是一种货币现象”，如果货币供给量和产出量保持同一比例增长，则不会引发通货膨胀；如果货币供给量的增长超过了产量的增长率，就会出现“过多的货币追逐太少的商品”引发通货膨胀。原因之二是充分就业下有效总需求的作用。当有效总需求超过总供给时就出现通货膨胀缺口（即有效总需求超出充分就业条件下可实现总供给的差额部分），并最终以物价上涨的形式填补缺口。因为经济达到充分就业时，资源已被充分利用，总需求不断增加时总供给却无法再增加，只能以通货膨胀的方式使得总需求和总供给在更高的价格水平上达到新的平衡；如果经济尚未达到充分就业，资源未被充分利用，则总需求的增加会扩大产业和增加就业,而不是带来通货膨胀。

(2)成本推动型通货膨胀。成本推动型通货膨胀是指由于供给方面成本的提高所引起的价格水平普遍而持续的上涨。

成本推动型通货膨胀由于成本上升时的原因不同,可以分为三种类型:工资推动、利润推动、进口和出口推动。在总需求不变的情况下,由于生产要素价格(如工资、利润、租金和利息等)的上升而带来的生产成本上升同样可以引发一般物价水平的普遍上升。这种原因在实际经济活动中有两种类型。一种是工资成本推动型。在完全竞争的劳动力市场条件下,工资的提高迫使企业为保持赢利水平而提高产品价格,从而引起物价上涨,价格的上涨反过来又引起工资提高,如此反复,出现了工资—价格的螺旋上升。另一种是利润推动型。当市场中具有垄断力量的企业为追求利润而制定垄断价格,并且价格的上涨速度超过成本支出的增加速度,就可能出现利润推动型的通货膨胀。

(3)需求拉动和成本推动混合型通货膨胀。在现实经济生活中,需求拉动和成本推动的作用常常是混在一起的,成为混合型通货膨胀。假设需求拉动在先,其后是成本推动。

(4)结构型通货膨胀。结构型通货膨胀是在供求基本平衡条件下,由于个别关键性商品供求比例失调,或者由于经济部门发展不平衡而引起的通货膨胀。在总供给不变的情况下,由于部门结构的变化、经济结构的独特性等可能导致通货膨胀。这种原因在实际经济活动中表现出两种主要形式。一种形式是结构差异型通货膨胀。随着经济的发展,新旧产业交替,需求结构不断变化,部分产品供不应求,价格上涨,工资也随之上涨,而劳动力和生产要素可能无法及时转移来调整供给结构,国民经济出现结构性失衡,最终导致一般物价水平的持续上涨。另一种形式是落后经济型结构性通货膨胀。发展中国家普遍存在经济结构不合理,部分产品(如农产品、进口产品等)很容易随经济发展出现价格上涨。例如,大多发展中国家在工业化进程中出口的初级产品通常需求弹性小,增长缓慢,而进口产品往往需求弹性很大,从而导致国际收支逆差和货币贬值,二者反过来又推动进口商品价格上升,并随之推动国内生产成本和一般物价水平上升。一是国内某些部门,甚至某些大宗关键产品需求过多而供给不足,导致价格猛涨,并且只涨不跌,进而扩散到其他部门产品的价格,从而使一般物价水平持续上涨;二是国内各部门劳动生产率发展不平衡,导致劳动生产率提高较快的部门货币工资增长后,其他部门的货币工资也会随之增长,引起价格上涨,从而使一般物价水平普遍上涨;三是开放型经济部门的产品价格,受国际市场价格水平影响而趋于提高时,会波及非开放型经济部门,从而导致一般物价水平的上涨。

(5)输入型通货膨胀。由于输入品价格上涨而引起国内物价的普遍上涨。这种类型一般出现在世界性通货膨胀的情况下,并通过国际贸易、跨国公司、开放型经济部门等途径在国际间传播。

11.1.4 通货膨胀的经济效应

1. 宏观经济效应

(1)对收入分配的影响。当发生未预期通货膨胀时,有固定货币收入的人以及债权人遭受损失。相反,对于非固定收入者及债务人都是受益者。在现代社会中主要包括股票持有者、企业和国家。

(2)对财产分配的影响。由于通货膨胀侵蚀着货币购买力,使任何以固定货币数量计算的资产的真实价值也受到影响。对于持有不变价格财产的人来说其拥有的债券、银行存款的票面价值是相对固定的，实际价值将随物价上涨而下降。对于持有可变价值财产的人来说，则正好相反，他们会因通货膨胀而受益。

（3）对于经济效益的影响。通货膨胀造成人们对货币贬值的预期，导致流通中的囤积居奇，出现“投资不如投机，生产不如囤积，存钱不如存货”现象。导致生产下降，通货膨胀恶化，企业不再致力于提高产品质量，提高生产效率，降低成本，而是乘通货膨胀之机，抬高物价，粗制滥造，结果形成资源浪费，生产能力降低，严重影响经济效益。

（4）对经济增长的影响。从短期看，当有效需求不足而且社会存在闲置生产能力时，通货膨胀可以刺激政府的投资性支出，扩大总需求，从而能够刺激经济增长。从长期看，通货膨胀会增加生产性投资风险，提高经营成本，使生产投资下降，从而不利于经济增长。

（5）对国际收支的影响。通货膨胀的国家，国内市场商品价格上涨，出口商品价格也上涨，从而影响出口商品在国际市场上的竞争能力，出口减少。而本国货币贬值，必然导致进口商品价格降低，进口增加，致使国际收支恶化。

2. 微观经济效应

（1）企业利益受到损害。在通货膨胀的情况下，生产要素价格上涨首先引致企业成本增加，利润相对减少，这时尽管企业可以通过涨价来提高利润，但如果企业利润增长率低于物价增长率，企业就可能无利可图，甚至亏损或倒闭。

（2）消费者利益受到损害。通货膨胀将导致货币贬值，人们的实际收入相对降低，尤其，当人们的实际收入增长速度低于物价增长速度时，消费者的实际消费水平会随之相对下降。

（3）工人的利益受到损害。当物价持续上涨的幅度高于工资上涨的幅度时，工人利益直接受损。尽管工人可以利用通货膨胀的预期，防止工资上涨的幅度滞后于物价上涨幅度，但工人工资的预期调整速度往往赶不上物价上涨的速度。

（4）政府的利益受到损害。通货膨胀会增大中央和地方政府财政支出和财政补贴。如在物价持续上涨的压力下，政府不得不增加消费者物价补贴、企业亏损补贴和行政开支。

（5）对外贸易部门利益受到损害。在汇率不变的情况下，过高的通货胀率将抑制出口，造成本国货币对外币贬值，不利对外贸易的发展。

3. 失业与通货膨胀的关系——菲利普斯曲线

（1）菲利普斯曲线。菲利普斯曲线是表示通货膨胀率（或货币工资变动率）与失业率之间相互关系的曲线。菲利普斯曲线表明失业率与货币工资变动率（通货膨胀率）存在负相关关系：失业率越低，货币工资率（通货膨胀率）越高；失业率越高，货币工资率（通货膨胀率）越低。

（2）附加预期的菲利普斯曲线。理性预期学派认为，在短期中，劳动者对价格预期是既定的，无法调整的。当通货膨胀率超过预期的通货膨胀率时，劳动者也无法要求增加工资，生产者的利润由于通货膨胀的发生而增加，生产者扩大生产，创造了新的就业，从而失业减少；反之亦然。因此通货膨胀与失业率是反方向变化的。

在长期中，预期的通货膨胀率是可调整的，因此通货膨胀率的变化对劳动者的实际工资没有影响，对生产者的利润也没有影响，因此不会导致生产者调整投资，因而对就业没有影响。所以，通货膨胀与失业无关。

11.1.5 抑制通货膨胀的措施

1. 控制需求

通货膨胀的一个基本原因在于总需求超过了总供给。因此,治理通货膨胀首先是控制需求,实行紧缩型政策。紧缩型政策是当前各国对付通货膨胀的传统手段,是迄今为止运用得最广、最为有效的政策措施。其主要内容包括紧缩型财政政策、紧缩型货币政策等。

(1)紧缩型财政政策。紧缩型财政政策主要是通过削减财政支出和增加税收的办法来治理通货膨胀。削减财政支出的目的是通过限制支出而减少政府的需求,从而缩减总需求。其措施主要有:减少国家基本建设和投资支出,限制公共事业投资,削减政府各部门的经费支出,减少社会福利支出等。增加税收主要是增加企业与个人的税收,增税以后,企业与个人收入减少,从而降低投资水平与消费水平。

(2)紧缩型货币政策。紧缩型货币政策又称为"抽紧银根",通货膨胀的直接原因是货币供应量过多。因此要降低通货膨胀率,中央银行可以通过减少流通中货币供应量的办法来实现。具体措施包括:通过公开市场业务出售政府债券,回笼货币,减少经济体系中的存量;提高利率,如提高再贴现率、贴现率、法定存款准备金率、银行存款利率等。利率的上升促使人们将更多的钱用于储蓄,从而使消费需求减少,利率的上升使投资成本上升,对投资需求也有抑制作用。通过这些办法抑制总需求,使之接近于总供给,从而抑制通货膨胀。

2. 收入政策

收入政策主要是通过限制工资、物价的上升来抑制通货膨胀,采用的办法主要是:①颁布价格指导线;②以减税等手段刺激企业实行低价;③对工资、物价实行强制性的控制或管理。

3. 增加供给

造成通货膨胀的原因是社会的总需求大于总供给,治理通货膨胀一方面要通过紧缩型政策减少总需求,另一方面要增加总供给。主要措施有减税以提高劳动者的工作意愿和劳动生产率,增加企业的投资愿望,从而带动总供给的增加;减少政府对企业的限制,让企业更好地扩大商品供给;鼓励企业采用新技术,更新设备和调整产业结构。

4. 调整经济结构

由于引起通货膨胀的一个原因是经济结构的失调,所以治理通货膨胀的一个方案是调整经济结构,各产业部门之间保持一定比例,避免某些产品如粮食、原材料等供求因结构失调而推动物价上涨。

5. 行政干预

这种措施主要为一些经济不太发达的国家所采用。内容主要有强制性停建一些工程项目,整顿市场流通,实行部分商品的经营垄断,实行消费品的凭票供应等。

6. 保持经济低速增长

由于经济的高速增长往往伴随着通货膨胀,近些年来,各国政府面临两种选择:或保持较高的经济增长速度,但同时保持较高的通货膨胀率;或降低经济增长速度,甚至以经济的衰退来压低通货膨胀率。不少发达国家往往选择后者。

11.2　通货紧缩

11.2.1　通货紧缩含义

通货紧缩是和通货膨胀相对应的一个概念。所谓通货紧缩,就是流通中作用于商品与劳务交换的货币减少,它表现为商品与劳务价格的持续下跌。长期的货币紧缩会抑制投资与生产,导致失业率升高及经济衰退。保罗·萨缪尔森的表述,价格和成本正在普遍下降即是通货紧缩。通常认为通货紧缩具备三个基本特征:一是物价的普遍持续下降;二是货币供给量的连续下降;三是有效需求不足,经济全面衰退。通货紧缩的衡量指标和通货膨胀一样是用物价指数进行测度,既消费者物价指数、生产者物价指数、GDP 平减指数和零售物价指数。

11.2.2　通货紧缩的类型

通货紧缩类型的划分,对于全面准确地把握通货紧缩的性质、机理,针对不同情况寻找不同的治理对策具有重要意义。按照不同的标准,通货紧缩可以划分为以下几种不同的类型。

1. 按照通货紧缩的发生程度不同可以分为相对通货紧缩和绝对通货紧缩

相对通货紧缩是指物价水平在零值以上,在适合一国经济发展和充分就业的物价水平区间以下,在这种状态下,物价水平虽然还是正增长,但已经低于该国正常经济发展和充分就业所需要的物价水平,通货处于相对不足的状态。这种情形已经开始损害经济的正常发展,虽然是轻微的,但如果不加重视,可能会有量变到质变,对经济发展的损害会加重。

绝对通货紧缩是指物价水平在零值以下,即物价出现负增长,这种状态说明一国通货处于绝对不足状态。这种状态的出现,极易造成经济衰退和萧条。根据对经济的影响程度,又可以分为轻度通货紧缩、中度通货紧缩和严重通货紧缩。而这三者的划分标准主要是物价绝对下降的幅度和持续的时间长度。一般来说,物价出现负增长,但幅度不大(比如 -5%),时间不超过两年的称为轻度通货紧缩。物价下降幅度较大(比如在 -10% ~ -5%),时间超过两年的称为中度通货紧缩。物价下降幅度超过两位数,持续时间超过两年甚至更长的情况称为严重通货紧缩,20 世纪 30 年代世界性的经济大萧条所对应的通货紧缩,就属此类。

2. 按照通货紧缩产生的原因不同,可以分为需求不足型通货紧缩和供给过剩型通货紧缩

所谓需求不足型通货紧缩,是指由于总需求不足,使得正常的供给显得相对过剩而出现的通货紧缩。由于引起总需求不足的原因可能是消费需求不足,投资需求不足,也可能是国外需求减少或者几种因素共同造成的不足,因此,依据造成需求不足的主要原因,可以把需求不足型的通货紧缩细分为消费抑制型通货紧缩、投资抑制型通货紧缩和国外需求减少型通货紧缩。所谓供给过剩型通货紧缩,是指由于技术进步和生产效率的提高,在一定时期产品数量的绝对过剩而引起的通货紧缩。这种产品的绝对过剩只可能发生在经济发展的某一阶段,如一些传统的生产、生活用品(像钢铁、落后的家电等),在市场机制调节不太灵敏,产

业结构调整严重滞后的情况下，可能会出现绝对的过剩。这种状态从某个角度来看，它并不是一个坏事，因为它说明人类的进步，是前进过程中的现象。但这种通货紧缩如果严重的话，则说明该国市场机制存在较大缺陷，同样会对经济的正常发展产生不利影响。

3. 按照通货紧缩的表现方式不同，可以把通货紧缩分为显性通货紧缩和隐性通货紧缩

界定通货紧缩，在一般情况下可以而且能够用物价水平的变动来衡量，因为通货紧缩与通货膨胀一样是一种货币现象。但是如果采取非市场的手段，硬性维持价格的稳定，就会出现实际产生了通货紧缩，但价格可能并没有降低下来的状况，而这种类型的通货紧缩就是隐性通货紧缩。隐性通货紧缩的存在为我们的判断带来了困难，但并不影响我们以物价水平的变化作为通货紧缩的标准，就像隐性通货膨胀的存在，不影响我们以物价水平作为通货膨胀是否发生的判断标准一样。

11.2.3 通货紧缩成因

1. 适度从紧的货币政策

如果一国采取紧缩性的货币财政政策，降低货币供应量，削减公共开支，减少转移支付，就会使商品市场和货币市场出现失衡，出现“过多的商品追求过少的货币”，从而引起政策紧缩性的通货紧缩。

2. 经济体制的重大改革

体制转轨引起的社会经济关系的调整，在很大程度上影响着人们的行为和人们对未来的预期，如果人们预期将来收入会减少，支出将增加，那么人们就会“少花钱，多储蓄”，引起有效需求不足，物价下降，从而出现体制变化性的通货紧缩。

3. 出口的减少

如果一国实行钉住强币的联系汇率制度，本国货币又被高估，那么，会导致出口下降，国内商品过剩，企业经营困难，社会需求减少，则物价就会持续下跌，从而形成外部冲击性的通货紧缩。

11.2.4 通货紧缩危害

1. 通货紧缩对失业的影响

通货紧缩会使失业率激增，造成社会悲观情绪蔓延，往往左右了政府的经济政策。

2. 通货紧缩对经济增长的影响

通货紧缩使社会生产资料、资本闲置，拉大潜在发展能力与实际发展能力的差距。物价的持续下降会使生产者利润减少甚至亏损，继而减少生产或停产；使债务人受损，继而影响生产和投资，生产投资减少会导致失业增加居民收入减少，加剧总需求不足。

3. 通货紧缩也会引起社会财富的再分配

在物价持续下降的经济环境中，大部分利益主体也受到不同程度的利益损害。①不利于提高大多数企业的整体利益。通货膨胀率过低表明社会总需求小于总供给，整个社会生产能力出现过剩，购买力不足，这直接阻碍企业继续生存与发展。②侵害了大多数消费者的利益。通货紧缩对产出和就业总水平有着一定的负面影响，从而使人们的实际收入绝对地减少，消费绝对地缩减。③损害了工人的利益。在通货紧缩的情况下，企业可能出现开工不足，以致失业率提高，这不仅危害失业工人的利益，而且也危及在职工人的利益。④增加了政府的负担。企业效益下滑一方面减少了政府的财政收入，另一方面工人失业增加了政府

的失业、救济补贴。⑤抑制进口，使国际收支平衡发生困难，也不利对外贸易的发展。

11.2.5　通货紧缩治理方法

1. 积极的货币与财政政策

要治理通货紧缩，必须实行积极的财政政策，增加政府公共支出，调整政府收支结构。对具有极大增长潜力的高新技术产业，实行税收优惠，尽可能地减少对企业的亏损补贴以及各种形式的价格补贴，利用财政贴息的方式启动民间投资，大力发展民营经济，引导其资金投向社会急需发展的基础设施领域，在继续增加国家机关和企事业单位以及退休人员工资的基础上，更要把增加农民和中低收入者的收入水平当作一件大事来抓。总之，实行积极的财政政策，就是要在加大支出力度的基础上，优化财政收支结构，既要刺激消费和投资需求，又要增加有效供给。通货紧缩既然是一种货币现象，那么治理通货紧缩，也就必须采取扩张性的货币政策，增加货币供给，以满足社会对货币的需求。增加货币供给的方式不外乎从基础货币和货币乘数两个方面着手。作为中央银行可以充分利用自己掌握的货币政策工具，影响和引导商业银行及社会公众的预期和行为。在通货紧缩时期，一般要降低中央银行的再贴现率和法定存款准备金率，从社会主体手中买进政府债券，同时采用一切可能的方法，鼓励商业银行扩张信用，从而增加货币供给。具体操作要根据造成货币供给不足的原因，灵活掌握。

财政政策与货币政策的配合运用，是治理通货紧缩和通货膨胀的主要政策措施，但由于货币政策具有滞后性的特点，而且在通货紧缩时期，利率弹性较小，因此财政政策的效果一般比货币政策更直接有效。

2. 完善社会保障体系

建立健全社会保障体系，适当改善国民收入的分配格局，提高中下层居民的收入水平和消费水平，以增加消费需求。

3. 积极扩大出口

政府积极引导出口贸易的发展，利用政策性的优惠措施来促进出口贸易的发展，以发挥出口拉动经济的作用。如积极利用出口信贷、出口信用保险等政策。

4. 积极调整经济结构

对由于某些行业的产品或某个层次的商品生产绝对过剩引发的通货紧缩，一般采用结构性调整的手段，即减少过剩部门或行业的产量，鼓励新兴部门或行业发展。

课后习题

一、名词解释

1. 通货膨胀　2. 消费者物价指数　3. 生产者物价指数　4. GDP 平减指数　5. 零售物价指数　6. 温和通货膨胀　7. 恶性通货膨胀　8. 需求拉上型通货膨胀　9. 成本推动型通货膨胀　10. 结构型通货膨胀　11. 通货紧缩

二、简答题

1. 简述通货膨胀效应。
2. 简述抑制通货膨胀的措施。
3. 简述通货紧缩治理方法。

第12章 金融市场

学习目标：

1. 了解黄金和白银市场；
2. 理解金融市场的内涵；
3. 掌握货币市场的类型和结构；
4. 掌握资本市场的类型和结构；
5. 掌握衍生市场的类型和结构。

12.1 金融市场概述

12.1.1 金融市场的定义

金融市场是以金融资产为交易对象而形成的供求关系及其机制的总和。这个概念包括如下三层含义。一是金融市场是进行金融资产交易的场所，这个场所可以是有形的，如证券交易所、期货交易所；也可以是无形的，如外汇交易员们通过电信网络构成的看不见的市场所进行的资金调拨。二是金融市场反映了金融资产的供应者和需求者之间所形成的供求关系。三是金融市场包含了金融资产交易过程中所产生的运行机制，其中最主要的是价格机制，表现为金融产品的价格和资金借贷的利率。

衡量金融市场的指标有广度、深度和弹性。广度指金融市场参与者的类型及复杂程度，参与者的类型和数量越多，则市场被某一部分人控制的可能性就越小。如机构投资者、长期投资者、投机者、散户等。深度主要指市场中是否存在足够大的经常交易量，从而可以保证某一时期、特定范围内的成交量变动不会导致市价的失常性波动。弹性是指应付突发事件的能力及大额成交后价格迅速调整的能力。

12.1.2 金融市场的分类

1. 按交易对象划分

以金融产品的交易对象为依据，可以把金融市场划分为货币市场、资本市场、外汇市场和黄金市场。

(1)货币市场。货币市场是指以期限在一年以内的金融资产为交易标的物的短期金融市场。该市场的主要功能是保持金融资产的流动性，以便随时转换成可以流通的货币。它的存在，一方面满足借款者的短期资金需求，另一方面也为暂时闲置的资金找到了出路。

在美国金融史上，早期的货币市场概念狭义地指对证券经纪商和交易商进行通知放款的市场。后来，货币市场的概念又广义地包含了短期资金市场。现在，货币市场一般指国库券、商业票据、银行承兑汇票、可转让定期存单、回购协议等短期信用工具买卖的市场。许多国家将银行短期信用工具也归入货币市场的业务范围。其中拆借市场和票据市场是最重要的两个市场。拆借市场是金融机构间进行短期资金融通的市场,主要为各金融机构如商业银行弥补短期流动资金不足、降低资金闲置提供一个渠道。票据市场是以各种票据为媒体进行资金融通的市场,按照票据的种类,可以分为商业票据市场、银行承兑票据市场和大额可转让存单市场。

(2)资本市场。资本市场是指期限在一年以上的金融资产交易的市场。资本市场包括两部分:一是银行中长期存贷款市场;另一个是有价证券市场。但是由于在世界各国的长期资本市场中,证券市场是最为重要的市场,而且从长期来看,融资证券化是一种趋势,所以资本市场主要是指债券市场和股票市场。

资本市场的主要作用是为企业创建、扩充设备等长期项目以及政府筹集长期资金用于公用事业投资和保持财政收支平衡。由于它的期限比较长、金融工具的流动性比较低,因此该市场的风险相对较大。

(3)外汇市场。外汇市场是专门进行外汇买卖的场所,从事各种外币或以外币计价的票据及有价证券的交易。外汇市场按其含义有广义和狭义之分。狭义的外汇市场是银行间的外汇交易,包括同一市场各银行间的交易、中央银行和外汇银行间以及各国中央银行间的外汇交易活动,也被称为批发外汇市场(Wholesale Market);广义的外汇市场是指由各国中央银行、外汇银行、外汇经纪人及客户组成的外汇买卖、经营活动的总和,包括批发市场和银行同企业、个人间外汇买卖的零售市场(Retail Market)。

外汇市场是国际间资金的调拨划转、国际间债权债务的清偿、国际间资本流动以及跨国资金借贷融通的重要载体。通过外汇市场,购买力的国际转移得以实现,为国际经济交易提供了资金融通的渠道。

(4)黄金市场。黄金市场是专门进行黄金买卖的交易市场。目前黄金仍是重要的国际储备工具之一,是调节国际储备的重要手段,在国际结算中仍然占有很重要的地位,黄金市场的主要参与者有:企业、个人、各国的外汇银行和中央银行、进行市场投机而进行黄金买卖的个人和机构。黄金市场主要集中在伦敦、纽约、苏黎世、香港等地。

由于黄金具有商品和货币的双重职能,所以黄金市场亦有这两方面的内容:黄金商品市场和黄金信贷市场。黄金商品市场包括贵金属交易市场、金首饰市场和黄金租赁市场。黄金信贷市场是由银行与银行,银行与客户之间从事黄金信托、融资、储蓄业务的市场。黄金作为"硬通货",是国际经济来往的重要结算工具,各国中央银行把黄金储备作为衡量一个国家支付能力和经济实力的重要标志。黄金市场是国际投资活动的重要场所,黄金市场中黄金价格的变动会带来国际货币市场及外汇市场价格变化,可见黄金市场的重要性。

2. 按资金的融通方式来划分

按资金的融通方式来划分可以将金融市场划分为直接融资市场和间接融资市场。

(1)直接融资市场是指资金供给者直接向资金需求者进行融资的市场。直接融资是指资金供给者与资金需求者通过一定的金融工具直接形成债权债务关系的金融行为。在直接融资中,金融媒介的作用是帮助资金供给者与资金需求者形成债权债务关系。在这个过程中,金融媒介并不因此与资金供给者或者资金需求者之间形成债权债务关系。直接融资的工具有商业票据和直接借贷凭证、股票和债券。

直接融资的优势在于:①资金供求双方联系紧密,有利于合理配置资金,提高资金使用效率;②筹资成本较低而投资收益较大。

直接融资的局限在于:①直接融资的双方在资金数量、期限、利率等方面受到较多限制;②直接融资工具的流动性和变现能力受金融市场的发育程度的限制,一般低于间接融资工具;③资金供给方所承担的风险和责任较大。

(2)间接融资市场是指通过银行等信用中介的资产负债业务来进行资金融通的市场。间接融资是指资金供给者与资金需求者通过金融中介机构间接实现资金融通的行为。在间接融资中,资金的供求双方不直接形成债权债务关系,而是由金融中介机构分别与资金供求双方形成两个各自独立的债权债务关系。对资金的供给方来说,中介机构是债务人;对资金的需求方来说,中介机构是债权人。间接融资的工具:金融机构发行的各种融资工具,如存单、贷款合约等。

间接融资的优势在于:①多样化的融资工具可以灵活方便地满足资金供需双方的融资需求;②金融机构可以通过多样化的策略降低风险,安全性较高;③有利于提高金融活动的规模效益,提高全社会资金的使用效率。

间接融资的局限在于:①资金的供需双方的直接联系被割断,不利于供给方监督和约束资金的使用;②对需求方来说,增加了筹资成本;对供给方来说,降低了收益。

(3)直接融资市场和间接融资市场的差别并不在于是否有中介机构介入,而在于中介机构介入的方式和特征,即中介机构是否承担了债权或者债务。

3. 按交易程序划分

按照金融产品的交易程序为依据,可以把金融市场划分为一级市场(Primary Market)和二级市场(Secondary Market),又可称之为发行市场和流通市场。

一级市场是指通过发行新的金融工具、融通资金的市场,主要承担政府和公司企业新发行证券和股票的承销和分销业务,是证券或票据等金融工具最初发行的市场。在一级市场上,因为每笔交易都直接导致资金从盈余部门流向短缺部门,所以一级市场是金融市场的基础环节,是国民经济中储蓄向投资转化的关键因素。

二级市场是指将已经发行的金融工具再次流通、转手买卖的交易市场,主要由证券商和经纪人经营已经上市的股票和证券。金融资产的持有者需要资金时,可在二级市场出售其持有的金融资产,将其变现。想要进行投资却并没有进入一级市场的,可以在二级市场上购买金融资产。由于二级市场的存在大大增强了金融资产的流动性,促进了经济的繁荣,所以二级市场的发展规模程度是衡量一国金融市场发达程度的标志。

4. 按交割方式划分

按照金融交易中交割的方式和时间为依据,金融市场可以划分为现货市场与衍生市场。衍生市场又主要可以划分为:期货市场和期权市场。

现货市场是金融市场上的最普遍的交易方式,指市场上的买卖双方成交后须在若干交易日内办理交割的金融交易市场。包括现金交易、固定方式交易及保证金交易。

衍生市场是指各种衍生金融工具进行交易的市场。它一般表现为一些合约,包括远期合约、期货合约、期权合约、互换协议等。其中期货市场是指合约双方约定在未来一定时间交割一定标的物金融资产的市场。期权市场是进行各种期权交易的市场,是指买卖双方按照签订的合同合约,允许期权购买者在支付一定数量的期权价格后,有权在特定的时间按约定的价格买进或卖出一定数量的金融资产,期权的买方可以在期权到期日以前选择行使或放弃该权利。

5. 按金融交易的地域范围划分

金融市场交易按照其作用的地域范围来划分,可以把金融市场分为国内金融市场和国际金融市场。

国内金融市场是指金融工具交易的作用范围仅限于一国之内的市场,它除了包括全国性的以本币计值的金融工具交易市场之外,还包括一国范围内的地方性金融市场。在国内金融市场上,交易活动发生在本国居民之间,而不涉及其他国家的居民。国内市场的延伸就形成了国际金融市场,所以国内金融市场是国际金融市场的基础。

国际金融市场是指各种国际金融交易活动的场所,大多数是没有固定的交易地点,属于无形市场。国际金融市场的交易由众多的经营国际货币金融业务的机构组成,这些机构通过现代化的通信方式,进行各种跨越国境的金融交易。离岸金融市场也是国际金融市场的一部分,离岸金融市场以非居民为交易对象,资金来源于所在国的非居民或来自于国外的外币资金,该市场不受所在国的金融监管机构的管制,并且可以享受税收上的优惠,资金出入境没有限制。

12.1.3　金融市场的构成要素

1. 金融市场主体

所谓金融市场主体就是指金融市场的交易者。这些交易者可以是资金的供给者,也可以是资金的需求者,还可能以双重身份出现。对于金融市场来说,市场主体具有决定性的意义。首先,交易主体数量上的多少决定了金融市场的规模大小和发达程度。众多交易者的参与,可以保持金融市场的繁荣和稳定,并有效地防止金融市场的垄断,促进竞争;其次,金融市场主体间的竞争造就了品种繁多的金融产品,导致金融市场业务的不断创新,促进金融部门效率的提高,更好地满足投资者和筹资者的需要,成为连接国民经济各部门的纽带;最后,金融市场主体的多少与交易的频繁程度影响着金融市场的深度、广度与弹性。

根据交易者和交易关系,可将金融市场主体划分为资金需求者和资金供给者两类。资金需求者即筹资人,也是金融工具的发行者和出售者,通过发行金融工具来筹集资金。资金供给者即投资人,也是金融工具的购买者,他们通过购买金融工具,将自己暂时闲置的资金提供给资金短缺的筹资人。

根据宏观国民经济部门来划分,金融市场主体主要包括个人、企业、政府、存款性金融机构、非存款性金融机构和中央银行等。

2. 金融市场客体

金融市场客体是指金融市场的交易对象或交易的标的物,亦即通常所说的金融工具。金融工具最初又称信用工具,信用工具是表示债权、债务关系的凭证,是具有法律效力的契约。信用工具产生于金融市场形成以前,是商业信用发展的必然产物,但是由于商业信用的局限性,这些信用工具只能存在和应用于商品买卖双方,缺乏广泛的流动性和适用性。随着商品经济的进一步发展,在商业信用的基础上,又产生了银行信用和金融市场,银行信用和金融市场的产生和发展反过来又进一步促进了商业信用的发展,使金融工具成为金融市场的交易对象,从而将金融工具的潜在重要性日益体现了出来。

金融工具的数量和质量是决定金融市场效率和活力的关键因素。首先,从数量上看,金融市场主体之间的交易必须借助于以货币表示的各种金融工具来实现,否则,资金的融通就无法进行。因此,市场上金融工具的种类和数量越多,就越能为不同偏好的投资人和筹资人提供选择机会,满足他们的不同需求,从而充分发挥金融市场的资金融通功能,对活跃经济、优化资金配置起到积极的促进作用;其次,从质量上看,一种理想的金融工具必须既满足资金供给者的需要,又满足资金需求者的需要,同时还必须符合中央银行金融监管的要求。

此外,还可以根据金融工具流动性的高低、交易费用的大小,抵押品的有无以及市场竞争条件的优劣等等作多种划分。但最常见的划分还是根据金融工具的品种划分为票据、股票和债券以及由此产生的金融衍生产品等。

3. 金融市场媒体

金融市场媒体是指在金融市场上充当交易媒介,从事交易的机构和个人。它的作用同金融主体比较相似,都是金融市场的主要参与者,金融市场交易的产生往往离不开他们,其作用在于促进金融市场上的资金融通,在资金供给者和资金需求者之间架起桥梁,满足不同投资者和筹资者的需要。

金融市场媒体与金融市场主体之间有着显著的区别。首先,就参与市场的目的而言金融市场媒体本身并非最终意义上的资金供求者或需求者,因此,其参与市场的目的是为了以市场为中介获取佣金。其次,就其市场行为而言,金融市场媒体在市场上往往是以投机者而非投资者的身份从事交易的,因此,在选择金融产品时与金融主体的选择偏好有所不同。

金融市场媒体主要包括金融市场经纪人和金融中介机构,另外还有商人银行、财务公司、信托公司等。金融市场经纪人,如货币经纪人、证券经纪人、外汇经纪人是金融市场上为投资人和筹资人介绍交易的中间商,本身并不参与金融商品的交易,通过促成资金供给者和需求者之间的交易来赚取佣金。金融中介机构,如证券公司、证券交易所通过证券承销、自营、提供信息和交易场所、投资咨询等业务获得利润。金融市场媒体是金融市场很重要的组成要素之一。

12.1.4 金融市场的功能

在现代市场经济体系的运行中,金融市场作为金融资产交易的场所,起着关键性的作用,日益成为市场机制的主导和枢纽。它的存在为经济社会的正常运行提供了极大的便利,主要有如下几种功能。

1. 融资资金

金融市场是一个多形式、多渠道、自由灵活的筹资和融资场所。融通资金是金融市场最基本的功能,通过这个功能来有效地筹集和调剂资金。金融市场通过各种金融商品的买卖,为投融资双方提供了各种可供选择的机会,以适应不同的金融投资和融资的需要。首先,金融市场起着资金"蓄水池"的作用,它引导众多分散的小额资金汇聚成为可以投入社会再生产的资金,以满足大规模的生产投资和政府部门的大规模公共支出的需要。其次,在国民经济中,各部门之间、各部门内部的资金收入和支出在时间上并不总是一致的。一些部门、一些单位在一定的时间内可能存在暂时闲置不用的资金,而另一些部门和经济单位则存在资金缺口。金融市场就提供了两者沟通的渠道,把储蓄者或资金盈余者的货币资金转移给筹资者或资金短缺者,使社会投资得以顺利完成。

金融市场之所以具有融资功能,一是由于以金融工具表示的金融资产要比实物资产具有更强的流动性和更高的收益率,从而吸引大量短期的、小额的、零散的资金不断形成巨额的、长期的、集中的资金,这样,资金供应者就可以通过金融市场为资金找到满意的投资渠道,而资金需求者可以很方便地通过直接或间接的融资方式获取资金;另一个原因是金融市场上融资工具的多样化为资金供应者的资金找到了可供选择的投资方式。金融市场根据不同的期限、收益和风险要求,提供了品种繁多的金融工具供双方选择,交易者可以依据自己的资金需求、风险偏好和流动性要求选择满意的金融工具,加快资金的融通,实现资金效益的最大化。

2. 配置功能

金融市场的配置功能表现在三个方面:一是资源的配置,二是财富的配置,三是风险的配置。

金融市场的发展为资金供给者和资金需求者提供了更广阔的投融资途径,同时也有利于双方交易成本的降低。在金融市场上,资金是作为稀有的、短缺的资源出现的。为了实现自身经济利益的最大化,交易双方都要审时度势,通过市场竞争做出最佳选择。投资者希望将资金投向最有利可图的部门和项目,投资者可以通过证券交易中所公开公告的信息及证券价格波动所反映出的信息来判断整体经济运行情况以及相关企业行业的发展前景,从而决定其资金和其他经济资源的投向。而筹资者要选成本相对较低廉的融资渠道。一般地说,资金总是流向最有发展潜力,能够为投资者带来利益的部门和企业,这样,通过金融市场的作用,有限的资源就能够得到合理的利用。金融市场通过将资金从低效率的部门转移到高效率的部门,从而使一个社会的经济资源能最有效地配置在效率最高或效用最大的用途上,实现稀缺资源的合理配置和有效利用。

财富是各经济单位持有的全部资产的总价值。政府、企业及个人通过持有金融资产的方式来持有财富。在金融市场上,金融资产价格发生波动时,其财富的持有数量也会发生变化,一部分人的财富量随着金融资产价格的升高而增加了其财富的拥有量,而另一部分人则由于其持有的金融资产价格下跌,所拥有的财富也相应减少。这样,社会财富就通过金融市场价格的波动实现了财富的再分配。

金融市场同时也是风险再分配的场所。在现代市场经济中,各种风险无处不在。由于未来的不确定性,风险的发生无法消除,惟一可使投资者减少风险带来的经济损失的方法就是风险的有效分散。金融市场的存在,可使投资者利用各种金融工具分散、化解、降低投资的风险。因为不同的主体对风险的厌恶程度是不同的,较厌恶风险的人可以通过金融市场把风险转嫁给厌恶风险程度较低的人,从而实现风险的再分配。

3. 调节宏观经济

调节功能是指金融市场对宏观经济的调节作用。金融市场是金融交易的中介,通过对储蓄者和投资者的影响而发挥着调节宏观经济的重要作用。

首先,金融市场具有直接调节功能。在金融市场的直接融资活动中,投资者为了自身的利益,一定会谨慎、科学地选择投资的目标和对象,只有符合市场的需要、收益高的投资对象,才能受到投资者的青睐。而且,投资对象在获得资本后,只有保持较高的经济效益和良好的发展势头,才能继续生存并进一步扩张。否则,它的证券价格就会下跌,继续在金融市场上筹资就会面临困难,发展就会受到后续资本供应短缺的抑制。这实际上是金融市场通过其特有的引导资本形成及合理配置的机制首先对微观经济部门产生影响，进而影响到宏观经济活动的一种有效的自发调节机制。

金融市场的存在及发展，为政府实施宏观经济调控创造了条件。货币政策属于调节经济活动的重要宏观经济政策之一，它的实施是以完善的金融市场体系为前提的。一方面，金融市场提供了货币政策操作的场所，为货币政策的实施提供了决策信息。首先，金融市场的波动是对宏观和微观经济信息的反映，政府有关部门可以通过收集和分析金融市场的运行情况来为政策的制定提供依据。其次，中央银行在实施货币政策时可以通过金融市场，运用存款准备金率、再贴现率和公开市场操作三大货币政策工具，调节货币供应量、传递政策信息，最终影响到各经济主体的经济活动，从而达到调节整个宏观经济运行的目的。另一方面，财政政策的实施也越来越离不开金融市场，政府通过国债的发行及运用等方式对各经济主体的行为加以引导和调节，并提供中央银行进行公开市场操作的手段，从而对宏观经济活动产生巨大的影响。

4. 反映经济运行

金融市场历来被称为国民经济的“晴雨表”和“气象台”，是公认的国民经济信号系统。这实际上就是金融市场反映功能的真实体现。金融市场的反映功能表现在如下几个方面。

(1)金融市场交易能直接和间接地反映国家货币供应量的变动。货币当局采取的宏观紧缩或扩张的货币政策均是通过金融市场进行的，货币政策实施时，金融市场会出现波动表示出紧缩或扩张的程度。因此金融市场所反映的宏观经济运行方面的信息，有利于政府部门及时制定和调整宏观经济政策。

(2)由于证券买卖大部分都在证券交易所进行，人们可以随时通过这个有形的市场了解到各种上市证券的交易行情，并据以判断投资机会。证券价格的涨跌在一个有效的市场中实际上是反映着其背后企业的经营管理情况及发展前景。此外一个有组织的市场，一般也要求上市证券公司定期或不定期公布其经营信息和财务报表，这也有助于人们了解并推断上市公司及相关企业、行业的发展前景。所以金融市场首先是反映微观经济运行状况的指示器。

(3)由于证券交易的需要，金融市场有大量专门人员长期从事商情研究，并且他们每日与各类工商企业直接接触，能了解企业发展的状态。

(4)金融市场有着广泛而及时收集和传播金融信息的通信网络，整个世界金融市场已联成一体，四通八达，从而使人们可以及时了解世界经济发展变化情况。

5. 结算与支付功能

金融市场能够为交易主体提供快速、高效的支付结算服务。通过提供结算和支付的方式促进商品总交换和国际贸易发展，这里提到的结算和支付功能既包括国内经济实体之间的，也包括国际经济实体之间的，这一功能主要由商业银行来承担。商业银行支付系统通过与债券系统、外汇系统、银行间同业拆借系统、银行卡系统等多个清算系统的对接，为社会经济的发展提供了强大的支持。可以说没有金融市场的结算和支付系统，就没有现代的经济生活，国际贸易也无法进行。

12.2　货币市场

12.2.1　同业拆借市场

同业拆借市场作为货币市场的重要组成部分，是一个进行短期、临时性资金融通的市场。由于同业拆借业务具有期限短、流通性高、利率敏感性强及交易方便等特点，同业拆借市场目前已成为国际和国内金融市场中非常活跃、交易量很大的一个市场，也是商业银行、非银行金融机构及中央银行十分重视的市场。

1. 同业拆借市场内涵

同业拆借市场，也可以称为同业拆放市场，是指金融机构（主要是商业银行）之间以货币借贷方式进行短期资金融通的市场。同业拆借的资金主要用于弥补短期资金的不足、票据清算的差额以及解决临时性的资金短缺需要。拆借是拆放的对称，是从不同的角度对拆款活动的描述。资金不足的银行从资金多余的银行临时借入款项，称为拆入；而资金多余的银行向资金不足的银行贷出款项，称为拆出。在此行为中，通常习惯从资金借入的角度把这种融资形式称为拆借。所以，这种金融机构之间进行资金拆借活动所形成的市场被称为同业拆借市场，简称拆借市场。

从原始意义或狭义上讲，同业拆借市场是金融机构之间进行临时性"资金头寸"调剂的市场，期限非常短，多为"隔夜融通"或"隔日融通"，即今天借入，明日偿还。

从现代意义或广义上讲，同业拆借市场是指金融机构之间进行短期资金融通的市场，即所进行的资金融通已不仅仅局限于弥补或调剂资金头寸，也不仅仅限于一日或几日内的临时资金调剂，已经发展成为各金融机构特别是各商业银行弥补资金流动性不足和充分有效运用闲置资金的市场，成为商业银行协调流动性与盈利性关系的有效市场机制。

2. 同业拆借市场的特点

同业拆借市场有以下几个特点。

（1）对进入市场的主体即进行资金融通的双方都有严格的限制，即必须都是金融机构或指定的某类金融机构。非金融机构，包括工商企业、政府部门及个人，或非指定的金融机构，不能进入此市场。有些国家或在有些特定时期，对进入此市场的金融机构也有一定的资格限制。

（2）融资期限较短，最初多为一日或几日的资金临时调剂，是为解决资金头寸临时不足或头寸临时多余所进行的融通。然而，发展到今天，拆借市场已成为各金融机构弥补短期资金不足和进行短期资金运用的场所，成为解决或平衡资金流动性与盈利性矛盾的市场。从而，临时的头寸调剂市场也就变成了短期融资的市场。

（3）交易手段比较先进，交易手续比较简单，因而交易成交的时间也相应较短。同业拆借市场的交易主要是通过电话洽谈的方式进行，是一种无形的市场。如果双方能达成协议，就可以通过各自在中央银行的存款账户自动划账清算，或者向资金交易中心提出供求并进行报价，由资金交易中心进行撮合成交，然后进行资金交割划账。

（4）交易额较大，而且一般不需要担保或抵押，完全是一种信用资金借贷式交易。在同业拆借市场上进行资金借贷或融通，没有单位交易额限制，一般也不需要担保或抵押品作为借贷条件,完全是一种协议和信用交易关系,双方都以自己的信用担保,都严格遵守交易协议。

(5)利率由供求双方协定,可以随行就市。同业拆借市场上的利率可由交易双方协商,讨价还价,最后议价成交。因此,可以说同业拆借市场上的利率,是一种市场利率,或者说是市场化程度最高的利率,能够充分灵敏地反映市场资金供求的状况及变化。

3. 同业拆借市场的功能

在发达的市场经济国家,同业拆借市场是货币市场中最活跃的市场。发达的同业拆借市场对于促进国家的经济发展,增强中央银行货币政策的有效性,保障国家金融体系的安全运行有着重要的意义。

(1)同业拆借市场给金融机构提供了实现资金流动性的场所。良好的流动性是金融机构得以正常运行的基本条件之一,也是金融机构实现安全经营的前提。通过同业拆借市场,金融机构可以及时方便地获得短期的资金融通,弥补资金的缺口及流动性不足,保障自身经营的安全。重要的是,同业拆借的存在使金融机构不需要通过低价出售资产来维持流动性,这既保障了金融机构经营的安全,又降低了损失。因此,同业拆借市场可以使金融机构较好地实现流动性、安全性与盈利性的均衡,从而达到资产负债的优化组合。

(2)同业拆借市场提高了金融资产的盈利水平。利用同业拆借市场,一方面可以使金融机构暂时盈余的资金头寸及时贷放出去,减少资金的闲置,从而,可以增加资产的总收益。另一方面,也可以使金融机构不必为了达到一定数额的法定准备金而保持较多的超额储备资金。金融机构可以更充分、更有效地运用所有资金,适当增加盈利性资产的比重,以提高总资产的盈利水平。此外,同业拆借市场的存在也有利于金融机构调整资产负债结构,灵活安排流动性储备,提高资产组合的平均及总体盈利能力。

(3)同业拆借市场可以及时反映资金供求的变化。同业拆借市场的交易量和价格,能够及时地反映出金融体系“头寸”或“银根”的松紧,即资金供求的状况及变化。同业拆借市场的利率也因此成为反映资金供求状况的指示器,此利率水平及变化,可以反映出整个金融市场利率的变动趋势以及资金的供求状况。美国联邦储备体系,直接将同业拆借市场利率即联邦基金市场利率作为货币政策的中间目标。同业拆借市场利率往往被视为基础利率,各金融机构的存放款利率都在此利率的基础上加以确定。例如国际上广泛使用的伦敦银行拆放利率就被欧洲货币市场、美国金融市场及亚洲美元市场等作为基础利率来确定其各种利率水平。

(4)同业拆借市场是中央银行有效实施货币政策的重要载体。银行间同业拆借市场的建立,形成了以市场供求为基础的、全国统一的拆借利率,为利率改革和建立健全宏观间接调控机制创造了条件,也为商业银行调剂短期资金余缺,提高资金使用效率提供了重要场所和渠道。它作为货币政策与金融监管的一个重要载体,能够及时反映各地区、各金融机构资金流向,有利于中央银行加强宏观调控和金融监管。

中央银行通过同业拆借市场传导货币政策是借助于对同业拆放利率和商业银行超额准备金的影响。首先,同业拆放利率是市场利率体系中对中央银行的货币政策反映最为敏感和直接的利率之一,成为中央银行货币政策变化的“信号灯”。这是因为,在发达的金融市场上,同业拆借活动涉及范围广、交易量大、交易频繁,同业拆放利率成为确定其他市场利率的基础利率。其次,就超额准备金而言,发达的同业拆借市场会促使商业银行的超额准备金维持在一个稳定的水平,这显然给中央银行控制货币供应量创造了一个良好的条件。

12.2.2　回购市场

回购市场是指通过回购协议进行短期资金融通交易的市场。所谓回购协议(Repurchase Agreement),指的是在出售证券的同时,和证券的购买商签定协议,约定在一定期限后按原定价格或约定价格购回所卖证券,从而获取即时可用资金的一种交易行为。从本质上说,回购协议是一种抵押贷款,其抵押品为证券。回购协议的期限从一日至数月不等。当回购协议签定后,资金获得者同意向资金供应者出售政府债券和政府代理机构债券以及其他债券以换取即时可用的资金。出售一方允许在约定的日期,以原来买卖的价格再加若干利息,购回该证券。

还有一种逆回购协议(Reverse Repurchase Agreement)。在逆回购协议中,买入证券的一方同意按约定期限以约定价格出售其所买入证券。从资金供应者的角度看,逆回购协议是回购协议的逆进行。

如果到约定期限后交易商无力购回政府债券等证券,客户只有保留这些抵押品。但如果适逢债券利率上升,则手中持有的证券价格就会下跌,客户所拥有的债券价值就会小于其借出的资金价值;如果债券的市场价值上升,交易商又会担心抵押品的收回,因为这时其市场价值要高于贷款数额。

12.2.3　商业票据市场

商业票据(Commercial Paper,简称 CP)是指以大型工商企业为出票人,到期按票面金额向持票人付现而发行的无抵押担保的远期本票,是一种商业证券。在美国证券市场上,商业票据每天的交易量可达数 10 亿美元。

1. 商业票据的历史

商业票据最早出现在 18 世纪的美国,是货币市场上历史最悠久的商业信用工具。它是最初随商品和交易一同签发的一种凭证。如一笔交易的买方在收到货物时没有立即付款,而是按照协议规定的时间、地点、金额开出一张远期付款的本票给卖方,卖方持有票据,到期日可向买方收取现款。这种商业票据是随商品、劳务交易而产生的商业信用,票据上载明了买方和卖方,不便于出售,而且票据是按照商品交易或劳务供应量的价值量大小开出的,票据金额大小不一,使票据的流通转让出现困难,商业票据发展比较缓慢。

到 20 世纪 20 年代,美国的汽车制造业及其他高档耐用商品业逐渐发达,为扩大市场份额,一些大公司采用赊销、分期付款等方式刺激销售,然而这种策略往往使公司的周转资金陷于困境,在银行贷款受到种种限制的情况下,这些大公司开始发行商业票据,向市场筹集资金。美国通用汽车公司是首家发行商业票据的大销售信贷公司,该公司自行设立一个通用汽车承兑公司,专为其发行商业票据,没有经过中介人而直接销售给市场上的投资人,以筹集巨额资金。这样,商业票据就脱离了真实的商品、劳务交易,演变成了一种专门在货币市场上融资的工具,发行者和投资人成为一种单纯的债权债务关系,而不是商品买卖与劳务关系。商业票据上也不用载明收款人,只需付款人签字;票面金额也变成了没有零碎余额的标准单位,一般为 10 万美元,期限在 270 天以下。

随着世界经济的发展,20 世纪 60 年代以后,商业票据真正作为货币工具开始大量使用。工商界普遍认为发行商业票据直接在金融市场融资,要比向银行借款手续简便,发行利率较低,且不受银行干预,因此商业票据发行量急剧增加。这一期间,美国的商业票据市场发展尤为突出,主要由于其经济持续快速发展,而美联储为了防止通货膨胀实行了较紧的货币政策,使得企业向银行贷款的成本上升,所以相当多的企业转向商业票据市场直接融资。银行为满足日益扩张的资金需要,自己也发行商业票据。到70年代,以伦敦为中心的欧洲商业票据市场也开始形成。

历史上,商业票据的购买者主要是商业银行。从20世纪50年代以来,由于商业票据风险较低、期限较短、收益较高,许多公司也开始购买商业票据。目前,商业票据市场的主要投资者是保险公司、非金融企业、银行信托部门、地方政府以及养老基金组织等,而商业银行则退居次要地位。

2. 商业票据市场的要素

(1)发行者。商业票据的发行者一般包括:金融公司、非金融公司及银行控股公司。近年来,商业银行通过给企业提供信贷额度支持、代理发行商业银行票据等,促进了商业票据的发行,从而极大地促进了商业票据市场的发展。而实际上,真正能在市场上发行大量商业票据筹集大笔资金的公司大都是实力雄厚、信誉良好的大型企业。

(2)投资者。商业票据的主要投资者是中央银行、大中商业银行、非金融公司、保险公司、政府部门、基金组织和投资公司等。商业银行是商业票据的主要购买者,但主要是为信托部门或客户代理购买票据,而自身所持有的商业票据却很少,主要是作为流动性资产的二级准备,在头寸不足时出售票据补进头寸,或者通过买卖票据达到分散投资风险的目的。商业票据的另一重要投资者即非金融公司,包括生产制造业、批发或零售公司,它们在生产或经营过程中经常存在季节性或临时性的资金盈余,而对活期存款银行不支付利息或利息很少,为避免资金闲置,通常将其投资于商业票据。

由于商业票据面值一般较大,通常个人很少参与购买,但随着经济的发展及个人闲置资金的增加,近年来,个人投资者数量明显增多,他们可以从交易商、发行者那里购买商业票据,也可以购买投资于商业票据的基金股份。

(3)面额与期限。以美国为例,商业票据市场有两个特点:一是票据发行对象主要是机构投资者,票据面值大,市场上流通的票据面额大多在10万美元以上;二是票据期限短,发行者主要通过滚动发行票据筹集资金。商业票据期限一般不超过270天,在20天至40天之间,市场上尚未到期的票据平均实际期限在30天以内。

(4)发行及销售。商业票据的发行分为直接发行和承销发行两种方式。直接发行即发行者通过自己的销售力量直接将商业票据出售给最终购买者。承销发行即通过经销商间接发行。

对于发行者来说,究竟采取何种方式,主要取决于两种发行方式成本的高低。如一些规模巨大的公司(多为大的金融公司或银行持股公司),由于其未到期的商业票据一般在数亿美元以上,它们一般采用直接销售,通过这种方式可以降低发行成本。非金融性公司则主要通过商业票据间接交易商销售,因为它们的短期信用需求往往具有季节性和临时性,为此建立永久的专业性商业票据销售队伍在经济上并不划算。

(5)商业票据的发行成本。商业票据的发行成本包括利息成本和非利息成本两部分。

利息成本即指发行者按照规定利率所支付的利息。非利息成本指发行和销售过程中的相关费用，主要包括以下四项。①承销费。一般根据发行金额的大小及时间长短计付，通常为0.125%～0.25%。②签证费。为证明商业票据所记载事项正确，通常需要由权威的中介机构予以签证。一般按照签证金额收费，规定最低起点，签证的收费标准随发行公司有无保证而有所差别。③保证费。为了提升商业票据的信用度，金融机构经常给发行者提供信用保证，并收取一定的保证费用。收费标准通常按照商业票据保证金的年利率1%计付，对发行量较大、资信良好的公司可适量酌减。④评级费。商业票据要上市流通必须经过评级，为此发行公司要向评级机构交纳一定的评估费用。对首次评级和评过等级的商业票据采取统一收费标准，即每季度按其发行余额的一定比例（千分之一或千分之二）收取，可以视市场利率的变化作适当调整，如可随利率上升而提高费用标准。

（6）商业票据利率的确定。商业票据均为贴现发行，故商业票据的利率也就是贴现率。影响商业票据利率的主要因素有：商业票据的发行成本、发行人资信等级、发行有无担保以及担保人的资信等级、税收高低、流动性的强弱等等。如果发行人的资信良好，或者有大银行进行担保，其发行的票据利率就相应低一些。商业票据的利率受到货币市场上的资金供求现状的影响，当资金供给小于需求时，利率就相对较高，反之则较低。

商业票据利率和银行优惠利率有着重要联系，前者以后者为基础，不可能大幅度、长期偏离，因为发行商业票据与银行短期贷款两种融资方式可以相互代替，两者的利率可以相互制衡。如果商业票据利率下降，相对低于优惠利率，那么借款人将以商业票据作为资金来源，这种行为将倾向于提高商业票据利率和降低银行优惠利率，直到这两种利率恢复均衡。

（7）商业票据价格的确定。商业票据的价格主要是指发行价格，因为商业票据的二级市场不发达，故几乎没有商业票据的二级市场的转让价格。商业票据时间短、安全性比较高，投资者一般都会根据自己资金的情况来选择票据的期限，所以通常将商业票据持有到期，不需要中途转让。如果投资者的确在票据到期前急需资金，也可以申请发行公司提前兑付票据。

确定商业票据发行价格的方法是：

$$\text{发行价} = \text{票面金额} - \text{贴现金额}$$

$$\text{贴现金额} = \text{票面金额} \times \text{贴现率} \times \text{期限}/360$$

$$\text{贴现率} = (1 - \text{发行价格}/\text{面额}) \times (360/\text{期限}) = (\text{贴现金额}/\text{面额}) \times (360/\text{期限})$$

12.2.4 大额可转让定期存单市场

大额可转让定期存单是由商业银行发行的、可以在市场上转让的存款凭证。大额可转让定期存单的期限一般为14天到一年，金额较大，美国为10万美元。我国人民银行关于印发《大额可转让定期存单管理办法》的通知中规定，对城乡居民个人发行的大额可转让定期存单，面额为1万元、2万元、5万元；对企业、事业单位发行的大额可转让定期存单，面额为50万元、100万元、500万元。大额可转让定期存单的期限为3个月、6个月、12个月（1年）。大额可转让定期存单的利率由我国人民银行制定。

1. 大额可转让定期存单的产生

大额可转让定期存单是随着20世纪60年代以来金融环境的巨大变化而产生的。由于60年代市场利率上升而美国的商业银行受联邦条例的存款利率上限限制，不能支付较高的市场利率，导致金融机构流出资金大于流入资金，盈利状况恶化。为了解决流动性问题，金融机构不得不创造新的金融工具来逃避管制、扩大资金来源。1961 年 2 月美国花旗银行推出了具有其他货币市场工具类似特点的大额定期存单，竞争吸收大公司、富裕个人和政府的闲散资金，并和某政府证券经销商安排为这类金融工具创造了二级市场，以便于流通转让。于是大额存单便成为银行存款资金的一项重要来源。由于美联储准许大额存单不受联邦条例利率上限限制，从而使投资者可以通过购买存单获得市场利率，同时淡化了银行单独依靠存款作为资金来源所形成的约束。所以，大额可转让存单在出现后的数月之内，便发展成美国货币市场上重要的交易工具，至 80 年代初就已超过 1 000 亿美元。

2. 大额可转让定期存单的特点

(1)发行人通常是资力雄厚的大银行。存单一般由大商业银行发行，主要是由于这些机构信誉较高，可以相对降低筹资成本，且发行规模大，容易在二级市场流通。虽然小银行也发行大额可转让存单，但其发行量和流通量远远小于大银行。

(2)面额固定，起点较高。存单在美国法定为大额存款，最小面额为 10 万美元，而二级市场交易的存单面额通常为 100 万美元。

(3)可流通转让。可转让存单不能提前支付，但可以在到期日前拿到二级市场上出售转让，集中了活期存款和定期存款的优点。对于银行来说，它是定期存款，未到期不能提前支取，可作为相对稳定的资金用于期限较长的放款；对于存款人来说，既有较高的利息收入，又能随时变现，是一种理想的金融工具。

(4)存单使投资者可获得接近金融市场利率的利息收益。有的国家规定不对活期存款支付利息，定期存款也有利率上限控制。存单则不受上述规定限制，能对投资者支付接近市场利率水平的利息。

存单虽然是银行定期存款的一种，但与定期存款相比又有以下区别：定期存款是记名、不可流通转让，存单则通常是不记名和可转让的；定期存款金额不固定，大小不等，而存单金额都是整数，按标准单位发行；定期存款的利率一般是固定的，存单则有固定利率也有浮动利率，且一般来说要高于同期限的定期存款利率；定期存款可以提前支取，支取时要损失部分利息，存单不得提前支取，但可以在二级市场上流通转让。

存单与商业票据及债券也不同，后者不是存款，不需要交纳存款准备金，也不受存款保险法的保护，而存单则需要缴纳准备金；存单的发行人大多是银行，信誉高，商业票据和债券的发行人主要是企业，信誉一般也小于银行存单，所以两者的利率也不同。

12.2.5 短期政府债券市场

短期政府债券即短期国债，在英国和美国称为国库券，一般期限在 1 年以内，具体又分为 3、6、9 个月和 1 年期等不同种类。日本政府发行的国债也有 2 个月期的。各国政府发行短期国债，主要是为满足先支后收而产生的临时性财政资金需要。由于短期国债是以国家信用作担保，不存在或基本上不存在信用风险，而且期限较短，流动性较强，同时又可以获得高于同期存款的利息，因此，目前已成为金融市场上十分抢手畅销的投资工具。

短期国债是货币市场上最活跃、流动性很高的短期证券，有着较发达的交易转让市场或称二级市场。尤其在美国，国库券市场的交易非常活跃，转让也非常频繁。国库券的转让交易多在场外或柜台市场进行，国债经纪人和交易商进行着频繁、大量的委托及自营交易。交易商(如证券公司)买进或卖出国库券的价格主要通过金融杂志和报纸刊登出来。

政府短期债券的市场特征：①违约风险小，由于国库券是国家的债务，因而它被认为是没有违约风险的；②流动性强，这一特征使得国库券能在交易成本较低及价格风险较低的情况下迅速变现；③面额小，对许多小投资者来说，国库券通常是他们能直接从货币市场购买的唯一有价证券；④收入免税，免税主要是指免除州及地方所得税。

12.3　资本市场

12.3.1　股票市场

1. 股票的概念

股票是股份公司发给股东作为其投资入股的证书和索取股息红利的凭证，也是持股人拥有公司股份的书面证明。马克思认为股票是对一个股份公司拥有的实际资本的所有权凭证和索取每年由此生出的剩余价值的凭证。股票一经发行，持有者即为发行股票的公司的股东，有权参与公司的决策，分享公司的盈利；同时也要分担公司的责任和经营风险。股票一经认购，持有者不能以任何理由要求退还股本，只能通过证券市场将股票转让和出售。

2. 股票的种类

按照股东的权利大小划分，股票可分为普通股和优先股。

(1)普通股(Common Stock)。普通股是指不对股东加以特别限制，享有平等权利；并随着公司经营业绩的优劣而取得相应收益的股票。普通股股票是公司发行的最基本、最重要的股票种类。股份有限公司在开办之初都是以发行普通股来筹集资金的。普通股也是风险最大的股票，其股利分配的多少不固定；随着公司经营业绩波动，每股普通股的净资产也会变动。此外，普通股股东只有在满足了债权人偿付要求及优先股股东的收益权后，才能获得对公司盈利和剩余资产的索取权。

普通股股东享有的权利有：①公司盈余分配权。经董事会做出决定后，普通股股东有权在优先股股利分配之后从公司的净利润中分取红利。公司经营业绩好，股利就分得多；而经营业绩差，股利就分得少，甚至没有股利。但有时公司为了维护信誉，会从以前年度累积的留存收益中拿出一部分用于股利的分配。②经营决策投票权。普通股股东是公司的所有者。他们理应对公司经营决策拥有最终控制权。在股份有限公司中，这种权利是通过股东大会来行使的。普通股股东有权出席或委托代理人出席股东大会，对公司的重大事务进行投票表决。③优先认股权。公司在增发新股时会给予普通股股东优先认股权。从理论上讲，在增发新股时公司的总市值不变，而股份数量增多，普通股股价会下跌。这实质上就是“稀释”了普通股股东持有股票的市值。为了保证公司所有者的利益不受损害，公司一般会以一个较低的价格让普通股股东优先认购新增发的股票，以此来弥补市场上股价下跌带来的损失。股东若不愿意购进新股，也可以以一定的价格出售转让优先认股权。④剩余资产分配权。股份有限公司破产后，在公司资产满足了债权人的清偿权以及优先股股东剩余财产分配权后，普通股股东有权参与公司剩余资产的分配。

(2)优先股(Preferred Stock)。优先股是指在盈余分配上或剩余财产分配上的权利优先于普通股的股份。优先股领取股息优先，且股息率一般事先确定，不随公司经营情况波动。优先股还在公司剩余资产分配时先于普通股，但必须排在债权人之后。不过这种优先权的取得是要付出一定代价的。通常情况下，优先股的表决权会被加以限制甚至被剥夺，对公司经营决策不起实际作用；优先股的股利固定，当公司经营情况良好时股利不会因此而提高；并且优先股一般没有优先认股权。

优先股股票，根据不同的标准，又可分为不同的种类。在世界各国中，优先股股票的主要种类有下述几种。①累积优先股和非累积优先股。累积优先股，是指任何一年未支付的股息都可以累积下来，待经营状况转好时一并付清的优先股股票。非累积优先股，则是指上年未支付的股息不能累积到下一年度的优先股股票。②参与优先股和非参与优先股。参与优先股，是指不仅有权按固定股息率分得股息，而且有权与普通股股东一起参加剩余利润分配的优先股股票。非参与优先股，则是指只按固定股息率分得股息的优先股股票。③可转换优先股和不可转换优先股。可转换优先股，是指股东可以按规定的条件将优先股转换成普通股或公司债券的股票。不可转换优先股，是指在任何条件下，股东都不能将优先股转化为普通股或公司债券的股票。④可赎回优先股和不可赎回优先股。可赎回优先股，是指公司按规定可在股票发行一段时间后以一定价格购回的优先股股票。不可赎回优先股，则是指公司在任何条件下都不能购回的优先股股票。

按照股东是否对股份有限公司管理享有表决权，股票可分为表决权股票和无表决权股票。

(1)表决权股票(Voting Stock)。表决权股票是指持有人对公司的经营管理享有表决权的股票。它又可具体分为单权股股票，即每股股票享有一票表决权的股票；多权股票，即每股股票有若干表决权的股票；限制表决权股票，即表决权受到法律和公司章程限制的股票；有表决权优先股股票，即持有该种股票的股东，可参加股东大会，对公司事务行使表决权。

(2)无表决权股票(Non-voting Stock)。无表决权股票是指根据法律或公司章程的规定，持有人对股份公司的经营决策不享有表决权的股票。无表决权股票的持有人一般只拥有参与公司的收益分配和剩余财产索取的权利，不拥有参与经营决策、出席股东大会等权利。一般说来，向外国投资者发行的股票多为无表决权股票，而国内投资者认购的无表决权股票只限于优先股。

按照是否在股票上记载股东的姓名，股票可分为记名股票和无记名股票。

(1)记名股票(Registered Stock)。记名股票是指将股东姓名记载在股票票面和公司股东名册上的股票。股票为个人所有时，应记载同一人名，若为政府或法人所有，应记载政府或法人名称，不得另立户名或记载代表人名字。记名股票不能私自转让，在转让时必须到股票的发行公司办理变更股东名册簿记载手续，否则受让方不能行使股东权利。我国《公司法》中规定，公司向发起人、国家授权投资的机构、法人发行的股票，应当为记名股票。

(2)无记名股票(Bearer Stock)。无记名股票是指股票上不记载股东姓名的股票。无论是谁，只要持有股票就有股东资格。股票的转让不需背书、登记，只需将股票交付给受让人，转让就是有效的。

按照有无票面价值划分，股票可分为有面值股票和无面值股票。

(1)有面值股票(Par Value Stock)。有面值股票是指在股票票面上记载一定金额的股票，也称为有面额股票。早期发行的股票基本上都是有面值股票，现代各国股份公司发行的股票仍以有面值股票居多。对于有面值股票的票面金额，很多国家的公司法都予以明确规定，如我国发行的普通股每股面值为人民币1元。有面值股票的发行，其发行价格原则上与股票票面金额相一致，法律也允许以高于票面金额的价格溢价发行，但一般不允许以低于票面金额的价格折价发行。

(2)无面值股票(Non-par Value Stock)。无面值股票是指在票面上不载明金额，只注明它占股票总额的比例的股票，又称无面额股票或比例股股票。无面值股票是说股票没有票面价值，只是由于公司的经营状况不断变动，公司资产总额经常发生变化，股票的价值也随公司实际资产的增减而升降。无面值股票实质上与有面值股票相同，它们都代表股东对公司资本总额的投资比例，它们的股东拥有同等的股东权。只是由于票面形式上的差异，无面值股票又有其独特的特点，主要表现为其发行价格可以自由确定并随公司的经营状况浮动，比较灵活和自由，且流通性更强。

3. 股票的市场

1)一级市场

股票发行市场(Issuance Market)，也称股票一级市场(Primary Market)，是指发行人直接或通过中介机构向投资者出售新发行的股票。股票发行市场体现了发行者与投资者之间的一种纵向关系，即股票由股票发行主体流向投资者，资金由众多的投资者手中集中到股票发行者手中。

(1)股票发行制度。为了保障投资者的权益，各国政府都授权某一部门对申请发行股票的公司进行审核评估。各国股票市场的发行制度，可分为注册制和核准制两种。

注册制是指发行人在准备发行证券时，必须将依法公开的各种资料完全、准确地向证券主管机关呈报并申请注册。证券主管机关仅对申报文件的全面性、真实性、准确性和及时性做形式审查。如果申报文件没有包含任何不真实的信息且证券主管机关对申报文件没有异议，则经过一定的法定期限，申请自动生效。

核准制是指发行人在发行股票时，不仅要充分公开企业的真实状况，而且还必须符合有关法律和证券管理机关规定的必备条件，证券主管机关有权否决不符合规定条件的股票发行申请。证券主管机关除了进行注册制所要求的形式审查外，还对发行人的营业性质，发行人财力、素质及发展前景，发行数量与价格等条件进行实质审核，并由此作出发行人是否符合发行实质条件的价值判断。

目前，发达国家的证券市场通常都采用注册制，如美国。而证券市场历史不长、各种条件和制度不完善、不规范的新兴市场，则多数不得不采用核准制。

(2)股票发行方式。股票的发行方式，也就是股票经销出售的方式。由于各国的金融市场管制不同，金融体系结构和金融市场结构不同，股票发行方式也有所不同。

按募集对象划分，股票发行可分为公开发行和非公开发行两种方式。公开发行，又称公募，是指事先不确定特定的发行对象，而是向社会广大投资者公开销售股票。由于公开发行涉及众多的投资者，其社会影响很大。为了保证投资者的合法权益，政府对股票的公开发行控制很严，要求发行公司必须提供经过证券主管部门审核的股票发行说明书以及经过注册会计师和审计师核实的财务资料。公开发行的股票由于其销售对象是非特定公众，因此股票持有人数众多，股权分散程度高，具有较高的流动性，因而易于被广大投资者接受。同时，公开发行也提高了发行者的知名度，使其能够在较短的时间内筹集到大量资金，因而也有利于发行者。不足之处在于其承销和推销很大程度上依靠承销商的协助，需要付给他们可观的手续费，这样使其发行成本较高。

非公开发行,又称私募,是指发行公司只对特定的发行对象推销股票。如有些筹资企业在内部向职工个人发行证券,或向其他熟悉的单位(如金融机构或与发行人有密切往来关系的企业等)发行证券。采取非公开发行的方式,不仅可以节省委托中介机构发行的手续费,降低发行成本,还可以调动老股东和内部股东的积极性,巩固和发展公司的公共关系。其缺点是:不公开发行的股票,不能公开在市场上转让出售,从而会大大降低股票的流动性和公司的社会性和知名度。

按是否有中介机构(证券承销商)协助,股票发行可分为直接发行与间接发行两种方式。直接发行,又称直接招股,是指发行人不通过证券承销机构而自己发行证券的一种方式。发行人自己直接发行股票,大多数是非公开发行。采取直接发行的方式可以使发行公司直接控制发行过程,程序比较简单,同时不经过中介机构,节省了发行的费用。但是它也存在着不足之处:社会影响小,不利于提高公司的知名度;筹集时间较长,当发行量较大时,很难迅速获得所需资本;当实际认购额达不到预定的资金额时,剩余部分必须由发行公司的主要发起人或董事承担,风险很大。因此,只有非公开发行的股票或因公开发行有困难的股票,或者是实力雄厚、有把握实现巨额私募从而节省发行费用的大股份公司股票,才考虑采取直接发行方式。

间接发行,又称委托发行,是指发行人不直接参与证券的发行过程,而是委托证券承销机构出售股票的一种方式。一般而言,证券承销机构主要是投资银行、证券公司、信托公司等。间接发行对于发行人来说,虽然要支付一定的发行费用,但是有利于提高发行人的知名度,筹资时间较短,风险也较小。因此,一般情况下,证券发行大都采用间接发行的方式。

(3)股票发行价格。股票的发行价格是指发售新股票时的实际价格。由于股票发行的目的不同、对象不同、发行方式不同以及股票种类的不同,其实际发行价格也各不相同。但就总体上划分,股票的发行价格有以下几种。

平价发行即以股票面额为发行价格,也称为"面额发行"。由于股票上市后的交易价格通常要高于面额,平价发行能够使投资者得到交易价格高于发行价格时所产生的额外收益,因此,大多数的投资者都乐于接受。平价发行的方式较为简单易行,但缺点是发行人筹集资金量较少。平价发行在证券市场不发达的国家和地区较为普遍。

溢价发行是指发行人按高于面额的价格发行股票,因此可以使公司用较少的股份筹集到较多的资金,降低了筹资成本。溢价发行又可分为时价发行和中间价发行。

时价发行也称为市价发行,是指以同种或同类股票在流通市场上的价格(即时价)为基础来确定股票的发行价格。如果公司为首次公开发行股票,通常会以同类公司股票在流通市场上的价格作为参照来确定自己的发行价格;而当公司在增发新股时,会按已发行股票在流通市场上的价格水平来确定增发新股的发行价格。

中间价发行,即指以市价和面值的中间值作为发行价格。通常是在以股东配股形式发行股票时采用,这样不会改变原来的股份构成,而且可以把差价收益的一部分归原股东所有,一部分归公司所有用于扩大经营。通常实行中间价格发行股票,必须经股东大会的特别决议通过。

折价发行即按照股票面额打一定的折扣作为发行价格。其折扣的大小由发行公司和证券承销商双方决定,主要取决于发行公司的业绩。如果发行公司的业绩很好,则其折扣较低;如果发行公司是新设公司,业绩一般,公众也不了解,则折扣就较高,以便于股票的推销。

2)股票的二级市场

股票流通市场,也称二级市场或股票流通市场,是已经发行的股票进行转让、买卖和流通的市场。相对而言,股票流通市场的结构和交易活动比发行市场更为复杂,其作用和影响也更大。

(1)股票流通市场的形成与功能。由于股票是没有偿还期限的永久性证券,股东一经投资入股,就不能从公司再抽回股金,因此,股东若想收回投资或不满意现有权益而想转移投资,唯一的出路就是把股票转让给别人,由此就形成了股票流通市场的供应者。而有的人根据对市场行情的预测或其他需要,愿意购进已经发行的股票,由此而形成了股票流通市场的需求者。股票在他们之间不断地被买进和卖出,由此形成了股票的流通市场。股票的流通使股票具有较好的流动性和变现能力,加上股票自身所特有的权益,使股票不仅成为股份公司的主要筹资工具,而且成为投资者理想的金融资产之一。

(2)股票流通市场的构成。股票流通市场是由场内交易市场和场外交易市场构成。

投资者在证券交易所内买卖证券所形成的市场就是场内交易市场,这种市场组织形式是证券流通市场的较为规范的形式。证券交易所本身的作用主要是作为证券交易的组织者,为证券的集中交易提供固定场所和有关设施,并制定各项规则以形成公正、公开、公平的交易局面。证券交易所由证券管理部门批准设立,本身不参加证券的买卖和价格的决定,只是为证券买卖双方创造条件,提供服务,并进行监管。

场外交易市场是相对于证券交易所而言的,凡在证券交易所交易大厅以外进行的各种证券交易活动,都可划入场外交易范畴。之所以存在场外交易,是因为股票在交易所内挂牌上市则必须遵守一系列严格而复杂的规定,以保障投资者的利益。这样使得有的股票发行以后,因达不到在证券交易所内上市的要求,只能在场外交易。有的股票即使上市了,也会因为各种原因在证券交易所以外成交。随着商品经济,特别是货币金融业的发展和现代科技的不断进步,场外交易也日益活跃起来,其成交量和成交方式日渐增多,成为股票流通市场的重要组成部分。在场外交易市场中的证券商兼具证券自营商和代理商的双重身份。作为自营商,他把自己持有的证券卖给顾客或者买进顾客的证券,赚取买卖价差;作为代理商,以客户代理人的身份向别的自营商买进卖出证券,从中收取一定比例的佣金。

信用交易实际上是期货交易中的一种,又叫垫头交易,是指投资者在进行股票买卖时,向经纪人交付一定数量的现款或股票作为保证金,其余不足的部分由经纪人垫付进行交易的方式。信用交易分为融资买进(买空)和融券卖出(卖空)两种。由于经纪人的垫款通常是从银行以可赎回资金的利率贷款得来,所以投资者借款的总成本是银行利率加上服务费。所有用保证金信贷购买的股票都必须由经纪人保管,因为该股票被用来作为贷款的抵押。利用保证金信用交易,投资者要交一定数量的现款或股票作为保证金,证券管理机关会对用保证金购买的股票数量进行限制,通常用保证金与买卖股票的总值的比率(保证金率)来表示。

4. 股票交易过程

股票交易的基本过程包括开户、委托买卖、成交、清算交割和过户五个阶段。

(1)开户。普通的客户是不能直接进入证券交易所买卖股票的,必须委托证券商或经纪人代理买卖。因此,要想买卖股票,首先要寻找一家信誉可靠,同时又能提供优良服务的证券公司作为经纪人。投资者选择证券公司主要考虑证券商的声誉,如该公司在行业内的地位、规模的大小、业务状况是否良好，工作人员的办事效率是否高，公司的交易设施是否完备、先进，收费是否合理等多方面情况。

选择好证券商后，就要办理开户手续，开户包括开设证券账户和资金账户。证券账户是证券机构为投资者设立的用于记录投资者所持有的证券种类、名称、数量等情况的一种账户。投资者在开设证券账户的同时，即可以委托证券登记机构为其管理证券资料，办理登记、结算和交割业务。在我国，投资者要买卖上海或深圳证券交易所上市的证券，应当分别开设上海或深圳的证券账户。

投资者开设证券账户后，不能直接进入证券交易所买卖证券，而是要通过证券交易所的会员（证券商）才能进行交易。证券商设有很多证券营业部，所以投资者必须到证券营业部开户，委托其代理买卖，这种开户形式称为开设资金账户，投资者进行股票买卖的现金收付都通过这一账户办理。现金账户一般不能透支，账上必须有足够的金额才能买入股票。

（2）委托买卖。投资者向证券商下达的买卖证券的指令称为委托。投资者在委托证券商买卖证券时，应填写买卖委托书，说明证券的名称、数量、买还是卖、委托的种类、委托的有效期等，同时提供交易密码或证券账户卡等证件。

按照投资者委托价格方式的不同，委托的种类可以分为市价委托、限价委托、止损委托等。市价委托是指投资者委托证券商按照执行指令时的市场价格买进或卖出证券。这种方式下投资者不规定价格，而证券商应该争取以最有利于投资者的价格成交。限价委托是指投资者自行规定一个价格，证券商以这个所限定的价格或更有利的价格进行交易。一般来说，投资者下达的限价指令都有时间限制，超过一定的时间，指令自动作废。止损委托是指证券商在某种证券下跌（或上涨）到一定的价格时，为投资者卖出（或买入）该种证券。这是一种保护性的指令，可以保护投资者减少损失。

（3）成交。证券商在接受客户委托后，应立即通知其在证券交易所的经纪人去执行委托。由于要买进或卖出同种证券的客户不只一家，因此在交易所中须采用双边拍卖的方式来成交，即在买方和卖方之间均需竞价，竞价遵循“价格优先”和“时间优先”的原则。价格优先的原则为：较高价格买进申报优先于较低价格买进申报，较低价格卖出申报优先于较高价格卖出申报。时间优先的原则为：买卖方向、价格相同的，先申报者优先于后申报者。先后顺序按交易主机接受申报的时间确定。

（4）清算交割。清算，是指在股票成交后买卖各方通过证券交易所进行的股票和资金的清理结算。清算工作由证券交易所组织，交易所作为清算的中介人，在价款清算时，向股票卖出者付款，向股票买入者收款；在股票清算交割时，向股票卖出者收进股票，向股票买入者付出股票。

（5）过户。完成交割手续后，投资者获得他所买进那部分股票所代表的权利。股票的过户一般都是由专门的机构统一办理，上海股票的过户一律由上海证券交易所办理，深圳股票的过户由深圳证券登记公司办理。

12.3.2 债券市场

债券是债务人在筹集资金时，依照法律手续发行，向债权人承诺按照约定的利率和日期支付利息，偿还本金，从而明确债权债务关系的一种有价证券。债券的发行人既是资金的最终需求者，也是债务人，承担着到期还本付息的义务；债券的购买者，既是资金的供给者，也是债权人，有权要求债务人按约定条件还本付息。因此，债券是表明持有人和发行人之间债权债务关系的法律凭证。属于资本市场的一般是指 1 年以上的债券市场，即中长期债券市场。中期债券和长期债券之间并没有统一的划分标准。有的国家以 3—5 年为界，有的国家则以 10 年为界。如在美国超过 10 年的就称为长期债券。中长期债券是资本市场上的重要金融工具。债券的回购协议交易是指债券买卖双方按预先签订的协议，约定在卖出一笔债券后一段时期再以特定的价格买回这笔债券，并按商定的利率付息。这种有条件的债券交易形式实质上是一种短期的资金借贷融通。这种交易对卖方来讲，实际上是卖现货买期货，对买方来讲，是买现货卖期货。回购协议的期限有长有短，最短的为 1 天，称为隔夜交易，最长的也有 1 年的，一般为 1—3 个星期或 1—6 个月。回购协议的利率由协议双方根据回购期限、货币市场行情以及回购债券的质量等有关因素来议定，与债券本身的利率无直接关系。正因为债券回购协议交易带有资金融通的功能，所以，被金融机构及大企业广泛采用，同时成为中央银行进行公开市场操作，即买卖政府债券，调节银根松紧的重要手段。

12.3.3　投资基金

1. 投资基金的概念

基金是通过发行基金券来募集资金，通过设置信托进行股票、债券等金融工具的投资，并由投资者承担投资风险，享受投资收益的一种集合投资制度。

世界各国对基金的称谓各不相同。美国称“共同基金”或“互助基金”，英国和我国香港称“单位信托基金”，日本和我国台湾省则称“证券投资信托基金”。尽管名称各异，但特点并无本质不同，其特点可归纳为以下几方面。

(1) 低成本。基金将众多小额资金汇集起来，其经营具有规模优势，可以降低交易成本。而对于筹资方来说，也可有效降低其发行费用。

(2) 低风险。基金可以将资金通过有效地投资组合分散投资到多种证券或资产上，从而最大限度地降低非系统性风险。

(3) 更多的投资机会。基金由具有专业知识的人员管理，特别是有精通投资业务的投资银行的参与，能够更好地利用各种金融工具，抓住各个市场的投资机会，创造更大的收益。

(4) 投资过程方便。基金从发行、收益分配、交易、赎回都有专门的机构负责，特别是可以将收益自动转化为再投资，从而使整个投资过程简便。

2. 投资基金的分类

(1) 根据组织形式划分，可将基金划分为公司型基金和契约型基金两类。公司型基金是指依据公司法成立的，以盈利为目的的股份有限公司形式的基金，其特点是基金本身是股份制的投资公司，基金公司通过发行股票筹集资金，投资者通过购买基金公司股票而成为股东，享有基金收益的索取权。

契约型基金是指依据一定的信托契约组织起来的基金，其中作为委托人的基金管理公司通过发行受益凭证筹集资金，并将其交由受托人保管，本身则负责基金的投资营运，而投资者是受益人，凭基金受益凭证索取投资收益。目前我国的基金均为契约型基金。

(2) 根据基金单位是否可增加或赎回，可将基金分为开放型基金和封闭型基金两种。开放型基金是指基金管理公司在设立基金时，发行基金单位总份数不固定，基金总额亦不封顶，可视经营策略和实际需要连续发行，投资者可随时购买基金单位，也可随时将手中持有的基金单位在基金管理公司设定的内部交易营业场所按所公布的价格转卖给基金管理公司。购买或赎回基金单位的价格则按基金的净资产值计算，同时，也在一定程度上反映市场供需状况。

封闭型基金是指基金管理公司在设立基金时，限定基金的发行总额，在初次发行达到预定的发行计划后，基金即宣告成立，并进行封闭，在一定时期内不再追加发行新的基金单位。基金的流通采取在证券交易所上市的办法，投资者以后要买卖基金单位，必须在二级市场上竞价交易。

(3)根据投资目标，可将基金分为收入型基金、成长型基金和平衡型基金三种。收入型基金是以获取最大的收入为目标的基金，其特点是损失本金的风险小，但长期成长的潜力也相应较小，适合较保守的投资者。

成长型基金是以追求资本的长期增值为目标的投资基金，其特点是风险较大，可以获取的收益也较大，适合能承受高风险的投资者。

平衡型基金是以净资产的稳定、可观的收入及适度的成长为目标的投资基金，其特点是具有双重投资目标，谋求收入和成长的平衡，故风险适中，成长潜力也不很大。

(4)根据地域不同，可将基金分为国内基金、国家基金、区域基金和国际基金四种。国内基金是把资金只投资于国内有价证券，且投资者多为本国公民的一种基金。

国家基金是指在境外发行基金份额筹集资金，然后投资于某一特定国家或地区资本市场的基金。这种基金大都规定了还款期限，并有一个发行总额限制，属于封闭型基金。

区域基金是把资金分散投资于某一世界性区域的各个不同国家资本市场的基金。这种基金的风险较国内基金和国家基金小。

国际基金，也称全球基金，它不限定国家和地区，将资金分散投资于全世界各主要资本市场上，从而能最大限度地分散风险。

(5)按投资对象划分，基金主要可分为股票基金、债券基金、货币市场基金和期货基金。

股票基金是最原始、最基本的基金品种之一，其投资对象主要集中于股票市场。股票基金的投资目的是利用股市上各种股票价格波动，低买高卖来谋求资产增值。

债券基金是指投资方向集中于债券市场的基金，是仅次于股票基金的另一重要品种。

货币市场基金是指投资于存款证、短期票据等货币市场工具的基金，属于货币市场范畴。

期货基金是指基金投资组合中，期货投资占相当比例的基金。由于期货是一种杠杆投资工具，采取保证金交易方式，具有以小搏大的特点，因此期货基金具有较高的风险，基金市场管理当局对期货基金的经营均有严格的规定。

3. 投资基金的发行市场

(1) 基金的设立。设立一个基金必须具备两个条件：首先要有发起人，即设立或拟设立基金的法人，可以是一个也可以是多个；其次必须确定基金的性质并制定相关的文件。

为保证基金业的健康发展，各国都对本国基金的设立和发起做出了一定的资格条件限制。只有具备一定条件的法人机构，才能作为基金的发起人，申请设立和组建基金。我国《证券投资基金管理暂行办法》中规定，基金的主要发起人为按照国家有关规定设立的证券公司、信托投资公司、基金管理公司；每个发起人的实收资本不少于3亿元；主要发起人有3年以上从事证券投资经验、连续盈利的记录，但是基金管理公司除外；发起人有健全的组织机构和管理机制,财务状况良好,经营行为规范等等。

基金设立条件是基金章程、信托契约和公开说明书。基金章程是由发起人或者发起人委托基金管理人制定的带有纲领性的文件,它是整个基金设立的基础文件。信托契约是由基金管理人与基金托管人为设立基金而订立的,用于规范基金主要人员之间的权利义务关系的核心文件。特别是对于契约型基金来说,信托契约是其设立后运营的首要条件和必备条件。公开说明书是对基金的说明性文件,以便投资者了解基金的性质、内容、投资政策及投资性收益等详细情况。

(2)基金的发行。基金的发行是指基金公司或基金管理公司在基金发行申请经主管机关批准同意后,将基金券或基金受益凭证向广大投资者(主要指居民个人和法人机构)推销出去的经济活动。

按发行范围不同,基金的发行方式一般分为定向发行和公开发行两种。采取定向发行的原因主要是:基金的规模较小,基金的投资范围比较窄,发行总额在规定的范围内由特定的投资者认购便可完成发行计划,因此没有必要向社会公开发行。采取公开发行的原因主要是:发行总额较大,急需募集资金参与有利时机的投资,并出于公平、公正原则,对所发行的基金受欢迎程度把握不准,采取向全社会公众发行的方式,以便在尽可能短的发行期内完成销售计划。基金发行方式应根据发行规模以及投资范围大小等因素决定。无论哪种方式,发行时都要在基金的招募说明书中让广大投资者有充分的了解和认识。

此外,按发行渠道不同,基金发行方式可分为:直接销售,这是最简单的发行方式,基金单位不经过任何专门的销售机构而直接向投资人销售。包销,即基金单位通过经纪人包销。经纪人相当于批发商,它先按资产净值购买基金单位,然后再以公开销售价格转卖给投资者,以赚取买卖差价或收取手续费。承销团方式,在基金总规模很大时,可由包销人牵头组成一个或数个销售集团,而每个销售集团又由一定数量的经纪人组成,各个经纪人分别代理包销人销售基金的一部分股份。银行也经常凭借其较高的信誉和广泛的客户基础参与基金的包销。

(3)基金的价格。基金券作为一种有价证券,像股票、债券一样也有价格。基金券的价格包括发行价格和市场交易价格。基金券的发行价格是指基金发行时由基金发行人所确定的初始价格。基金的市场交易价格是指基金券在其上市的证券交易市场挂牌买卖的价格。

(4)基金的管理机制。基金设立后,一般通过设置信托的方式进行投资运作,委托基金管理人管理运用基金资产,委托基金托管人保管基金资产。基金投资人是委托人和受益人,基金管理人和基金托管人是受托人。在基金的治理结构中,有三个基本的当事人,即基金投资人、基金管理人和基金托管人。

基金投资人,也称为基金持有人或基金受益人,是基金资产的所有者,享有基金的投资收益,并承担相应的投资风险。

基金管理人是指受托管理运用基金资产的机构,基金管理人水平的高低直接影响基金的投资收益,因此,担任基金管理人的机构必须具备一定的资格。在我国,根据《证券基金管理暂行办法》的规定,设立基金管理公司应当具备以下条件:主要发起人为按照国家有关规定设立的证券公司、信托投资公司;主要发起人经营状况良好,最近3年连续盈利;每个发起人的实收资本不少于3亿元;拟设立的基金管理公司的最低实收资本为1 000万元;有明确可行的基金管理计划;有合格的基金管理人才以及我国证监会规定的其他条件。

基金托管人是指受托保管基金资产的机构。担任基金托管人的机构必须具备一定的资格。在我国,《证券基金管理暂行办法》规定,基金托管人应当具备以下条件:基金托管人必须是实收资本不少于80亿元的商业银行;设有专门的基金托管部;有足够熟悉托管业务的专职人员;具备安全保管全部基金资产的条件;具备安全、高效的清算、交割能力。

12.4 金融衍生品市场

金融衍生产品是指以杠杆或信用交易为特征,以在传统的金融产品货币、债券、股票等的基础上派生出来的具有新的价值的金融工具。20世纪90年代初少数机构开展地下期货交易为起点,我国金融衍生产品市场先后出现了外汇期货、国债期货、指数期货及配股权证等交易品种。1992年至1995年间,上海和海南的交易所曾推出过国债和股指期货;2004年推出的买断式回购;2005年推出的银行间债券远期交易、人民币远期产品、人民币互换和远期结算的机构安排等,意味着我国衍生品市场的初步形成。此后,伴随着股权分置改革而创立的各式权证使衍生品开始进入普通投资者的视野,权证市场成为仅次于我国香港的全球第二大市场。2006年9月8日,我国金融期货交易所在上海挂牌成立,拉开了我国金融衍生品市场发展的大幕。黄金期货于2008年1月9日在上海期货交易所的鸣锣上市,使得期货市场品种体系进一步健全,除石油外,国外成熟市场主要的大宗商品期货品种基本上都在我国上市交易。

12.4.1 远期合约

远期合约是交易双方约定在未来特定日期按既定的价格购买或者出售某项资产的书面协议。金融远期合约的特点为:未规范化、标准化,一般在场外交易,不易流动;买卖双方易发生违约问题,从合约签订到交割期间不能直接看出履约情况,风险较大。在合约到期之前并无现金流。合约到期必须交割,不可实行反向对冲操作来平仓。

人民币不交收远期外汇交易是客户与银行之间的协定,让客户可在预先设定的日期按协定汇率兑换指定金额的人民币。外汇远期合约可让你于指定的日期按事先议定的汇率买入或卖出指定金额的外币。

12.4.2 期货合约

期货合约是指在特定的交易所通过竞价方式成交,承诺在未来的某一日或某一期限内,以实现约定的价格买进或卖出某种标准数量的某种金融工具的标准化契约。在期货交易中,买卖双方在最后交割时都有可能亏本,为了保证履约,买卖双方都要按规定交付一定比例的保证金;当保证金随着价格的波动而相对减少时,还要增交保证金。期货交易根据合同清算方式的不同又可分为两种。第一种是期货交割交易,指在合同到期时,买方须交付现款,卖方则须交出现货即合同规定的股票;第二种是差价结算交易,在合同到期时,双方都可以做相反方向的买卖,并准备冲抵清算,以收取差价而告终。这两种交易方法统称清算交易。

债券的期货交易,是指买卖成交后,买卖双方按契约规定的价格在将来的指定日期(如3个月、6个月以后)进行交割清算。进行债券的期货交易,既是为了回避风险,转嫁风险,实现债券的套期保值，同时因其是一种投机交易，也要承担较大的风险。因为债券的成交、交割及清算的时间是分开的，清算时是按照买卖契约成立时的债券价格计算，而不是按照交割时的价格计算。而实际中，由于各种原因，债券价格在契约成立时和实际交割时往往是不一致的。当债券价格上涨时，买者会以较少的本钱获得较多的收益；当债券价格下跌时，卖者会取得较好的收益，而不致发生损失。

股票期货交易是指交易双方股票成交后签订契约，按约定价格在约定的交割日里进行交割清算的一种交易方式。在期货交易中买卖双方签订合同，并就买卖股票的数量、成交的价格及交割期达成协议。买卖双方签订合约后不用付款也不用交付证券，只有到了规定的交割日买方才交付货款，卖方才交出证券。结算时是按照买卖契约签订时的股票价格计算的，而不是按照交割时的价格计算。

远期合约与期货合约颇有相似之处，容易混淆。因为这两种合约都是契约交易，均为交易双方约定为未来某一日期以约定价格买或卖一定数量商品的契约。它们的区别则在于以下几点。

(1)交易场所不同。期货合约在交易所内交易，具有公开性，而远期合约在场外进行交易。

(2)合约的规范性不同。期货合约是标准化合约，除了价格，合约的品种、规格、质量、交货地点、结算方式等内容都有统一规定。远期合约的所有事项都要由交易双方一一协商确定，谈判复杂，但适应性强。

(3)交易风险不同。期货合约的结算通过专门的结算公司，这是独立于买卖双方的第三方，投资者无须对对方负责，不存在信用风险，而只有价格变动的风险。远期合约须到期才交割实物、货款早就谈妥不再变动，故无价格风险，它的风险来自届时对方是否真的前来履约，实物交割后是否有能力付款等，即存在信用风险。

(4)保证金制度不同。期货合约交易双方按规定比例缴纳保证金，而远期合约因不是标准化，存在信用风险，保证金或称定金是否要付，付多少，也都由交易双方确定，无统一性。

(5)履约责任不同。期货合约具备对冲机制，履约回旋余地较大，实物交割比例极低，交易价格受最小价格变动单位限定和日交易振幅限定。远期合约如要中途取消，必须双方同意，任何单方面意愿是无法取消合约的，其实物交割比例极高。

12.4.3 期权合约

期权交易是指赋予其购买者在规定期限内按双方约定的价格或执行价格购买或出售一定数量某种金融资产的权利的合约。期权交易的方式有两个好处：一是风险较小，买方的损失是已知的和固定的。二是只需缴纳少量的期权费就可以做大额交易，而且利润比现货交易高。

股票的期权交易是指投资者与特定的交易商签订合同，投资者有权在特定的时期内按协议的价格买进或卖出一定数量的股票，而不管此时的股票价格如何变动。期权交易的合同中要规定期权的有效期、股票的种类和数量、股票的价格(协定价格)、期权的价格(购买期权的费用)、期权合同的种类(买进期权和卖出期权)。

股票的期权交易分为买进期权和卖出期权两种。买进期权，又叫看涨期权，就是在期权的有效期内，期权的买方有按规定的价格和数量买进股票的权利。当股票价格高于协议价格和期权费之和(不考虑佣金等其他费用)时,买方选择执行期权,以协议价格和数量买入股票,在现货市场按市价卖出,从中赚取利润。当股价低于协议价格时,买方选择不执行期权,此时买方的损失只有期权费用和佣金等其他费用。卖出期权,又叫看跌期权,就是在期权的有效期内,期权的买方有按规定的价格和数量卖出股票的权利。当股票价格低于协议价格时,买方选择执行期权,以协议价格和数量,卖出股票,在现货市场按市价买进,从中赚取利润。当股价高于协议价格时,买方选择不执行期权,此时买方的损失只有期权费用和佣金等其他费用。

12.4.4 互换合约

互换合约也称掉期,是指互换双方达成协议并在一定的期限内转换彼此货币种类、利率基础及其他资产的一种交易。

货币互换是指为降低借款成本或避免远期汇率风险,将一种货币的债务转换成另一种货币的债务的交易。交易双方按照预先约定的汇率和利率,在一定的时期内,按照一定的汇率和利率,将不同币种、不同利率的债务进行互换。在进行货币互换交易时,必须签订货币互换合约。货币互换合约是交易双方之间具有约束力的协议,该协议规定了交易双方在一段时间的期末,按照预定的汇率,交换两种不同货币的本金。在这一时期,双方互相交换利息,利息以双方交出的本金货币来标价和计算。

某企业从A银行贷款一笔日元,金额为10亿日元,期限5年,利率为固定利率6.25%。付息日为每年6月30日和12月31日。2003年12月20日提款,2008年12月20日到期一次性归还本金。企业提款后,将日元换成美元,用于采购生产设备,产品出口后获得美元收入。企业采取以下货币互换的方式,就可以有效锁定汇率风险。

(1)企业在提款日(2003年12月20日)与B银行互换本金。企业从A银行提取贷款本金,同时支付给B银行,B银行按约定的汇率支付相应的美元。

(2)企业在付息日(每年6月30日和12月31日)与B银行互换利息。B银行按日元利率水平向企业支付日元利息,公司将日元利息支付给A银行,同时按约定的美元利率水平向B银行支付美元利息。

(3)企业在到期日(2008年12月20日)与B银行再次互换本金。B银行向企业支付日元本金,企业将日元本金归还给A银行,同时按约定的汇率水平向B银行支付相应的美元。

从以上可以看出,由于在期初与期末,企业与B银行均按约定的同一汇率互换本金,且在贷款期内企业只支付美元利息,而收入的日元利息正好用于归还日元贷款利息,从而使企业避免了汇率波动的风险。

12.5 保险市场

保险市场是指进行保险商品交换关系的总和。

12.5.1 保险市场的特点

1. 直接经营风险

从交易对象与风险的关系来看,保险市场交易的对象是保险商品,但消费者购买保险商品实际是将自身所面临的各种风险通过支付保险费的方式转移给保险人,因此,保险市场交易实际是投保人把自身的各种风险通过支付保险费的方式转移给保险人,而保险人经营管理的就是成千上万的投保人的各种风险。由此,保险市场就是直接的风险市场。尽管任何市场交易都存在风险,交易双方都可能因市场风险的存在而遭受经济上的损失。但是,一般商品市场交易的对象是物品和劳务,其本身并不是风险,而保险市场所交易的对象是保险商品,是保险经济保障,即对投保人转嫁于保险人的各类风险提供保险经济保障,所以保险市场交易本身就直接与风险紧密相联。

2. 预期性

保险合同签订后,被保险人不能立即从保险人那里得到保险赔付,这是因为保险是对未来不确定性事件发生所带来的经济损失而进行补偿的一种承诺,只有在合同所约定的未来时间内发生保险事件,保险人才可能对被保险人进行经济补偿。

3. 非即时结清性

所谓即时结清市场,是指市场交易一旦结束,供需双方立刻就能够确切知道交易结果的市场,即一笔交易结束后,供给者就能即时知道当前这笔交易是亏损还是盈利。一般意义上的商品市场、货币市场和劳动力市场等,都是即时结清市场。而保险商品交易,因风险的不确定性和保险的射幸性使得交易双方都不能即刻知道交易结果,而必须在未来约定的时间内,看保险事件是否发生,然后,双方才能知道交易的最终结果。因此,保险市场是非即时结清市场。由此看来,保险单的签发,看似是保险交易的完成,实则是保险保障的开始,最终的交易结果则要看双方约定的保险事故是否发生。

12.5.2 保险市场的要素

1. 保险市场的主体

(1)保险商品供给方。保险商品的供给方是指在保险市场上,提供各类保险商品,承担、分散和转移他人风险的各类保险人。

(2)保险商品的需求方。保险商品的需求方是指在一定时间、一定地点等条件下,为寻求风险保障而对保险商品具有购买意愿和购买力的消费者的集合。

(3)保险市场中介方。保险代理人是从事保险代理活动的人,保险代理制度是代理保险公司招揽和经营保险业务的一种制度。保险代理人与被代理的保险公司在法律上被视为同一人。保险代理人根据保险公司的授权代为办理保险业务的行为,由保险公司承担责任。保险经纪人是代表投保人或被保险人的利益参与保险活动的人,保险经纪制度是指保险人依靠保险经纪人争取保险业务、推销保险单的一种保险市场营销方式。保险公证人是指向委托人(保险人或被保险人)收取费用,为其办理保险标的的查勘、鉴定、估价与赔款估审、理算、洽商,而予以证明的人。保险公证人在执行职务中,不仅需要有专门的学识和经验,而且更重要的是能保持公平独立的立场,使其所作的判断或证明符合客观实际,且具有权威性。保险关系双方对公证意见进行评议,如无大争议,则按此意见处理、结案;如有较大争议,经调解无效,再由一方起诉,由法院判决。

2. 保险市场的客体

保险市场的客体是指保险市场上供求双方具体交易的对象,这个交易对象就是保险商品。保险商品是一种特殊形态的商品。

12.5.3 保险市场的类型

1. 完全垄断型保险市场

完全垄断型保险市场指市场由一家保险公司所控制，这家公司既可以是国家公司，也可以是私营公司。在保险市场中没有竞争。或者为专业型垄断模式，互不涉足对方业务领域；或为地域垄断模式，互不进入对方市场范围。

在垄断型保险市场上，价值规律无法充分发挥作用。各种资源配置扭曲，市场效率低下，投保户远远不能达到效用最大化。因此，只有经济落后的国家，出于控制的需要才选择这种市场模式。

2. 完全竞争型保险市场

完全竞争型保险市场指在一个市场中存在数量众多的保险公司，任何公司都可以自由进出市场，市场不受任何阻碍和干扰；同时存在大量买方和卖方，产品性质无差异，资源自由流动，每一买卖者均掌握或通过中介人掌握充分的信息。投保人与保险人参加保险市场的交易活动完全是自由的，价值规律和供求规律充分发挥作用，市场自发地调节保险商品的价格。外国保险公司可以自由地进入该市场，保险公司的数量基本上由市场供求自行调节。保险行业公会在保险市场管理中发挥重要作用。采取完全竞争型保险市场的国家主要是保险业发展较早的西方发达国家。

3. 垄断和竞争并存型保险市场

随着资本主义垄断的形成，完全竞争型保险市场已无现实意义，市场调节缺乏存在的环境，现在大部分发达国家采用了垄断和竞争并存模式的保险市场。在这样的市场上大小公司并存，少数大公司在保险市场上取得垄断地位；垄断公司之间、垄断公司与非垄断公司之间、非垄断公司之间同时存在激烈的竞争。

12.5.4 保险市场的分类

1. 按保险承保标的划分

按保险承保标的划分为寿险市场和非寿险市场。非寿险市场又可分为财产保险市场，责任保险市场，信用保证保险市场。其中财产保险市场又可分为水险市场、火险市场等。

2. 按保险活动空间划分

按保险活动空间划分为国内保险市场和国外保险市场。国内保险市场又可分成地区性和全国性保险市场。国外保险市场也可分为区域性保险市场和全球性保险市场。

3. 按保险承保方式划分

按保险承保方式划分为原保险市场、再保险市场。原保险市场又可以分成国内与国外原保险市场，再保险市场也可分成国内分保市场、国际分保市场。

12.6 黄金和白银市场

黄金和白银市场主要指黄金和白银作为交易标的物的市场。黄金和白银市场主要分为现货市场、期货市场和纸黄金和纸白银市场。

现货黄金（也叫国际现货黄金和伦敦金）是既期交易，指在交易成交后交割或数天内交割。根据国际黄金保证金合约的交易标准,利用一盎司的价格购买一百盎司的黄金的交易权。利用这100盎司的黄金的交易权进行买涨卖跌,赚取中间的差额利润。并且如果补充足差价可以提取实物黄金。由各黄金公司建立交易平台,以杠杆比例的形式向做市商进行网上买卖交易,形成的投资理财项目。做市商即国际四大金商:英国汇丰银行、加拿大枫叶银行、美国共和银行、洛希尔国际投资银行。目前在国内比较知名的我国香港现货黄金平台有:中国北方金银业有限公司、仟家信投资有限公司、亨达金银投资有限公司、德裕金号、万兆丰国际金业、得发金银集团、日升金银业、英皇网上金银有限公司等。黄金期货是指由期货交易所统一制定的,规定在未来某一特定时间和地点交割一定数量黄金的标准化合约。上海黄金交易所的黄金期货合约最低交易保证金比例为合约价值的7%,上市交易初期暂定以9%的比例收取;涨跌停板幅度为不超过上一交易日结算价±5%。世界的黄金市场主要分布在欧、亚、北美三个区域。欧洲以伦敦、苏黎士黄金市场为代表;亚洲主要以东京、我国香港和新加坡为代表;北美主要以纽约、芝加哥和加拿大的温尼伯为代表。世界各大金市的交易时间,以伦敦时间为准,形成伦敦、纽约、芝加哥、东京连续不断的黄金交易。

纸黄金指黄金的纸上交易,投资者的买卖交易记录只在个人预先开立的“黄金存折账户”上体现,而不涉及实物金的提取。盈利模式即通过低买高卖,获取差价利润。

课后练习题

一、名词解释

1. 金融市场　2. 货币市场　3. 资本市场　4. 直接融资　5. 间接融资　6. 同业拆借市场　7. 回购市场　8. 商业票据市场　9. 开放型基金　10. 封闭型基金　11. 远期合约　12. 期货合约　13. 期权合约　14. 互换合约

二、简答题

1. 简述直接融资的优缺点。
2. 简述间接融资的优缺点。
3. 简述金融市场的功能。
4. 简述同业拆借市场的特点。
5. 简述保险市场的特点。
6. 简述远期合约和期货合约的不同。

第13章 金融机构体系

学习目标：

1. 了解金融机构体系的构成；
2. 掌握我国中央银行和商业银行各自的性质、职能以及主要业务；
3. 掌握我国三大政策性专业银行的性质及主要业务；
4. 熟悉其他非银行金融机构的业务范围。

在任何一个经济社会中，金融机构体系都发挥着多方面的重要作用。一个健全有效的金融机构体系能够促进经济长期增长，并保证宏观经济的稳定；相反，一个残缺而低效率的金融机构体系，将会对经济增长和稳定产生负面的影响，更为严重的是，金融机构体系的崩溃将导致整个经济的衰退乃至崩溃。1929年的全球经济大萧条和1997年的亚洲金融危机就是明证。本章将集中讨论国内金融机构体系的一般构成、业务分工等问题。

13.1 金融机构体系概述

金融机构是指专门从事货币资金融通活动的中介组织。它泛指从事金融业务、协调金融关系、维护金融体系正常运行的机构，为社会经济发展和再生产的顺利进行提供金融服务，是国民经济体系的重要组成部分。

金融机构体系是指金融机构的组成及其相互联系的统一整体，与市场经济制度相适应。现代市场经济国家一般都拥有一个规模庞大、分工精细、种类繁多的金融机构体系，包括银行性金融机构与非银行性金融机构两大类。其中，银行性金融机构居支配地位。

13.1.1 金融机构体系的构成

金融体系的分工与组成是在不断变化的。长期以来在大多数国家的金融机构体系中，银行与非银行金融机构有较明确的业务分工，如美国、英国等国在20世纪30年代后采用的分业经营模式，就是以长短期信用业务分离，一般银行业与信托业务、证券业务分离为特点。20世纪80年代以来，金融机构的分业经营模式逐渐被打破，各种金融机构的业务不断交叉，各种金融机构原有的差异日趋缩小，综合性经营与多元化发展的趋势日益明显。

银行性金融机构按照其各自在经济中的功能可划分为商业银行、中央银行、专业银行三种类型的银行。它们所构成的银行体系通常被称为现代银行制度。商业银行是办理各种存款、放款和汇兑业务的银行，且是惟一能接受活期存款的银行。中央银行是在商业银行的基础上发展形成的，是一国的金融管理机构，被称为“发行的银行”、“国家的银行”、“银行的银行”。专业银行是集中经营指定范围业务并提供专门性金融服务的银行，包括：投资银行、不动产抵押银行、开发银行、储蓄银行、进出口银行等。

非银行金融机构是整个金融体系重要的组成部分,其发展状况是衡量一国金融体系是否成熟的重要标志之一。非银行金融机构不以吸收存款作为其主要资金来源,却以某种特殊方式吸收资金,并以某种特殊方式运用其资金,且从中获取利润。这类金融机构包括:保险公司、信用合作社、消费信用机构、证券公司、财务公司、信托公司、租赁公司等。

在市场经济条件下,各国金融体系大多数是以中央银行为核心来进行组织管理的,因而形成了以中央银行为核心、商业银行为主体、各类银行和非银行金融机构并存的金融机构体系。在我国,就形成了以中央银行(中国人民银行)为领导,国有股份制商业银行为主体,政策性银行、证券、保险、信托等非银行金融机构,外资金融机构并存和分工协作的金融机构体系。

13.1.2　我国金融机构体系的演变

我国目前的金融体系是以中央银行为核心、国有股份制商业银行为主体,多种金融机构并存的格局。这一体系的形成,经历了以下几个过程。

1. 改革开放前的"大一统"模式下的金融体系

这是一种高度集中的、以行政管理办法为主的单一的国家银行体系。其特点是:①在银行设置上,全国只有中国人民银行一家办理全部银行业务,下设众多分支机构,遍布全国,统揽一切银行信用;②人民银行集货币发行和信贷业务于一身,既执行中央银行职能,又兼办普通银行的信贷业务。

2. 1979—1982 年的金融机构体系

这一时期打破长期存在的人民银行一家金融机构的格局,恢复和建立了独立经营的专业银行:中国农业银行、中国人民建设银行、中国银行,与人民银行一起构成了多元化银行体系。

3. 1983—1993 年的金融机构体系

1983 年起在金融机构方面进行了如下改革:决定中国人民银行专门行使中央银行职能;专设中国工商银行,承办原来人民银行负责的信贷及城镇储蓄业务;增设交通银行等综合性银行,广东发展银行等区域性银行;设立一些非银行金融机构,如中国人民保险公司。

我国现有金融机构体系包括:政府金融决策部门、中央银行及政策性专业银行、国有股份制商业银行、全国及地方性股份制商业银行、非银行金融机构、外资金融机构、外国金融机构的分支机构、中外合资金融机构、银行业监督管理委员会、证券监督管理委员会及保险监督管理委员会。这些构成了我国金融的决策及执行、业务经营及监管机构体系。

13.2　中央银行

13.2.1　中央银行的产生与发展

现代市场经济的运作和管理离不开稳定、完善的金融体系,而中央银行就处于这一庞大金融体系的中心。中央银行的形成有两种方式,一种是由一般的商业银行演变而成,如英格兰银行;另一种则是在政府的设计下直接为担负中央银行职能而设立的,如美国的联邦储备系统,以及第二次世界大战后许多发展中国家建立的中央银行。

中国人民银行是我国的中央银行，它是领导与管理全国金融事业的机关，是我国金融机构体系的核心。中国人民银行于1948年12月1日在原解放区的华北银行、北海银行和西北农民银行的基础上在石家庄正式成立，同时开始发行钞票。1949年中国人民银行总行迁入首都北京。作为发行的银行和政府的银行，中国人民银行成为新中国的中央银行。1983年9月，国务院做出决定：中国人民银行不再兼办工商信贷和储蓄业务，而专门行使中央银行的职能，以加强信贷资金的集中管理和综合平衡。1986年1月7日国务院发布《中华人民共和国银行管理暂行条例》，首次以法规形式规定了中国人民银行作为中央银行的性质、地位和职能。1995年3月18日第八届全国人民代表大会第三次会议通过了《中华人民共和国中国人民银行法》，这是新中国第一部金融大法，该法的颁布实施标志着我国现代中央银行制度正式形成并进入法制化发展的新阶段。

中央银行是历史的产物，因而它的产生和发展本身就是一个历史的过程。在这一过程中，社会经济活动中的种种矛盾是中央银行产生和发展的最根本动力。具体说来，它的产生适应了以下几方面的需要。

(1)统一银行券发行的需要。随着商品经济发展规模的扩大，贵金属的产量远远不能满足生产和交换的需要。铸币不能满足企业贴现的需要，于是，银行便发行一种以自己为债务人的不定期的票据来给企业办理贴现，这种由银行发行的票据就是银行券。金本位和银本位时期，各商业银行都有权发行自己的银行券，但要以黄金储备作为发行准备，确保银行券可以随时得到兑现。伴随着货币信用业务的迅速扩展，银行不断增多，流入市场的银行券也越来越多，这种分散的银行券发行也越来越暴露出它的缺陷。

首先，一般商业银行规模较小，资金实力、信用、营业网点都十分有限，因而其发行的银行券只能在银行所在的地域附近流通，给社会化的生产和流通带来了极大的困难。

其次，银行林立，竞争加剧，难免发生恶意挤兑的情况。

再次，银行券种类过多，给银行、企业间的交易与支付带来困难，使得债权债务关系复杂化，一旦某种银行券不能兑现，造成的连锁反应危害极大。

最后，商业银行独自发行的银行券，往往存在发行数量过多、准备金不足的现象，或由于经营管理不善而发生兑现困难，从而引发信用危机，造成社会秩序混乱。

由此可见，保证银行券币值稳定、流通顺畅的最好办法就是建立一个专门的机构统一监管银行券的发行。这也是中央银行产生的重要原因之一。事实上，由一家大银行来统一银行券的发行，这一活动很早就在自发地进行，某些大银行如英格兰银行为了进一步壮大自己的实力，在银行券的发行方面不断地排挤其他的中小银行，并最终依靠政府的力量，成为独占银行券发行权的中央银行。

(2)统一票据清算的需要。商业银行在其发展初期，由于没有一个统一的清算机构，银行间的票据结算往往是由各家银行单独分散进行的。随着商品经济的发展和银行业务的不断扩大，银行收授票据的数量也急速增长，各银行之间的债权债务关系日趋复杂，票据的结算业务也变得繁重起来。同城结算和当日轧差尚且有困难，异地结算就更是难上加难。这样在当时的一些城市，同业工会和私人银行就自发建立了票据交换所，如世界上最早的票据交换所——1770年由英国的一些私人银行组建的伦敦票据交换所。票据交换所提高了清算效率，但由于缺乏权威性和统一性，还不能为所有银行都接受和利用，因而无法进行统一的票据交换和清算，一般仅限于同城之间的票据清算。这在客观上要求建立一个全国统一和公正的权威性清算机构，作为金融支付体系的核心，能够快速清算银行间各种票据从而使资金顺畅，保证商品经济的快速发展。显然这一重任只能由中央银行来担任。因为中央银行的清算体系可以通过各商业银行在中央银行开立的清算账户确保其权威性，客观公正地统一协调处理票据交换和债权债务关系，防止任何形式的清算危机的发生。因此，充当一个全国性的统一的票据清算中心，是中央银行产生的又一重要原因。

(3)稳定信用体系的需要。随着商品生产和流通的不断扩大，对资金的需求不仅金额越来越大，而且使用期限也越来越长。在这种情况下，银行往往采取降低支付准备金、扩大银行券的发行、进行同业拆借等手段来满足资金需求。但由于一些贷款不能按时收回，或者出现突发性大量提现，加上银行券受地区和信用的制约，以及存款过多地用于贷款等原因，一些银行因支付能力不足而破产。为了保护存款人的利益和银行及整个金融业的稳定，客观上需要有一家权威性机构，适当集中各银行的一部分现金准备作为后盾，在银行出现难以克服的支付困难时，集中给予必要的贷款支持，充当银行的“最后贷款人”。

(4)金融监管的需要。随着商品货币经济关系的发展，银行和金融业在整个社会经济关系中的地位和作用日益突出，金融运行的稳定成为经济稳定发展的重要条件。为了保证银行和金融业的公平有序竞争，保证各类金融业务和金融市场的健康发展，减少金融运行的风险，政府对金融业进行监督管理是极其必要的。而政府对金融业进行监督管理，不能不依靠专门的机构来实现。由于金融业监管的技术性很强，这个专门从事金融业监督、管理和协调的职能机构要有一定的技术能力和操作手段，还要在业务上与银行建立密切联系，以便于其制定的各项政策和规定能够通过具体业务活动得到贯彻实施。这也使中央银行的产生成为必然。

13.2.2　中央银行的性质与职能

1. 中央银行的性质

中央银行的性质一般表述为：中央银行是国家赋予其制定和执行货币政策、对国民经济进行宏观调控和管理的特殊的金融机构。中国人民银行作为领导和管理全国金融事业的机关，其性质主要表现在以下两个方面。

(1)中央银行是特殊的金融机构。中央银行虽然也称为银行，也办理银行固有的“存、贷、汇”业务，但与普通的商业银行和金融机构相比，在业务经营目标、经营对象和经营内容上都有着本质的区别。

一是经营目标与其他银行不同。中央银行不以盈利为目的，原则上也不从事普通商业银行的业务，而是以金融调控为己任，以稳定货币、促进经济发展为宗旨。

二是服务对象与其他银行不同。中央银行不以企业、社会团体和个人为服务对象，只与政府和商业银行等金融机构发生资金往来关系，并通过与这些机构的业务往来，贯彻和执行政府的经济政策，并履行其管理金融的职责。

三是中央银行还享有其他银行所不能享有的特权，如垄断货币发行权、代理国库、充当整个社会的最后贷款人等。

(2)中央银行是管理金融事业的国家机关。中央银行作为管理金融事业的国家机关，主要表现在：①中央银行是全国金融事业的最高管理机构，是代表国家管理金融事业的部门；②中央银行代表国家制定和执行统一的货币政策，监管全国金融机构的业务活动；③中央银行的主要任务是代表国家运用货币政策对经济生活进行直接或间接的干预;④中央银行代表国家参加国际金融组织和国际金融活动。

2. 中央银行的职能

中央银行的职能是中央银行的性质在其业务活动中的具体体现。传统上把中央银行的职能归纳为“发行的银行、银行的银行、国家的银行”。

(1)中央银行是发行的银行。所谓“发行的银行”,主要具有两个方面的含义:一是指国家赋予中央银行集中与垄断货币发行的特权,是国家唯一的货币发行机构;二是指中央银行必须以维护本国货币的正常流通与币值稳定为宗旨。

中央银行集中与垄断货币发行权是其自身之所以成为中央银行最基本、最重要的标志,也是中央银行发挥其全部职能的基础。中央银行垄断货币发行权是统一货币发行与流通和稳定货币币值的基本保证。货币发行是中央银行的重要资金来源,也为中央银行调节金融活动和全社会货币、信用总量,促进经济增长提供了资金力量。因此,具有“发行的银行”这一基本职能是中央银行实施金融宏观调控的充分与必要条件。中央银行作为一国发行货币和创造信用货币的机构,在发行现钞、供给货币的同时,必须履行保持货币币值稳定的重要职责,将货币量和信贷规模控制在适当的水平,使社会经济能正常运行与发展。

(2)中央银行是银行的银行。所谓“银行的银行”,其一,是指中央银行的业务对象不是一般企业和个人,而是商业银行和其他金融机构及特定的政府部门;其二,中央银行与其业务对象之间的业务往来仍具有“存、贷、汇”业务的特征;其三,中央银行为商业银行和其他金融机构提供支持、服务的同时,对其进行管理。它集中保管存款准备金,充当商业银行的最后贷款人,同时还充当全国金融机构的资金结算中心。

(3)中央银行是政府的银行。所谓“政府的银行”,是指中央银行为政府提供服务,是政府管理金融事业的一个专门机构。它代理国库,向政府融通资金,制定货币政策,实施金融宏观调控,同时它还是政府的金融顾问和国际金融组织的代表。

总之,发行的银行、银行的银行和国家的银行,体现了中央银行的基本职能,世界上绝大多数国家的中央银行一般都具备这三大基本职能。

13.2.3 中央银行的业务

中央银行业务是中央银行职能的具体表现,其业务性质与商业银行截然不同,虽然也办理存款、放款、贴现、买卖有价证券、清算等业务,但其业务是实现对金融活动的调节。中央银行的业务分为负债业务、资产业务和中间业务。

1. 中央银行的负债业务

中央银行的负债业务是形成其资金来源的业务,也是它运用经济手段对金融实施宏观调控的基础。中央银行的负债业务主要有以下几点。

(1)货币发行业务。这是中央银行最重要的负债业务。中央银行通过再贴现、贷款、购买证券、收购金银、外汇等方式,把它们投入市场,形成流通中的货币,以满足国民经济发展对流通手段和支付手段的需求,促进商品生产的发展和商品流通的扩大。每张投入市场的纸币(又称通货)都是中央银行对持有者的负债或说是持有者对中央银行的债权,而现代中央银行对所发行的货币并不承担兑现义务,因此,这种负债在一般情况下,事实上成为长期的无需清偿的债务。

(2)代理国库业务。中央银行作为政府的银行,一般均由政府赋予代理国库的职责,政府财政的收入和支出都由中央银行代理。同时,那些依靠国家拨给行政事业单位的存款,也都由中央银行办理。金库存款、行政事业单位存款在其支出之前在中央银行存放,构成中央银行的负债业务,并成为中央银行重要的资金来源。对这部分存款,各国中央银行一般均不予支付利息,因而对中央银行的资金运用是极为有利的。

(3)集中存款准备金。中央银行集中商业银行与其他金融机构的存款准备金,旨在满足流动性与清偿能力的要求。中央银行的存款准备金,它的所属权归商业银行和其他金融机构。存款准备金中一部分是法定存款准备金,它由法定存款准备金率和商业银行与其他金融机构的存款总额决定。另一部分是超额存款准备金,它是商业银行自愿决定存储的数量。中央银行将存款准备金用于调控信贷规模和国内供给量,便利资金清算以维持金融体系的安全与稳定。

(4)其他负债业务。除上述负债业务之外,中央银行的负债业务还应包括对国际金融机构的负债或向外国政府的借款等。

2. 中央银行的资产业务

中央银行的资产业务是指中央银行在一定时间上拥有的各种债权。中央银行的资产业务对其制定实施货币政策、调控金融运行具有重要的作用。主要有以下几点。

(1)再贷款。再贷款业务是中央银行作为政府的银行、银行的银行在政府和商业银行资金周转紧张时,向其提供的资金融通业务。中央银行的贷款对象是政府和商业银行。中央银行对政府发放弥补资金短期缺口的贷款。中央银行为缓解商业银行短期资产不足的困难、补充其流动性而对商业银行发放贷款。

(2)再贴现。再贴现业务是指商业银行或其他金融机构用未到期的商业票据,向中央银行申请再融资的业务。在商业银行等金融机构资金紧迫时,中央银行用再贴现、再抵押方式给予资金融通,目的是保证银行制度的安全性、灵活性和银行业务的顺利进行。

(3)证券买卖。证券买卖业务是指中央银行通过公开市场采用直接买卖、回购协议等方式买进或卖出有价证券,以增减银行资金的流动性、调节和控制货币供应量的信用活动,是中央银行实行宏观调控的手段。

(4)金银和外汇储备。金银、外汇储备是中央银行集中储备金职能的具体表现。中央银行开展这种业务是为了代表国家集中储备、调节资金、稳定金融和促进一国贸易及对外交往的顺利进行。

3. 中央银行的中间业务

中间业务是中央银行为商业银行及其他金融机构办理资金划拨清算和资金转移的业务。一般包括清算业务、各种代理业务和审批业务等,其中最主要的是资金清算业务。

13.3　商业银行

商业银行在金融机构体系中居主体地位,是最早出现的金融机构。它们以经营工商业存、放款为主要业务,并为顾客提供多种服务。其中通过办理转账结算实现国民经济中的绝大部分货币周转,同时起着创造存款货币的作用。

13.3.1 商业银行的产生与发展

商业银行是商品经济发展到一定阶段的必然产物，并随着商品经济的发展不断完善。商业银行的产生与货币兑换、保管、借贷是分不开的。

在金属货币出现以后，就出现了早期的金银兑换、保管和汇兑业务，形成了早期的货币兑换商和钱在银号等机构。如在欧洲的古希腊与古罗马时期，就有了大量的金银保管兑换与放贷的记载。但一直至漫长的中世纪结束前，这种钱庄业务一直停留在传统的形式上。

近代资本主义生产方式与工业革命，是传统的货币经营业向现代金融业转变的主要动力。到16世纪中叶，地中海沿岸各国的工商业与贸易有了较大的发展，为了适应经济的发展与存款、贷款的要求，出现了最早的商人银行，这些商人银行既办理存款与贷款，也从事转账结算业务。但他们的贷款往往带有高利贷性质，使一般工厂手工业主和商人很难获得贷款，即使获得也会因高额利息而无利可图。这显然不能适应资本主义经济发展的需要，必须建立资本主义的银行。

在资本主义工商业发展的推动下，真正现代意义上的银行在17世纪末逐步发展起来了。现代银行体系的建立并取代传统的货币经营业、高利贷商，是通过两条途径实现的：一是旧式的高利贷银行在新的经济条件下，调整放款原则而逐渐转变为现代的银行，主要特征是较大规模地吸收社会资金，同时以较低的利率发放贷款；二是按照资本主义原则组织的股份制银行，其一开始就具有现代商业银行的性质，并从事大规模的融资与贷款活动，股份制的商业银行因其资本雄厚、融资能力强，贷款利率低，所以逐步成为现代信用领域的主导形式，银行成为整个社会信用的中心。1694年，英格兰成立了第一个现代银行——英格兰银行，其建立标志着高利贷在信用领域的垄断地位被打破。从此以后，现代银行在欧洲就广泛地发展起来了。

13.3.2 商业银行的性质与职能

商业银行是以追求最大利润为目标，以多种金融负债筹集资金，以多种金融资产为其经营对象，并向客户提供多功能、综合性服务的金融企业。商业银行的职能是由商业银行的性质决定的，是商业银行性质的具体体现。

1. 商业银行的性质

商业银行是通过办理吸收存款、发放贷款和转账结算等货币信用业务而获取利润的特殊企业。其性质表现为以下几个方面。

(1)商业银行具有一般的企业特征。因为商业银行与一般企业一样，拥有业务经营所必需的自有资本；商业银行实行独立核算、自负盈亏，具有独立的法人资格；其经营目标是追求利润最大化，获取最大限度的利润是商业银行产生和发展的基本前提，也是商业银行经营的内在动力。就此而言，商业银行与工商企业没有区别。

(2)商业银行是特殊的企业。商业银行区别于一般的工商企业，它是一种特殊的企业。商业银行的特殊性主要表现在：①商业银行的经营对象特殊。一般企业经营的是具有一定使用价值的商品，而商业银行经营的对象是一种特殊商品——货币；②商业银行经营内容特殊。一般企业从事的是一般商品的生产和流通，而商业银行是以金融资产和金融负债为经营对象，从事包括货币支付、借贷以及各种与货币运动有关的或者与之联系的金融服务；

③商业银行对社会经济的影响和受社会经济的影响特殊。商业银行对社会经济的影响远远大于一般的工商企业,同时商业银行受社会经济的影响也较任何一个工商企业更为明显;④国家对商业银行的管理特殊。由于商业银行对社会经济的特殊影响,国家对商业银行的管理要比对一般的工商企业的管理更严格,管理范围更广泛。

(3)商业银行是一种特殊的金融企业。商业银行既有别于中央银行，又有别于专业银行和非银行金融机构。它以盈利为主要目的,业务经营具有很强的广泛性和综合性,能提供更多更全面的金融服务,其业务触角已延伸至社会经济生活各个角落,成为“金融百货公司”和“万能银行”。

2. 商业银行的职能

商业银行的性质决定了其职能作用,作为现代经济的核心,商业银行具有以下职能。

(1)信用中介职能。这是商业银行最基本也最能反映其经营活动特征的职能。这一职能的实质是银行一方面通过银行的负债业务，把社会上的各种闲散货币资金集中到银行;另一方面又通过资产业务,把它投向社会经济各部门,充当资金闲置者和资金短缺者之间的中介人，实现资金的融通。

商业银行通过发挥信用中介职能,在资金盈余者和资金短缺者之间架起一座桥梁,从而在资金所有权不发生转移的前提下,使闲置的资金资源得到最大程度的利用,对经济活动起到多层次的调节转化作用。

(2)支付中介职能。这一职能是指商业银行利用活期存款账户,为客户办理各种货币结算、货币支付、货币兑换和转移存款等业务活动。支付中介是商业银行的传统功能。借助于这一职能,商业银行成为工商企业、政府、家庭个人的货币保管者、出纳人和支付代理人,使商业银行成为社会经济活动的出纳中心和支付中心,并成为整个社会信用链的枢纽。

商业银行发挥的支付中介职能,不仅为客户提供了良好的金融服务,因减少了现金的使用而节约了社会流通费用,而且也为商业银行本身取得了充足的廉价资金来源。

(3)信用创造职能。这一职能是指商业银行利用其吸收活期存款的有利条件,通过发放贷款,从事投资业务,而衍生出更多的存款,扩大社会货币供给量。当然这种货币不是现金货币,而是存款货币,它只是一种账面上的流通工具和手段。

商业银行通过信用创造,创造了流通工具和支付手段,可节约现金使用,节约社会流通费用,又满足了社会经济发展对流通和支付手段的需要。

(4)金融服务职能。这一职能是指商业银行利用其在国民经济活动中的特殊地位,及其在提供信用中介和支付中介业务过程中所获得的大量信息,运用电子计算机等先进手段和工具,为客户提供的各种服务。这些服务主要有代理收付、财务咨询、信息咨询和计算机服务等。

商业银行通过金融服务,一方面扩大了社会联系面和市场份额,另一方面也为银行取得不少费用收入,增加了盈利,同时也加快了信息传播,提高了信息技术的利用价值,促进了信息技术的发展。

13.3.3　商业银行的业务

商业银行的性质与职能决定了它的业务内容。根据《中华人民共和国商业银行法》的规定,商业银行可以经营下列部分或全部业务:①吸收公众存款;②发放短期、中期和长期贷款;③办理国内外结算;④办理票据承兑与贴现;⑤发行金融债券;⑥代理发行、代理兑付、承销政府债券;⑦买卖政府债券、金融债券;⑧从事同业拆借;⑨买卖、代理买卖外汇;⑩从事银行卡业务;⑪提供信用证服务及担保;⑫代理收付款项及代理保险业务;⑬提供保管箱服务;⑭经国务院银行业监督管理机构批准的其他业务。这些业务大体可分为四类:负债业务、资产业务、中间业务和表外业务。

1. 商业银行的负债业务

商业银行负债业务是形成商业银行主要资金来源的业务，是其最基本、最主要的业务。银行负债的规模和结构,决定了整个银行的经营规模和经营方向,影响着银行盈利水平和风险状况。

1)资本金

商业银行资本金是指商业银行为了正常营运而自行投入的资金,是商业银行存在和发展的前提与基础。任何以盈利为目的的企业在申请开业时,须筹集一定数量的资本金,它是企业经营的基础。根据《公司法》与《商业银行法》的规定,设立商业银行的注册资本最低限额为 10 亿元,且商业银行的自有资本金总额与经过调整的资产总额之比不得低于 8%。

(1)股本金。股本金是商业银行资本的基础部分,属于商业银行的外源资本,包括普通股和优先股,普通股和优先股是银行股东持有的所有权证书。银行普通股构成银行资本的核心部分,它不仅代表对银行的所有权,而且具有永久性质。普通股的持有人享有对银行控制的参与权和对资产收益的要求权。银行优先股兼有普通股与债券的特点,一般而言,优先股的持有人按固定利率取得股息,对银行清算的剩余资产的分配权优于普通股持有人,但不拥有对银行的表决权。

(2)盈余留存。盈余留存是由于银行内部经营和外部规定而产生的,分为营业盈余和资本盈余两种。营业盈余是商业银行从每年的营业利润中逐年累积而形成的;资本盈余是商业银行在发行股票时,发行价格超过面值的部分,即发行溢价。

(3)债务资本。在 20 世纪 60 年代以前,商业银行资本基本上由股本金和盈余留存构成,20 世纪 70 年代起债务资本被西方发达国家的商业银行广泛使用,包括资本票据和债券。债务资本也称为后期偿付债券,其所有者对银行收入和资产的要求权在各类银行存款所有者之后,并且其原始加权平均到期期限较长。资本票据的面额较小,期限为 7—15 年不等;资本债券的面额较大,期限一般在 15 年以上。

(4)其他来源。商业银行的资本除上述几种外,还包括准备金等其他来源。准备金是为了防止意外损失而从商业银行收益中须留的资金,包括资本准备金和放款与证券损失准备金。准备金在应付因优先股折回等造成的股权资本减少或因贷款坏账损失等资产损失方面起到重要作用。准备金在许多国家被允许税前列支,使银行享有税收优惠。

2)存款业务

存款业务是指商业银行接受客户存入的货币款项,存款人可随时或按照约定的时间支取款项的一种信用业务。存款业务是商业银行最传统的资金来源,也是商业银行最主要的负债,在商业银行的全部经营活动中占有重要的地位,甚至起着支配与基础的作用。存款业务主要分为以下几种类型。

(1)活期存款。活期存款是指由存款人存入的没有确切的期限规定、随时可以取款或支付的存款方式,银行无权要求客户取款时做事先书面通知。这种存款能满足客户支取方便、运用灵活的需要,同时也是客户取得商业银行贷款和各种金融服务的重要条件。活期存款是商业银行最主要的资金来源,流动性大,具有很强的派生能力,而且总会有一个稳定的余额,在商业银行扩大信用、联系客户的业务活动中发挥着非常重要的作用。此类存款一般不支付利息或支付很低的利息。

(2)定期存款。定期存款是指存款人将款项存入银行时,预先约定时间,到期才能提取的存款。相对于活期存款,定期存款相对稳定,它的利息比活期存款要高。正由于定期存款有固定期限,因此对商业银行的长期贷款和长期投资具有重要意义。

(3)储蓄存款。储蓄存款一般是指居民个人为了将来的消费,将暂时不用的收入积蓄起来并取得利息收入的存款。它专指居民个人在银行的存款,在大多情况下,银行储蓄存款采用存折的方式,即银行发给客户一本储蓄存折,作为日后存取的凭证。

(4)外汇存款。外汇存款是指存款人将其所拥有的可自由兑换的外汇存入商业银行而形成的存款。目前在我国的商业银行中,外汇存款包括企业、事业单位、机关、团体存入的甲种外汇;外籍人士存入的乙种外汇;本国居民存入的丙种外汇。

3)借款业务

商业银行用借款的方式筹集资金,也是其负债业务的重要构成部分。主要有以下几条途径。

(1)同业拆借。同业拆借指的是金融机构之间的短期资金融通,主要用于支付日常性的资金周转,它是商业银行为解决短期资金余缺、调剂法定准备金头寸而融通资金的重要渠道。同业拆借一般是短期的,如日拆或隔夜拆借,如果借贷双方同意可以续借。利息按日计算,利率根据市场资金供求状况而决定。同业拆借一般不需要抵押品,全凭银行信誉。同业拆借交易通过在中央银行借记和贷记双方账户来完成。

(2)中央银行借款。商业银行为满足资金需要,还可以从中央银行借款,主要有再贴现和再贷款两种方式。再贴现是指商业银行将自己办理贴现业务时所买进的未到期票据,再卖给中央银行,即再次申请贴现,也称间接借款。再贷款是中央银行向商业银行提供的信用放款,也叫直接借款。

再贴现和再贷款不仅是商业银行筹措短期资金的重要渠道,而且也是中央银行重要的货币政策工具。中央银行通过调整再贴现率和再贷款利率,可以起到紧缩或放松银根的作用。

(3)回购协议。回购协议是指商业银行在出售证券等金融资产时签订协议,约定在一定期限后按约定价格购回所卖证券,以获得即时可用资金的交易方式。实际上是一种以金融资产作为抵押来获取短期资金融通的融资方式。

(4)发行中长期债券。发行中长期债券是指商业银行以发行人身份,通过承担债券利息的方式,直接向货币所有者举借债务的融资方式。商业银行发行的中长期债券通常称之为金融债券,可分为资本性金融债券、一般性金融债券和国际金融债券。通过发行金融债券融资可以拓宽商业银行负债渠道,促进负债来源多样化,增强负债的稳定性,但是发行金融债券融资筹资成本较高,债券的流动性受市场发达程度的制约,管理当局的限制也较严格。

2. 商业银行的资产业务

商业银行的资产业务是指商业银行通过不同的方式和渠道将聚集的资金加以运用并取得收益的各种经营活动。它是商业银行获取利润的主要来源,主要包括现金资产业务、贷款业务和证券投资业务。

1)现金资产业务

现金资产是商业银行持有的,可以无风险地加以运用的,最具有流动性的资源。它主要包括以下几类。

(1)库存现金。库存现金是指商业银行保存在业务库中的现钞和硬币,主要用于应付客户提现和银行本身的日常零星开支。它与商业银行在中央银行的存款一并计入法定存款准备金,是一种非盈利资产,银行要为其支付保管和运输费用。

(2)在中央银行的存款。在中央银行的存款是指商业银行存放在中央银行的按规定比例提缴的存款准备金。它由两部分构成:一部分是法定存款准备金,是商业银行按照中央银行的法定比率缴存的存款准备金;另一部分是超额存款准备金,是商业银行在中央银行的存款准备金账户中超过了法定存款准备金的那部分存款余额。商业银行的存款准备金是中央银行控制商业银行的信贷规模、执行宏观货币政策的基础,由中央银行统一进行管理。

(3)同业存款。同业存款是指商业银行存放在有业务往来的其他商业银行的存款。这部分资金是为了便于在同业之间开展代理业务和结算支付,属于活期存款性质,可以随时支用。

(4)在途资金。在途资金也称托收未达款,是指本行通过对方银行向外地付款单位或个人收取的票据。在途资金在收妥之前,是一笔占有的资金,由于通常在途时间较短,收妥后即成为存放同业存款,所以也将其视同现金资产。

2)贷款业务

贷款是商业银行以一定的利率和约定期限归还为条件,将一定数量的货币资金提供给借款人使用的一种借贷行为。贷款业务是商业银行最主要的资产业务,是商业银行取得利润的主要途径,也是商业银行与客户保持良好关系的重要条件。商业银行贷款业务种类繁多,主要有以下几大类。

(1)按照贷款的偿还期限分为短期贷款、中期贷款和长期贷款。短期贷款是指偿还期在一年以内(含一年)的贷款,多用于公司、企业的流动资金贷款和季节性贷款。中期贷款是指偿还期在一年以上五年以内(含五年)的各项贷款。长期贷款是指偿还期在五年以上的各项贷款,其主要用于不动产抵押贷款。

(2)按照贷款的保障条件分为信用贷款、担保贷款和票据贴现。信用贷款是指银行完全凭借客户的信誉、无需提供抵押物或第三方保证而发放的贷款,一般只贷放给那些信誉高的大公司。担保贷款是指具有一定的财物或信用做还款保证的贷款。根据还款保证的方式不同,具体分为抵押贷款、质押贷款和保证贷款。抵押贷款是指按规定的抵押方式以借款人或第三方的财产作为抵押而发放的贷款;质押贷款是指按规定的质押方式以借款人或第三方的动产或权利作为质押物而发放的贷款;保证贷款是指按规定的保证方式以第三方承诺在借款人不能偿还贷款时,按约定承担一般保证责任或连带保证责任而发放的贷款。票据贴现是贷款的一种特殊方式,指银行应客户的要求以现款或活期存款买进客户持有的未到期的商业票据的方式发放的贷款。

(3)按照贷款的偿还方式分为一次性偿还贷款和分期偿还贷款。一次性偿还贷款是指贷款人在贷款到期日一次性还清贷款本金的贷款,其利息可以分期支付,也可以在还本时一次付清。分期偿还贷款是指贷款人按规定的期限分次偿还本金和利息的贷款。中、长期贷款大都采用这种方式还款。

(4)按照贷款质量和风险程度分为正常、关注、次级、可疑和损失贷款。正常贷款是指借款人能够按期履行借款合同,有充分把握按时足额偿还本息的贷款。关注贷款是指贷款的本息偿还仍然正常,但是存在一些可能对偿还贷款产生不利的因素,如果这些因素继续存在下去,则可能影响贷款的偿还,因此需要对其进行关注或监控。次级贷款是指借款人的还款能力出现明显问题,依靠正常的经营收入已无法保持足额偿还本息的贷款。可疑贷款是指借款人无法足额偿还本息,即使执行抵押或担保也必然要造成一部分损失的贷款。损失贷款是指采取了所有可能的措施和一切必要的法律程序之后,本息仍无法收回或只能收回极少部分。这类贷款只能在履行必要的内部程序后进行冲销。

(5)按照贷款对象分为工业贷款、农业贷款、商业贷款和消费贷款。工业贷款主要用于工业生产资金的需要。农业贷款主要用于购买农业机械和设施,改良土壤以及用于购买种子、化肥、农药等的资金需要。商业贷款主要用于商业商品流转和购买设备的资金需要。消费贷款主要用于个人购买大额生活用品及其他生活设施的资金需要。

3)证券投资业务

商业银行的证券投资业务是指商业银行买卖有价证券以增加经营的流动性和银行收益的活动。证券投资是商业银行重要的资产业务,也是商业银行利润的主要来源之一。商业银行证券投资的主要对象是各种债券,包括国库券、中长期国债、政府机构债券、地方政府债券及公司债券等。

商业银行进行证券投资业务主要出于三个目的:一是增加收益。即通过灵活运用闲置资金,获取投资收益。证券投资的收益包括证券的利息和资本利得两个方面;二是加强资产的流动性,即充当第二准备。当商业银行的资产不够满足流动性需要时,可在二级市场上抛售证券;三是降低风险。通过选择多样化的证券组合,商业银行可以有效地分散风险。

3. 商业银行的中间业务

商业银行的中间业务是指商业银行不需运用或较少运用自己的资金,以中间人的身份为客户办理支付、担保和委托等事项,从中收取手续费的各项业务。商业银行的中间业务是形成商业银行非利息收入的业务,不列入资产负债表中。

(1)结算业务。结算业务是指商业银行应客户的要求为其经济往来所引起的货币收付关系进行清算。在现代社会中,支付手段主要有支票、汇票、本票、委托收款和信用卡等,但是买卖双方可能不在同一家银行开设账户,这样,当客户对某一家银行开出支票,命令它对另一家银行的账户进行支付时,银行之间就必须进行账户清算。银行之间清算的方式依地域范围而不同。同域清算主要是通过票据清算所进行清算。各家银行的代表每天在约定的时间集中交换票据一次或两次,各银行彼此间抵消债权债务后,仅有应收应付差额部分才用现金支付或由中央银行转账。异地清算较为复杂,主要采取委托代理行托收的方式,即银行之间互相设有存款账户。中央银行在异地支票托收中发挥着非常重要的作用,它通过在清算双方账簿上借记和贷记银行的准备金而使得清算业务顺利进行。

(2)代理业务。代理类中间业务是指商业银行接受客户委托,代为办理客户指定的经济事务,提供金融服务并收取一定费用的业务。商业银行不参与客户的决策,不承担风险,单靠提供服务来收取手续费和服务费,是典型的中间业务。商业银行开办的代理业务主要有代理融通业务、代理证券业务、代理保险业务、代客买卖业务等。

(3)信息咨询服务业务。大银行的机构网络遍及全国甚至全世界,在信息获取方面具有得天独厚的条件。信息咨询服务业务是商业银行充分利用自身的各种优势资源,为客户提供各种有偿信息等方面的业务。主要有资信调查,企业信用等级评估,工程项目概算、预算、决算,资产项目评估,市场调查与分析,资产管理,投资咨询,财务决策咨询,宏观经济、金融预测以及政策服务等。

(4)租赁业务。租赁业务是指由商业银行出资购买一定的商品租赁给承租人,然后通过租金收回资金的一种经济行为。它是以商品资金形式表现的贷款资金运动形式,是集融资和融物为一体的信用方式,兼有商品贷款和资金贷款的双重性特征。商业银行的租赁业务主要分为两大类。第一,融资性租赁,即客户需添购或更新大型设备、仪器,但一时资金不足,于是由商业银行出资购买这些设备,客户使用它们并按时交纳租金,银行通过租金逐步回收资金。在租赁期间,物品所有权属于银行,物品使用权归承租人。租赁期满,承租人对租赁物品可作退租、续租或留购的选择。第二,经营性租赁,即银行作为出租人购买设备,然后仅在一段时间内向承租人提供使用权。这种方式通常适用于那些技术更新较快或使用次数不多的大型设施等。

此外,商业银行还经办信托、银行卡、代保管等中间业务。

4. 商业银行的表外业务

商业银行的表外业务是指商业银行所从事的不列入资产负债表且不影响资产负债总额的经营活动。

表外业务一般包括以下三种类型。①担保类业务,是指商业银行接受客户的委托对第三方承担责任的业务,包括担保(保函)、备用信用证、跟单信用证、承兑等。在担保这一表外业务中由银行向交易活动中的第三方的现行债务提供担保, 并且承担相应的风险。②承诺业务,是指商业银行在未来某一日期按照事先约定的条件向客户提供约定的信用业务,包括贷款承诺等。③金融衍生交易类业务,是指商业银行为满足客户保值或自身头寸管理等需要而进行的货币(包括外汇)和利率的远期、掉期、期权等衍生交易业务。

表外业务和中间业务虽然都属于收取手续费的业务,并且都不在银行的资产负债表中反映出来,但是银行对它们所承担的风险是不一样的。在中间业务中,银行只是处于中间人或服务者的地位,不承担任何资产负债方面的风险。而表外业务虽然不直接形成商业银行即时的资产或负债,但对银行来说却是一种潜在的资产或负债,在一定条件下,比如客户违约,这些潜在的资产或负债就会转化为现实的资产或负债,因此,银行要承担一定的风险。

13.4 专业银行

随着经济社会的发展,银行客户越来越多样化,商业银行已经不能满足客户的特殊需要,专业银行正是在这种需求下产生的。专业银行是指专门经营指定范围的业务和提供专门性服务的金融机构,按照设立目的的不同,分为政策性专业银行和商业性专业银行。

13.4.1 政策性专业银行

政策性专业银行是相对于商业银行及商业性专业银行而言的。它是政府出于特定目的设立,或由政府施以较大干预,以完成政府的特定任务,满足整个国家社会经济发展需要而设立的专业银行。政策性专业银行等金融机构的设立及其运营是政府干预或调控国民经济的一种重要方式。

在世界各国,政策性金融机构多数冠以“银行”字样,如开发银行、农业发展(信贷)银行、进出口信贷银行等。有些则以“公库”、“公司”、“局”等相称,如日本的各类金融公库,美国的联邦存款保险公司、商品信贷公司、农民家计局等,英国的出口信贷担保局等。在经营上,这类金融机构一般不与商业性金融机构竞争,也不像商业性金融机构那样以利润为基本的经营目标,它所致力实现的是社会经济的宏观效益尤其是中长期效益目标。

1. 政策性专业银行的特点

政策性专业银行与一般商业银行一样都是以货币这一特殊商品为经营对象的,但与商业银行相比,其又有自身的特点,主要有以下几个方面。

(1)政府控制性。政策性专业银行一般都由国家直接出资创立,完全归政府所有。即使有些政策性银行不完全由政府设立,也往往由政府参股或保证。因而政策性专业银行具有国家银行的主体性质。从组织形态上看,世界各国的政策性银行基本上均处于政府的控制之下。

(2)非盈利性。政策性专业银行以贯彻国家产业和社会发展政策为己任,一般从事一些具有较高金融风险和商业风险的融资活动,因此,它不以利润最大化为经营管理目标。当然,政策性专业银行在实际经营活动中也要实行独立核算,以最小的成本去实现国家赋予的政策使命。

(3)资金来源与运用的特殊性。政策性专业银行的资金来源除国家拨款外,主要通过发行债券、借款和吸收长期存款获得。为了特殊的政策意图,它往往不与商业银行进行竞争,它的资金运用方向主要是国家的产业政策、社会发展计划中重点扶持的项目,这些贷款期限长、利率低,一般不适合商业银行从事。

(4)信用创造的差异性。政策性专业银行一般不办理活期存款业务,其负债是银行体系已经创造出来的货币,所以不实行存款准备金制度,其资产一般为专款专用,因此,与商业银行不同,它通常不具有派生存款和增加货币供给的功能。

2. 我国的政策性专业银行

1994 年以前,我国没有专门的政策性金融机构,国家的政策性金融业务分别由国家国有专业银行承担。从 1994 年开始,为了实现政策性金融与商业性金融的分离,以解决专业银行身兼二任的问题,相继建立了国家开发银行、中国进出口银行和中国农业发展银行三家政策性专业银行。

(1)国家开发银行。国家开发银行成立于 1994 年 3 月,是直属国务院领导的政策性金融机构,总部设在北京,注册资金 500 亿元人民币。它成立的目的是为了更有效地集中资金和力量保证国家重点建设,解决经济发展中的“瓶颈”制约,增强国家对固定资产投资的宏观调控能力。

国家开发银行的资金来源除资本金以外,主要包括:发行人民币债券,这是最主要的资金来源渠道;外汇债务,是筹集外汇资金的主要渠道;向中国人民银行再贷款,是解决临时性资金需要的一个主要渠道。

国家开发银行的主要业务是向国家基础设施、基础产业、支柱产业的大中型基本建设和技术改造等政策性项目及其配套工程发放政策性贷款业务;建设项目贷款的评审、咨询和担保业务；外汇贷款业务；承销有信贷业务关系的企业债券及经人民银行批准的其他业务等。

经国务院批准，国家开发银行于2008年12月11日整体改制为国家开发银行股份有限公司，公司注册资本为人民币3 000亿元。股份公司自成立之日起，将承继国家开发银行的全部资产、负债和业务。国家开发银行原有的营业机构、商标、互联网域名和咨询服务电话等保持不变，由股份公司继续使用，各项业务照常进行。

(2)中国农业发展银行。中国农业发展银行是直属国务院领导的我国唯一的一家农业政策性银行，1994年11月挂牌成立。主要职责是按照国家的法律、法规和方针、政策，以国家信用为基础，筹集资金，承担国家规定的农业政策性金融业务，代理财政支农资金的拨付，为农业和农村经济发展服务。全系统共有30个省级分行、300多个二级分行和1 800多个营业机构，服务网络遍布除西藏自治区外的中国大陆地区。

中国农业发展银行的资金来源除资本金以外，主要有：中央银行再贷款，是其最主要的资金来源渠道；政策性业务，企事业单位开户存款；发放金融债券；代理拨付的财政支农资金；境外筹资等。

中国农业发展银行的业务范围，由国家根据国民经济发展和宏观调控的需要并考虑到农发行的承办能力来界定。中国农业发展银行成立以来，国务院对其业务范围进行过多次调整。中国农业发展银行目前的主要业务是：①办理粮食、棉花、油料收购、储备、调销贷款；②办理肉类、食糖、烟叶、羊毛、化肥等专项储备贷款；③办理粮食、棉花、油料加工企业和农、林、牧、副、渔业的产业化龙头企业贷款；④办理粮食、棉花、油料种子贷款；⑤办理粮食仓储设施及棉花企业技术设备改造贷款；⑥办理农业小企业贷款和农业科技贷款；⑦办理农业基础设施建设贷款，支持范围限于农村路网、电网、水网（包括饮水工程）、信息网（邮政、电信）建设，农村能源和环境设施建设；⑧办理农业综合开发贷款，支持范围限于农田水利基本建设、农业技术服务体系和农村流通体系建设；⑨办理农业生产资料贷款，支持范围限于农业生产资料的流通和销售环节；⑩代理财政支农资金的拨付；⑪办理业务范围内企事业单位的存款及协议存款、同业存款等业务；⑫办理开户企事业单位结算；⑬发行金融债券；⑭资金交易业务；⑮办理代理保险、代理资金结算、代收代付等中间业务；⑯办理粮棉油政策性贷款企业进出口贸易项下的国际结算业务以及与国际业务相配套的外汇存款、外汇汇款、同业外汇拆借、代现外汇买卖和结汇、售汇业务；⑰办理经国务院或中国银行业监督管理委员会批准的其他业务。由此可见，农业发展银行的资金运用形式主要表现为贷款，且以流通领域的贷款所占比重大。

(3)中国进出口银行。中国进出口银行成立于1994年，是直属国务院领导的、政府全资拥有的政策性银行，其国际信用评级与国家主权评级一致。中国进出口银行是我国外经贸支持体系的重要力量和金融体系的重要组成部分，是我国机电产品、成套设备和高新技术产品进出口和对外承包工程及各类境外投资的政策性融资主渠道，是外国政府贷款的主要转贷行和我国政府对外优惠贷款的承贷行，为促进我国开放型经济的发展发挥着越来越重要的作用。

中国进出口银行的主要业务是办理出口信贷（包括出口卖方信贷和出口买方信贷）；办理对外承包工程和境外投资类贷款；办理我国政府对外优惠贷款；提供对外担保；转贷外国政府和金融机构提供的贷款；办理本行贷款项下的国际国内结算业务和企业存款业务；在境内外资本市场、货币市场筹集资金；办理国际银行间的贷款，组织或参加国际、国内银行贷款;从事人民币同业拆借和债券回购;从事自营外汇资金交易和经批准的代理外汇资金交易;办理与本行业务相关的资信调查、咨询、评估和见证业务;经批准或受委托的其他业务。

13.4.2　商业性专业银行

商业性专业银行是相对一般性商业银行及政策性专业银行而言的。它与前者的区别在于其专业性,与后者的区别在于其商业性即盈利性。所以,商业性专业银行是以盈利为目的,从事专门性金融业务的银行,一般有其特定的客户。它们的存在是社会分工发展在金融领域中的表现,随着社会分工的不断发展,要求银行必须具有某一方面的专门知识和专门职能,从而推动着各式各样专业银行的出现。这类银行主要包括储蓄银行、投资银行、抵押银行等。

1. 储蓄银行

储蓄银行泛指专门办理居民储蓄业务并以储蓄存款作为主要资金来源的银行或金融机构。这类机构的名称在各国不尽相同,如在美国称为储蓄贷款协作和互助储蓄银行;在英国称作信托储蓄银行;在日本称为邮政局等。

储蓄银行的资金来源主要是居民储蓄存款。其资金运用主要包括投资政府债券、公司股票及债券、发放抵押贷款、对个人提供分期付款的消费信贷、对市政机构发放贷款等方面,剩余资金转存商业银行生息。将社会上分散、小额的货币集中起来,转化成巨额的社会资本,推动社会经济的发展,这是储蓄银行的特有功能和作用,也正是因为这一点,使得储蓄银行在许多国家的银行体系中占有重要的地位。

储蓄银行与商业银行虽同属于商业性金融机构,但二者却有明显区别。第一,储蓄银行的业务种类大大少于商业银行。第二,储蓄银行的存款保证金通常要高于商业银行,即对储蓄银行有更高的支付保证要求。第三,储蓄银行的存款户基本上是薪金阶层,而商业银行的存款户多是工商企业。由此又产生了两点不同:一是经济周期变化对两类银行的影响程度不同;二是对存款户利益的保障程度不同。第四,储蓄银行的存款多为现金,支取一般也使用现金,在这种情况下便不创造或创造极少的派生存款。而商业银行则在广泛推行非现金结算支付的基础上,创造出大量的派生存款。第五,储蓄银行存款以定期为主,存款期限较长,存款金额较稳定,这是储蓄银行以长期投资为主的主要原因。而商业银行存款期限较短,尤其是活期存款所占比重较大,所以,商业银行的资金运用是以中短期特别是短期为主。

我国最早的一家专门从事储蓄业务的银行,是清政府官僚周延弼于 1906 年 4 月创办的“信诚银行”。信诚银行初办时,参照日本储蓄劝业银行的办法,发行股票等筹集资本 50 万元,周舜卿一人即认股 20 万元,其余向各界招募。该行可办理储蓄和其他普通银行业务。

2. 投资银行

投资银行是专门经营对工商企业投资、长期信贷及相关服务业务的金融机构。这类机构的称谓目前尚不统一。美国及欧洲大陆等工业化国家称其为投资银行;英国、东盟国家及澳大利亚等国家称其为商人银行;德国称其私人承兑公司;法国称其实业银行;日本则称其为证券公司。我国,投资银行的主要代表有中国国际金融有限公司、中信证券。

投资银行的资金主要是通过发行本行股票和债券筹集的。有些国家如英国允许投资银行接受大额定期存单。此外,这类银行也可以向其他银行取得贷款。投资银行概念的不同,导致各国投资银行业务上的差别,但比较一致的业务主要有以下方面。

(1)公司融资。这是投资银行的主要业务,包括两个方面:一是直接投资公司股票债券;二是向公司提供中长期贷款尤其是辛迪加(银团)贷款。

(2)为公司股票及债券的发行提供咨询、担保服务,并代理发行或包销股票及债券。

(3)参与公司的创建、改组及投资活动,为公司的设立、合并、收购、调整及投资财务等提供服务。

(4)充当政府机构筹资顾问,包销本国及外国债券。较大的投资银行还充当国际金融顾问,为国外企业和政府机构提供国际金融市场方面的咨询服务。

(5)参与货币市场活动,从事银行大额存单、承兑汇票、国库券、公债的买卖业务。

此外,一些投资银行还从事外汇及黄金买卖,经营资本设备及耐用商品的租赁,提供公司股票登记与法规咨询服务,管理退休基金、投资和单位信托等各种投资基金,兼营一些短期贷款及其他业务。近年来,投资银行的业务日益多样化,它与一般商业银行的差别也正在缩小。

3. 抵押银行

抵押银行即不动产抵押银行,泛指专门经营以土地、房屋等不动产为抵押的长期贷款的专业银行。世界许多国家设有独立的抵押银行机构,如德国的土地抵押信贷协会、农业抵押银行、抵押汇兑银行等;意大利的不动产信用银行;英国的农业抵押公司;法国的房地产信贷银行等。

抵押银行的资金通过发行不动产抵押证券筹集,同时也吸收存款,但存款占全部资金来源的比重不大。贷款业务大体可分为两类:一类是以土地为抵押品的贷款,贷款对象主要是土地所有者或购买土地的农场主。另一类是以城市房屋等不动产为抵押品的贷款,贷款对象主要是城市房屋所有者或经营建筑业的企业。此外,抵押银行也接受有价证券及黄金作为贷款之抵押品。当借款人不能如期偿还贷款时,抵押银行将对抵押品予以处理,借以收回贷款本息。近年来,金融业竞争激烈,许多国家的商业银行已大量涉足不动产抵押贷款业务。而抵押银行也开始经营一般商业信贷业务,两类金融机构渐呈融合发展之势。

我国没有设立专门的抵押银行,抵押贷款业务散见于各类银行当中。我国目前规定,作为贷款的抵押品必须是具有担保价值和能够转让的,一般指代表财产所有权和债权的各种有价证券,如股票、债券及票据等;其他动产及不动产,如房屋、建筑物、运输工具、机械设备、电器产品及原材料等。国有土地及矿藏等自然资源不得作为抵押品。

13.5 非银行金融机构

商业银行、中央银行及其他专业银行以外的金融机构,统称为非银行性金融机构。非银行性金融机构筹集资金发行的金融工具并不是对货币的要求权,而是其他的某种权利,如保险公司发行的保险单只代表索赔的权利。从本质上来看,非银行性金融机构仍是以信用方式聚集资金,并投放出去,以达到盈利的目的,因而与商业银行及专业银行并无本质区别。如保险公司、投资公司、信用合作社等。但就目前一般而论,其他非银行金融机构与银行相比,或其业务范围较小,或其专业性更强,规模和实力也稍显逊色。非银行金融机构就其性质而言,绝大多数是商业性的,即以盈利为目标,在某一领域以特定方式筹集和运用资金。它在一国金融体系中,起着重要的补充作用。

13.5.1　保险公司

1. 保险公司概述

保险是指投保人根据合同约定，向保险人支付保险费，保险人对于合同约定的可能发生的事故因其发生所造成的财产损失承担赔偿保险金责任，或者当被保险人死亡、伤残、疾病或者达到合同约定的期限、年龄时承担给付保险金责任的商业保险行为。

保险公司是经营保险业务的金融机构。它的主要经营活动包括财产、人身、责任、信用等方面的保险与再保险业务及其他金融业务。其资金来源为以保险费形式聚集起来的保险基金以及投资收益。资金运用则为保险赔付，政府公债、市政债券、公司股票及债券、不动产抵押贷款、保单贷款等长期投资。所以，保险公司是当代各国金融机构体系的重要组成部分。在许多国家，它都被列为最大的非银行金融机构。

2. 保险公司的主要业务种类

按照不同标准保险可分为不同的种类。

(1)按保险所保障的范围划分，可将保险分为财产保险、责任保险、保证保险和人身保险四大类。财产保险是指以被保险人各种有形财产为保险标的的一种保险，它补偿的是投保人的财产因自然灾害或意外事故所造成的经济损失。责任保险是指以被保险人的民事损害赔偿责任为保险标的的保险。保证保险是指一种承保被保险人在信用借贷或销售合同关系中因一方违约而造成的经济损失的保险。人身保险是指一种以被保险人的寿命和身体作为保险标的的保险，具体又分为人寿保险、健康保险和意外伤害保险等。人寿保险是以人的生命为保险标的，以人的生存或死亡为给付条件的一种保险；健康保险指对被保险人的疾病、分娩及因此所致的伤残、死亡的保险；意外伤害保险是指被保险人在其遭遇意外伤害及因此所致的伤残、死亡时给付保险金的保险。

(2)按保险危险转嫁方式划分，保险分为原保险和再保险。原保险是保险人对被保险人因保险事故发生所造成的损失承担直接保险责任的保险。再保险是保险机构之间的保险业务，也称分保，保险人将自己所承担的保险责任全部或部分地分给其他保险人承担的保险方式。分保做到了一家保险公司的赔偿责任由几家保险公司共同承担，分散了责任，保证了保险公司业务的稳定性。

(3)按保险的实施方式分类，可将保险分为强制保险和自愿保险。强制保险又称法定保险，是指由国家法律或政府行政法规强制规定必须实施的保险。强制保险的保险责任是依法自动产生的，不论投保人是否履行投保手续，凡属于承保范围内的标的，责任自动开始。自愿保险又称任意保险，是指由投保人与保险人在自愿基础上通过订立保险合同产生的一种保险形式，这是一种最为普遍的保险形式。

13.5.2　证券公司

证券公司是指专门从事各种有价证券经营及相关业务的金融机构。作为盈利性的法人企业，证券公司是证券市场的重要参加者和中介机构。在许多国家，证券公司与投资银行是同一类机构，经营的业务大体相同。

我国证券公司的主要业务内容有：代理证券发行；自营、代理证券买卖；代理证券还本付息和红利的支付；证券的代保管；接受委托证券利息和红利的支付；接受委托办理证券的登记和过户;证券抵押贷款;证券投资咨询等业务。

我国证券公司是在 20 世纪 80 年代伴随经济改革和证券市场的发展而诞生的。初设时多是由某一家金融机构全资设立的独资公司,或是由几家金融机构、非金融机构以入股的形式组建的股份制公司。近年来,随着分业经营、分业管理原则的贯彻及规范证券公司发展工作的落实,银行、城市信用合作社、企业集团财务公司、融资租赁公司、典当行以及原各地融资中心下设的证券公司或营业机构,陆续予以撤并或转让。在要求证券机构彻底完成与其他种类金融机构脱钩的同时,鼓励经营状况良好、实力雄厚的证券公司收购、兼并业务量不足的证券公司。目前,我国的证券公司已有 100 多家。其中,申银万国、银河、华夏、国泰、海通、联合、南方等证券公司,无论在分支机构设置、业务量占比等方面均处于前列。随着我国现代企业制度的建立和完善,尤其是随着国有企业股份制改造及更多公司上市的需要,证券公司将迎来蓬勃发展的新时期,部分证券公司向投资银行过渡也已在酝酿中。

13.5.3 信托投资公司

信托投资公司也称信托公司。它是以资金及其他财产为信托标的,根据委托者的意愿,以受托人的身份管理及运用信托资财的金融机构。

现代信托业务源于英国,但历史上最早办理信托业务的经营机构却产生于美国。在西方国家中,美、英、日、加拿大等国信托业比较发达,在这些国家,除专营信托公司外,各商业银行的信托部也经营着大量的信托业务。当今,信托公司的业务活动范围相当广泛,几乎涉足所有金融领域的业务。就其信托业务而言,主要包括两大类:第一类是货币信托,包括信托存款、信托贷款、委托存款、委托贷款、养老金信托、投资信托、养老金投资基金信托等;第二类是非货币信托,包括有价证券信托、债权信托、动产与不动产信托、事业信托、私人事务信托等。除信托业务外,一些国家的信托公司还兼营银行业务,大多数国家的信托公司兼营信托之外的服务性业务即其他业务,如财产保管(遗嘱的财产保护,为父母双亡的未成年子女的财产保护,罪犯的财产保护等),不动产买卖及货币借贷之媒介,公债、公司债及股票的募集,债款、息款及税款的代收代付,股票过户及债务清算等。

信托公司在经营信托业务的过程中,表现出来的突出特征在于其投资性。而且,信托投资、委托投资等属于信托公司的传统业务。所以,一般的信托公司又都称为信托投资公司。

信托公司的投资对象一般是:国家及地方政府公债;不动产抵押贷款;公司债及股票等。

13.5.4 资产管理公司

资产管理公司是美国、日本、韩国等一些国家,对从金融机构中剥离出的不良资产实施公司化经营而设立的专业金融机构,我国称其为金融资产管理公司。1999 年 4 月 20 日,我国第一家经营商业银行不良资产的公司——中国信达资产管理公司在北京宣告成立。同年 8 月 3 日,华融、长城、东方等三家资产管理公司同时宣告成立。组建金融资产管理公司是我国金融体制改革的一项重要举措,对于防范和化解金融风险,依法处置国有商业银行的不良资产,加强对国有商业银行经营状况的考核,促进我国金融业的健康发展具有重要意义。《金融资产管理公司条例》已经 2000 年 11 月 1 日国务院第 32 次常务会议通过,2000 年 11 月 10 日予于公布,并于当日起施行。

我国的金融资产管理公司,是经国务院决定设立的收购国有银行不良贷款,管理和处置因收购国有银行不良贷款形成的资产的国有独资非银行金融机构。设立金融资产管理公司是为了规范金融资产管理的活动,依法处理国有银行不良贷款,促进国有银行和国有企业的改革和发展。金融资产管理公司以最大限度保全资产、减少损失为主要经营目标,依法独立承担民事责任。中国人民银行与中国银行业监督管理委员会、财政部和中国证券监督管理委员会依据各自的法定职责对金融资产管理公司实施监督管理。

金融资产管理公司的业务范围是:①追偿债务;②对所收购的不良贷款形成的资产进行租赁或者以其他形式转让、重组;③债权转股权,并对企业阶段性持股;④资产管理范围内公司的上市推荐及债券、股票承销;⑤发行金融债券,向金融机构借款;⑥财务及法律咨询,资产及项目评估;⑦经管理部门批准的其他业务活动。

另外常见的非银行金融机构还有财务公司、租赁公司、信用合作社等。

课后练习题

一、名词解释

1. 金融机构体系　2. 同业拆借　3. 回购协议　4. 表外业务　5. 商业银行　6. 专业银行

二、简答题

1. 分析我国的金融机构体系包括哪些内容。
2. 简述中央银行的性质与职能。
3. 简述中央银行的资产与负债业务的内容。
4. 简述商业银行的资产与负债业务的内容。
5. 简述我国政策性商业银行的职能。

第14章 国际金融

学习目标：

1. 了解外汇和汇率的作用；
2. 掌握外汇、汇率、国际收支和国际货币体系的定义；
3. 掌握汇率的分类和国际收支失衡的调节方法；
4. 熟悉国际货币体系的演变过程及相应的内容。

14.1 国际收支

国际收支是由一个国家对外经济、政治、文化等各方面往来活动而引起的。生产社会化与国际分工的发展，使得各国之间的贸易日益增多，国际交往日益密切，从而在国际间产生了货币债权债务关系，这种关系必须在一定日期内进行清算与结算，由此产生了国际间的货币收支。

国际间的货币收支及其他以货币记录的经济交易共同构成了国际收支的主要内容。

14.1.1 国际收支的概念

国际收支是在一定时期内一国居民与非居民之间所发生的全部经济交易的货币价值。国际收支的概念是随着国际经济交易的发展变化而变化的。

资本原始积累时期，主要的国际经济交易是对外贸易，出现了早期的国际收支概念。金本位货币制度崩溃后，演化为狭义的国际收支概念。二战后，国际经济交易的内容和范围进一步增加与扩大，就发展为被各国普遍接受的广义的国际收支。

IMF自1945年成立后，为了统一认识，根据广义的国际收支概念，对国际收支做了解释，认为国际收支是一个经济体（一个国家或地区）与其他经济体在一定时期（通常为一年）发生的全部对外经济交易的系统记录。它既包括清偿债权债务所发生的货币收支，也包括无偿地对外援助、其他单方面转移及以货易货等不发生货币收支的行为。

由此，我们可以从以下三个方面来理解国际收支。

（1）国际收支是一个流量概念。当人们提及国际收支时，总是需要指明是属于哪一段时期的。这一报告期可以是一年，也可以是一个季度或一个月等，但通常以一年作为报告期。

（2）国际收支所反映的内容是经济交易。国际收支以经济交易为基础，所谓经济交易是指经济价值从一个经济单位向另一个经济单位发生转移。根据转移的内容和方向，经济交易可划分为以下几类：商品、劳务与商品、劳务之间的交换，即易货贸易；金融资产与商品、劳务之间的交换，即商品、劳务的买卖；金融资产与金融资产的交换；商品、劳务由一方向另一方的无偿转移；金融资产由一方向另一方的无偿转移。

(3)国际收支记载的是一国居民和非居民之间的交换。居民是指在一个国家(或地区)的居住期限达一年以上的经济单位，否则，该经济单位就被称为该国(或该地区)的非居民。居民与非居民包括个人、企业、政府和非盈利性团体与机构。

14.1.2　国际收支平衡表

1. 国际收支平衡表的含义

国际收支平衡表是一国根据国际经济交易的内容和范围设置项目和账户，按照复式簿记原理，系统地记录该国在一定时期内各种对外往来所引起的全部国际经济交易的统计报表。为便于各会员国编制国际收支平衡表，国际货币基金组织出版了《国际收支手册》，并多次进行了修改，对编表所采用的概念、准则、惯例、分类方法以及标准构成等都作了统一的规定或说明，要求会员国每年按统一格式向其提交国际收支平衡表。

2. 国际收支平衡表的编制原则

(1)居民原则。国际收支平衡表主要记载的是居民与非居民之间的交易。

(2)计价原则。国际收支原则上按成交时的市场价格来计价。

(3)权责发生制原则。一旦经济价值产生、改变、交换、转移或消失，交易就被记录下来，一旦所有权发生变更，债权债务就随之出现。因此，它的记录时间是以所有权的变更日期为准的。国际收支平衡表中记录的各种经济交易应包括：在编表时期内全部结清部分；已到期，必须结清部分；已发生(所有权已变更)，但需跨期结清部分。

(4)复式记账原则。任何一笔交易要求同时作借方记录(－)和贷方记录(＋)。一切收入项目或负债增加、资产减少的项目，都列入贷方；一切支出项目或资产增加、负债减少的项目都列入借方；借贷两方金额相等。如果交易属于单向转移，记账的项目只有一方，不能自动成双匹配，就要使用某个特种项目记账以符合复式记账的要求。

简言之，第一，凡是引起本国从外国获得外汇收入的交易记入贷方，凡是引起本国对国外有外汇支出的交易记入借方；第二，凡是引起本国外汇供给的交易记入贷方，凡是引起本国外汇需求的交易记入借方。

3. 国际收支平衡表的主要内容

国际收支平衡表的内容甚为广泛，各国根据各自不同的需要，编列了不同的项目。国际货币基金组织在其出版的《国际收支手册》(第五版)中对国际收支平衡表进行了一次修改，修改后的国际收支平衡表包括标准组成部分和金融账户的补充信息。我们以此为依据介绍国际收支平衡表的基本内容。

(1)经常项目。经常项目包括商品和劳务的一切交易，它是国际收支平衡表中最重要的项目，由货物、服务、收入和经常转移四部分组成。

货物收支是经常项目的核心，它包括了居民向非居民出口或从非居民那里进口的大多数可移动货物、用于加工的货物、货物的修缮、各种工具——飞机、船舶等在港口采购的货物和非货币黄金。

服务收支亦称无形贸易收支。它包括了居民与非居民之间的运输，国际旅游，通信服务，建筑服务，保险服务，计算机信息服务，专有权力使用费和特许费，其他商业服务，个人、文化和娱乐服务及其他未提及的政府服务。

收入是记录由于生产要素在国际间流动而引起的要素报酬收支。国际间生产要素流动包括劳工的输入输出和资本的输入输出,因此,收益包括职工报酬和投资收益两个项目。职工报酬主要包括现金或实物形式的工资、薪金和其他福利;投资收益包括利润、股利、租金及其他形式的投资收入。

经常转移又称单方面转移。指单方面、无对等的交易,即资金在国际间移动后,并不产生归还或偿付的问题。经常转移根据单方面转移的主体和对象不同,又分为政府转移和私人转移两大类。政府转移收支主要包括政府间经济、军事援助、战争赔款、政府赠予等。私人转移主要包括海外汇款、年金、私人赠予等。

(2)资本与金融项目。资本和金融项目反映金融资产在居民与非居民之间的转移,可分为资本项目和金融项目。

资本项目主要包括资本转移和非生产、非金融资产的收买与放弃。其中,资本转移包括涉及固定资产所有权的转移、同固定资产交易相联系或以其为条件的资金转移、债权人对债务无条件的豁免等;非生产、非金融资产的收买与放弃主要指不是生产出来的有形资产(如土地、矿产)和各种无形资产(如专利、租赁合同、商誉或其他可转让合同)的获得与处置。

金融项目反映居民与非居民之间投资与借贷的增减变化,具体分为直接投资、证券投资、其他投资和储备资产。直接投资是指投资者对在国外投资的企业拥有10%或10%以上的普通股或投票权,从而对该企业的管理拥有有效发言权,包括本国在外国的直接投资和外国在本国的直接投资;证券投资是指居民与非居民之间投资于债券、股票(不属于直接投资)等金融工具,主要获得资本所带来的收益;其他投资是指直接投资和证券投资未包括的其他金融交易,如贷款、预付款和存款等;储备资产又称官方储备,是指一个国家金融当局(中央银行和其他官方机构)持有的储备资产及其对外债权,包括货币性黄金、外汇、分配的特别提款权和在国际货币基金组织的储备头寸(即普通提款权)。

(3)错误和遗漏。编制国际收支平衡表运用的是复式记账法,所以借贷双方必须求得平衡,然而由于资料不够完整且来源各不相同,特别是短期资本在国际间的流动频繁、形式隐蔽,错误与遗漏在所难免。为补救起见,不得不设"错误与遗漏"项目来校正,以使国际收支平衡表的借方与贷方余额达到平衡。

在国际收支平衡表中,标准的做法是将错误和遗漏用一个单独的项目表示出来。如果组成部分的贷方出现余额,那么就在借方注上一笔数目相等的错误与遗漏,反之亦然。

错误与遗漏项目数值的大小不应视为是代表了整个统计报表的准确性。但是,如果错误与遗漏数目较大,则会影响统计表的分析。

4. 国际收支平衡表的分析

分析本国的国际收支平衡表可以及时了解本国国际收支情况,找出顺差和逆差的原因,采取正确的调节措施;可以充分掌握本国的外汇资金来源和运用方面的资料,特别是官方储备的增减情况,据以编制切实可行的外汇预算;可以全面了解本国的国际经济地位,从而制定出与本国经济相适应的对外经济政策。

分析其他国家的国际收支平衡表,能了解编表国家的国际收支状况和储备资产的增减情况,可以预测该国货币汇率的动向;了解该国的经济实力及可能采取的经济政策;也可以大致了解世界各国对外贸易情况及各国国际发展状况,作为制定本国对外贸易政策和货币汇率的重要参考依据。

(1)两类交易。在国际收支平衡表中,有两种完全不同性质的经济交易。一种是自主性交易,这是指单纯由经济上的某种目的而自动进行的各项经济交易。包括经常项目中的各项交易和长期资本项目中的经济交易。另一种是调节性交易,它是指自主性交易出现盈余或赤字时,被迫进行的弥补性交易,这类交易并无任何经济动机。例如官方储备增减,就属于这种交易。

自主性交易具有自发性,必然产生缺口或差额,是对国际收支状况的真实反映。要取得国际收支平衡,只有用调节性交易来弥补自主性交易的缺口或差额。因此自主性交易是否平衡,就成了判断一国国际收支是否平衡的标准。

(2)国际收支差额。国际收支平衡表是按照会计上的复式记账原理编制的,其借方总额和贷方总额总是相等的。但就每一个具体项目来说,借方和贷方总是不相等的,双方互相冲抵后,总会出现一定的差额。国际收支差额包括各种局部差额和综合收支差额。对于一定的局部差额来说,如果收入大于支出(即贷方大于借方),出现盈余时,称为顺差;如果支出大于收入(即借方大于贷方),出现亏损时,称为逆差。

国际收支平衡表中的一些主要局部差额,从不同角度反映了一国国际收支的平衡状况。贸易差额反映一国商品进出口状况,它是一国对外经济关系的基础,体现一国的产业结构、产品质量和劳动生产状况。经常项目差额反映一国包括商品、劳务与无偿转移在内的全部真实财富的对外交易情况,它从更广泛的意义上体现了一国的经济实力与地位。资本差额反映一国因经常性交易引起的对外债权、债务状况,它体现一国用资本交易来调节或弥补经常交易差额的能力。综合收支差额(即经常项目差额+资本与金融项目差额,不包括官方储备)反映一个国家在长期、短期资本流动情况下国际收支的综合平衡情况,也反映国际储备的情况,其差额为顺差,必然影响储备增加,其差额为逆差,必然影响储备减少。

5. 国际收支失衡的调节

由于国际收支涉及各国间的政治、经济利益,受世界及本国政治、经济形势的影响,出现不平衡现象是难免的。由于对外经济与国内经济是相互联系,相互制约的,所以,一国国际收支不稳定,必然影响国内经济的平衡和稳定。因此世界各国都非常重视分析国际收支失衡原因,并研究采用适当措施调节国际收支,使之保持基本平衡。

1)国际收支失衡的原因

引起国际收支失衡的原因主要有以下几点:周期性失衡;收入性失衡;货币性失衡,结构性失衡。此外,国际间各国竞争力的强弱和国家债务的状况、自然灾害、政治动荡等都可能影响一国的国际收支,造成国际收支失衡问题的产生。

(1)周期性失衡。周期性失衡是指一国经济周期波动所引起的国际收支失衡。当一国经济处于衰退期时,社会总需求下降,进口需求也相应下降,国际收支发生盈余。反之,如果一国经济处于扩张和繁荣时期,国内投资与消费需求旺盛,对进口的需求也相应增加,国际收支便出现逆差。周期性不平衡在二战前的发达资本主义国家中表现得比较明显。在战后,其表现则经常受到扭曲。

(2)收入性失衡。收入性失衡是指由于国民收入的变化,使一国的进出口贸易发生变动,从而造成国际收支的不平衡。通常,当一国国民收入相对快速增长而导致进口需求的增长超过出口增长时,一国国际收支会出现逆差。当一国国民收入相对减少,则会减少对进口的需求,相对于进口来说,出口得以增长,于是国际收支出现了盈余。

(3)货币性失衡。货币性失衡是指由于货币价值的变动而使一国国际收支出现的不平衡。一国在一定的汇率水平下,由于通货膨胀的原因,物价普遍上升,使其商品成本与物价水平相对地高于其他国家,则该国的商品输出必受抑制,而输入会受到鼓励,致使国际收支发生逆差。相反,由于通货紧缩的原因,商品成本与物价水平比其他国家相对地降低,有利于出口,抑制进口,因而使国际收支发生顺差。

(4)结构性失衡。结构性失衡是指国内经济、产业结构不能适应世界市场的变化而发生的国际收支失衡。结构性失衡有两层含义。其一是指因经济和产业结构变动的滞后所引起的国际收支失衡;其二是指因进出口商品收入、价格弹性格局导致的国际收支失衡。例如,发展中国家出口商品需求的收入弹性低,而进口商品需求的收入弹性较高,所以出口很难大量增加;出口商品需求的价格弹性大,而进口商品需求的价格弹性小,所以,在进口商品价格上涨大于出口商品价格时,贸易条件恶化,从而引起国际收支的结构性失衡。

2)国际收支失衡的调节

国际收支失衡后,有时并不需要政府当局立即采取措施来加以消除。经济体系中存在着某些自动矫正机制,使国际收支自动达到平衡。在金本位制度下,国际收支的调节是通过黄金的输入输出,进而引起物价变动而使国际收支自动恢复平衡。在信用货币下,国际收支可以通过国民收入、物价和资本的国际流动以及汇率的变动等实现一定程度的自动调节。

国际收支自动调节机制的正常运行是以国家对经济生活的不干预为前提的。当今世界,经济形势复杂多变,大多数国家都不同程度地加强了对经济的干预。由于国际收支失衡时,国际收支自动调节机制无法有效地发挥其作用,各国主要还是通过人为调节,使国际收支恢复平衡。国际收支的调节方法主要有以下三种。

(1)运用经济政策。经济政策主要包括两个方面:一是财政政策,二是货币政策。

财政政策主要是通过财政开支的增减和税率的高低来实现的。当一国因进口增加,出口减少而发生逆差时,政府可削减财政开支,或提高税率以增加税收,使社会上通货紧缩,迫使物价下降,从而刺激出口、抑制进口,逐步使逆差减少。反之亦然。

货币政策主要是通过中央银行的三大法宝即存款准备金率、再贴现率、公开市场操作来达到政策实施目标。当一国国际收支出现逆差时,可以提高再贴现率及银行法定准备金率,在公开市场上,卖出国库券,回笼货币,于是市场上利率上升,社会总需求抑制,物价下跌,出口增加,进口减少,资本大量流入本国,从而逆差逐渐消除,国际收支恢复平衡。反之亦然。

(2)采取直接管制。这是一国政府直接干预外汇自由买卖和对外贸易的自由输出输入。又可分为财政、金融、贸易管制三种形式。财政管制包括关税和实行出口信贷、出口补贴等"奖出限入"政策。金融管制则是从外汇方面限制国际经济交易,如实行外汇管制来限制输入,促进输出。贸易管制是对进出口实行直接限制,如实行进口许可证与进口配额等保护贸易措施。直接管制对平衡国际收支效果迅速,也不必牵动整个经济的变化,但会影响与之有经济联系的国家,可能激起这些国家的反对和采取报复性措施,因此使用时也应慎重。

(3)加强国际经济合作。上述各种调节方法是针对一个国家来说的。每个国家为解决逆差问题,可以选择采用各种对策。可是一国的逆差常为他国的顺差,反之亦然。每个国家出于自身利益采用一定的对策,必然会引起其他国家为保卫自身利益而采取相应的政策。这可能扰乱国际经济合作的局面,使各国都蒙受损失。为此,各国应加强国际合作。合作的开展可消除自由贸易障碍,促进生产要素自由移动,协调各国经济政策,更好地改善一国的国际收支。

14.2　国际金融市场

在世界经济一体化的格局下，国家之间发生着非常频繁的国际金融活动，这些活动都是在国际金融市场上进行的。一般而言，国际金融市场是资金在国际间进行流动或金融产品在国际间进行买卖和交换的场所。从另一个侧面来说，它是政策制定者、金融中介和私人市场参与者进行博弈的场所。这一场所既可能是固定的有形的场所，也可能是无形的计算机网络系统。国际上主要的国际金融市场有外汇市场、离岸金融市场等。

14.2.1　外汇市场

1. 外汇的定义

外汇是国际汇兑的简称。这一概念有动态和静态两层含义。

(1)动态的定义：指经过银行等金融机构把一国货币兑换成另一国货币的一种行为或活动。

(2)广义的静态的定义：指以外国货币表示的、在国际上可以自由兑换且能被各国普遍接受与使用的一系列金融资产。这些金融资产可用于充当国际支付手段、外汇市场干预手段和国际储备手段等，充分发挥外汇的多功能作用。

(3)IMF 对外汇的定义。外汇是货币行政当局(中央银行、货币管理机构、外汇平准基金组织及财政部)以银行存款、国库券、长短期政府债券等形式所保有的在国际收支逆差时可以使用的债权。其中包括由于中央银行间及政府间协议而发行的在市场上不流通的债券，而不问它是以债务国货币还是以债权国货币表示。

(4)我国对外汇的定义。按照 1996 年通过并于 1997 年 1 月修订的《中华人民共和国外汇管理条例》的定义，外汇是指以下以外币表示的可以用作国际清偿的支付手段和资产，具体包括：①外国货币，包括纸币、铸币；②外币支付凭证，包括票据、银行存款凭证、邮政储蓄凭证等；③外币有价证券，包括政府债券、公司债券、股票等；④SDRs、ECU；⑤其他外汇资产。

因此，我国的外汇定义是广义的静态外汇概念。

从以上外汇定义可知，作为外汇必须同时符合三个条件：一是外币性，即外汇首先必须是以外币表示的国外资产；二是可兑换性，即外汇必须能够自由兑换成其他形式的资产或支付手段；三是可接受性，即外汇必须得到国际承认和普遍接受。

2. 外汇的种类

按照不同的标准可将外汇分为不同的种类。

(1)按外汇的自由兑换性这一本质特征来考察，分为自由外汇与记账外汇。

自由外汇是指不经货币当局批准就可以在外汇市场上兑换成他国货币，或可以向第三者办理支付的外国货币、支付凭证和有价证券。如，美元、英镑、欧元、日元。

记账外汇是指不经货币发行国批准，就不能自由地兑换成他国货币或对第三国进行支付的外国货币和支付凭证。

(2)按外汇的来源与用途来划分，分为贸易外汇与非贸易外汇。

贸易外汇指由商品的输入输出引起收付的外汇。贸易外汇收入是一个国家最主要的外汇来源,贸易外汇支出则是外汇的主要用途。

非贸易外汇指由非贸易往来而引起收付的外汇。它主要由劳务外汇、旅游外汇和侨汇等组成。随着国际经济贸易和其他事物往来的发展,对某些国家已日益重要。

(3)按外汇买卖交割期限划分,分为即期外汇与远期外汇。

即期外汇又称现汇,指外汇买卖成交后即日收付或在两个营业日内办理交割的外汇。

远期外汇又称期汇,是指买卖双方先按商定的汇价签定合同,并预约在未来某一天办理实际交割的外汇。

3. 汇率

汇率指一个国家的货币折算成另一个国家货币的比率,或者说是两国货币之间的交换比价,也就是以本国货币表示的外国货币的价格。

1)汇率的标价方法

确定两种不同货币之间的比价,先要确定用哪个国家的货币作为标准。到底以外国货币表示本国货币的价格,还是以本国货币表示外国货币的价格,这就涉及汇率的标价方法问题。

目前,在国际上有三种标价方法:直接标价法、间接标价法和美元标价法。

(1)直接标价法。直接标价法是用若干数量的本币表示一定单位的外币,或是以一定单位的外币为标准,折算成若干单位本币的一种汇率表示方法。

在这一标价法下,外国货币好似“商品”,称为单位货币;本国货币好似“货币”,称为计价货币,两者对比后的直接标价法,则表示银行买卖一定单位的外币应付或应收多少本币。

目前世界上绝大多数国家都采用直接标价法。我国国家外汇管理局公布的外汇牌价,就是采用直接标价法。

在这种标价法下,外币的数量固定不变,折合本币的数量则随着外币币值和本币币值的变化而变化。汇率的涨跌都以本币数额的变化而表示。如果一定单位的外币折算成本币的数额比原来多,则说明外汇汇率上升,本币汇率下跌。在这种方式下,外汇汇率的涨落与本币标价额的增减是一致的,更准确地说,本币标价额的增减“直接”地表现了外汇汇率的涨跌。

(2)间接标价法。间接标价法是用若干数量的外币表示一定单位的本币,或是以一定单位的本币为标准,折算成若干单位外币的一种汇率表示方法。

在这一方式下,本币好似“商品”,作为单位货币,外币好似“货币”,作为计价货币,两者对比后的汇率表示银行买卖一定单位的本币应收或应付多少外汇。

目前只有极少数国家采用该标价法。在这种标价法下,本币的数量固定不变,折合成外币的数额则随着本币和外币币值的变动而变动。汇率的涨跌都以相对的外币数额的变化来表示。如果一定单位的本币折成外币的数量比原来多,则说明本币汇率上升,外币汇率下跌。

(3)美元标价法。美元标价法以一定单位的美元为标准来计算应兑换多少其他货币的汇率表示方法。在这种标价法下,美元的单位始终不变,美元与其他货币的比值是通过其他货币量的变化体现出来的。

随着国际金融市场之间外汇交易量的猛增,为了便于国际间进行交易,而在银行之间报价时采用的一种汇率表示法。目前各大国际金融中心已普遍使用。

2)汇率的种类

外汇汇率的种类有很多种,为了认识和把握汇率,可以从不同的角度对汇率进行分类,主要有以下几种。

(1)按汇率制度的不同,可分为固定汇率和浮动汇率。

固定汇率是指因某种限制而在一定的幅度之内进行波动的汇率。该汇率在规定幅度内相对固定,具有相对稳定性。

在历史上存在两种固定汇率,一是金本位制下的固定汇率,二是布雷顿森林体系下的固定汇率。

浮动汇率指各国货币之间的汇率波动不受限制,而主要根据市场供求关系自由涨落的汇率。外币供过于求,意味着外币贬值,相对来说本币升值,呈现外汇汇率下浮;反之,外币供不应求,则意味着外币升值和相对的本币贬值。

(2)按汇率计算方法,可分为基本汇率和套算汇率。

基本汇率指一国货币对某一关键货币的汇率。

目前,各国都把美元当作关键货币,关键货币一经确定,本国货币对美元的汇率即成为基本汇率。基本汇率一旦确定,就成为本国货币与其他货币确定汇率的依据,其他汇率均可通过这一基本汇率套算出来。

套算汇率又称交叉汇率,指两种货币通过第三种货币为中介,而间接推算出来的汇率。

(3)按银行买卖外汇的角度划分,分为买入汇率和卖出汇率。

买入汇率又称买入价,指银行向同业或客户买入外汇时使用的汇率。采用直接标价法时,外币折合本币较少的那个汇率或采用间接标价法时,本币折合外币较多的那个汇率,即为买入价。

卖出汇率又称卖出价,是指银行向同业或客户卖出外汇时所使用的汇率。采用直接标价法下,外币折合本币较多的那个汇率或在间接标价法下,本币折合外币数额较少的那个汇率,即为卖出价。

中间汇率也叫中间价,是买入价与卖出价的平均数。国际货币基金组织所公布的各种汇率表中,均采用中间汇率;我国报刊、电台、电视通常报告的是中间价。

上面所说的买价和卖价是采用电汇方式时的价格。一般来说,外国现钞不能在本国流通,只有将外钞兑换成本币,才能够购买本国的商品和劳务。把外币现钞换成本币,就出现了买卖外币现钞的兑换率,即现钞汇率。

(4)按对外汇管理的宽严程度划分,分为官方汇率和市场汇率。

官方汇率是指国家机构确定、调整和公布的汇率,一切外汇交易都必须按这一汇率为准。

市场汇率指在外汇市场上进行外汇买卖的实际汇率。

(5)按外汇买卖交割时间划分,分为即期汇率和远期汇率。

即期汇率是指外汇买卖双方在外汇买卖成交后的两个营业日内办理交割的汇率。除外汇市场汇率牌价和官方汇价专门注明远期字样之外,一般的电汇汇率、信汇汇率和票汇汇率都是指即期汇率。

远期汇率是指外汇买卖双方达成外汇买卖协议,约定在将来某一时间进行交割时所使用的汇率。

即期汇率与远期汇率之间的差价称为“远期差价”。远期汇率比即期汇率高称为升水，远期汇率比即期汇率低称为贴水，远期汇率与即期汇率相等称为平价。

另外，按照银行外汇汇付方式还可分为电汇汇率、信汇汇率和票汇汇率；按照外汇银行营业起讫时间划分可分为开盘汇率和收盘汇率等等。

4. 外汇市场

外汇市场是各种货币或者以外币计价的票据等有价证券进行买卖交易的场所，是国际金融市场的重要组成部分。随着国际经济贸易往来的日益频繁，国际间的非现金结算发展迅速，外汇市场因此逐渐建立起来。国际上的贸易、投资、旅游等经济往来必然产生货币的清偿或支付，由于各国货币制度的不同，在进行国际结算时必须进行货币兑换，收到的外币支付凭证也必须兑换成本国货币才能在国内流通。货币兑换或外汇买卖需要一定的组织形式，或在固定的交易场所进行，或借助于通信网络来实现，这种进行外汇买卖的交易场所或领域就是外汇市场。当前的外汇市场是一个全天候运行的市场，呈现出全球一体化的发展趋势。

1)外汇市场的种类

(1)按照外汇交易的参与者划分，外汇市场可分为批发市场和零售市场。

外汇批发市场是指银行同业之间的外汇市场，包括同一外汇市场和不同市场上各商业银行之间的外汇交易，中央银行同商业银行之间的外汇交易以及各国中央银行之间的外汇交易等。商业银行同业之间的外汇交易目的在于弥补银行业务经营过程中产生的外汇头寸，以避免由此引起的汇率变动风险，调整银行自有外汇资金的头寸。中央银行参与外汇交易则是对市场的政策性干预或为了调整本国外汇储备的币种结构。同业交易占整个外汇市场上总交额的95%以上，其特点是交易额大，每笔交易最低金额为100万美元，所以称为批发市场。外汇批发市场也称为狭义外汇市场，一般人们所说的外汇市场多指狭义外汇市场。

外汇零售市场是指银行与一般客户之间进行的外汇买卖，包括银行与因商品进出口而产生的贸易外汇供求者和一般的金融交易者等进行的外汇交易。相对于银行同业市场而言，零售市场的交易规模较小。外汇零售市场和外汇批发市场共同构成了广义的外汇市场。

(2)按照组织形态划分，外汇市场可分为有形外汇市场和无形外汇市场。

有形外汇市场指有固定交易场所即外汇交易所的外汇市场，它有既定的交易时间和交易规则。在营业时间内，交易各方聚集在外汇交易所进行面对面的外汇交易。历史上，它流行于欧洲大陆国家，所以又称为大陆型外汇交易市场，比较典型的有法国的巴黎外汇市场、德国的法兰克福外汇市场、荷兰的阿姆斯特丹外汇市场等。

无形外汇市场指没有固定交易场所的外汇市场，在这种外汇市场上，交易商往往坐在世界各主要商业银行的办公室里，通过电子计算机终端、电话、电传和其他通信手段进行联系。无形外汇市场最初流行于英国和美国，因此称为英美式外汇市场。现在无形外汇市场广泛流行于全世界，是全球外汇交易主要的组织形式。

(3)按照外汇市场的经营范围划分，外汇市场可分为国际外汇市场和国内外汇市场。

国际外汇市场是发达的，基本上是完全自由的外汇交易市场，不受所在国金融管制，实行货币自由兑换并允许各国交易方自由参与买卖。交易货币包括多种国际上自由兑换的货币，可以是本国货币和外国货币之间，也可以是外国货币和外国货币之间的自由交易。交易主体可以是本国的供需方,也可以是凭借现代通信设施参与的国外交易方。国际外汇市场通常是无形外汇市场。

国内外汇市场是指本国金融管制较严的外汇市场。这种市场一般是发展中国家的外汇市场,交易主体限于境内国家允许的金融和非金融机构。

(4)按照外汇业务的不同特征划分,外汇市场可分为即期外汇市场、远期外汇市场、外汇期货市场和外汇期权市场等。

即期外汇市场是进行即期外汇交易的场所,远期外汇市场是进行远期外汇交易的场所,外汇期货市场是进行外汇期货交易的场所,外汇期权市场是进行外汇期权交易的场所。

2)外汇市场的参与者

外汇市场最初产生于国际清算和支付带来的货币兑换的需要,参与外汇市场交易的主要是外汇的直接供求者和进行外汇买卖的中介机构。在外汇市场上,外汇交易的主要参与者有外汇银行、外汇经纪人、客户和中央银行。

(1)外汇银行。外汇银行是中央银行批准的可以经营外汇业务的商业银行或者其他金融机构,包括指定的国内商业银行、国外银行的国内分行以及其他金融机构。外汇银行是外汇市场的主要参与者,大多数外汇交易都是通过外汇银行进行,它一方面是外汇交易的中介人,另一方面自己也与客户进行外汇买卖交易。外汇银行从事的主要业务有:外汇买卖、汇兑、外汇存贷、外汇担保、咨询及信托等。

(2)外汇经纪人。外汇经纪人是介于外汇银行之间或外汇交易客户之间,专门介绍外汇买卖业务、促成买卖双方成交的中间人。由于绝大部分外汇交易商之间都不是直接面对面进行交易,因此出现了外汇经纪人来对他们的交易进行安排,收取佣金作为报酬。外汇经纪人是中间商,在促成交易的过程中并不持有外汇,因此不需要承担外汇风险。

(3)客户。外汇市场中的客户包括公司和个人,根据其交易目的不同可以分为三类:一是交易性外汇买卖者,如进出口商、国际旅游者、留学生、汇出或收入外汇的侨汇者;二是保值性外汇买卖者,如为了规避汇率波动的风险而进行外汇交易的套期保值者;三是投机性外汇买卖者,如外汇投机商,通过外汇的买入卖出赚取利润。

(4)中央银行。中央银行参与外汇交易通常有两个目的:一是作为汇率管理者对外汇市场予以干预,以保证本国汇率的相对稳定,减少由于国际间短期资本的流动对本国汇率造成的剧烈波动;二是作为外汇储备管理者,与外汇市场上其他交易者相同,参与一些日常交易,满足政府对外汇的需求。因此,中央银行不仅是外汇市场的参与者,还是外汇市场的实际操纵者。

3)外汇市场交易

外汇市场交易的主要方式有即期外汇交易、远期外汇交易、外汇期权交易、外汇期货交易、外汇掉期交易、套汇与套利等几种基本的类型。

14.2.2　离岸金融市场

国际金融市场的核心部分是从事境外金融业务的离岸金融市场。20 世纪 50 年代以后,国际金融领域出现重大变化,部分国家为摆脱货币发行机构的管制和干预,将货币存放到货币发行国以外的市场上去,由此形成了一个不同于以往的国际金融市场,这就是离岸金融市场。由于第一笔离岸货币业务产生于欧洲,欧洲货币市场便成为了离岸金融市场的代称。

目前,全球主要的国际金融中心都经营离岸市场业务。通常,离岸金融业务与国内金融市场完全分开,不受市场所在国金融、外汇政策限制,可以自由筹措资金,进行外汇交易,实行自由利率,无需缴纳存款准备金。也有一些国际金融中心的离岸市场是与国内或地区内市场融合在一起的,比如香港等新兴国际金融中心就以离岸金融业务为主。

1. 欧洲货币市场

传统意义上的欧洲货币市场是指非居民间以银行为中介在某种货币发行国国境之外从事该种货币借贷的市场,又可以称为离岸金融市场。如存在伦敦银行的美国美元,从德国银行贷款美元等。最早的欧洲货币市场出现在20世纪50年代。1957年,因为东西方冷战,前苏联政府因为害怕美国冻结其在美国的美元储备而将它们调往欧洲,存入伦敦,由此导致了欧洲美元的产生。从事欧洲货币业务的银行相应的被称为欧洲银行。

1)欧洲货币市场的主要业务

欧洲货币市场的主要业务包括短期信贷业务和中长期信贷业务。

(1)短期信贷业务。这是欧洲货币市场最早的业务活动,迄今为止占有重要的地位,它是指从事信贷期为一年以内的欧洲货币市场借贷业务。这种业务虽然是在银行之间进行的,但大多数是由银行与非银行的金融机构的资金交易引起的。

(2)中长期信贷业务。这是指一年以上的欧洲货币借贷业务。该市场的资金来源有:接受短期欧洲货币存款、银行间的借款、发行的中长期欧洲票据、发行欧洲货币存单及利用本国总行的资金等。该市场的资金需求者主要是大跨国公司、各国政府、中央银行和国际机构。

2)欧洲货币市场的基本特点

欧洲货币市场是一个有很大吸引力的市场,这个市场与西方国家的国内金融市场以及传统的国际金融市场有很大的不同,关键在于这是一个完全自由的国际金融市场,主要有如下特点。

(1)欧洲货币市场经营非常自由。由于欧洲货币市场是一个不受任何国家政府管制和税收限制的市场,所以经营非常自由。例如,借款条件灵活,借款不限制用途等。因此这个市场不仅符合跨国公司和进出口商的需要,而且也符合许多西方国家和发展中国家的需要。

(2)欧洲货币市场资金规模极其庞大。欧洲货币市场的资金来自世界各地,数额极其庞大,各种主要可兑换货币应有尽有,故能满足各种不同类型的国家及其银行、企业对于不同期限与不同用途的资金需要。

(3)资金调度灵活,手续简便,竞争力较强。欧洲货币市场资金周转极快,调度十分灵便,因为这些资金不受任何管辖。这个市场与西方国家的国内市场及传统的国际金融市场相比,有很强的竞争力。

(4)欧洲货币市场有独特的利率体系。其存款利率相对较高,放款利率相对较低,存放款利率的差额很小,这是因为它不受法定准备金和存款利率最高额限制。因此,欧洲货币市场对存款人和借款人都更具吸引力。

(5)欧洲货币市场是一个批发市场。欧洲货币市场的经营以银行间交易为主,银行同业间的资金的拆借占欧洲货币市场业务总量的很大比重;它也是一个批发市场,由于大部分借款人和存款都是一些大客户,所以每笔交易数额很大,一般少则数万美元,多则可达到数亿甚至数十亿美元。

2. 欧洲债券市场

欧洲债券是指发行人在本国之外的市场上发行的、不以发行国所在地国家的货币计值，而是以其他可自由兑换的货币为面值的债券。欧洲债券市场是指欧洲债券发行和交易的市场。该市场是在 20 世纪 60 年代与欧洲美元市场一起形成和发展起来的。

1)欧洲债券的种类

欧洲债券的种类分为以下几种。

(1)固定利率债券。亦称普通债券，这种债券的期限一般为 5—10 年，利息固定，票面利率根据发行时的市场利率决定，每年付息一次，利息免税。

(2)浮动利率债券。这是指在债券的有效期限内，债券利率随市场利率波动而波动的债券。通常是 3 个月或半年按伦敦市场银行同业拆借利率或其他基准利率进行调整。由于利率适时调整，使投资者可免受利率波动带来的损失，所以在利率动荡时期特别具有吸引力。

(3)零息债券。这是一种不支付利息而是以低于债券面值折价发行的债券。

(4)可转换债券。这是指可以在指定的日期，以约定的价格转换成债券发行者的普通股票，或其他可转让流通的金融工具的债券。

(5)附有认购权证的债券。这是一种在债券发行时附有一个给予投资者在一定时期内按一定比例认购公司发行的一定数量的权利的债券。认购权证分为股票认购权证和债券认购权证。

2)欧洲债券市场的基本特点

欧洲债券市场的基本特点包括以下几点。

(1)债券的发行者、债券面值和债券发行地点分属于不同的国家。例如 A 国的机构在 B 国和 C 国的债券市场上以 D 国货币为面值发行的债券，即为欧洲债券。这个债券的主要发行人是各国政府、大跨国公司或大商人银行。

(2)债券发行方式以辛迪加为主。债券的发行方式，一般由一家大专业银行或大商人银行或投资银行牵头，联合十几家或数十家不同国家的大银行代为发行，大部分债券是由这些银行买进，然后转到销售证券的二级市场或本国市场卖出。

(3)高度自由。债券发行一般不需经过有关国家政府的批准，不受各国金融法规的约束，所以比较自由灵活。

(4)不影响发行地国家的货币流通。发行债券所筹措的是欧洲货币资金，而非发行地国家的货币资金，故这个债券的发行，对债券发行地国家的货币资金流动影响不太大。

(5)货币选择性强。发行欧洲债券，既可在世界范围内筹资，同时也可安排在许多国家出售，而且还可以任意选择发行市场和债券面值货币，筹资潜力很大。如借款人可以根据各种货币的汇率、利率和其他需要，选择发行欧洲美元、英镑、瑞士法郎、日元等任何一种或几种货币的债券，投资者亦可选择购买任何一种债券。

(6)债券的发行条件比较优惠。其利息通常免除所得税或者不预先扣除借款国家的税款。此外，它的不记名的发行方式还可使投资者逃避国内所得税。因此，该债券对投资者极具吸引力，也使筹资者得以较低的利息成本筹到资金。

(7)安全性较高，流动性强。欧洲债券市场的主要借款人是跨国公司、各国政府和国际组织。这些借款机构资信较高,故对投资者来说比较安全。同时该市场是一个有效的和极富活力的二级市场,持券人可转让债券取得现金。

(8)市场反映灵敏,交易成本低。欧洲债券市场拥有两大清算系统,从而使该市场能够准确、迅速、及时地提供国际资本市场现时的资金供求和利率汇率的动向,缩小债券交割时间,减少交割手续。世界各地的交易者可据此快速进行交易,极大地降低了交易成本。

(9)金融创新持续不断。欧洲债券市场是最具有活力的市场之一,它可以根据供求情况,不断推出新的或组合产品,并以此把国际股票市场、票据市场、外汇市场和黄金市场紧密地联系在一起,有力地推动了国际金融一体化与世界经济一体化。

14.3 国际金融机构

14.3.1 国际金融机构概述

国际金融机构泛指从事国际金融业务,协调国际金融关系,维护国际货币、信用体系正常运作的超国家机构。

1. 国际金融机构的产生和发展

国际金融机构的产生与发展是同世界政治经济情况及其变化密切相关的。第一次大战爆发后,各主要国家政治经济发展的不平衡,使得各国间的矛盾尖锐化,利用国际经济组织控制或影响他国成为必要。同时,战争、通货膨胀及国际收支恶化,又造成诸多工业国家面临国际金融的困境,因此他们也希望借助国际经济力量。这样,建立国际性金融机构便成为多数工业国家的共同愿望。

1930 年 5 月,英、法、意、德、比、日等国在瑞士的巴塞尔成立国际清算银行,这是建立国际金融机构的重要开端。它的主要任务是处理战后德国赔款的支付及协约国之间债务清算问题。在后来的发展中,这一机构在促进各国中央银行合作、特别是在推动各国银行监管合作方面,发挥着越来越重要的作用。

第二次世界大战后,随着生产和资本的国际化,国际经济关系得到空前发展,国际货币信用关系进一步加强,国际金融机构也迅速增加。1944 年 7 月,44 个主要国家参加的美国新罕布什尔州布雷顿森林会议,确定建立国际货币基金组织(International Monetary Fund—IMF)和国际复兴开发银行即世界银行(International Bank for Reconstruction and Development—IBRD),目的在于重建一个开放的世界经济及稳定的汇率制度,并对世界经济及社会发展提供资金。1956 年国际金融公司(International Finance Corporation—IFC)正式成立,目的是扩大对发展中国家私人企业的国际贷款,促进外国私人资本在这些国家的投资。1959 年 10 月在美国财政部的建议下,成立国际开发协会(International Development Association—IDA),作为世界银行的附属机构,目的是向更贫穷的发展中国家提供更为优惠的贷款,加速这些地区的经济发展。自此,世界银行集团(World Bank Group,包括 IBRD,IFC,IDA)正式出现,并成为全球最大的国际金融机构。与此同时,随着国际经济金融关系的发展,大量的区域开发合作性国际金融机构也迅速发展起来。

战后国际金融机构迅速发展的主要原因是:①美国控制国际金融、扩大商品和资本输出的需要;②工业国家的经济恢复及新兴国家民族经济的发展对资金的迫切需求;③生产和资本的国际化，要求各国政府共同干预经济活动。金融干预是一个重要方面，这种趋势的加强为国际性金融机构的建立创造了有利条件；④随着生产和资本国际化而来的经济和货币金融一体化的要求，为国际金融机构的产生发展奠定了基础。

2. 国际金融机构的分类与作用

国际金融机构可分为两种类型。①全球性金融机构。最重要的首推国际货币基金组织和世界银行集团。②区域性金融机构。具体又包括两种类型：一类是联合国附属的区域性金融机构，可称为准全球性金融机构，如亚洲开发银行、泛美开发银行、非洲开发银行等；另一类是真正意义上的地区性金融机构，如欧洲投资银行、阿拉伯货币基金组织、伊斯兰开发银行、国际经济合作银行、国际投资银行、加勒比开发银行等。

国际金融机构在世界经济发展中的主要作用是：①提供短期资金，调节国际收支逆差，缓解国际支付危机；②提供中长期发展资金，促进发展中国家的经济发展；③稳定汇率，促进国际贸易的发展；④创造出新的结算手段，解决发展中国家国际结算手段匮乏的矛盾。总之，国际金融机构在促进和加强国际经济合作稳定国际金融秩序、发展世界经济方面起到了重要的作用。

14.3.2　国际货币基金组织

1. 国际货币基金组织的建立及宗旨

国际货币基金组织是根据布雷顿森林会议通过的《国际货币基金协定》成立的全球性国际金融机构。1944 年 7 月 1 日至 22 日，44 个国家的代表在美国新罕布什尔州的布雷顿森林举行了联合与联盟国家货币金融会议，签订了《布雷顿森林协定》，决定成立国际货币基金组织与国际复兴开发银行。1946 年 3 月国际货币基金组织正式成立，1947 年 3 月 1 日开始活动，1947 年 11 月 15 日成为联合国所属专营国际金融业务的机构，总部设在华盛顿，会员包括 150 多个国家和地区，其中 39 个国家为创始会员国。

《国际货币基金协定》中明确了该组织的宗旨是：①为会员国提供一个常设的国际货币机构，促进国际货币合作；②促进国际贸易均衡发展，以维持和提高就业水平和实际收入，发展各国的生产能力；③促进汇率的稳定和维持各国有秩序的外汇安排，以避免竞争性的货币贬值；④协助建立各国间经常性交易的多边支付制度，并设法消除妨碍世界贸易发展的外汇管制；⑤在临时性基础上和具有充分保障的条件下，为会员国融通资金，使之在无需采取有损于本国及国际经济繁荣措施的情况下，纠正国际收支的不平衡；⑥努力缩短和减轻国际收支不平衡的持续时间及程度。

我国是国际货币基金组织的创始会员国之一，由于历史的原因，中断关系多年，1980 年 4 月 17 日基金组织正式通过决议恢复我国合法席位。1980 年 5 月末我国政府向该组织先后委派了正副理事，正副理事分别由中国人民银行行长和国家外汇管理局副局长兼中国银行副行长出任。同年 9 月我国政府第一次派代表担任基金组织的执行董事，使执行董事的董事名额从 21 人扩大到 22 人。

2. 国际货币基金组织的业务活动

根据《国际货币基金协定》，基金组织的主要业务活动有以下几种。

(1)汇率监督。设立国际货币基金组织的原始目的是保障有秩序的固定汇率安排，维护布雷顿森林体系的正常运行。因此，通过汇率监督，维持汇率稳定的活动成为基金组织的主要活动之一。

(2)磋商与协调。《国际货币基金协定》第一条规定:设置一个常设机构,便于国际货币问题的商讨和协作,以促进国际货币合作,原则上除会议外,基金组织还应每年与各会员国进行一次磋商,对会员国的经济、金融形势和政策做出评价。磋商的目的有两个:一是使基金组织能够履行监督会员国汇率政策的责任;二是有助于基金组织了解各会员国的经济发展和政策措施,从而使基金组织能够迅速处理会员国申请贷款的要求。

(3)国际储备创造。1967 年 4 月,比利时提出方案,主张设立基金组织的自动提款权,以解决可能出现的国际流通手段不足问题。1968 年 3 月,"十国集团"在采纳比利时方案的基础上又提出"特别提款权"方案。1969 年基金组织年会上正式通过这一方案,并决定1970 年 1 月实施特别提款权(Special Drawing Right —SDR)。特别提款权的分配,按照基金组织会员国所缴纳份额的同一百分比进行。分配后即成为会员国的资产,它可与黄金、美元并列,作为储备的一部分。当会员国发生国际收支逆差时,可动用特别提款权,偿付逆差,也可用以偿还基金组织的贷款。特别提款权按四种主要货币即美元、欧元、日元及英镑加权平均定值,定值篮子中的货币名单及其定量每五年进行一次调整。这种方法使得特别提款权价值相对稳定。

(4)金融贷款。融通资金是国际货币基金组织最主要的业务活动。其基本内容是:基金组织发放贷款的对象仅以会员国政府为限,对私人企业、组织概不贷款;贷款的用途限于解决因经常项目收支逆差而引发的国际收支暂时性失衡,期限一般在 5—10 年;贷款规模与会员国所缴份额成正比,会员国之间相差悬殊;贷款采取由会员国用本国货币向基金组织申请购买外汇方式,还款时则以外汇购回本国货币;贷款以特别提款权计值,利息用特别提款权缴付。

3. 国际货币基金组织的资金来源

国际货币基金组织的资金主要来源于成员国缴纳的份额、借款、捐款、出售黄金所得的信托基金以及有关项目的经营收入。

1)份额

份额是每个成员国向 IMF 认缴的一定数额的资金,从财务角度看相当于股本。成员国的份额由 IMF 的份额公式计算得出,它由成员国的国内生产总值、储备余额、平均进口额、出口变化额以及出口占国内生产总值的比例等因素决定。份额显示了成员国在 IMF 中的相对地位,与成员国的利益关系重大。

(1)它决定了成员国投票权的大小。IMF 规定,每一成员国有 250 份基本票,这些基本票部分代表了国家的主权,然后按成员国缴纳份额的量,每 10 万特别提款权折合一票,成员国认缴的份额越多,所获票数也就越多,表决权也就越大。

(2)它决定了成员国可以获得贷款的最高限额。《国际货币基金协定》规定,每个成员国根据备用信贷和中期贷款安排向 IMF 的借款累计不得超过其份额的 300%。

(3)它决定了一国可获得特别提款权分配的数量。成员国特别提款权的分配权也与其份额成正比。

2)借款

借款是 IMF 的另一个主要的资金来源。这种借款是在 IMF 与成员国协议前提下实现的,主要形式有:①借款总安排,1962 年与"七国集团"签订,总额为 60 亿美元,以应付成员国临时性困难;②补充资金贷款借款安排,1979 年与 13 个成员国签订;③扩大资金贷款借款安排,1981 年 5 月与一些官方机构签订外,IMF 还与成员国签订双边借款协议,以扩大资金来源。

3)黄金

1976 年 1 月,IMF 决定将其所持有的黄金的六分之一,分四年按市价出售,以所得的收益中的一部分,作为建立信托基金的一个资金来源,用以向最贫穷的成员国提供贷款。基金组织的协议条款严格限制黄金的使用,在某些情况下,可以卖出或者接受成员国的黄金支付。

14.3.3 世界银行集团

世界银行集团是联合国系统下的多边发展机构,其宗旨是通过向发展中国家提供中长期资金和智力的支持,来帮助发展中国家实现长期、稳定的经济发展。它包括五个机构:国际复兴开发银行(世界银行)、国际开发协会、国际金融公司、多边投资担保机构和国际投资纠纷解决中心。

1. 世界银行

1)世界银行的建立及宗旨

世界银行(全称国际复兴开发银行)是与国际货币基金组织密切联系、相互配合的全球性国际金融机构,也是布雷顿森林体系的产物。世界银行成立于 1945 年 12 月,1946 年 6 月开始营业,1947 年起成为联合国的专门金融机构,总部设在华盛顿,并在纽约、日内瓦、巴黎、东京等地设有办事处。

世界银行的宗旨在《国际复兴开发银行协定》第一条款中有明确规定:①与其他国际机构合作,为生产性投资提供长期贷款,协助会员国的复兴与开发,并鼓励不发达国家开发生产与资源;②通过保证或参与私人贷款和私人投资的方式,促进私人对外投资;③用鼓励国际投资以开发会员国生产资源的方法,促进国际贸易的长期平衡发展,维持国际收支平衡;④在提供贷款保证时,应同其他方面的贷款相配合。

只有国际货币基金组织的会员国才有资格申请加入世界银行。我国于 1980 年 5 月恢复合法席位。世界银行的最高权利机构是理事会,由会员国指派一名理事和一名副理事组成,理事人选一般由该国财政部长或中央银行行长充任。

2)世界银行的业务活动

世界银行的主要业务活动是对发展中成员国提供长期贷款,对成员国政府或经济政府担保的私人企业提供贷款和技术援助,资助它们兴建某些建设周期长、利润率偏低但又为该国经济和社会发展所必需的建设项目。

(1)贷款条件。世界银行的资金运用,主要是通过长期贷款和投资解决会员国战后恢复和发展经济的资金需要。所以,战后贷款主要集中于欧洲国家的战后复兴。1948 年以后,贷款转向亚非拉发展中国家提供开发资金,贷款额度逐年增加。世界银行的贷款期限较长,用途较广,贷款数额不受份额限制,且利率较市场低。然而,要获得世界银行的贷款绝非易事,需要满足一定的条件和程序。

世界银行贷款条件主要包括:第一,贷款对象限于具有偿还能力的会员国政府;第二,借款国在不能按合理条件从其他渠道获得资金时,才能向银行申请贷款;第三,贷款必须用于特定的工程项目(即项目贷款),专款专用。

(2)贷款方式。世界银行的贷款方式有两类。第一类是按收入组别分配资金,贷款的主要对象是中等收入国家;第二类是按经济部门分配资金,重点是各种基础设施,如公路、电信、港口、动力设备及能源开发等。世界银行贷款总额中的主导部分是部门和项目贷款。

3)世界银行的资金来源

世界银行的资金来源主要有三个。

(1)会员国交纳的股金。按原来规定,会员国加入时先缴付股金的20%,其中2%以黄金或美元缴纳,18%以本国货币支付,其余80%则在必要时缴纳。1994年6月底,理事会决议所规定的法定认缴股金为1 700亿美元。1995年9月,决定将股金增加1倍,但实缴资金并未增加,会员国实际缴付的只是认缴额的10%,其中只有1%需要以黄金或美元缴纳,9%以本国货币缴纳,其余90%在必要时缴付。成员国缴纳的股金占世界银行资金的5%。

(2)筹集资本。国际复兴开发银行的资本几乎都是从国际资本市场筹集的。它通过发行债券筹集资金,然后再以低息转贷给借款国。债券发行对象是金融机构、退休基金、各国中央银行。

(3)从贷款赚取的利息和收费,以及因投资于流动资产而获得的收入。

世界银行与国际货币基金组织各有自己的组织形式以及不同的行政权力机构,它们的业务活动有着各自的特点。世界银行侧重于会员国经济发展计划的形成和支持;基金组织侧重在汇率的稳定、国际收支调节以及在支持会员国制定某一项经济稳定计划并为之奠定良好基础方面发挥作用。但是两个机构是根据相同的原则组成的,相互补充的责任,使得它们的业务逐渐交叉,且在逐步发展。从长期看,二者在全球范围内的合作将进一步加强。

2. 国际开发协会

通常提及的世界银行是国际复兴开发银行与国际开发协会的总称。国际开发协会是一个专门从事对不发达的发展中国家提供期限长和无息贷款的国际金融组织。它成立于1960年9月24日,11月开始营业,总都设在华盛顿。名义上它是独立的机构,但实际上经营方针、贷款原则都与世界银行相同。唯一区别在于国际开发协会主要是对更为贫穷的发展中国家提供长期优惠贷款,作为世界银行贷款的补充,以促进这些国家经济发展和生活水平提高。

国际开发协会的资金来源包括:①会员国认缴的股本;②“补充资金”,根据协会规定,会员国在一定时期内还须认缴一部分资金作为补充,以保证协会的资金来源;③世界银行拨款;④协会自身的经营利润。

国际开发协会的信贷只给予政府,不收利息,但计收0.75%的手续费。贷款期限长达50年,可以部分或全部用本国货币偿还。这种长期低利贷款,被称为“软贷款”,以区别于世界银行的“硬贷款”。根据协会章程规定,信贷一般针对特定项目,比较集中在农业开发项目上,其次用于较长时期才能见效或难以用收入效益表示的项目,如教育及人力资源的开发等。

3. 国际金融公司

国际金融公司于1956年7月24日正式成立。只有世界银行的会员国才能成为金融公司的会员。由于世界银行贷款是以会员国政府为对象,如果对私人企业贷款,须由政府机构担保,这在一定程度上限制了世界银行业务的扩展。所以1954年世界银行同会员国政府协商后决定建立国际金融公司。

公司宗旨是专门对会员国私人企业的新建、改建和扩建等项目提供资金，促进不发达国家中私营经济的增长及其市场的发展。

国际金融公司的主要资金来源是会员国认缴的股本。此外，世界银行及个别国家对金融公司的贷款、自身利润积累等也构成资金来源的一部分。公司的主要活动是对会员国私人企业贷款。这种贷款不须政府担保，期限为7—15年，以原借入的货币偿还，利率一般高于世界银行的贷款，有时高达10%。公司还可以对企业直接投资入股，投资对象一般是发展中国家的私营企业。

4. 多边投资担保机构

多边投资担保机构成立于1988年。它的宗旨是减少对发展中国家的投资风险，以促进对这些国家的投资，并通过提供技术和资源来帮助新兴国家吸引和留住投资。

它的主要业务活动是向投资者提供担保以防范商业性风险，通过减少商业投资障碍来鼓励向发展中国家的股权投资和其他直接投资；向发展中会员国政府就制定、实施与外国投资有关的政策、计划及程序提供咨询等。这个机构的设立使世界银行集团的职能更趋完善。

5. 国际投资纠纷解决中心

国际投资纠纷解决中心成立于1966年。它通过对投资纠纷提供国际调解和仲裁，鼓励外国投资，以此增进各国与外国投资者之间的相互信任。许多国际投资协议都援引该中心的仲裁条款。该中心还在仲裁法和外国投资法领域进行研究和出版活动。

14.3.4　区域性国际金融机构

区域性国际金融机构的建立是第二次世界大战后国际经济政治形势发展的结果。20世纪60年代，许多原殖民地国家纷纷独立，迫切需要吸收国外资金，取得所需的技术与设备，以发展本国经济。与此同时，发达国家面临的是如何扩大海外投资的问题。为了促进和提高发展中国家和发达国家的资金往来，建立国家间的区域性国际金融组织成为了必要，由此导致了亚洲开发银行等区域性金融组织的产生。

1. 亚洲开发银行

(1)亚洲开发银行的建立及宗旨。亚洲开发银行(Asian Development Bank—ADB)是一家仅次于世界银行的第二大开发性国际金融机构，也是亚太地区最大的政府间金融机构。根据联合国亚洲及远东经济委员会(1974年改名为亚洲太平洋经济委员会)决议，亚洲开发银行于1966年11月24日成立，总行设在马尼拉。亚行初建时有34个成员，目前其成员不断增加，凡是亚洲及远东经济委员会的会员或准会员，亚太地区其他国家以及该地区以外的联合国及所属机构的成员，均可参加亚行。

根据章程规定，它的宗旨是促进亚洲和太平洋地区的经济增长与合作，并协助本地区的发展中成员国集体和单独地加速经济发展的进程。为实现其宗旨，亚行的主要任务是：①促进以开发为目的而在本地区进行的公私资本投资；②利用亚行拥有的资金，为本地区的发展中成员国提供资金支持。其中特别考虑本地区较小或较不发达成员国的需要；③帮助本地区成员国协调其发展政策和计划，并为拟订、资助和执行发展项目和计划提供技术援助；④以适当方式同联合国及其附属机构以及参加本地区开发基金投资的国际公共组织、其他国际机构和各国公司进行合作。亚行是独立机构，但实际上是属于联合国执行区域性货币信贷安排的国际金融机构，它与联合国的国际货币基金组织、世界银行、发展计划署、亚太地区经济与社会委员会、粮食及农业组织等机构保持密切联系。

(2)亚洲开发银行资金来源与运用。亚行的资金来源包括普通资金、亚洲开发基金、技术援助特别基金、日本特别基金及联合金融资金。其中主要是前三项，即:用于硬贷款的普通资金;用于软贷款的亚洲开发基金和用于以赠款形式进行技术援助的技术援助特别基金。

亚行资金运用的主要形式是贷款。贷款包括两大类。一类是用普通资金发放的普通贷款（称硬贷款)。主要贷给收入较高的发展中国家和地区,用于工业、农业、电力、运输、邮电等部门开发工程项目。贷款期限 10—30 年，贷款利率低于市场利率,一般半年调整一次。另一类是用特别基金发放的特别贷款(称软贷款)。主要贷给较贫困的发展中成员国,贷款优惠，具有援助性质。贷款期限 40 年,不收利息,仅收 1% 的手续费。此外,亚行还用特别基金向成员国提供技术援助、股票投资以及联合融资。亚行贷款原则和程序与世界银行类似。贷款主要向本地区成员国政府、政府所属机构、公私企业等方面提供。贷款形式包括项目贷款、规划贷款、部门贷款、开发金融机构贷款、综合项目贷款、特别项目贷款等，其中最主要的是项目贷款。

2. 非洲开发银行

非洲开发银行(Africa Development Bank—AFDB)是非洲国家创办的区域性国际金融机构。成立于 1964 年 9 月,于 1966 年 7 月正式营业。总行设在象牙海岸(现译利特迪瓦)经济首都阿比让。成立初期有 23 个成员国,都是非洲国家。1978 年后允许区外国家参加。我国于 1985 年 5 月正式加入非洲开发银行。

非洲开发银行的宗旨是为成员国的经济和社会发展提供资金,协助非洲大陆制定总体发展战略，协调各国的发展计划，以便逐步实现“非洲经济一体化”。为实现这一宗旨,非洲开发银行的主要任务是利用本行的各种资金为本地区成员国提供各种开发性贷款和技术援助。

非洲开发银行的资金主要由成员国认缴股本构成。非洲开发银行成立时核定资本为 2.5 亿记账单位(1 记账单位 = 1971 年贬值前的 1 美元),以后数次增资。此外,向国际金融市场借款,发达国家的捐款及非洲开发银行的经营利润也构成了非洲开发银行的资金来源。非洲开发银行还设立了非洲开发基金等四个合办机构,根据不同需要,筹措资金开展业务。非洲开发银行的贷款业务分为普通贷款和特种贷款。前者使用普通资本基金,后者使用特别基金。贷款主要为项目贷款,其次是结构和政策调整方面的贷款。

3. 国际清算银行

国际清算银行是英、法、德、意、比、日等国的中央银行与代表美国银行业利益的摩根银行、纽约和芝加哥的花旗银行组成的银团,根据海牙国际协定于 1930 年 5 月共同组建的,总部设在瑞士巴塞尔。国际清算银行是世界上历史最悠久的国际金融组织,是国际上唯一办理中央银行业务的机构。

1)国际清算银行的建立及宗旨

国际清算银行最初创办的目的是为了处理第一次世界大战后德国的赔偿支付及其有关的清算等业务问题。第二次世界大战后,它成为经济合作与发展组织成员国之间的结算机构,该行的宗旨也逐渐转变为促进各国中央银行之间的合作,为国际金融业务提供便利,并接受委托或作为代理人办理国际清算业务等。国际清算银行不是政府间的金融决策机构，亦非发展援助机构,实际上是西方中央银行的银行。

2)国际清算银行的资金来源与运用

国际清算银行的资金主要来源于三个方面。

(1)成员国缴纳的股金。该行建立时,法定资本为 5 亿金法郎(gold francs),1969 年增至 15 亿金法郎,以后几度增资。该行股份 80% 为各国中央银行持有,其余 20% 为私人持有。

(2)借款。向各成员国中央银行借款,补充该行自有资金的不足。

(3)吸收存款。接受各国中央银行的黄金存款和商业银行的存款。

3)国际清算银行的业务

国际清算银行的主要业务包括以下三个方面。

(1)处理国际清算事务。二战后,国际清算银行先后成为欧洲经济合作组织、欧洲支付同盟、欧洲煤钢联营、黄金总库、欧洲货币合作基金等国际机构的金融业务代理人,承担着大量的国际结算业务。

(2)办理或代理有关银行业务。二战后,国际清算银行业务不断拓展,目前可从事的业务主要有:接受成员国中央银行的黄金或货币存款,买卖黄金和货币,买卖可供上市的证券;向成员国中央银行贷款或存款;国际清算银行也可与商业银行和国际机构进行类似业务,但不得向政府提供贷款或以其名义开设往来账户。目前,世界上很多中央银行在国际清算银行存有黄金和硬通货,并获取相应的利息。

(3)定期举办中央银行行长会议。国际清算银行于每月的第一个周末在巴塞尔举行西方主要国家中央银行的行长会议,商讨有关国际金融问题,协调有关国家的金融政策,促进各国中央银行的合作。

14.4　国际货币体系

14.4.1　国际货币体系概述

国际货币体系也称为国际货币制度,是指各国政府为适应国际贸易与国际支付的需要,对货币在国际范围内发挥世界货币职能所确定的原则、采取的措施和建立的组织形式的总称。它旨在提供一种货币秩序或结构,以利于国际贸易和资本流动。它一般包括以下内容。

(1)汇率制度安排。因为汇率是国际金融的"灵魂",它的变化直接影响到国家(地区)之间的利益分配。因此,不同货币之间汇率的决定,能否成为可自由兑换的货币,选择浮动或是固定的汇率制度安排等等,构成了国际货币体系的基本内容。

(2)国际储备资产的确定。即选择何种货币作为国际贸易和金融的支付货币,选择哪些货币作为一国金融管理当局的国际储备资产,以维系国际支付原则和满足储备资产供应的需要。

(3)国际收支调节机制。即需要使世界各国公平地承担国际收支调节的责任和义务,帮助国际收支恶化的国家摆脱困境。

(4)国际货币金融的协调。这个体系应具有协调各国货币金融活动的机制,使国际间的货币金融活动能够在国际经济金融组织制定的,各国认同的游戏规则下进行和协调。

(5)国际支付与国际结算原则的确定。在国际支付方面,是完全不加以限制,还是部分,甚至全部限制;国际间债权债务的结算采取什么方式,是自由的多边结算,还是有条件的双边结算等。

其中,前三个内容是国际货币体系的主要内容。

在历史的各个不同时期,国际货币体系在不断地演变。在演进的过程中始终围绕着三个方面的重要问题:一是以什么作为国际货币;二是各国货币之间的汇率、各国货币与国际货币之间的汇率问题;三是当国际收支发生不平衡时,如何进行调节的问题。一百多年来国际货币体系大体经历了国际金本位货币体系、布雷顿森林货币体系和牙买加货币体系的演变过程。

14.4.2 国际金本位货币体系

国际金本位制是以黄金作为国际本位货币的制度。广义指以一定重量和成色的黄金来表示一国本位货币的制度,包括金币本位制、金块本位制和金汇兑本位制。狭义仅指金币本位制。从1816年金本位制在英国形成到1879年金本位制的真正建立(因为在这一年,所有的主要工业国家和其他绝大多数中小国家都已经事实上采用了金本位制制度),最终到20世纪30年代金本位制崩溃,金本位制先后经历了金币本位制、金块本位制和金汇兑本位制三种时期。

14.4.3 布雷顿森林货币体系

为消除金本位制崩溃后国际货币领域的混乱局面,二次世界大战尚未结束,英、美两国即着手设计战后新的国际货币秩序,并提出了各自的重建方案,以此促进世界经济的发展。1943年3月和4月,英、美两国政府从本国利益出发,发表了代表各自利益的"凯恩斯计划"和"怀特计划"。由于美国当时已经在世界政治、经济和军事等方面处于绝对的优势,最后通过激烈交锋的结果是"怀特计划"占据上风,1944年7月的布雷顿森林会议通过了以"怀特计划"为基础的方案,形成了《国际货币基金协定》和《国际复兴开发银行协定》两个文件,新的国际货币体系——布雷顿森林体系由此诞生。

1. 布雷顿森林体系的主要内容

(1)建立一个永久性的国际金融机构,即IMF,对各国的货币金融事务进行监督、管理和协调,以促进国际金融合作。

(2)规定了以美元作为主要的国际储备货币,实行美元—黄金本位制,美元直接与黄金挂钩,其他国家与美元挂钩。"双挂钩"通常被视作布雷顿森林体系的两大支柱。

由于特定的历史环境,第二次世界大战后直到1973年,国际货币制度是以美元为中心的固定汇率制。各国货币都要确定各自货币的含金量,按照美元与各国货币含金量之比来确定各国货币对美元的平价。货币平价确定之后,汇率波动只能在±1%的幅度内进行(1971年12月以后变为±2.25%)。

(3)IMF向国际收支赤字国提供短期资金融通以协助其解决国际收支困难。

IMF资金的主要来源是会员国认缴的基金份额,份额的25%以黄金或可兑换黄金的货币认缴,其余75%的份额以本国货币认缴。当会员国发生逆差时,可用本国货币向IMF按规定程序购买一定数额的外汇,将来在规定的期限内以黄金或外汇购回借用的外汇资金。

(4)取消歧视性的货币措施。“协定”第八条规定基金组织会员国不得限制经常项目的支付,不得采取歧视性的货币措施,要在兑换性的基础上实行多边支付。

(5)制定了稀缺货币条款,会员国有权对“稀缺货币”采取临时性的兑换限制。

2. 布雷顿森林体系的瓦解

布雷顿森林体系是国际货币合作的产物,它消除了战前国际金融秩序的混乱状况,在一定时期内稳定了资本主义国家的货币汇率,营造了一个相对稳定的国际金融环境,促进了国际贸易和世界经济的增长。

但布雷顿森林体系本身也存在不可克服的矛盾。它的运转要求储备货币的发行国——美国按固定官价兑换黄金,以维持各国对美元的信心,又要求美国提供足够的清偿力即美元,以满足国际贸易和世界经济增长的需要。但信心和清偿力之间存在矛盾,美元供给太多就会产生不能兑换的风险,从而产生信心问题;而要维持对美元的信心,美国就必须纠正国际收支逆差,由此会造成供给的减少,处于“特里芬两难”困境。从 20 世际四五十年代的“美元荒”到 60 年代的“美元灾”使这一矛盾越发突出,经历了历次美元危机后,布雷顿森林体系的“两大支柱”纷纷倒塌,最终使其无法维持,1973 年布雷顿森林体系彻底瓦解。

14.4.4 牙买加体系

布雷顿森林体系的崩溃对国际金融市场和世界经济带来了剧烈的震荡和极大的损害。美国等工业化国家放弃钉住汇率转而实行浮动汇率制度,但仍然有相当多的国家实行调控程度不同的钉住汇率制度,国际货币体系一度混乱无序,这促使国际社会为谋求建立健康稳定的新的游戏规则而进行艰苦的激烈的交锋和磋商,最终达成共识,于 1976 年 1 月在牙买加首都金斯顿签署了“牙买加协议”。同年 4 月,IMF 通过了 IMF 协议的第二次修订案,形成了“牙买加体系”。

1. 牙买加体系的主要内容

牙买加协议在加强了布雷顿森林体系下 IMF 作用的同时,放弃了布雷顿森林体系下的双挂钩制度,其游戏规则做了较大的改动,主要集中在汇率、黄金和特别提款权等方面。

(1)汇率制度的选择多样化。IMF 成员可以针对本国实际,经 IMF 认可后选择不同的汇率制度,IMF 将对其汇率制度进行监督,以避免汇率操纵和不公平竞争。

(2)黄金非货币化。废除黄金官价,各成员国中央银行可按市价自由进行黄金交易;取消成员国之间,以及成员国与 IMF 之间需用黄金清偿债权债务的义务;IMF 所持有的黄金应逐步加以处理,或在国际市场上出售或由各成员国购回;黄金不再作为各国货币定值标准,即成员国不能与黄金挂钩,从而削弱了黄金在国际货币体系中的作用。

(3)增强特别提款权的作用和扩大 IMF 份额。协议认为特别提款权(SDR)是未来的国际货币体系中的主要储备资产,成员国可用 SDR 履行 IMF 的义务,成员国之间可以相互借贷 SDR 用于平衡国际收支和稳定汇率。为增强 IMF 的作用,IMF 的份额从原有的 290 亿特别提款权扩大到 390 亿。

(4)扩大对发展中国家资金融通。IMF 以出售黄金所得收益设立“信托基金”,以优惠条件向最贫穷的发展中国家提供贷款或援助,以解决它们的国际收支困难;扩大信用贷款额度,由占成员国份额的 100% 提高到 145%;提高基金组织“出口波动补偿贷款”,由占成员国份额的 50% 提高到 75%,以满足发展中国家的特殊需要。

2. 牙买加体系的评价

1)牙买加体系的积极作用

牙买加体系是世界经济发展变化的产物,创立至今,经历了一系列重大变化,在克服各种危机、推动国际贸易和世界经济的稳定发展方面起到了积极作用。首先打破了布雷顿森林体系的僵化局面。实行浮动汇率制,增加了各国对外政策的灵活性,在受到国外冲击时,可以通过汇率的变化来进行自动调节,不必实行紧缩或扩张维持汇率,能够保持国内经济政策的连续性和独立性,更有效地保证国内经济政策目标的实现。其次通过实行国际储备多元化,解决了特里芬难题。这在一定程度上缓解了国际清偿能力的不足。当美国国际收支逆差时,美国可以自由地安排汇率,其他国家的货币就会充当国际储备货币,补充国际清偿能力的不足,以维持国际货币体系的正常运转。再次,扩展了调节国际收支的渠道。用综合机制共同调节国际收支,使国际收支的调节更迅速、更有效,也更加符合市场的运作规律,对世界经济的正常运转和发展起到了一定的作用。

2)牙买加体系的缺陷

随着国际经济关系的发展变化,这一国际货币体系的弊端也日益暴露,从而要求建立国际货币新秩序。牙买加体系的缺陷主要表现在以下几个方面。

(1)汇率体系极不稳定。由于实行的是浮动汇率制,汇率波动剧烈。长期以来主要货币之间的汇率不断变化,成为引起国际金融市场不稳定的重要因素。汇率的频繁波动增加了汇率风险,从某种程度上说,这种体系不利于世界经济的发展。

(2)大国侵害小国利益。由于实行浮动汇率制,主要储备货币的汇率经常波动,这对发展中国家是很不利的。发展中国家由于经济基础薄弱,它们在国际贸易和储备资产方面遇到重大困难时,往往成为各种外部冲击的对象,进而在缺乏国际清偿能力时,被迫接受外部强加的调整方案,在国际货币体系中缺乏发言权。

(3)国际收支调节机制不健全。主要是汇率机制运行不稳定,利率机制的负作用等,使国际收支失衡的问题一直没有得到很好的解决。

14.4.5 国际货币体系的改革

历史表明,一个理想的国际金融体系能够促进国际金融运行的协调和稳定,促进国际贸易和国际资本流动的顺利发展,并使各国公平合理地享受国际经济交往的利益;反之,则成为国际经济发展的阻碍因素。

从牙买加体系30多年的实际运行情况看,美国在国际金融体系中的领导地位和美元的国际储备货币职能并没有得到实质性削弱,同时布雷顿森林会议中诞生的世界银行和国际货币基金组织,仍由美国等西方国家占据支配地位。2008年金融危机暴露出这一体系的众多问题,同时也为改革不合理的国际金融秩序提供了契机。改革现行国际货币体系的呼声日益高涨,许多发达国家与发展中国家都从各自利益出发,提出了一些建议。总体上,改革牙买加体系的建议可以分为两类。

1. 对现行的牙买加体系进行改造

在这方面,由于所处的地位和关心的利益不同,国际货币基金组织、发达国家和发展中国家在如何改革货币体系上存在很大的分歧。发达国家的主张主要包括确保资本输出的自由;通过国际组织促使发展中国家遵守发达国家的规则和做法;在发生金融危机时应尽可能减少债权人的损失等。发展中国家则强调资本与金融账户的开放应该是渐进的、有序的;应该加强对短期国际资本流动的管理;国际组织紧急援助的条件应该有更多的灵活性等;而国际货币基金组织的建议集中在加强其作用,增强资金实力,对金融业进行更为有效的监管,检测各国的经济政策等。

2. 建立新的国际货币体系

国际经济学理论界大多持这一观点,但又不完全相同,大致可以分为三类:成立新的更有约束力的国际金融协调机构;重新回到布雷顿森林体系;实行全面的浮动汇率制。

但是,建立新的国际货币体系千头万绪,成本巨大,而且牵涉到各国利益,甚至牵涉经济主权问题。所以,真正可行的改革是对现有体系的改造,即如何削弱美元的霸权地位,建立真正的"世界货币",如何增强发展中国家在国际货币体系中的地位和发言权等,这些问题将会随着时间最终得到解决。

课后练习题

一、名词解释

1. 外汇　2. 汇率　3. 直接标价法　4. 间接标价法　5. 国际收支　6. 国际收支平衡表　7. 欧洲货币　8. 离岸金融市场国际货币体系

二、简答题

1. 简述汇率的主要种类。
2. 简述国际收支平衡表的主要内容。
3. 简述国际收支失衡的主要原因。
4. 简述布雷顿森林体系的主要内容。
5. 简述牙买加货币体系的主要内容及缺陷。

第15章 财政金融的宏观调控

学习目标：

1. 了解财政政策的效应；
2. 了解我国当前的宏观经济形势；
3. 掌握财政政策的类型和手段；
4. 掌握货币政策的类型和手段；
5. 掌握财政政策和货币政策相互配合。

从各个市场经济国家的发展历史来看，其宏观经济大都表现为一种波浪形增长的现象。也就是说，从长期来看，国民经济是逐渐增长的；从短期来看，国民经济呈不断波动的态势，呈现出从繁荣→衰退→萧条→复苏→繁荣的周期性现象。宏观经济的上下波动并不是人们所期望的。当社会总需求大于总供给时，经济过热，会导致通货膨胀加剧；当社会总需求小于总供给时，则经济过冷，会导致失业率提高和通货紧缩。

宏观经济的上述特征要求政府采取一些宏观经济政策来稳定经济波动，熨平经济周期，避免经济大幅度上下波动，使社会总供求尽量不要无限大幅度地偏离。政府常用的宏观经济政策主要有财政政策和货币政策，二者是政府调控宏观经济的两个“拳头”，缺一不可。

15.1 财政政策

15.1.1 财政政策的含义

财政政策有广义和狭义之分，广义的财政政策泛指政府在财政领域制定的各项方针政策，包括税收政策、财政补贴政策、财政投资政策、国债政策等等。而狭义的财政政策则特指政府通过征税及支出的行为，以影响社会的有效需求，以促进就业水平的提高，并避免通货膨胀或通货紧缩的发生，而实现经济稳定目的的政策①。

我们这里讨论的财政政策指的是狭义的财政政策。由于这种狭义的财政政策往往是通过改变预算收支规模和预算平衡状况来实现的，所以它有时又被称为预算政策。另外，这种狭义的财政政策是政府出于稳定宏观经济的需要而制定的，所以又被称为宏观财政政策。

15.1.2 财政政策的类型

根据财政政策在调节国民经济总量方面的作用性质，可以把财政政策分为扩张性政策、紧缩性政策和中性政策。

---

①施建生：《云五社会科学大辞典——经济学》，第5册，196页，中国台湾，商务印书馆，1976。

1. 扩张性财政政策

简称松的财政政策，是指通过财政分配活动来增加和刺激社会的总需求。当国民经济存在总需求不足时，通过扩张性财政政策使总需求与总供给的差额缩小以至平衡；如果总需求与总供给原来就是平衡的，扩张性财政政策就会使总需求超过总供给。扩张性财政政策的主要手段是减税、提高政府的购买水平和转移支付水平。一般来说，减税可以增加民间的可支配收入，在财政支出规模不变的情况下，也可以扩大社会总需求。财政支出是社会总需求的直接构成因素，财政支出规模的扩大会直接增加总需求。在减税与增加支出并举的情况下，扩张性财政政策一般会导致财政赤字，从这个意义上说，扩张性财政政策等同于赤字财政政策。

2. 紧缩性财政政策

简称紧的财政政策，是指通过财政分配活动来减少和抑制总需求。在国民经济已出现总需求过旺的情况下，通过紧缩性财政政策消除通货膨胀缺口，达到供求平衡；如果总供求原来就是平衡的，紧缩性财政政策会造成有效需求不足。实现紧缩性财政政策目标的手段主要是增税和减少财政支出。增加税收可以减少民间的可支配收入，降低其消费需求；减少公共支出可以降低政府的消费需求和投资需求。所以，无论是增税还是减支，都具有减少和抑制社会总需求的效应。如果在一定经济状态下增税与减支同时并举，财政盈余就有可能出现。在一定程度上说，紧缩性财政政策等同于盈余财政政策。

3. 中性财政政策

是指通过财政收支的大体平衡，以保持社会总需求与总供给基本平衡的政策，即财政的分配活动对社会总需求的影响保持中性，财政的收支活动既不会产生扩张效应，也不会产生紧缩效应。在一般情况下，这种政策要求财政收支保持平衡。但是，使预算收支平衡的政策并不等于中性财政政策。在经济政策理论中，一般把通过增加盈余或减少盈余以及增加赤字或减少赤字的形式表现出来的财政政策称为非均衡财政政策，而把以收支均衡的形式表现出来的财政政策称为均衡财政政策。均衡财政政策的主要目的在于力求避免预算盈余或预算赤字可能带来的消极后果。均衡财政政策不等于中性财政政策，因为在均衡财政之下，政府支出可以通过支出乘数，按照支出规模的大小，产生使收入上升的效果，也就是所谓的平衡预算的乘数效应。

15.1.3 财政政策的工具

财政政策工具是财政政策主体所选择的用以达到政策目标的各种财政手段。政策主体通过控制政策工具实现预期的目标。财政政策工具主要有财政预算、税收、公债、公共支出、政府投资、财政补贴等。

1. 财政预算

财政预算是国家的基本财政计划。预算调节的作用主要反映在财政收支的规模、结构和收支差额的调整，预算收支的规模及其变动，可以调节社会总供给和总需求的平衡关系；预算收支结构的调整，可以协调国民经济中的各种比例关系和经济结构；而预算收支的差额，则体现了社会总需求扩张、紧缩或稳定的一种导向。

2. 税收

税收作为一种政策工具，具有分配形式上的强制性特征。这些特征使税收调节具有权威性。税收调节作用，主要通过税收比率确定、税负分配（包括税种选择与税负转嫁）以及税收优惠和税收惩罚体现出来。税收比率的确定是财政政策实现调节目标的基本政策度量之一。税收比率高意味着政府集中掌握的财力或动员资源的能力高，反之则低。政府动员资源的能力如何，对于宏观经济运行的稳定以及经济的发展会产生巨大的影响。一般来说，政府提高税收比率，会对私人部门经济起到收缩作用，意味着更多的收入从私人部门流向政府部门。相应地，私人部门的需求将下降，私人部门的产出将减少。政府若降低税收比率，则会对私人部门经济起到扩张作用，需求将相应地上升，产出也相应地增加。税收比率确定后，税负的分配就显得十分重要。税负分配，一方面是由政府部门来进行，主要是通过税种选择和制定不同的税率来实现；另一方面是通过市场活动来进行，主要是通过税负转嫁的形式体现出来。税负转嫁的结果，使纳税人名义税负与实际税负不相同；所以说税负转嫁是在政府税负初次分配的基础上，通过市场机制的作用而进行的税负再分配。两个层次的税负分配，对于收入的变动、相应的个人与企业的生产经营活动以及各经济主体的行为均会产生重大影响。

税收优惠与税收惩罚主要是在征收正税的基础上，为了某些特殊需要，而实行的鼓励性措施或惩罚性措施。这种措施在运用上具有较大的灵活性，往往起到正税难以起到的作用。因此，在各国税法中都不同程度地保留着某些优惠性和惩罚性的税收措施。税收的优惠性措施包括许多内容，比如减税、免税、宽限、加速折旧以及建立保税区等。与税收优惠措施相反的是税收的惩罚性措施，比如报复性关税、双重征税、税收加成、征收滞纳金等。无论是优惠性的还是惩罚性的措施，对实现财政政策的某些目标都起到了一定作用。

3. 公债

公债最初是用来弥补财政赤字的。随着信用制度的发展，公债已成为调节货币供求、协调财政与金融关系的重要政策手段。公债的调节作用，主要体现在下述三种效应上。一是所谓的“排挤效应”，即由于公债的发行，使私人部门的投资或消费资金减少，从而对私人部门的投资或消费起调节作用。二是所谓的“货币效应”，即公债发行引起货币供求变动，它一方面可能使部分“潜在货币”变为现实流通货币；另一方面则可能把存于私人部门的货币转到政府部门或由于中央银行购买公债而增加货币的投放。由于公债发行所带来的货币的系列变动，统称为“货币效应”。三是所谓的“收入效应”。由于公债主要依靠未来年度增加税收来偿还，公债持有人在公债到期时，不仅收回本金而且得到利息报偿。而政府发行公债主要用于社会公共需要，人人均可享用。这样，在一般纳税人与公债持有人之间就产生了收入的转移问题。

公债的作用主要通过公债规模、持有人结构、期限结构、公债利率综合体现出来。政府可以通过调整公债规模，选择购买对象，区分公债偿还期限，制定不同公债利率来实现财政政策的目标。

在现代信用经济条件下，公债的市场操作是沟通财政政策与货币政策的主要载体，通过公债的市场操作，可以协调两大政策体系：一方面，公债的市场融资比直接的政府透支对基础货币的变动影响小，可以淡化赤字的通货膨胀后果；另一方面，可以增加中央银行灵活调节货币供应的能力。

4. 公共支出

公共支出主要指政府满足纯公共需要的一般性支出（或称经常项目支出），它包括购买性支出和转移性支出两大部分。购买性支出,包括商品和劳务的购买,是一种政府的直接消费支出。转移性支出通过财政收入—国库—政府支付的过程,将货币收入从一方转移到另一方,此时,民间的消费并不因此而发生变化。

根据现代公共支出理论,政府购买支出的增减将直接影响个人收入的增减和社会总消费的增减,进而影响到国民收入的增减,其影响程度取决于政府购买乘数的大小。因此,政府购买作为财政政策的工具是实现反经济周期、合理配置资源、稳定物价的手段之一。

5. 政府投资

政府投资指财政用于资本项目的建设支出,它最终将形成各种类型的固定资产。在市场经济条件下,政府投资的项目主要是那些具有自然垄断特征、外部效应大、产业关联度高、具有示范和引导作用的基础性产业、公共设施以及新兴的高科技主导产业。政府的投资能力与投资方向对经济结构的调整起关键性作用。

考虑到国民经济基础产业的"瓶颈"制约现状,政府投资所产生的效应就不局限于自身的投资收益。作为一种诱发性投资,它可将"基础瓶颈"制约所压抑的民间部门的生产潜力释放出来,并使国民收入的创造达到一个较高的水平。达就是政府投资在"基础瓶颈"条件下所产生的"乘数效应"。

15.1.4　财政政策的传导机制

财政政策传导机制是指财政政策在发挥作用的过程中,各政策工具通过某种媒介相互作用形成的一个有机联系的整体。传导机制的核心是传导媒介,而最为重要的传导媒介就是收入分配、货币供应量和价格,财政政策工具变量的改变主要是通过引起以上媒介体中间变量的改变来达到预期目标的。

1. 财政政策工具与收入分配

政策工具变量的调整对个人收入分配的影响,主要体现在改变货币收入者实得货币收入或者使货币收入者的实际购买力发生变化。对于前者,主要是通过对居民个人征税,使其税后收入减少或通过某种形式的补贴使居民个人的实得收入增加;对于后者,主要是通过货币的增值或贬值来进行调节。政策工具对企业利润分配的影响,主要体现在企业税后利润的分配上。

2. 财政政策工具与货币供应量

撇开财政政策对货币流通速度与货币存量结构变化的影响不谈,集中分析我国财政赤字与货币供应的关系就会发现,我国的财政赤字具有货币扩张效应。因为货币供给是社会需求的载体,任何一笔财政收支的增减都必须通过货币供给量作用于总需求。当实行赤字政策时,首先是扩大货币供给量,然后才能达到扩大总需求目标值的目的。如果扩大财政支出而不相应扩大货币供给量,必然迫使利率上升,对民间投资产生挤出效应,就达不到总需求的政策目标。

3. 财政政策工具与价格

在我国许多财政政策工具的作用是通过价格作用体现出来的,或者是与价格相互作用共同发挥出来的。长期以来,我国产业部门间的利润率存在着巨大的差异,这种差异是导致产业结构不合理的一个重要原因,而部门与行业之间利润率的差别,除了受成本变动等因素影响以外,主要与价格政策有关。价格不合理是制约基础产业发展的最关键因素,而政府对价格的控制不应只采取行政手段，还应采取经济手段，适度地调控物价。

15.1.5 财政政策的效应

1. 内在稳定器效应

内在稳定器，又称为自动稳定器，是指这样一种宏观经济的内在调节机制：它能在宏观经济不稳定的情况下自动发挥作用，使宏观经济趋向稳定。财政政策的这种内在稳定器效应无须借助外力就可以直接产生调控效果，财政政策工具的这种内在的、自动产生的稳定效果，可以随着社会经济的发展，自行发挥调节作用，不需要政府专门采取干预行动。财政政策的内在稳定器效应主要表现在两方面。

(1)累进制的所得税制。特别是累进制的个人所得税，对经济活动水平的变化反应相当敏感。当经济运行不景气，经济过冷时，社会成员的收入水平往往呈下降态势，消费热情低迷，根据累进制的个人所得税，社会成员适用的税率等级下降，税收负担减轻，可支配收入水平上升，这对人们的消费起到一定的维持作用，从而抑制经济运行继续下降的态势；当经济运行过热时，社会成员的收入水平往往呈上升态势，消费热情高涨，累进制税收使得社会成员适用的税率等级上升，税收负担加重，可支配收入水平下降，消费热情受到抑制，从而抑制经济运行过热的态势。

(2)公共支出尤其是社会福利支出。在健全的社会福利、社会保障制度下，各种社会福利支出，一般会随着经济的繁荣而自动减少，这有助于抑制需求的过度膨胀；也会随着经济的萧条而自动增加，这有助于组织需求的萎缩，从而促使经济趋于稳定。如果国民经济出现衰退，就会有很多人具备申请失业救济金的资格，政府必须对失业者支付津贴或救济金，以使他们能够维持必要的开支，从而可重新获得工作机会，在总需求接近充分就业水平时，失业者减少，政府就可以减少或停止这种救济性支出，使总需求不致过旺。

内在稳定器效应的两个方面是有机结合在一起的，它们相互配合，共同发挥作用。

2. 乘数效应

财政政策的乘数效应包括三方面的内容。

(1)税收乘数效应。它是指税收的增加或减少对国民收入倍增的减少或增加的程度。由于增加了税收，消费和投资需求就会下降。一个部门收入的下降又会引起另一个部门收入的下降，如此循环下去，国民收入就会以税收增加的倍数下降，这时税收乘数为负值。相反，由于减少了税收，使私人消费和投资增加，从而通过乘数影响国民收入增加更多，这时税收乘数为正值。

(2)财政支出乘数效应。它是指投资或政府公共支出变动引起的社会总需求变动对国民收入增加或减少的影响程度。一个部门或企业的投资支出会转化为其他部门的收入，这个部门把得到的收入在扣除储蓄后用于消费或投资，又会转化为另外一个部门的收入。如此循环下去，就会导致国民收入以投资的倍数递减。公共支出乘数的作用原理与投资乘数相同。

(3)预算平衡乘数效应。它是指这样一种情况：当政府支出的扩大与税收的增加相等时，国民收入的扩大正好等于政府支出的扩大量或税收的增加量，当政府支出减少与税收的减少相等时，国民收入的缩小量正好等于政府支出的减少量或税收的减少量。

乘数效应应包括两个方面。当政府投资或公共支出扩大、税收减少时，对国民收入有加倍扩大的作用,从而产生宏观经济的扩张效应。当政府投资或公共支出减少、税收增加时,对国民收入有加倍收缩的作用,从而产生宏观经济的紧缩效应。

3. 奖抑效应

奖抑效应主要是指政府通过财政补贴、各种奖惩措施、优惠政策对国民经济的某些地区、部门、行业、产品及某种经济行为予以鼓励、扶持或者限制、惩罚而产生的有效影响。

4. 货币效应

财政政策的货币效应,一方面表现为政府投资、公共支出、财政补贴等本身形成一部分社会货币的购买力,从而对货币流通形成直接影响,产生货币效应;另一方面,主要体现在公债上。公债政策的货币效应又取决于公债认购的对象和资金来源。如果中央银行购买公债,这无异于货币发行,就会产生通货膨胀效应;如果商业银行购买公债,且可以用公债作为准备金而增加贷款的话,也会导致流通中的货币增加。

15.2　货币政策

15.2.1　货币政策的含义

货币政策有广义和狭义之分。广义的货币政策包括政府、中央银行和其他有关部门所有有关货币方面的规定和所采取的影响货币数量的一切措施。狭义的货币政策是指中央银行为实现既定的经济目标运用各种工具调节货币供给和利率,进而影响宏观经济的方针和措施的总和。

在这里我们讨论的货币政策主要是狭义的货币政策。

15.2.2　货币政策的类型

1. 扩张性货币政策

扩张性的货币政策是指货币供应量超过经济过程中对货币的实际需要量,其主要功能是刺激社会总需求的增长。在社会有效需求不足、生产要素大量闲置、产品严重积压、市场明显疲软、国民经济处于停滞或低速增长的情况下,中央银行应采取扩张性货币政策。扩张性货币政策主要表现为扩大信贷规模、降低利率、降低存贷款利率和再贴现率、在公开市场上回购有价证券。这样做的目的是为了让企业和居民更容易获得生产资金和消费资金,意在通过投资需求和消费需求规模的扩大来增加社会总需求,刺激经济恢复增长,直至达到复苏,繁荣局面,同时还可适度调高汇率,使本币与外币相比有所贬值,以利出口,通过出口需求的扩大来弥补国内需求的不足。采用扩张性货币政策要适度、适时,以避免信贷的过度,过久的扩张,引发通货膨胀,还要注意与财政政策及其他宏观调控政策相配合。

2. 紧缩性货币政策

紧缩性的货币政策是指货币供应量小于货币的实际需求量,以减少和抑制社会总需求。在社会总需求过高,通货膨胀压力趋强、投资和消费明显过热时,中央银行应采取紧缩性的货币政策。紧缩性的货币政策主要表现为法定准备金率提高,再贷款利率提高,在公开业务市场上大量出售有价证券,以便回笼资金。这样做的目的是减少货币流通量,将过高的社会总需求降下来,缓解通货膨胀的压力。同时,在对外经济关系上,可调低汇率,使外币与本币相比有所贬值，以利扩大进口，增加国内有效供给。

3. 中性货币政策

中性货币政策是指货币供应量大体上等于货币需求量，对社会总需求与总供给的对比状况不产生影响。当社会总供求基本平衡，物价稳定、经济增长以正常速度递增时，中央银行应采取中性货币政策。中性货币政策表现为货币投放量适度，基本上能够满足经济发展和消费需要，利率、汇率基本不变，存款准备金率和再贴现率维持在正常的水平，既不调高也不降低。

15.2.3 货币政策的工具

货币政策工具是货币政策主体所选择的用以达到政策目标的各种货币手段。政策主体通过控制政策工具实现预期的目标。货币政策工具主要有法定准备金率、再贴现率和公开市场业务等等。

1. 一般性货币政策工具

(1)法定存款准备金率。存款准备金是指金融机构为保证客户提取存款和资金清算需要而准备的资金，金融机构按照法律规定向中央银行缴纳的存款准备金占其存款总额的比例就是法定存款准备金率。

存款准备金制度是在中央银行体制下建立起来的，世界上美国最早以法律形式规定商业银行向中央银行缴存存款准备金。存款准备金制度的初始作用是保证存款的支付和清算，之后才逐渐演变成为货币政策工具，中央银行通过调整存款准备金率，影响金融机构的信贷资金供应能力，从而间接调控货币供应量。

就其本质而言，存款准备金政策是影响货币供应量的最强有力的政策。根据货币供给的基本模型 $M_s = m \times B$，货币供应量的改变取决于货币乘数 m 与基础货币 B 的调整。而调整存款准备金率不但影响基础货币，而且影响货币乘数。

以中央银行实行紧缩政策为例，当法定存款准备金率提高时，一方面使得货币乘数变小，另一方面，由于准备金率提高，使商业银行应缴的准备金增加，超额准备金则相应减少。虽然法定准备金与超额准备金同属基础货币的组成部分，但法定准备金商业银行是不能动的，只有超额准备金才构成派生存款的基础。这两个项目的二增一减无疑使基础货币的结构发生了变化，降低了商业银行创造信用与派生存款的能力。综上所述，可以提高准备金比率迫使商业银行减少放款和投资，使货币供应量缩小，由于银根抽紧而导致利率水平提高，社会投资和支出都相应缩减，从而达到紧缩效果。根据同样道理，降低准备金率会使信贷规模和货币供应量得以扩张。

法定存款准备金率这一政策工具的优点在于它对所有存款银行的影响是平等的，对货币供应量具有极强的影响力，力度大、速度快，效果显著。法定存款准备金率也存在明显的局限性：一是法定存款准备金率的政策效果强烈，不宜作为中央银行日常调控的工具；二是存款准备金政策对各类银行或各地区银行的影响也不一致。提高法定准备金率可能使超额准备金较少的银行陷入流动性困境。

(2)再贴现率。调整再贴现率是中央银行最早拥有的货币政策工具。现在许多国家中央银行都把再贴现率作为控制信用的一项主要的货币政策工具。再贴现是指商业银行或其他金融机构将贴现所获得的未到期票据，向中央银行转让。对中央银行来说，再贴现是买进商业银行持有的票据,流出现实货币,扩大货币供应量。对商业银行来说,再贴现是出让已贴现的票据,解决一时资金短缺。整个再贴现过程,实际上就是商业银行和中央银行之间的票据买卖和资金让渡的过程。

中央银行往往通过制定或调整再贴现率来干预和影响市场利率及货币市场的供应和需求,从而达到调节市场货币供应量的目的。

当中央银行需要收缩银根、减少市场的货币供应量时,就会提高再贴现率,以增加商业银行在中央银行通过再贴现进行资金融通的成本,从而减少商业银行向中央银行的贴现额,使商业银行的可用资金减少,商业银行就会收缩对客户的贷款和投资规模,市场的货币供应量减少,市场利率上升,社会对货币需求降低。当中央银行需要增加市场的货币供应量时,就会降低再贴现率以降低商业银行再贴现成本,从而增加商业银行的可用资金,商业银行就会增加对客户的贷款和投资规模,市场的货币供应量增加,市场利率下降,社会对货币需求增多。

调整再贴现率的效果主要体现在两个方面:一是影响商业银行的资金成本和超额准备金,从而影响商业银行的融资决策,使其改变放款和投资活动;二是再贴现率的变动,在一定程度上反映了中央银行的政策意向,有一种告示效应。如贴现率升高,意味着国家判断经济过热,有紧缩意向;反之,则意味着有扩张意向。这对短期市场利率起导向作用。调整再贴现率也存在着某些局限性。

首先,从控制货币供应量来看,再贴现政策并不是一个理想的控制工具。第一,中央银行处于被动地位。商业银行是否愿意到中央银行申请贴现,或者贴现多少,决定于商业银行,如果商业银行可以通过其他途径筹措资金,而不依赖于再贴现,则中央银行就不能有效地控制货币供应量。第二,增加对中央银行的压力。如果商业银行依赖于中央银行再贴现,这就增加了对中央银行的压力,从而削弱控制货币供应量的能力。第三,再贴现率高低有一定限度,而在经济繁荣或经济萧条时,再贴现率无论高低,都无法限制或阻止商业银行向中央银行再贴现或借款,这也使中央银行难以有效地控制货币供应量。

其次,从对利率的影响看,调整再贴现利率,通常不能改变利率的结构,只能影响利率水平。即使影响利率水平,也必须具备两个假定条件:一是中央银行能随时准备按其规定的再贴现率自由地提供贷款,以此来调整对商业银行的放款量;二是商业银行为了尽可能地增加利润,愿意从中央银行借款。当市场利率高于再贴现率,而利差足以弥补承担的风险和放款管理费用时,商业银行就向中央银行借款然后再放出去;当市场利率高于再贴现率的利差,不足以弥补上述费用时,商业银行就从市场上收回放款,并偿还其向中央银行的借款,也只有在这样的条件下,中央银行的再贴现率才能支配市场利率。然而,实际情况往往并非完全如此。

再次,就其弹性而言,调整再贴现率是缺乏弹性的,一方面,再贴现率的随时调整,通常会引起市场利率的经常性波动,这就会使企业或商业银行无所适从;另一方面,再贴现率不随时调整,有不宜于中央银行灵活地调节市场货币供应量,因此,再贴现政策的弹性是很小的。上述缺点决定了再贴现政策并不是十分理想的货币政策工具。

(3)公开市场业务。公开市场是指各类有价证券自由议价,交易量和交易价格都必须公开显示的市场。公开市场业务是指中央银行在公开市场上买卖有价证券以影响货币供应量,进而实现其金融控制和调节的一种政策手段。

当经济处于过热时,中央银行卖出政府债券回笼资金,使货币流通量减少,导致利息率上升,促使投资减少,达到压缩社会总需求的目的。当经济处于增长过慢、投资锐减不景气的状态时,中央银行买进政府债券,把货币投放市场,使货币流通量增加,导致利息率下降,从而刺激投资增长,使总需求扩大。

公开市场业务的优点有:①中央银行具有运用公开市场业务的主动性,可以进行经常性、连续性的操作,具有较强的伸缩性,因而是中央银行进行日常调整的比较理想的工具;②通过公开市场业务,可以直接影响商业银行的准备金,能够达到中央银行的预期目标;③公开市场业务的操作可灵活安排,可根据需要选择买卖证券的规模、时间、种类等,使中央银行能够准确地调整准备金,不会产生过于猛烈的影响。

然而公开市场业务也有其局限性,要想有效地发挥作用,必须具备一定的条件:一是要有发达的金融市场,如果市场发育程度低,交易工具太少,则会制约公开市场业务操作效果;二是必须有其他政策工具的配合,如存款准备金制度的配合就会保证公开市场业务作用的发挥。

在多数发达国家,公开市场业务操作是中央银行吞吐基础货币,调节市场流动性的主要货币政策工具,通过中央银行与指定交易商进行有价证券和外汇交易,实现货币政策调控目标。我国公开市场操作包括人民币操作和外汇操作两部分。外汇公开市场操作于 1994 年 3 月启动,人民币公开市场操作在 1998 年 5 月 26 日恢复交易,规模逐步扩大。1999 年以来,公开市场业务操作已经成为中国人民银行货币政策日常操作的重要工具,这对于调控货币供应量、调节商业银行流动性水平、引导货币市场利率走势发挥了积极的作用。

上述财政政策工具是对整个社会总供求进行调节的一般性政策工具,除此之外,还有对某些特殊领域的信用进行调控的选择性政策工具,如证券市场信用控制、消费信用控制、不动产信用控制等。

2. 选择性货币政策工具

(1)证券市场信用控制。这是指中央银行对使用贷款购买证券市场上已经注册上市和某些未注册上市的股票施加控制。对购买股票的定金或保证金做出规定,目的是要限制用借款购买股票的比重。但近年来有些国家开始逐步取消这一控制,因为有时为控制借款不得不提高利率,这样做又会限制经济发展。

(2)消费信用控制。这是指中央银行对消费者分期购买耐用品的贷款规定最低定金和还款期限。在消费信用膨胀和通货膨胀时期,中央银行采取该项措施,能起到抑制消费需求和物价上涨的作用。近年来,美国等国家已从法律上取消了对消费信贷的控制。

(3)不动产信用控制。是指中央银行对金融机构在房地产方面放款的限制措施,以抑制房地产危机。如对金融机构的房地产贷款的最高限额、最长期限和首次付款和分期付款的最低限额。

(4)优惠利率。政府对国家鼓励、重点发展的经济部门或产业实行优惠税率。

(5)预缴进口保证金。中央银行要求进口商预缴相当于进口商品总值一定比例的存款,以抑制进口的过快增长。

3. 直接信用控制

直接信用控制是指从质和量两个方面,以行政命令或其他方式,直接对金融机构尤其是商业银行的信用活动所进行的控制。其手段包括以下几种。

(1)利率最高限。规定存贷款最高利率限制,是最常用的直接信用管制工具。其目的是为了防止银行用抬高利率的办法竞相吸收存款和为谋取高利而进行高风险存贷。

(2)信用配额。中央银行根据金融市场状况及客观经济需要,对各个商业银行的信用规模加以分配。

(3)流动性比率。规定商业银行的流动资产对存款的比重,是限制信用扩张的直接管制措施之一。

(4)直接干预。中央银行直接对商业银行的信贷业务、放款范围等加以干预。如对业务经营不当的商业银行拒绝再贴现。

4. 间接信用指导

间接信用指导主要有以下两种。

(1)道义劝告。中央银行利用其声望和地位,对商业银行和其他金融机构发出通告、指示或与各金融机构的负责人面谈,劝告其遵守政府政策并采取贯彻政策的相应措施。

(2)窗口指导。中央银行根据产业行情、物价趋势和金融市场动向,规定商业银行每季度贷款的增减额,并要求其执行。

间接信用的优点是较为灵活,但要起作用,要求中央银行在金融体系中有较强的地位、较高的威望和拥有控制信用的足够的法律权威和手段。

15.2.4 货币政策的传导机制

货币政策的传导机制就是货币政策工具的运用引起中介目标变动,从而实现货币政策最终目标的过程。关于货币政策传导机制的分析,在西方理论中,主要有凯恩斯学派传导机制理论和货币学派传导机制理论。

1. 凯恩斯学派传导机制理论

凯恩斯学派传导机制理论认为:货币供给 M 的增减影响利率 r,利率的变化则通过资本边际效益的影响使投资 I 以乘数方式增减,而投资的增减会进而影响总支出 E 和国民收入 Y。传导过程如下:

$$M \rightarrow r \rightarrow I \rightarrow E \rightarrow Y$$

在这个传导机制发挥作用的过程中,主要环节是利率。货币供给量的调整首先影响利率的升降,然后才使投资乃至总支出发生变化。

上述的分析凯恩斯学派称之为局部均衡分析,只显示了货币市场对商品市场的初始影响,而没能反映它们之间循环反复的作用。考虑到货币市场与商品市场的相互作用,遂有进一步的分析,凯恩斯学派称之为一般均衡分析。

2. 货币主义学派传导机制理论

与凯恩斯学派不同,货币主义学派认为利率在货币传导机制中不起重要作用,而更强调货币供给量在整个传导机制中的直接效果。货币学派认为,增加货币供给量在开始时会降低利率,银行增加带宽,货币收入增加和物价上升,从而导致消费支出和投资支出增加,引致产出提高,直到物价的上涨将多余的货币量完全吸收为止。因此,货币政策的传导机制主要不是通过利率间接地影响投资和国民收入,而是通过货币供给量的变动直接影响支出和国民收入,传导机制如下:

$$M \rightarrow E \rightarrow I \rightarrow Y$$

15.2.5 货币政策的效应

1. 利率传递效应

利率传递效应是中央银行操纵货币政策工具进行调控时首先发生的效应。当中央银行要对货币供给进行调节时,首先要通过以下两种形式对利率进行调控。

第一,通过调整再贴现率直接影响市场利率水平。中央银行调整再贴现率会产生两方面的传递效应:一方面,再贴现率的变动会使商业银行的借款成本发生变化,进而影响市场利率的升降;另一方面,再贴现率的变动会直接导致同业拆借利率的变动,最后造成商业银行贷款利率和市场利率以及货币供给的变化。

第二,通过基础货币变动间接地调节市场利率。如中央银行调整法定存款准备金率,引起商业银行超额准备的变动,进而会使货币供求的对比关系发生变化,从而导致市场利率波动。

中央银行运用不同的货币政策工具对利率机制进行直接或间接的调节,通过利率机制的作用,中央银行就能够调节和约束商业银行的货币经营行为和货币供给,最终实现货币政策目标。

2. 货币乘数效应

银行任何货币政策措施的实施都会导致基础货币的变化,而由基础货币到货币供给的变动主要受货币乘数的扩张能力的制约。

在现代银行信用制度中,作为货币供给之源的基础货币,可以引出数倍于自身的货币供给量,其公式表示为:

$$M_s = mB$$

式中:M_s——货币供给;

B——基础货币;

m——货币乘数。

这就是货币乘数效应。在一般的经济社会中,货币的扩张过程都存在着四个方面的"漏出":①法定存款准备金率;②现金漏损率;③定期存款比率;④超额准备金率。这四个"漏出"比率越高,货币乘数就越小;反之,货币乘数就越大。中央银行通过直接和间接的手段调控这四个"漏出"因素,使货币乘数的大小和变动符合中央银行的货币政策意图。

3. 资产结构调整效应

中央银行操作货币政策工具变量对利率机制和货币乘数机制进行调控,以间接调控货币供给,从而完成货币政策传导机制在金融领域的传导过程。但是,货币政策的传导并没有结束,货币供给的变动,最终会影响到币值的稳定、经济发展、就业状况以及国际收支平衡。这就是货币政策信号在实物领域中传递的基本内容。在这一过程中,我们以名义收入代表货币政策最终目标变量,以最终支出代表各经济主体(企业部门和个人部门)的购买和需求。这样,货币政策在实物领域的传导就可以表示为:

货币供给→最终支出→名义收入→最终目标

任何货币政策的运用都必然反映在货币供给量的变动上,而货币供给变动首先会影响各经济主体的投资行为和消费行为。表现在各经济主体对自己的资产进行调整和重新组合。各经济主体持有的资产形式一般包括货币资产、实物资产和金融资产,每一种资产都有其收益率，经济主体随货币供应量的变化而比较收益并及时调整其资产结构。根据经济学原理，当调整到各种资产的边际收益率相等时，经济单位的总收益最大，这时达到一种均衡状态，而资产组合的调整过程将影响经济总量目标。

当最初各种资产组合处于均衡状态，即各种资产给持有者带来相等的边际效用时，若中央银行调整货币政策增加货币供应量，从而导致货币供应大于货币需求，货币的边际收益率下降，资产结构的均衡遭到破坏。为恢复等量的边际收益率，各经济主体就会重新调整其资产结构。首先将多余的货币用于购买价格尚未上涨、收益率尚未下降的债券资产，结果使债券的价格提高，收益率下降。这样人们又转向购买收益率相对较高的股票所有权资产，于是股票需求将增加，股票价格上涨，收益水平会降低，最后人们逐渐转向厂房、设备、消费品等实物资产，并促使实物资产的价格普遍上涨，这时进行实际投资，扩大生产则有利可图。投资增加，促使就业量也增加，结果就会消除货币的超额供给，并使整个社会的资产结构趋向新的平衡。

可见，货币供给通过资产结构失衡和不断调整、选择机制实现了社会总支出的扩张。这种由于货币供应量的变化使社会公众对资产的组合进行调整，以收益高的资产代替收益低的资产，而引起的收入变化的过程，就是资产结构调整效应，有时又叫做资产替代效应。

15.3　财政政策与货币政策的相互配合

财政政策和货币政策是国家调控社会总需求的两大经济政策，它们在国家的宏观调控体系中，从不同角度执行着宏观调控目标的职责。从总体上看，财政政策和货币政策的调控目标都是一致的，但是财政政策与货币政策各自使用的政策工具和作用不尽相同，各有其局限性。在实践中，还可能发生政策手段之间相互影响和抵触的情况，因此，为了达到理想的调控效果，通常需要财政政策和货币政策的配合使用。

15.3.1　宏观经济政策的目标

宏观经济政策的目标主要有经济稳定目标、经济发展目标和收入合理分配目标。

1. 经济稳定目标

在宏观经济理论中，经济稳定分为内部稳定和外部稳定。内部经济稳定的含义有二：一是价格水平的稳定；二是产出或国民收入的稳定。物价稳定与否，主要取决于社会总需求和货币量的变动；产出稳定与否，则视整个经济发展的情形而定。物价的波动表示经济体系的不稳定，它对社会财富的分配、商品和服务的生产等都有重大影响，故稳定价格的重要措施在于防止过度通货膨胀或通货紧缩的发生。产出变动与生产要素的投入具有直接的函数关系，产出稳定了，充分就业就实现了。

外部经济稳定是指对外均衡，即本国对外国商品和服务的需求与外国对本国商品和服务的需求保持平衡，故外部经济稳定主要是指国际收支的平衡。因此，在经济稳定目标体系中，价格稳定目标，充分就业目标和国际收支平衡目标是最重要的三个子目标。

2. 经济发展目标

经济增长和经济发展是两个有区别的概念。经济增长一般用来表示一个国家的产品和实际服务数量的增加，更恰当地说，是表示按人口平均的实际产出的增加。经济发展则是一个综合的概念,指伴随经济结构、社会结构和政治结构变革的经济增长;它不仅包括量的增加,也包括质的提高。具体来说,经济发展表现在国民生产总值中,就是农业产值的比重下降,而制造业、公用事业、政府管理机构创造的产值的比重相应提高;伴随着经济结构的变化,带来劳动力就业结构的变化,以及教育和培训程度的提高;不仅职业的类型,而且其他地理分布也发生变化,大部分新的就业机会都集中在城市等等。在政策上,促进经济发展的目标,主要包括保持经济适度增长目标、合理有效配置资源以及反周期波动目标。

3. 公平收入分配目标

市场经济体制是按劳动力、资本、土地、企业家才能等要素禀赋进行分配的。由于社会成员之间要素禀赋存在差异,社会成员的收入分配肯定会出现差距,当收入分配差距扩大到一定的程度,就会出现收入分配不公。虽然公平是一个很难界定的概念,不同的社会制度、不同的社会阶层和道德层面有不同的理解,但对收入公平分配的理解一般是指将收入差距维持在现阶段社会各阶层居民所能接受的合理范围之内。

15.3.2 财政政策与货币政策配合的必要性

财政与银行信贷是国家从宏观上集中分配资金的两条不同的渠道,两者虽然都能对社会的总需求与总供给进行调节,但在消费需求与投资需求形成中的作用又是不同的,而且这种作用是不可相互替代的。这可以从以下几个方面看二者的不同作用。

1. 二者的作用机制不同

财政是国家集中一部分 GDP 用于满足社会公共需要,因而在国民收入的分配中,财政居于主导地位。财政直接参与国民收入的分配,并对集中起来的国民收入在全社会范围内进行再分配。因此,财政可以从收入和支出两个方面上影响社会需求的形成。在财政收入占 GDP 的比重大体确定,即在财政收支的规模大体确定的情况下,企业和个人的消费需求和投资需求也就大体确定了。比如国家对个人征税,也就相应减少了个人的消费需求和投资需求;对企业征税或国家对企业拨款,也就减少或增加了企业的投资需求。银行是国家再分配货币资金的主要渠道,这种对货币资金的再分配,除了收取利息外,并不直接参与 GDP 的分配,而只是在国民收入分配和财政再分配基础上的一种再分配。信贷资金是以有偿方式集中和使用的,主要是通过信贷规模的伸缩影响消费需求与投资需求的形成。至于信贷收入(资金来源)虽然对消费需求及投资需求的形成不能说没有影响,但这种影响一定要通过信贷支出才能产生。比如,当社会消费需求与投资需求过旺时,银行采取各种措施多吸收企业、单位和个人的存款,这看起来是有利于紧缩需求的,但如果贷款的规模不做相应地压缩,就不可能起到紧缩需求的效果。

2. 二者的作用方向不同

从消费需求的形成看,包括个人消费和社会消费两个方面。社会消费需求,基本上是通过财政支出形成的,因而财政在社会消费需求形成中起决定作用。只要在财政支出中对社会消费性支出做适当的压缩,减少公共部门的购买力,社会消费需求的紧缩就可以立见成效。而银行信贷在这方面则显得无能为力。个人消费需求的形成则受到财政、信贷两方面的影响。在个人所得税制度日趋完善的情况下,财政对个人消费需求的形成是有直接影响的。而银行主要是通过工资基金的管理和监督以及现金投放的控制,间接地影响个人的消费需求。至于说银行对个人消费需求的形成有直接影响,也主要是体现在城乡居民储蓄存款上。但居民储蓄存款毕竟可以随时提取，因而这种影响的力度就不像财政那样大。再从投资需求的形成看，虽然财政和银行都向再生产过程供应资金，但两者的侧重点不同。在我国现行体制下，根据财政、银行在运用资金上无偿与有偿的不同特点，固定资产投资理应由财政供应资金，而流动资金投资一般由银行供应资金。虽然随着银行信贷资金来源的不断扩大，银行也发放一部分固定资产投资贷款，但银行资金运用的重点仍是保证流动资金的供应和短期的固定资产投资贷款。从这里也可以看出，财政在形成投资需求方面的作用，主要是调整产业结构，促进国民经济结构的合理化，而银行的作用主要在于调整总量和产品结构。

3. 二者在扩张和紧缩需求方面的作用不同

在经济生活中，有时会出现需求不足、供给过剩，有时又会出现需求过旺、供给短缺。这种需求与供给失衡的原因很复杂，但从宏观经济来看，主要是由财政与信贷分配引起的，而财政与信贷在扩张和紧缩需求方面的作用又是有区别的。财政赤字可以扩张需求，财政盈余可以紧缩需求，但财政本身并不直接创造需求即“创造”货币的能力，唯一能创造需求、创造货币的是中央银行。因此，财政的扩张和紧缩效应一定要通过货币政策机制的传导才能发生。比如财政发生赤字或盈余时，如果银行相应压缩或扩大信贷规模，完全可以抵消财政的扩张或紧缩效应；只有财政发生赤字或盈余，银行相应地扩大或收缩货币供给量，财政的扩张或紧缩效应才能真正发生。问题不仅在此，银行自身还可以直接通过信贷规模的扩张和收缩起到扩张和紧缩需求的作用。从这个意义上说，中央银行的货币政策是扩张或紧缩需求的“总闸门”。

正是由于财政政策和货币政策在消费需求形成中有不同的作用，所以要求财政政策与货币政策必须配合使用。如果财政政策与货币政策各行其是，就必然会发生碰撞与摩擦，彼此抵消力量，从而减弱宏观调控的效应和力度，难以实现预期的调控目标。

15.3.3　财政政策与货币政策的组合模式

财政政策与货币政策的配合运用也就是扩张性、紧缩性和中性三种类型政策的不同组合。现在我们从松紧搭配出发来分析财政政策与货币政策的不同组合效应。

1. 松的财政政策和松的货币政策

松的财政政策是指通过减少税收和扩大政府支出规模来增加社会的总需求；松的货币政策是指通过降低法定准备金率、降低利息率而扩大货币供给规模。显然，“双松”政策的结果，必然使社会的总需求扩大，在社会总需求严重不足，生产能力和社会资源未得到充分利用的情况下，利用这种政策配合，可以刺激经济的增张，扩大就业，但却可能带来通货膨胀的风险。

2. 紧的财政政策和紧的货币政策

紧的财政政策是指通过增加税收、削减政府支出规模来限制消费与投资，抑制社会的总需求；紧的货币政策是指通过提高法定准备金率、提高利率来压缩货币供给量。这种政策组合可以有效地遏制需求膨胀与通货膨胀，但可能会带来通货紧缩和经济停滞的后果。

3. 紧的财政政策和松的货币政策

紧的财政政策可以抑制社会总需求，防止经济过旺和通货膨胀；松的货币政策在于保持经济的适度增长。因此，这种政策组合的效应就是在控制通货膨胀的同时，保持适度的经济增长。但货币政策过松,也难以抑制通货膨胀。

4. 松的财政政策和紧的货币政策

松的财政政策在于刺激需求,对克服经济萧条较为有效;紧的货币政策可以避免过高的通货膨胀。因此,这种政策组合的效应就是在保持经济适度增长的同时,尽可能地避免通货膨胀。但长期运用这种政策组合,会积累起巨额的财政赤字。

以上四种政策的经济背景、作用机制、效果及弊端见下表所示。

财政政策与货币政策的相互配合

	双松政策	双紧政策	紧财政松货币	松财政紧货币
经济背景	社会需求严重不足,解决失业和刺激经济增长成为宏观调控的首要目标	社会总需求极度膨胀,物价大幅上升,抑制通货膨胀成为首要目标	社会总需求膨胀不严重,出现经济过热的倾向,防止经济过热成为首要目标	社会总需求萧条不严重,出现经济衰退的倾向,保持经济增长成为首要目标
作用机制	扩张性财政政策可增加社会总需求,但也会带来挤出效应; 扩张性货币政策使得利率下降,克服挤出效应	紧缩性财政政策降低社会总需求,但也会使得利率上升,难以抑制投资热情; 紧缩性货币政策提高利率,抑制投资热情	紧缩性财政政策降低社会总需求; 扩张性货币政策降低利率以防经济衰退	扩张性财政政策增加社会总需求; 紧缩性货币政策提高利率水平以防通胀
效果	可以有效地刺激经济增长	可以有效地遏制通货膨胀	控制通胀且保持经济适度增长	保持经济增长且避免通胀
弊端	容易带来通货膨胀	容易带来通货紧缩和经济停滞	货币政策过松可能难以控制通胀	易产生巨额赤字

15.3.4 财政政策与货币政策配合的相对效力

在经济学中,政府的宏观经济政策主要是需求管理政策,所以,这里是假定在封闭经济并实行自由利率的条件下,分析财政政策与货币政策对总需求影响的相对效力。

1. 财政政策的效力

当政府实施扩张性财政政策时,政府需求的增加将通过财政政策乘数效应使国民产出增加。国民产出的增加又使货币需求增加,即需要更多的货币用于流通。在中央银行不改变货币供给的情况下,利率必然上升。利率上升,一方面会抵消由于国民产出增加而增加的货币需求,另一方面又会减少投资需求,从而抵消一部分政府支出或减税对 GDP 的刺激作用,即积极财政政策的挤出效应。如果投资需求对利率的敏感程度很高,利率的上升将会减少投资。如果货币需求对利率的敏感程度很低,那么,由于政府支出增加引起的货币需求将使利率猛增,因为利率敏感程度很低,意味着利率必须有较大的变动。

此外,财政支出乘数是衡量财政政策效力的一个重要指标。但是,财政支出乘数能否使财政政策的效力充分地发挥出来,同样要受上述两个因素的制约。如果投资对利率高度敏感而货币需求对利率不敏感,即使财政支出乘数很大,财政政策也无法产生强有力的效果。与上述情况相反,当政府采取扩张性财政政策时,如果利率上升幅度很大,或扩张性财政政策对利率水平没有多大的影响,那么,这种政策对投资的冲击就很小。在这种情况下,扩张性财政政策对总需求就有很强的影响力。换言之,当投资对利率不敏感而货币需求对利率高度敏感时，财政政策的效力就很强。

2. 货币政策的效力

货币政策的操作主要体现在货币供给的变化上。扩张性货币政策或松的货币政策体现为货币供给增加，紧缩性货币政策或紧的货币政策体现为货币供给减少。一项扩张性货币政策如果在货币供给增加时使利率下降的幅度很大，并且对投资有很大的刺激作用，它对总需求的影响就很大。这种效果产生的条件：一是如果投资需求对利率的敏感程度很高，利率的下降就会使投资受到极大鼓励；二是如果货币需求对利率的敏感程度很低，货币供给的增加就会使利率下降很大（利率的很小下降就足以把货币需求提高到同较高货币供给一致）。在这两个条件得到满足的情况下，货币政策对总需求的影响效力就强。货币政策对总需求的影响效力也有弱的时候。如果投资需求对利率的敏感程度很低，利率的下降就不会使投资受到很大的刺激；如果货币需求对利率的敏感程度很高，货币供给的增加就并不能使利率下降很大。在这种情况下，一项扩张性的货币政策如果使利率下降较小，或对投资的影响较小，它对总需求的影响就较弱。

3. 财政政策与货币政策的时滞比较

(1)宏观经济政策的时滞。宏观经济政策的实施一般会存在以下五种时滞，依次为认识时滞、行政时滞、决策时滞、执行时滞和效果时滞。

认识时滞是指从经济现象发生变化到决策者对这种需要调整的变化有所认识所经过的时间。这段延迟时间的长短，主要取决于行政部门掌握经济信息和准确预测的能力。行政时滞也称为行动时滞，是指财政当局或货币当局在决定采取何种政策之前对经济问题调查研究所耗费的时间。这两种时滞只涉及行政单位而与立法机构无关，也就是说，这两种时滞只属于研究过程，与决策单位没有直接关系，经济学将其称为内在时滞。内在时滞的长短，一方面取决于财政当局或货币当局收集资料、研究情况所占用的时间以及采取行动的效率；另一方面取决于当时的政治与经济目的，尤其是在希望实现的目标较多的情况下，必须对政策目标的优先顺序进行选择。

与内在时滞相对应的是外在时滞。外在时滞是指从财政当局或货币当局采取措施到这些措施对经济体系产生影响的这一段时间。主要包括三种时滞：一是决策时滞，是指财政当局将分析的结果提交立法机构审议通过所占用的时间；二是执行时滞，是指政策议案在立法机构通过后交付有关单位实施所经历的时间。三是效果时滞。这三种时滞与决策单位发生直接关系，而且直接影响社会的经济活动，故称为外在时滞。由于经济结构和经济主体的行为具有不确定性，很难预测，因此，外在时滞可能会更长，如下图所示。

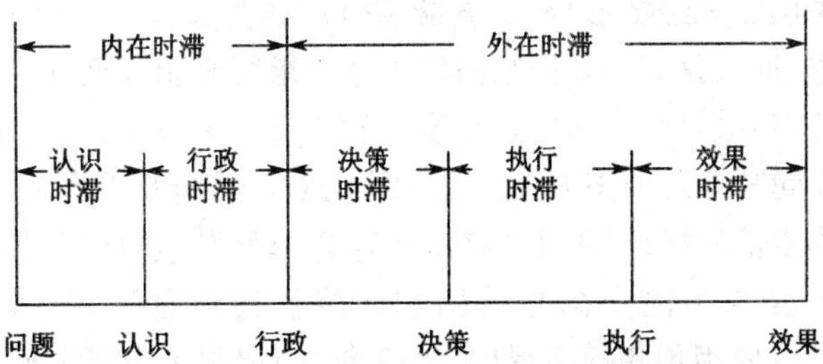

宏观经济政策的时滞

(2)财政政策与货币政策时滞的比较。就财政政策和货币政策的时滞长短比较而言，内在时滞只涉及经济问题的发现与对策研究,这对财政政策和货币政策来说,大体一致。因此,就内在时滞而言,无法确定这两种政策孰优孰劣。但是,就外在时滞来说,财政政策和货币政策的优势比较就比较明显了。一般而言,财政政策的决策时滞较长,因为财政政策措施要通过立法机构,经过立法程序,比较费时;相比之下,货币政策可由中央银行的公开市场业务直接影响货币数量,时滞比较短。就执行时滞而言,财政政策措施在通过立法之后,还要交付有关执行单位具体实施;而货币政策在中央银行决策之后,可以立即付诸实施。所以,财政政策的执行时滞一般比货币政策要长。但是,从效果时滞来看,财政政策就要优于货币政策。由于财政政策工具可以直接影响社会的有效需求,从而使经济活动迅速做出有力的反应;而货币政策主要是影响利率水平的变化,通过利率水平变化引导经济活动的改变,不会直接影响社会有效需求。因此,财政政策的效果时滞要比货币政策短。总之,从时滞方面来看,很难比较财政政策与货币政策的有效性。在研究这两种政策的时滞问题时,一定要根据不同的客观经济环境和不同政策的各种时滞进行比较,才能做出正确的判断,选择有效的政策措施。

15.4 我国当前的宏观经济政策

2012 年我国面临的宏观经济环境较为复杂,一方面是外围环境中欧债危机和全球增长放缓对我国的实体经济尤其是出口造成一定冲击,另一方面是我国本身的增长源泉受到挑战,我国的劳动成本面临上升的局面,对我国的制造业和服务业发展有一定的冲击;而房地产由于其较高的产业关联性,是对经济增长有着重要影响的行业,目前从长远利益出发我国对房地产市场回归合理价值的调控正在继续,这也将对经济增长有着一定的压力。此时我国的政策选择就应当重点兼顾保增长、抑通胀和控房价三个部分,采用定向扩张的需求管理政策和降低成本的供给管理政策。

15.4.1 当前我国的宏观经济形势

目前,我国的通货膨胀已经基本得到控制,2011 年第四季度通胀率走入下行通道,11 月通货膨胀率为 4.2%,可见我国的通胀治理已经初见成效。2012 年,宏观经济形势错综复杂,全球经济下行风险加大,通胀压力仍然较大;欧洲主权债务危机很可能引发国际金融市场反复大幅震荡;各国宏观调控目标和方向存在分歧和冲突,宏观政策协调难度加大(毕吉耀等,2011)。对于中国宏观经济形势,张立群(2011)认为,2011 年经济增长呈下行态势,货币政策取得明显成效,进入 2012 年后,经济增长率将继续平稳降低,受世界经济和国内房地产市场调整等不确定因素影响,当然也存在发生较大波动的可能,其中经济发展的主要问题在于企业困难和就业问题等。中国人民大学中国宏观经济分析与预测课题组(2011)总结,中国宏观经济复苏的步伐放缓,呈现出“经济增速逐季回落、通胀压力高位回缓、经济泡沫逆转、资源错配加剧、金融风险上扬与结构刚性持续的局面”。中国季度宏观经济模型(CQMM)课题组(2011)使用预测模型得出,2012 年,GDP 增长率可能回落至 9.45%,CPI 预计将维持在 4.55% 的水平。

在进入 2013 年以后,通胀并不像之前那样是宏观调控的最主要目标,但基础还不牢固,仍有继续影响的可能。因此,通货膨胀问题仍不容忽视,但考虑到中国经济内生动力和外围环境都面临一个严峻形势,应当对于增长情况赋予更多的关注。在国内经济中对民生和经济总量有重要影响的房地市场调控已经取得成效,从经济的长远健康角度而言,目前的房价仍具有泡沫成分,房地产市场调控在 2013 年仍然重要。

1. 通货膨胀问题

通货膨胀率虽然回落,但通货膨胀的危险犹在。通过对历史数据的考察,可以发现,进入 2010 年以来,通货膨胀就开始成为经济中一项不容忽视的问题。2011 年 7 月 CPI 甚至达到了 6.5% 的峰值,之后在中央大力的调控治理下虽然开始走入下行通道,但并不意味着来年的通货膨胀可以完全放松。随着美国继续推行小规模的国债购买计划,并长期将名义利率维持在低位,全球的流动性仍然充裕,这部分流动性是否会向我国传导,仍是一个重大问题。纵观 2012 年,通货膨胀仍然是影响经济平稳运行的重要因素,需要对其予以足够的关注和重视。

2. 增长问题

1)外围环境仍然不稳定

债务问题是困扰全球经济的头号难题,欧洲深陷债务困境,美国财政问题持续发酵,日本政府债务创出历史新高,2013 年将是复杂、动荡的一年。

欧洲的债务危机已经通过金融市场对全球主要发达国家的经济进行传导,在美国、日本等经济体本身增长乏力的状况下,全球经济增长放缓已经成为大概率事件。观察 2000 年以来数据,可以发现,出口一直是我国拉动经济的“三驾马车”中十分重要的一部分,借鉴 2009 年的经验,如果我国的净出口表现不理想,那么投资就担负起了保持经济增长的重担,这样与历史数据相比过高的投资拉动额,对之后的经济会有一个需求拉动型通货膨胀的压力。在全球经济增长放缓的总体态势下,2013 年我国出口受到严重挑战,而“外向型经济”也将受到重大的影响,经济增长总体情况并不乐观。

2)我国经济的内部制约因素

除去国际环境的外生影响,随着我国经济近 30 年来的高速发展,我国经济的要素禀赋结构也发生了重大变化,要素相对价格体系也随之在迅速调整。

(1)劳动力成本上升。目前我国各地都出现了工资上涨的情况,特别是从事服务业和制造业这一农村富余劳动力转移的热门行业。苏剑(2010)通过依据经济增长对劳动力需求的拉动作用来进行研究,发现以进城务工人员为特征的特定市场劳动力短缺将是今后我国经济面临的重大问题。长期以来,我国经济发展的一个显著优势就是劳动力资源丰富,我国的二元经济特征十分明显,劳动力无限供给是我国的比较优势。然而,在工资上涨的压力下,我国的经济发展将发生很大的变化,首先是劳动密集型产业(尤其是以进城务工人员为主要劳动力的劳动力密集型的行业)的竞争力将受到影响,经济增长方式将由劳动密集型向资本及技术密集型调整;其次,劳动力及价格的上涨对于经济总量增长、经济结构调整以及物价控制等方面都有深远的影响。

(2)房地产泡沫。房价泡沫是金融危机的主要来源之一,自 2008 年金融危机以来,我国的房地产市场成为泡沫资产的温床,其中仅 2009 年,从年初到年末,北京的房价几乎翻了一番。而我国的经济增长水平和城市化水平仍然按照一个平稳的增长速度进行,这说明房地产市场已经出现了泡沫化的趋势。进入 2009 年以来,在北京、上海、广东等流动性过剩的目标城市,房地产价格的上升幅度远远大于全国平均值。根据北京市统计局的最新统计数据,北京市城镇居民月人均可支配收入为 2 728.73 元,这就意味着一名平均收入水平的北京市民一年的工资并不能够在同期的北京购买 1 平方米的房子。房价水平与收入水平脱钩,正是房地产出现泡沫化的重要表现之一。

目前,虽然房地产销售价格并没有明显的下降,但是我国的商品房销售增速已经开始下降,这些都说明房价调控已经取得了阶段性成果,应继续加强调控。与此同时,房价下跌将导致我国房地产投资的下降,这也就意味着经济增长率下滑的可能性加大。同时,由于刚需商品房的替代品——“保障房”建设力度的不断加大,商品房投资的增加对经济的冲击可能会得到一部分的缓冲,但由于房地产的高产业关联性,房地产“去泡沫化”给 2012 年带来的经济增长下行压力仍然不容忽视。

15.4.2 政策目标选择

1. 调控政策总体目标的选择

2011 年 12 月 14 日闭幕的中央经济工作会议明确了 2012 年我国宏观经济政策的基调、方向和主要任务,“稳中求进”成为 2012 年我国经济工作的主调。所谓“稳中求进”,就是在巩固价格水平稳定这一成果的情况下,实行调整性的政策组合促进经济的增长。张立群(2011)对此的解释是统筹协调好控物价、稳增长、调结构、转方式之间的关系;孙学工、樊彩跃(2011)认为需要充分发挥财政政策的作用,提高重要资源的配置效率,并寻找新的增长点。

我们认为,未来我国应警惕通货膨胀,以保增长为主要政策目标,同时继续坚持房地产市场调控,挤除房价泡沫。因此,我国 2013 年的政策目标应该是:保增长、抑通胀、控房价。

2. 引入供给管理的总供求分析框架

目前的宏观调控理论认为,宏观经济政策在保增长和抑通胀二者之间只能保证一个,这就是宏观经济学中著名的“菲利普斯曲线”,也就是通货膨胀和失业之间的交替关系。要想解决失业问题,就必须忍受较高的通货膨胀,而要解决通货膨胀问题,就得忍受高失业。这是需求管理必然的结果。实际上,有一些政策措施是能够同时保增长、抑通胀的。降低企业的生产成本和税收的措施就是如此。降低生产成本和税收能增加企业的利润,刺激企业的生产积极性,从而增加供给,稳定物价,这就同时达到了保增长、抑通胀的目标。这种政策被称作“供给管理政策”。“供给管理政策”与以传统的财政政策和货币政策为特征的“需求管理政策”不同,后者在通货膨胀和经济增长之间同一时期只能保证一个,而且在实现一个目标时必然以另一个的恶化为代价。

苏剑(2008)、刘伟和苏剑(2007)探讨了供给管理在短期宏观调控中的作用。许多人认为,供给管理政策只适应于长期调控,不适合短期宏观调控。在他们看来,一个经济的总供给是由这个经济的技术水平和可用资源的规模决定的,而这些因素在短期内都是不会发生大的变化的,因此在短期内总供给是无法调控的。这种观点是错误的。正是由于供给管理政策的长期性特点,使人们对供给管理政策的重视仅限于其对经济的长期影响,而对供给管理政策的短期调节效应没有予以充分承认。事实上,供给管理政策不仅能够,而且经常被运用于调节短期经济波动,只是不被人们关注,或者不被视为供给管理政策,被想当然地看作需求管理政策了。总供给是由企业的生产成本决定的,而企业的生产成本却是可以由政府在短期内调控的,政府只要能够影响企业的生产成本,就可以影响短期总供给。因此,供给管理是可以用于短期调控的。

苏剑(2008、2011)指出,调节短期经济波动经常运用的供给管理政策主要包括以下几类。①财政政策。比如针对企业的税收政策,减税意味着其他因素不变的情况下企业的实际利润上升,其效应相当于企业生产成本的下降。②要素价格政策。调节生产要素的价格,比如能源、原材料价格、利率等,都能够影响企业的生产成本。货币政策实际上就是要素价格政策的一种。③行政、法律手段。这些手段影响企业在某一市场的准入条件和审批手续办理的难易程度,因此可以达到调节某一行业的总供给的目的。④提高企业生产率的政策。比如促进技术进步、改善管理、深化改革等等,都有助于降低企业的生产成本。

15.4.3　宏观政策的选择

1. 宏观政策组合

在进行政策设计时,首先要明确的是,我国目前经济增长的下滑虽然有外部经济环境恶化等因素的负面影响,但主要原因还是政府紧缩性的宏观经济政策。因此,要想实现较高的经济增长率,只要稍稍放松政策紧缩力度就可以了,不需要大幅度的刺激措施。否则就会出现经济大起大落的局面,房价调控和抑制通胀的成果就将毁于一旦。因此,正如中央经济工作会议所指出的,我国应采取"稳中求进"的方针。在这一大背景下,为了同时实现保增长、抑通胀、控房价三个目标,我们认为我国应该采取以下的政策组合。

(1)货币政策:"总量稳健、定向扩张"。用稳健的货币政策控制流动性的总规模,防止流动性在 2011 年紧缩后的大规模扩张,从而抑制通货膨胀和房价,并以定向扩张的货币政策扶持小微企业以及符合国家产业政策、有助于经济结构调整的企业和项目。目前我国的货币政策基本偏紧,但是是全面性的偏紧,所以造成了中小企业的运营问题。因此进入 2012 年以后对经济中的流动性应当进行有目的的倾斜,通过利率政策和信贷政策等,对小微企业以及其他符合长期目标的企业予以定向宽松。

(2)财政政策:以供给管理型财政政策为主,同时实现保增长、抑通胀两个政策目标。财政政策总的方向应该是扩张性的,但以供给管理(尤其是降低企业税收)为主。大型的国家财政购买计划可能会使得目前已经过剩的部分夕阳产业再度扩张,不利于经济总体的结构转型和长期稳定增长。而且如果实施大规模刺激需求的财政政策,还可能使经济陷入新一轮的需求拉动型通货膨胀。而降低企业税收一方面刺激了企业生产的积极性,增加供给,从而刺激经济增长,而供给的增加又有助于抑制物价上涨,因此这种政策能够同时实现保增长、抑通胀两个目标。

(3)实现体制改革与宏观调控有机结合。任何改革措施都会对宏观经济产生一定的影响,有些改革措施影响总需求,有些改革措施影响总供给,在宏观调控中应该积极、充分地利用体制改革的有利效果,既推进改革,又实现宏观调控目标。跟降低企业税收一样,一些体制改革措施可以降低企业的生产成本,从而刺激供给、抑制物价,有助于同时实现保增长、抑通胀两个目标。

2. 具体调控措施

1)供给管理层面

(1)降低企业税费。在短期供给管理政策中,最直接也是最有效的自然是减税。为了增加企业的生产能力,应当降低企业缴纳的各种税费。企业缴纳的各种税费就相当于企业的成本,因此减税就相当于降低了企业的成本。值得注意的是,降低企业税收和降低个人税收虽然都是减税,但对经济的影响不一样。降低个人税收通过增加个人可支配收入增加了消费需求,因此是需求管理政策;这种政策有助于提高经济增长率,但却会加剧通货膨胀。但降低企业税费是供给管理政策,企业能够在原材料位于高位的情况下维持其原售价,同时又提高了企业扩大生产能力的激励,从而一方面稳定了物价,另一方面又促进了经济的增长。

减少企业生产税费不仅仅从生产成本角度减低了企业的成本,从交易成本的角度而言,减税政策一方面压缩了税收机构的运行成本,降低了政府对实体经济的干预,减少了政府规模;另一方面也同样减少了企业的缴税成本,能够为企业正常运营管理节约更多的经费,激发企业内部管理活力。降低针对企业的各种税收,尤其是要大幅度降低微型企业的税收。我国最近在某些地区试点的营业税改增值税及提高这些税收的起征点的做法就是这种政策。

(2)降低物流成本。降低物流成本显然有助于降低企业的生产和销售成本。我国目前的物流成本很高,据统计,2011 年上半年我国物流成本占 GDP 的 18%,同比提高 0.1 个百分点。其中很大比例是由于高速公路的垄断收费权(过路费、过桥费)使得物流业成本居高不下。

实际上,降低物流成本这种政策我国近年来一直在采取,但仅主要针对农产品,对抑制农产品价格上涨起到了很大的作用。在当前形势下,应该扩大到所有产品的流通过程。由于一国的总生产成本肯定小于其国内生产总值,因此我国社会物流总成本占总生产成本的比重肯定大于 18%。因此,如果把物流成本降低 10%,就会使我国的总生产成本降低至少 1.8 个百分点,假定这会一比一地反映在价格上,那就意味着通货膨胀率下降至少 1.8 个百分点。在执行上,政府只需要出台一个降低高速路收费标准的规定就行了,不会增加政府的额外财政支出。因此,这种政策的效果应该非常好。

(3)降低企业生产成本的其他辅助方法。降低企业注册门槛,鼓励各种创业活动,尤其是对小企业和非国有企业,更应如此。改进工商管理,简化行政管理环节,降低行政性收费标准,免去可以免去的各种收费。加强和改善经济方面的立法、司法、执法,增加这些方面的透明度,提高执法、司法公平,降低交易成本,促进合同的履行,尽可能降低经济纠纷出现的可能性和处理经济纠纷的成本。

(4)实行以猪肉价格为主的肉禽价格保护制度。我国近期的通货膨胀中,食品价格占到了很大一部分,通过观察 2009 年 12 月以来的数据,我们可以发现,食品消费价格指数均基本上高于我国的居民消费价格指数。而在通货膨胀高企的时期,居民肉禽及其制品的价格上涨幅度远远大于 CPI,峰值达到了 33.6% 的涨幅,相对应地,本期 CPI 指数也到了 6.5% 的峰值。因此可以认为,肉禽价格对我国的通货膨胀有着巨大的影响。

而考虑到我国居民的饮食习惯,在肉禽价格的上涨中,猪肉价格对 CPI 上涨率起到了主导性作用。究其原因,在于我国对猪肉等肉禽价格的管理措施存在问题。以猪肉为例,在价格上涨时,政府出手稳定价格;而在价格下跌伤及养猪者时,政府并没有采取相适应的措施。肉价涨时政府打压,肉价跌时政府不管,其结果,肉价波动的风险大部分由养猪者承担,这种做法严重打击养猪者的生产积极性,其结果是肉价下跌时,养猪者大幅度减少生产,使得下一期猪肉价格大起;肉价上涨时,养猪者不敢大幅度增加产量,结果肉价大涨的局面加剧。

这部分风险又将转化到民生中,造成我国的通货膨胀风险。

要避免猪肉等肉禽价格的大起大落,就要像粮食保护价一样,实行猪肉保护价制度,而且肉禽保护价应该保证养殖者有一定的正常利润。这样就能保护养殖者的生产积极性,保证肉禽生产。供给有保证,肉价自然不会大起;保护价的存在则避免了肉价大落。这从供给层面,对保证民生,调控居民消费价格水平也有着非常好的效果。

2)需求管理层面:扩大有效需求

(1)实施进口替代战略,把我国对部分产品的进口需求转换为对本国产品的需求。我国虽然每年出口规模很大,但进口也不少,净出口的规模其实并不大。2009 年我国的进口总额达到了 68 618.4 亿元,接近消费总额 165 526.8 亿元的 1/3。刨除通货膨胀因素,我国 1990—2009 年的进口平均增速为 13.5%。这意味着我国的国内需求还是有的,只是有相当一部分需求花在了购买外国产品上,只要能够把这些需求转换为对本国产品的需求,就相当于扩大了内需。鼓励企业通过引进技术或自主创新的方式进行国产化工作。这既有利于扩大内需,也有利于我国产业结构的升级和经济结构的转换。

(2)严厉打击生产犯罪和地方保护主义,提高产品标准,确保产品质量和消费安全,尤其是食品安全,增强我国产品的吸引力和美誉度,扩大对我国产品的需求。自从三聚氢胺事件发生以来,我国的乳制品业受到了严重打击,尤其是婴幼儿乳制品受到的打击最大,高端婴幼儿乳制品行业几乎成了外国品牌的一统天下。尽管政府加强了监管,但老百姓依然不买账,究其原因,就在于对生产犯罪的惩罚力度太小,老百姓无法相信生产者不会继续造假。因此,加强对生产犯罪的打击力度,确保消费安全,才能保证我国产品在国内和国际两个市场的竞争力,才能扩大对我国产品的需求。对生产犯罪的打击力度过小,甚至在地方保护主义的庇佑之下犯罪者毫发未损(比如双汇"瘦肉精"事件),必然迫使国内消费者转而消费外国产品,这不仅降低对本国产品的需求,也会削弱政府扩大内需的其他政策的效果。

具体措施方面,可以考虑借用市场力量打击生产犯罪。比如鼓励消费者通过法律手段讨回公道,为避免搭便车的情况发生,可以实行最先起诉者优先政策,规定一旦确认生产犯罪,将对犯罪者处以高额罚款,并把对犯罪企业的处罚的一定比例甚至全部归最先起诉者所有。

(3)吸引民间资金进行生态治理和生态开发,用对荒地、荒山、荒漠的长期使用权或所有权吸引私人企业投资。扩大投资的关键是给企业提供好的投资机会。随着我国经济规模的扩大,我国对土地的需求也将扩大,地价将逐步上升。因此,许多沿海城市都已经开始了填海造地的工程。在内地,我国还有大量的荒山、荒地、荒漠,尤其是面积巨大的沙漠。随着地价的上升,距离繁华经济带较近的荒山、荒地、荒漠甚至沙漠就逐步有了开发价值。我国目前的生态治理主要是由政府进行的,以后可以考虑吸引民间资金,双方共同进行生态开发和治理。

可以考虑如下政策:由政府提供必要的基础设施和其他配套设施,然后进行招标,本着谁治理谁受益的原则,将该土地一定时期的使用权甚至所有权赋予治理企业,以此来吸引企业进行生态治理和开发,从而扩大投资。参考美国"西进运动"对西部地区的成功开发,有理由相信吸引民间资金对荒地、荒山、荒漠等的开发是切实可行的,也具有很大的长期效应,这部分刺激出的有效需求是依乘数扩散的,如果切实能够成规模开发,很可能会带来我国经济的一个新长期增长点。

3)控制房价,挤压房产泡沫

在房价调控中,应强化住房的居住功能,淡化投资功能,去除投机功能;同时合理调控预期。在2012年,房地产市场的调控仍应放在与增长问题和通胀问题同样重要的地位上,对其进行持续性的科学调控,让房地产市场回归理性的同时又将其对经济的不利影响降至最低。

(1)税费层面调控。税费层面调控包括两部分内容。

首先,按现行所得税法,对住房投资征收利得税,并在此基础上征收住房投资附加利得税,并按持有年限执行累退税率。比如,持有两年以内,对税后所得按100%征收;持有两年以上五年以内,对税后所得按80%征收;持有五年以上至十年以内,对税后所得按50%征收;持有十年以上二十年以内,对税后所得按20%征收;持有20年以上,不再征收附加利得税。这样,就可以有效抑制投机性住房需求,只留下居住性和投资性住房需求。

其次,全面征收物业税,把投资性住房逼向房屋租赁市场,抑制房租,并给地方政府提供稳定的税源,预防地方政府财政危机。目前我国的地方政府财政收入的很大一部分来自于出售土地使用权,这就形成"房地产绑架地方财政"的情形,而全面征收物业税,有利于开拓地方政府税收来源,不仅对房价起到调控作用,还能消除房产调控的后顾之忧,并预防地方政府债务危机,一举多得。如果在持有环节不征税,那持有者就几乎没有持有成本,考虑到交易成本等因素,租出住房的积极性就不高。因此,实行物业税可以为市场提供更多的租房选择,抑制房租大幅上涨,为改善民生起到重要作用。之所以要全面征收物业税,就在于一个人可能在许多城市都有住房,对其持有的部分住房征税将造成地方政府间税收利益的分配不公。借鉴发达国家经验,一个住房所在的政府为这套住房及其所有者提供了保安、教育、医疗、道路等公共服务,因此所有者应该缴纳税收。

(2)选择执行限购政策,尽量避免用提高利率、提高首付等手段控制房价。由于限购政策在根本上还是违背市场的选择机制,长期实行会给社会带来福利损失,因此如果上述税收政策能认真贯彻实施,就不再需要限购手段。但考虑到我国的国情和政策可能的滞后周期,上述政策不是短期内就能出台的,因此,限购政策就应该继续执行下去,直到住房税收体系完善为止。

而控制房价的目的首先是民生范畴的意义,提高利率虽然可能有助于抑制房价,但却提高了房贷和月供,这部分支出受影响最大的还是"刚性需求"中的工薪收入者。工薪收入者的住房支出可能并没有发生大的变化,然而提高首付则直接限制了工薪收入者的购房能力,对"刚性需求"有大的挤出效应,与调控目的不符。因此房地产市场的直接调控中,还是应选择好调控指标和手段,以防出现与调控初衷背道而驰的现实。

(3)合理调控房价预期。应该注意到政府政策尤其是政府房价调控目标及政府对该目标的表述方式对老百姓房价预期的影响。房价调控是政府调控者与老百姓之间的博弈,政府对老百姓的房价预期有很大影响,而预期对房价则具有正反馈作用。比如,我国政府去年宣布的房价调控目标是"抑制房价的过快增长",这就导致老百姓认为,即使政府的调控目标实现,也只不过是房价增速下降,而房价还会继续上涨,因此老百姓就会抓紧时间购房,结果就导致房价过快增长,政府的调控目标就实现不了。因此,在老百姓的预期作用下,如果政府宣布的目标是"抑制房价的过快增长",最终结果必然就是"房价过快增长"。目前,我国的房价下降的预期逐渐形成,这也将有一个正反馈机制,政府应注意谨慎选择宣布房价调控目标，以免房价下降过度。我的建议是，在目前阶段，应该继续坚持“让房价回到合理水平”这样的目标，利用预期的正反馈机制，让房价降下来；随着房价的缓慢回落，逐步调整政策目标和明确合理房价区间，让老百姓形成“房价稳定”的预期。当然，老百姓房价预期的最关键决定因素还是之前所说的政府采取的其他实质性调控措施，比如限购、利得税、物业税等，这些政策的选择应考虑到其对老百姓的预期的影响。

(4)加强保障房建设，优化保障房结构，对保障房合理定位，完善保障房分配制度。对于极低收入群体，应以保障房来满足其住房需求。同时从经济运行的层面而言，调控房价所带来的固定资产投资下降，很大一部分可以通过保障方的建设来弥补。可以说，保障房一方面从住房需求角度满足了极低收入者的住房需求，促进社会公平，同时又作为调控政策对刺激实体经济方面的“缓冲垫”，防止房地产市场调控对其上下游企业造成的巨大冲击。

但一方面，现在保障房太少，另一方面，保障房分配制度有缺陷，导致许多高收入者得到保障房，而极低收入者反而得不到。我们可以在保障房的户型、面积等方面进行专门考虑，以挤出高收入者对保障房的需求。比如，可以考虑保障房面积分 20 平方米、30 平方米、50 平方米三种，小面积的给单身使用，中等的给没有孩子的两口家庭使用，大的给三口之家使用。使用者可以申请购买，也可以以保护价租赁。而且保障房不得在市场上出售，也不能出租，只能按原买入价(可以进行通货膨胀调整)卖回给政府主管机构，一个家庭买了商品房之后必须把保障房卖回给政府。这样，高收入者就没有了获取保障房的积极性。第一，户型小，不符合高收入者的需求，而低收入者则能够接受。第二，不能在市场上出售，意味着不能取得投资收益，投机者也不需要。第三，一个人不会永远都是低收入者，随着年龄、资历、经验等的增加，人们的收入水平会提高，比如刚毕业的学生肯定买不起房子，只能住保障房，随着收入的增加，就能买得起更好地房子，于是就会搬走，保障房腾出来给新的年轻人使用。也就是说，保障房就是仅能满足人们的最基本的住房需求的住房，保障房的条件不能太好，否则就会产生寻租行为，保障房可能就到不了真正需要的人手里。对住房有更高需求的人可以进入商品房市场，用市场价格满足自己的居住需求。

课后练习题

一、名词解释

1. 财政政策 2. 货币政策 3. 内在稳定器 4. 奖抑效应 5. 乘数效应 6. 货币效应 7. 利率传递效应 8. 货币乘数效应 9. 资产结构调整效应

二、简答题

1. 简述财政政策的三种类型。
2. 简述财政政策的几种工具。
3. 简述货币政策的三种类型。
4. 简述货币政策的几种工具。
5. 简述财政政策和货币政策的几种组合模式。
6. 分析财政政策和货币政策的效力比较。

参考文献

[1]陈共. 财政学[M]. 6 版. 北京:中国人民大学出版社,2009.
[2]张馨. 财政学[M]. 北京:科学出版社,2006.
[3]邓子基. 财政学[M]. 2 版. 北京:高等教育出版社,2005.
[4]王国清,程谦. 财政学[M]. 成都:四川财经大学出版社,2000.
[5]朱青,庄毓敏. 新编财政与金融[M]. 2 版. 大连:东北财经大学出版社,2007.
[6]杨艳琳. 现代财政与金融教程[M]. 北京:首都经济贸易大学出版社,2003.
[7]郑煜,孙晓华. 财政与金融[M]. 北京:清华大学出版社,2008.
[8]谷成. 中国税制[M]. 北京:清华大学出版社,2010.
[9]哈维·S·罗森,特德·盖亚. 财政学[M]. 北京:中国人民大学出版社,2009.
[10]张新平. 财政学[M]. 武汉:华中科技大学出版社,2007.
[11]杨斌. 国际税收[M]. 上海:复旦大学出版社,2003.
[12]周叶芹. 财政与金融[M]. 北京:清华大学出版社,2006.
[13]郭庆旺. 财政学[M]. 北京:中国人民大学出版社,2002.
[14]李红霞. 财政学[M]. 北京:中国人口出版社,2008.
[15]马海涛. 政府间财政转移支付制度[M]. 北京:经济科学出版社,2010.
[16]裴少峰. 货币银行学[M]. 广州:中山大学出版社,2006.
[17]支育辉. 货币银行学[M]. 西安:陕西人民出版社,2009.
[18]秦艳梅. 货币银行学[M]. 北京:经济科学出版社,2002.
[19]正道平,龙玮娟. 货币银行学原理[M]. 北京:中国金融出版社,2004.
[20]黄达. 金融学[M]. 北京:中国人民大学出版社,2003.
[21]曹龙骐. 金融学[M]. 2 版. 北京:高等教育出版社,2006.
[22]朱新蓉. 金融学[M]. 北京:中国金融出版社,2005.
[23]米什金. 货币金融学[M]. 4 版. 北京:中国人民大学出版社,1997.
[24]张义春. 金融市场学[M]. 北京:高等教育出版社, 2008.
[25]许文欣. 金融市场学[M]. 上海:复旦大学出版社,2007.
[26]谢百三. 金融市场学[M]. 北京:北京大学出版社,2009.
[27]张洪涛. 保险学[M]. 北京:中国人民大学出版社,2008.
[28]郭庆旺. 公共经济学[M]. 2 版. 北京:高等教育出版社,2010.
[29]钟晓敏. 财政学[M]. 2 版. 北京:高等教育出版社,2010.
[30]罗剑朝. 货币银行学[M]. 北京:清华大学出版社,2007.
[31]余劲松. 财政与金融[M]. 成都:西南财经大学出版社,2008.
[32]康书生,鲍静海. 货币银行学[M]. 北京:高等教育出版社,2008.

[33]佘明龙. 国际金融[M]. 北京:科学出版社,2004.
[34]贺瑛. 国际金融学[M]. 上海:复旦大学出版社,2006.
[35]栗书茵. 国际金融学[M]. 北京:机械工业出版社,2006.
[36]张强,乔海曙. 金融学[M]. 北京:高等教育出版社,2008.
[37]胡庆康. 现代货币银行学教程[M]. 上海:复旦大学出版社,2010.